中等职业学校汽车类专业规划教材

ZHONGDENG ZHIYE XUEXIAO
QICHE LEI ZHUANYE GUIHUA JIAOCAI

汽车底盘基础维修

主编 陈刚

西南师范大学出版社
国家一级出版社 全国百佳图书出版单位

内容简介

本书在编写过程中坚持"以就业为导向,以能力为本位"的指导思想,以任务引领、"理实一体化"为宗旨,同时以汽车维修企业的工作过程为基准,精选了汽车机电维修工作岗位中最为常见和通用的18个底盘维修工作任务作为该书的主要内容。通过这些典型的工作任务,让学生在学习的过程中不仅掌握了与这一岗位相关的理论知识和操作技能,同时也培养了学生良好的职业习惯和职业素养。

该书内容注重"适用、够用、通用"的现代中职教学原则,最大限度地缩小学校与企业、学生与员工间的职业岗位距离。学生通过对本书的学习,能够掌握本岗位所要求的操作技能,具备取得专项职业技能能力证书的实力,从而轻松实现就业,同时也为进一步的职业技能提升做好准备。

本书是中等职业学校汽车类专业规划教材之一,是一本学习汽车底盘结构原理、维修保养及故障诊断的入门级图书。

图书在版编目(CIP)数据

汽车底盘基础维修/陈刚主编. —重庆:西南师范大学出版社,2013.7(2022.7重印)
中等职业学校汽车类专业规划教材
ISBN 978-7-5621-6332-9

Ⅰ.①汽… Ⅱ.①陈… Ⅲ.①汽车－底盘－车辆修理－中等专业学校－教材 Ⅳ.①U472.41

中国版本图书馆 CIP 数据核字(2013)第 153324 号

汽车底盘基础维修

主　　编:	陈　刚
主　　审:	石光成
副 主 编:	邓显玲　杨　浩　李朝东
策　　划:	刘春卉　杨景罡
责任编辑:	曾　文　杨景罡
封面设计:	雷　桥
照　　排:	重庆精图制版印刷有限公司
出版发行:	西南师范大学出版社 地址:重庆市北碚区天生路2号 邮编:400715　市场营销部电话:023-68868624
经　　销:	新华书店
印　　刷:	重庆市正前方彩色印刷有限公司
幅面尺寸:	185 mm×260 mm
印　　张:	17.25
字　　数:	442 千字
版　　次:	2013 年 8 月第 1 版
印　　次:	2022 年 7 月第 5 次
书　　号:	ISBN 978-7-5621-6332-9
定　　价:	35.00 元

若有印装质量问题,请联系出版社调换

版权所有　翻印必究

序言

　　随着我国经济发展和产业结构的调整,职业教育越来越凸现出其重要性,大力发展职业教育是当今举国之策,重庆市在这大背景下,下发了《关于大力发展职业技术教育的决定》(渝委发〔2012〕11号)文件。该文件对培养现代制造业、现代服务业的高素质技能型紧缺人才的现代职业教育的发展起到了很大的政策支撑和引领作用。

　　由于汽车产业的快速发展,尤其是现代汽车新技术、新工艺的广泛应用,对汽车制造和汽车后市场人才的要求越来越高。然而,目前许多中职学校汽车运用与维修专业的办学软硬件设施还没有和市场真正接轨,没有适合学生的职业发展规律,更没有结合学校自身的实际情况。最为突出的是在专业教学方面,存在课程体系不合理,教学内容陈旧,教学方法落后等问题,完全不能满足现代汽车产业岗位职业能力培养的需求。

　　为了更好地满足中等职业学校汽车类专业的教学要求,体现职业教育特色,促进汽车专业人才的培养,我们一线教师和行业专家在广泛调研和深入实践的基础上,按"项目引领、任务驱动"的最新教学理念编写了这套中等职业学校汽车类专业教材。本系列教材共计17本,分别为《汽车文化》《汽车维修机械基础》《汽车维修基本技能》《汽车发动机基础维修》《汽车底盘基础维修》《汽车电气设备构造与维修》《汽车发动机电控系统检修》《汽车底盘电控技术》《汽车电工电子》《汽车车身电控技术》《汽车故障诊断与排除》《汽车维护与保养》《汽车美容与装饰》《汽车车身修复》《汽车维修涂装技术》《汽车评估》《汽车中级技能培训》。

　　本套教材是以市场人才需求为导向,围绕学生职业能力培养,结合中职学生职业教育规律进行编写的。其主要特点如下:

　　1.根据学生岗位职业和发展,教材体系体现了"宽、专、精"三个不同层面的内涵。提炼、整合了传统专业基础课程,拓宽专业基础知识、技能的实用性,满足不同岗位的需要;针对不同工种的工作需求,编写了不同工种的专门化核心专业课程;依据"知识够用、技能实用"原则,精细打造课程,实现与实际岗位工作任务无缝对接。

2.专业课程体例是按"任务驱动的'理实一体化'"模式编写的,体现了以完成工作任务为目的、以应用为中心的职业技能教育特点,实施了"学中做,做中学"的理论与实践相结合的教学理念。

3.课程内容满足专业能力培养的需要。坚持"必须、够用"的原则,内容严谨、容量适宜、难易得当。

4.结合了汽车行业职业技能考核的要求,注重培养"双证"技能型人才。

5.注重学生职业道德与情感的培养,树立安全和环保的意识。

本套教材是在充分调研和深入实践的情况下,在重庆市多所职业学校和相关高校的一线专业课教师、"双师型"教师共同参与下研发、编写而成。这将更能体现其在实际教学中的适用性和地方特色,满足中职学校汽车运用与维修专业的人才培养要求,从而推动地方职业教育的教学改革,为我国汽车产业发展发挥积极的作用。

前 言

汽车是由发动机、底盘、车身和电气设备四大部分组成的,底盘是构成汽车的基础。汽车底盘由传动系统、行驶系统、转向系统和制动系统共同组成,分别完成传递发动机动力、支承整车重量和实现行走、控制汽车行驶方向、控制汽车行驶速度等主要功能。汽车底盘作为汽车的基本组成部分,是汽车相关专业学生必须学习的一门课程。本教材主要作为学习汽车底盘结构原理、维修、保养及故障诊断的入门级图书。

本书编写过程中体现"以就业为导向,以能力为本位,以任务为引领,坚持'理实一体化'模式"的宗旨,同时以汽车维修企业的工作过程为基准,精选了汽车维修工作岗位中最为常见和通用的18个底盘维修任务。通过这些典型的工作任务,让学生在学习的过程中不仅掌握了与这一岗位相关的理论知识和操作技能,同时也培养了学生良好的职业习惯和职业素养。本书内容注重"适用、够用、通用"的现代中职教学原则,最大限度地缩小学校与企业、学生与员工间的职业岗位距离,学生通过对本书的学习能够掌握本岗位所要求的操作技能,具备取得专项职业技能能力证书的实力,从而轻松实现就业,同时也为进一步的职业技能提升做好准备。

本书将汽车底盘的传动系统、制动系统、转向系统和行驶系统四个系统分解融合为四个项目、十八个任务,即项目一:汽车底盘总体结构的认识;项目二:传动系统的维修;项目三:汽车制动系统的维修;项目四:转向与操纵系统的维修(根据汽车维修实际情况,把汽车转向系统和行驶系统两大系统融合成一个项目)。项目一精选一个工作任务,项目二精选七个工作任务,项目三精选四个工作任务,项目四精选六个工作任务,针对汽车底盘基础结构的认识、原理、维护、检测与维修进行讲解,为便于"理实一体化"教学,在每个任务后面都赋予"课堂练习"及"任务测评",这样也便于学生检验相关知识和操作技能的学习效果。

本书由重庆市工业学校陈刚主编并负责全书统稿,重庆巴南职教中心石光成主审,陈刚编写项目一及项目二中任务一、二、三、四、五,重庆科技学院邓显玲编写项目三中任务一、二、三,重庆市工贸高级技工学校杨浩编写项目二中任务一、六、七,重庆市科能高级技工学校李朝东编写项目四中任务一、二,重庆市工业学校严风貌编写项目四中任务三,重庆市工业学校程康编写项目三中任务四,秀山职业教育中心宋旭编写项目中四任务四,重庆市农业学校冯明虎编写项目四中任务五,重庆市工贸高级技工学校刘军编写项目四中任务六,重庆市工业学校江红珩编写项目一中任务一。

由于编写水平有限,经验不足,加之编写时间仓促,书中缺点和错误在所难免,敬请多提宝贵意见。

建议学时分配

项 目	任 务	建议学时
项目一 汽车底盘总体结构的认识	任务一 认识汽车底盘的总体结构	6
项目二 汽车传动系统的维修	任务一 汽车传动系统的维护	6
	任务二 离合器操纵机构的检查与维修	4
	任务三 离合器的更换	12
	任务四 手动变速器的检查与维护	4
	任务五 手动变速器的总成检修	12
	任务六 万向传动装置的检修	6
	任务七 驱动桥的拆装与检修	6
项目三 汽车制动系统的维修	任务一 液压制动系统的维护	6
	任务二 制动摩擦片的更换	6
	任务三 制动系统的检查与修理	6
	任务四 驻车制动系统的检查与调整	4
项目四 汽车转向与操纵系统的维修	任务一 悬架与转向系统的维护	4
	任务二 车轮的检修与换位	8
	任务三 机械转向系统的检查与维修	8
	任务四 助力转向系统的检查与维修	6
	任务五 悬架的检查与维修	8
	任务六 车轮定位的检测与调整	8
合 计		120

目录

项目一　汽车底盘总体结构的认识 ·· 1
任务一　认识汽车底盘的总体结构 ·· 1

项目二　汽车传动系统的维修 ··· 11
任务一　汽车传动系统的维护 ··· 11
任务二　离合器操纵机构的检查与维修 ··· 25
任务三　离合器的更换 ··· 37
任务四　手动变速器的检查与维护 ·· 57
任务五　手动变速器的总成检修 ··· 72
任务六　万向传动装置的检修 ··· 97
任务七　驱动桥的拆装与检修 ··· 109

项目三　汽车制动系统的维修 ··· 129
任务一　液压制动系统的维护 ··· 129
任务二　制动摩擦片的更换 ·· 147
任务三　制动系统的检查与修理 ··· 162
任务四　驻车制动系统的检查与调整 ··· 176

项目四　汽车转向与操纵系统的维修 ·· 183
任务一　悬架与转向系统的维护 ··· 183
任务二　车轮的检修与换位 ·· 195
任务三　机械转向系统的检查与维修 ··· 210
任务四　助力转向系统的检查与维修 ··· 222
任务五　悬架的检查与维修 ·· 232
任务六　车轮定位的检测与调整 ··· 246

参考文献 ·· 267

项目一
汽车底盘总体结构的认识

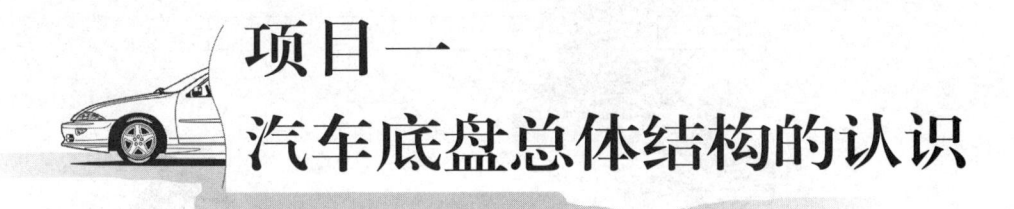

任务一 认识汽车底盘总体结构

【任务目标】

目标类型	目标要求
1. 认知目标	（1）能叙述汽车底盘的基本组成与作用 （2）能叙述汽车底盘在汽车上的几种主要布置形式 （3）能识别汽车底盘各主要总成
2. 技能目标	达到汽车维修中级工的如下技能要求： 能查询维修资料，识别汽车零件名称
3. 情感目标	（1）养成主动学习的习惯 （2）培养"5S"、"EHS"意识

【任务描述】

汽车是由发动机、底盘、车身和电气设备四大部分组成的，底盘是构成汽车的基础。它由传动系统、行驶系统、转向系统和制动系统共同构成，分别完成传递发动机动力、支承整车重量和实现行走、控制汽车行驶方向、控制汽车行驶速度等主要功能。

通过本任务的学习，要让学生知道汽车底盘的组成及作用，能够识别汽车底盘各总成的名称及安装位置。

【知识准备】

一、汽车底盘

汽车底盘由哪几部分组成？各有什么作用？

1. 汽车底盘的组成

汽车底盘由传动系统、行驶系统、转向系统和制动系统组成。请在图 1-1-1 上填写相应系统或总成名称,并在实训场地车辆上找到相应系统。

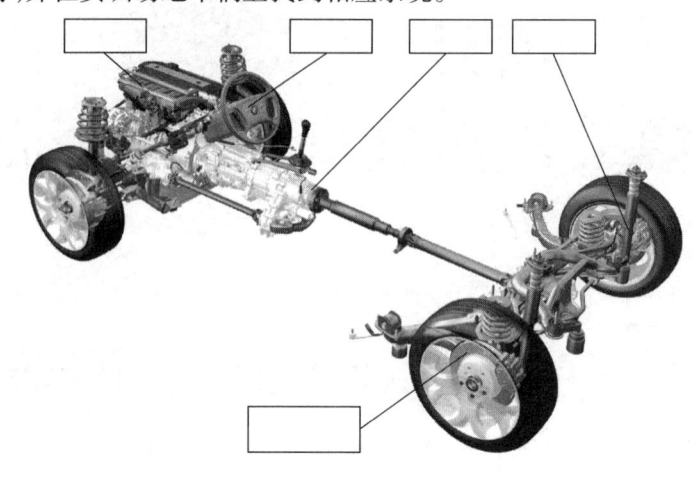

图 1-1-1　汽车底盘的组成

2.底盘各系统的功用

(1)汽车传动系统的基本功用是将_____发出的动力按照需要传给驱动车轮。

(2)汽车制动系统的功用是使行驶中的汽车减速甚至停车,使下坡行驶的汽车的速度保持稳定,以及使已停驶的汽车保持不动。

(3)汽车行驶系统的功用是接受发动机经传动系统传来的转矩,并通过驱动轮与路面间的附着作用产生路面对汽车的牵引力,以保证整车正常行驶;传递并承受路面作用于车轮上的各向反力及其形成的力矩;缓和各种冲击和振动,保证汽车平稳行驶,并且与汽车转向系统很好地配合工作,实现汽车行驶方向的正确控制,以保证汽车操纵的稳定性。

(4)转向系统用来改变或恢复其行驶方向。

二、汽车传动系统

汽车传动系统由哪些部分组成?它是怎样把发动机的动力传递到驱动车轮上的?

1.根据典型传动系统的布置形式,认识传动系统的部件名称,根据图 1-1-2 完成表 1-1-1。

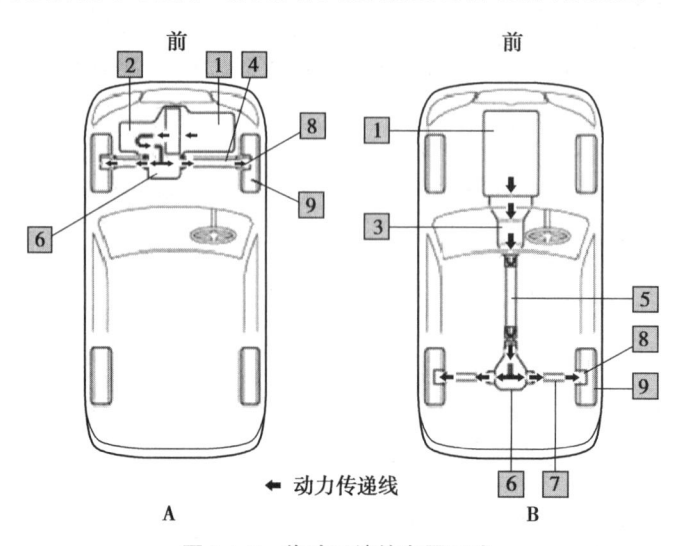

图 1-1-2　传动系统的布置形式

表1-1-1 传动系统零件的识别

FF（发动机前置、前轮驱动车辆）		FR（发动机前置、后轮驱动车辆）	
图1-1-2-(　)		图1-1-2-(　)	
序　号	部件名称	序　号	部件名称
1	发动机	1	
2		2	
3		3	
4		4	
5		5	
6		6	
7		7	
8		8	
9	驱动车轮	9	驱动车轮

想一想： 传动系统除了以上两种布置形式之外，你还知道其他的布置形式吗？

2.传动系统的功用

传动系统的首要任务是与发动机协同工作，以保证汽车在各种行驶条件下正常行驶所必需的驱动力与车速，并使汽车具有良好的动力性和燃油经济性。为此，任何形式的传动系统都必须具有以下功能：

(1)实现减速增矩；
(2)实现汽车变速；
(3)实现汽车倒驶；
(4)必要时中断传动系统的动力传递；
(5)应使两侧驱动车轮具有差速作用。

想一想： 以上几种功能由传动系统的哪些部件实现？

三、汽车制动系统

汽车制动系统的组成及其类型有哪些？各总成安装在哪些位置？

汽车制动系统是指在汽车上设置的一套(或多套)能由＿＿＿＿＿＿控制的、产生与汽车行驶方向相反外力的专门装置。其作用是：使行驶中的汽车按照驾驶员的要求进行适时减速、停车或驻车，以及保持汽车下坡行驶速度的稳定性。

1.制动系统的组成，见图1-1-3

(1)供能装置——包括供给、调节制动所需的能量以及改善传能介质状态的各种部件。

其中产生制动能量的部分称为制动能源。人的肌体也可作为制动能源。

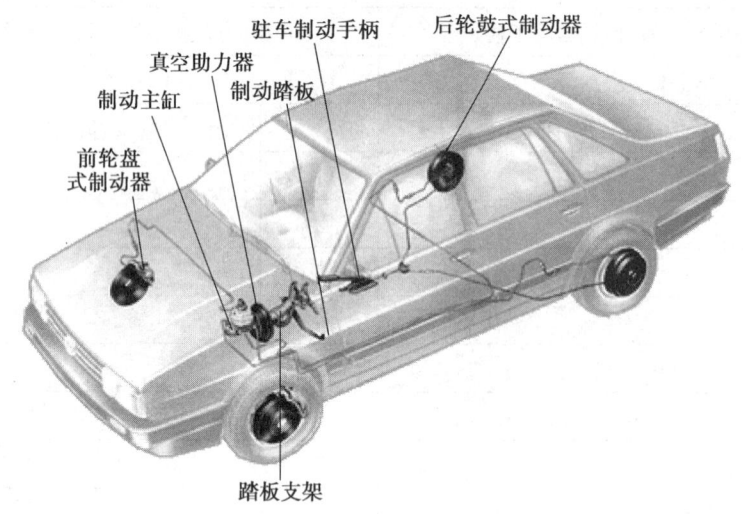

图 1-1-3　桑塔纳轿车制动系统

想一想： 制动时除了人力之外还有哪些制动能源？

（2）控制装置——包括产生制动动作和控制制动效果的各种部件，如制动踏板、制动阀等。

（3）传动装置——包括将制动能量传输到制动器的各个部件，如制动主缸和制动轮缸等。

（4）制动器——产生制动摩擦力矩的部件，如盘式制动器、鼓式制动器等。

较为完善的制动系统还具有制动力调节装置、报警装置、压力保护装置等附加装置。

2.制动系统的类型及安装位置

一般车辆都设置有行车制动装置、驻车制动装置两套制动系统，观察图 1-1-4，A 属于＿＿＿＿制动装置，B 属于＿＿＿＿制动装置。在图中你能说出哪些制动系统部件名称？请列举出来：

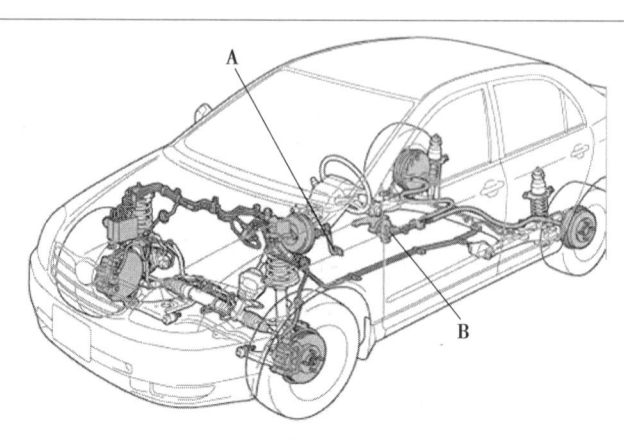

＿＿

＿＿

图 1-1-4　汽车制动系统的组成

四、汽车行驶系统

汽车行驶系统的组成及其作用是什么？各总成安装位置在哪里？

1.汽车行驶系统的功用
(1)接受传动系统传来的发动机转矩并产生驱动力；
(2)承受汽车的总重量，传递并承受路面作用于车轮上的各个方向的反力及转矩；
(3)缓冲、减振，保证汽车行驶的平顺性；
(4)与转向系统协调配合工作，控制汽车的行驶方向。

2.汽车行驶系统的组成与安装位置
汽车行驶系统一般由车架、车桥、悬架和车轮等组成，在图1-1-5中分别标注出车架、车桥、悬架和车轮。

小提示：非承载式车身有单独车架，而采用承载式车身车辆没有车架，车身兼起车架作用。

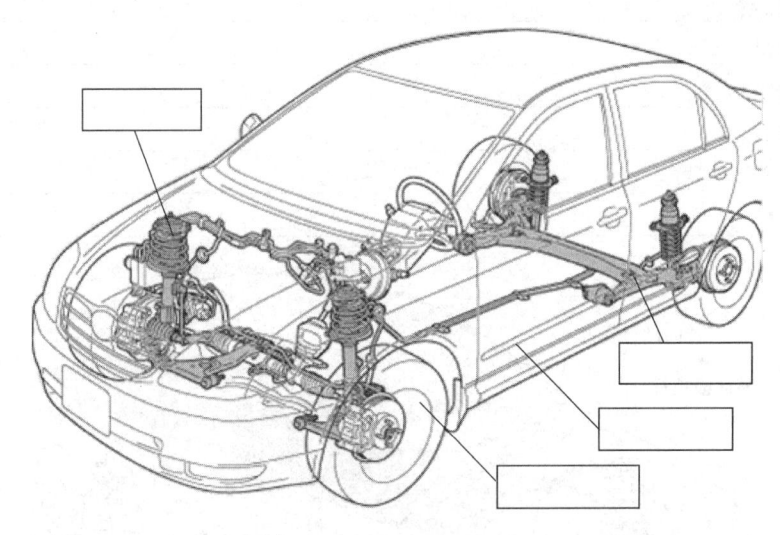

图1-1-5 汽车行驶系统的组成

车架是全车装配与支撑的基础，它将汽车的各相关总成连接成一个整体并与行驶系统共同支撑汽车的质量。车轮分别装在前桥和后桥上，支撑着车桥和汽车。为了减少汽车在行驶中受到的各种冲击与振动，车桥与车架之间通过弹性系统悬架进行连接。

查一查：什么是独立悬架系统？

五、汽车转向系统

汽车转向系统的组成及其类型有哪些？各总成安装位置在哪里？
汽车上用来改变或恢复其行驶方向的专设机构称为汽车转向系统。

1.转向系统的基本组成
(1)转向操纵机构：主要由转向盘、转向轴、转向管柱等组成。

(2)转向器:将转向盘的转动变为转向摇臂的摆动或齿轮齿条的直线往复运动,并对转向操纵力进行放大的机构。转向器一般固定在汽车车架或车身上,转向操纵力通过转向器后一般还会改变传动方向。

(3)转向传动机构:将转向器输出的力和运动传给车轮(转向节),并使左右车轮按一定关系进行偏转的机构。

2.汽车转向系统的分类

汽车转向系统按转向能源的不同分为机械式转向系统和动力式转向系统两大类。

(1)机械转向系统以驾驶员的体力(手力)作为转向能源的转向系统,其中所有传力件都是_____的,机械式转向系统由转向操纵机构、转向器和转向传动机构三大部分组成。

(2)动力转向系统是兼用驾驶员体力和发动机(或电机)的动力为转向能源的转向系统,它是在机械转向系统的基础上加设一套转向加力装置而形成的。

3.观察图1-1-6,叙述转向系统各主要部件的安装位置

(1)转向器:_____

(2)转向盘:_____

(3)转向横拉杆:_____

(4)转向节:_____

(5)转向助力装置:_____

(6)转向柱:_____

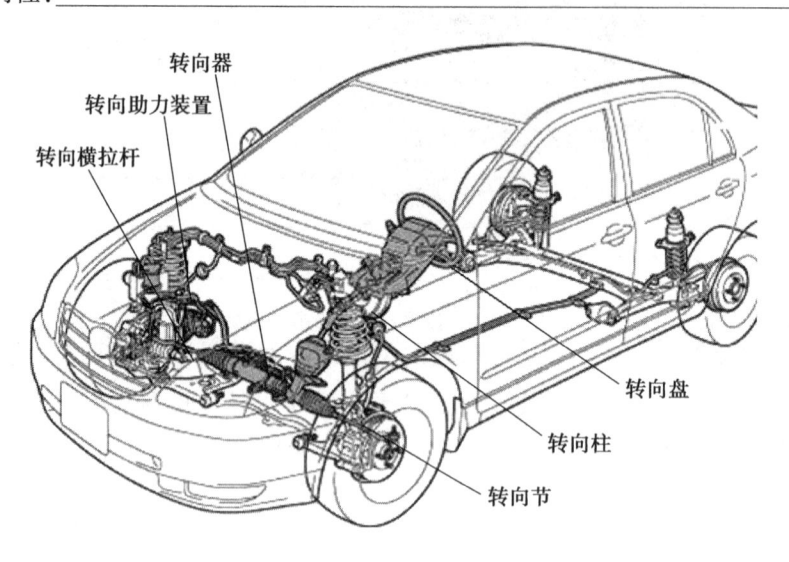

图1-1-6 轿车转向系统的组成

【任务实施】

一、准备工作

1.工具设备和材料

教学车辆、举升机。

2.安全防护用品

标准作业装、车内防护三件套、车外防护三件套。

3.汽车信息收集

车牌号码:＿＿＿＿＿＿＿＿＿＿＿＿＿,车辆型号:＿＿＿＿＿＿＿＿＿＿＿＿＿,

VIN 码:＿＿＿＿＿＿＿＿＿＿＿＿＿,行驶里程:＿＿＿＿＿＿＿＿＿＿＿＿＿。

二、汽车底盘部件

在汽车上查找汽车底盘部件,收集相应信息填入表1-1-2 至表1-1-5 中。

1.认识汽车传动系统零部件

表1-1-2　汽车传动系统零部件的认识

零件名称	有或无	类型和位置(在对应方框内画"√")
汽车传动系统	有□　无□	发动机前置前轮驱动□　　发动机前置后轮驱动□ 发动机机舱□　驾驶室内□　底盘前部□　中部□　后部□
离合器踏板	有□　无□	发动机机舱□　驾驶室内□　底盘前部□　中部□　后部□
离合器主缸	有□　无□	发动机机舱□　驾驶室内□　底盘前部□　中部□　后部□
离合器	有□　无□	发动机机舱□　驾驶室内□　底盘前部□　中部□　后部□
变速器挡杆	有□　无□	发动机机舱□　驾驶室内□　底盘前部□　中部□　后部□
变速器	有□　无□	手动变速器□　　　　　自动变速器□ 发动机机舱□　驾驶室内□　底盘前部□　中部□　后部□
传动轴	有□　无□	发动机机舱□　驾驶室内□　底盘前部□　中部□　后部□
驱动桥	有□　无□	发动机机舱□　驾驶室内□　底盘前部□　中部□　后部□
主减速器	有□　无□	发动机机舱□　驾驶室内□　底盘前部□　中部□　后部□
差速器	有□　无□	发动机机舱□　驾驶室内□　底盘前部□　中部□　后部□

2.认识汽车制动系统零部件

表1-1-3　汽车制动系统零部件的认识

零件名称	有或无	类型和位置(在对应方框内画"√")
制动踏板	有□　无□	发动机机舱□　驾驶室内□　底盘前部□　中部□　后部□
制动总泵	有□　无□	发动机机舱□　驾驶室内□　底盘前部□　中部□　后部□
制动鼓	有□　无□	发动机机舱□　驾驶室内□　底盘前部□　中部□　后部□
制动摩擦片	有□　无□	发动机机舱□　驾驶室内□　底盘前部□　中部□　后部□
制动轮缸	有□　无□	发动机机舱□　驾驶室内□　底盘前部□　中部□　后部□
制动盘	有□　无□	发动机机舱□　驾驶室内□　底盘前部□　中部□　后部□
真空助力器	有□　无□	发动机机舱□　驾驶室内□　底盘前部□　中部□　后部□
制动钳	有□　无□	发动机机舱□　驾驶室内□　底盘前部□　中部□　后部□
驻车制动手柄	有□　无□	发动机机舱□　驾驶室内□　底盘前部□　中部□　后部□

3.认识汽车行驶系统零部件

表1-1-4　汽车行驶系统零部件的认识

零件名称	有无	类型和位置（在对应方框内画"√"）				
悬架弹簧	有□　无□	发动机机舱□	驾驶室内□	底盘前部□	中部□	后部□
减振器	有□　无□	发动机机舱□	驾驶室内□	底盘前部□	中部□	后部□
前桥	有□　无□	发动机机舱□	驾驶室内□	底盘前部□	中部□	后部□
下悬臂	有□　无□	发动机机舱□	驾驶室内□	底盘前部□	中部□	后部□
稳定杆	有□　无□	发动机机舱□	驾驶室内□	底盘前部□	中部□	后部□
后桥	有□　无□	发动机机舱□	驾驶室内□	底盘前部□	中部□	后部□
车轮	有□　无□	发动机机舱□	驾驶室内□	底盘前部□	中部□	后部□

4.识别汽车转向系统零件

表1-1-5　汽车转向系统零件的识别

零件名称	有无	类型和位置（在对应方框内画"√"）				
转向盘	有□　无□	发动机机舱□	驾驶室内□	底盘前部□	中部□	后部□
转向柱	有□　无□	发动机机舱□	驾驶室内□	底盘前部□	中部□	后部□
转向灯	有□　无□	发动机机舱□	驾驶室内□	底盘前部□	中部□	后部□
转向油助力泵	有□　无□	发动机机舱□	驾驶室内□	底盘前部□	中部□	后部□
转向助力油壶	有□　无□	发动机机舱□	驾驶室内□	底盘前部□	中部□	后部□
转向器	有□　无□	发动机机舱□	驾驶室内□	底盘前部□	中部□	后部□
转向节	有□　无□	发动机机舱□	驾驶室内□	底盘前部□	中部□	后部□
转向横拉杆	有□　无□	发动机机舱□	驾驶室内□	底盘前部□	中部□	后部□

【任务检测】

一、填空题

1.汽车底盘由_____、_____、_____和行驶系统等四大系统组成，其功用为接受_____的动力，使汽车运动并保证汽车能够按照驾驶员的操纵而正常行驶。

2.汽车传动系统是指从_____到_____之间所有动力传递装置的总称，其基本功用是将发动机的动力传给驱动车轮。

3.传动系统由_____、_____、_____、_____和驱动车轮等部分组成。

4.行驶系统的功用是支承、安装汽车的各零部件总成，起到传递和承受车上、车下各种载荷，以保证汽车的正常行驶的作用。行驶系统主要由_____、_____、_____、_____等组成。

5. 转向系统的功用是保证汽车能够按照驾驶员选定的方向行驶,转向系统主要由_____、_____、_____、_____组成。

6. 汽车底盘的总体布置与发动机的位置及汽车的驱动方式有关,一般有_____、_____、_____、_____等形式。

二、判断题

1. 为防止你自己受到伤害,无论何时都不要裸露皮肤。　　　　　　　(　　)
2. 只在指定区域内报废汽油或机油。　　　　　　　　　　　　　　　(　　)
3. 如果在危险的情况下未受到伤害,就不必要汇报。　　　　　　　　　(　　)
4. 事故的发生是因工作期间未维护好,或工作者粗心。　　　　　　　(　　)
5. 在下列情况下,应考虑佩戴护目镜:进行金属切削加工、用錾子或冲子铲剔、使用压缩空气、使用清洗剂等。　　　　　　　　　　　　　　　　　　　　　　(　　)
6. 一般在钣金车间不必佩戴耳罩或耳塞。　　　　　　　　　　　　　(　　)
7. 使用带锐边的工具时,锐边不要对着自己和工作同事。传递工具时,要将手柄朝向对方。　　　　　　　　　　　　　　　　　　　　　　　　　　　　　(　　)
8. 使用压缩空气时,应非常小心,不要玩弄它,不要将压缩空气对着自己或别人,不要对着地面、设备、车辆乱吹。　　　　　　　　　　　　　　　　　　　(　　)
9. 手上应避免油污,以免工具滑脱。　　　　　　　　　　　　　　　(　　)

【评价与反馈】

班级：_____ 姓名：_____ 指导教师：_____

序号	考核项目	配分	考核内容	配分	考核标准	得分
1	出勤、纪律	5	出勤	2	违规一次不得分	
			行为规范	3	违规一次不得分	
2	安全、防护、环保	20	着装	4	违规一次不得分	
			个人防护	4	违规一次不得分	
			"5S"、"EHS"	4	违规一次不得分	
			设备使用安全	4	违规一次不得分	
			操作安全	4	违规一次不得分	
3	知识水平	20	知识测验成绩	20	按测验成绩的20%计	
4	技能考核	40	技能测验成绩	40	按测验成绩的40%计	
5	学习能力	10	工单填写,工艺计划制订	4	未做不得分	
			组内活动情况	4	根据未完成情况酌情扣1~4分	
			资料的查阅和收集	2	未做不得分	
6	任务拓展	5	知识拓展	2	未做不得分	
			技能拓展	3	未做不得分	
7	总分	100				

【教师评估】

序号	优点	存在的问题	解决方案

教师签字：

项目二
汽车传动系统的维修

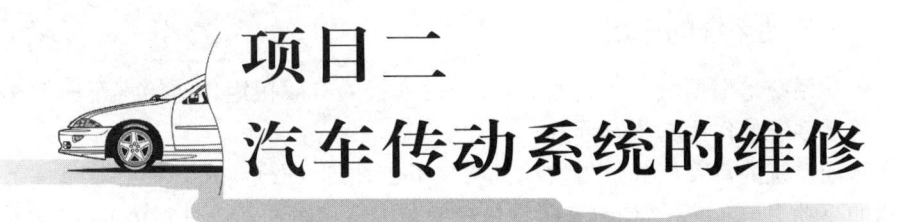

任务一 汽车传动系统的维护

【任务目标】

目标类型	目标要求
1. 认知目标	（1）能描述汽车传动系统及各部件的作用 （2）能描述汽车传动系统的布置类型 （3）能认识汽车传动系统的主要零件
2. 技能目标	达到汽车维修中级工的如下技能要求： （1）能进行传动系统的维护作业 （2）能查询维修资料，获取所需要的紧固力矩
3. 情感目标	（1）培养"5S"、"EHS"意识 （2）养成"严谨"的工作作风 （3）具有螺纹紧固件安全使用意识

【任务描述】

汽车传动系统的基本功用是将发动机发出的动力按照需要传给驱动车轮。汽车传动系统的维护是汽车维修作业的重要项目之一，按照技术要求对传动系统进行规范维护作业。

本任务主要是让学生熟悉汽车传动系统的组成、作用，知道传动系统的布置形式，能识别传动系统各总成的名称，能正确实施对传动系统的维护。

【知识准备】

汽车传动系统是汽车动力传递的重要组成部分，其性能的好坏影响到汽车能否正常运行，因此在进行汽车定期维护过程中，传动系统是常见的维护项目。在进行传动系统的维护时，需要能明确地区分出汽车传动系统的布置类型，并通过查阅相关的资料来确定相应的维护信息。

一、汽车传动系统的作用

汽车传动系统是根据汽车行驶的需要,将发动机的有效扭矩传送给汽车驱动车轮的重要装置。传动系统的作用具体有哪些?

汽车传动系统的首要任务是与发动机协调工作,以保证汽车在各种行驶条件下正常行驶所必需的驱动力与车速,并使汽车具有良好的动力性和燃油经济性。为此,传动系统应具备如下功能:

(1)减速增扭,如图2-1-1所示。
(2)变速。
(3)实现汽车倒驶。
(4)必要时中断动力的传递。
(5)差速,如图2-1-2所示。

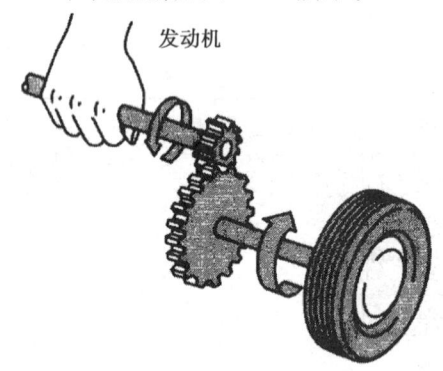

图2-1-1 减速增扭示意图

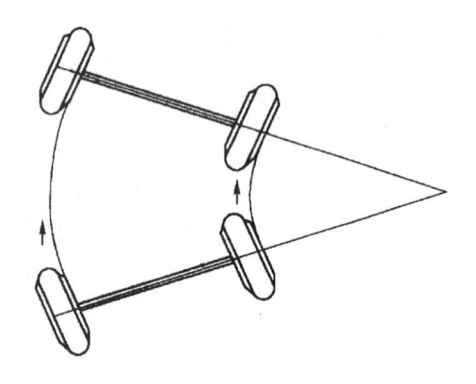

图2-1-2 差速示意图

二、汽车传动系统的分类、组成及动力传递

汽车传动系统如何进行分类?它由哪些部分组成?如何实现动力传递?

1.传动系统的分类

按照能量传递方式的不同,可分为机械传动、液力机械式传动、电传动三种类型(本书仅讲述机械式传动系统)。

(1)机械传动式:主要部件有1 _____、2 _____、3 _____、4 主减速器、差速器和半轴等组成,如图2-1-3所示。

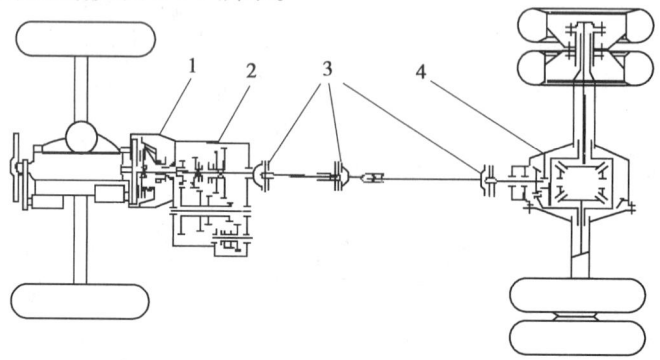

图2-1-3 机械传动系统示意图

（2）液力机械式传动系统：组合运用液力传动和机械传动。以液力传动变速器取代机械传动系统的摩擦式离合器和普通齿轮式变速器，其他组成部件及布置形式均与机械式传动系统相同，如图2-1-4所示。

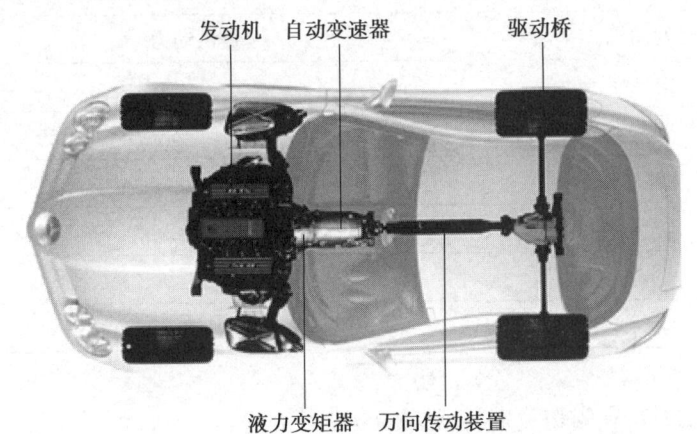

图 2-1-4　典型液力机械式传动系统示意图

（3）电传动式：混合式电动汽车采用的电传动，电传动是由发动机驱动发电机发电，再由电动机对驱动桥进行驱动或直接对带有减速器的驱动轮进行驱动，如图2-1-5所示。

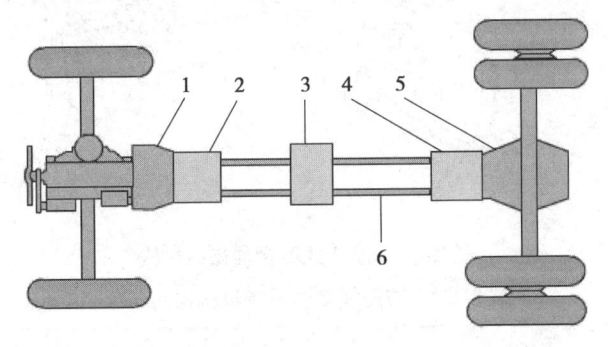

1—离合器；2—发电机；3—控制器；4—电动机；5—驱动桥；6—导线

图 2-1-5　电传动示意图

2.传动系统的组成

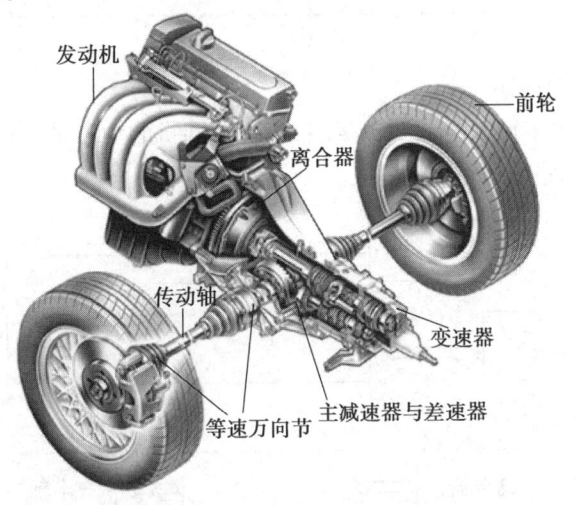

图 2-1-6　发动机前置前轮驱动

(1)根据图2-1-6,参考相关资料,将表2-1-1补充完整。

表2-1-1　传动系统各总成的作用

序号	名　称	作　用
1	发动机	提供动力
2	离合器	
3	变速器	
4	主减速器	
5	防尘套	
6	半轴	
7	轮胎	

(2)根据图2-1-7,查阅相关资料,将表2-1-2补充完整。

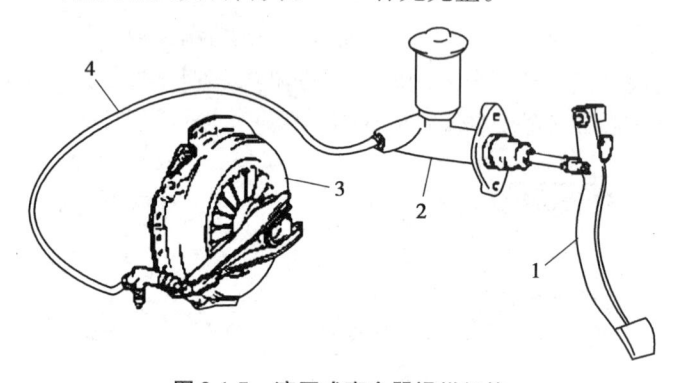

图2-1-7　液压式离合器操纵机构

表2-1-2　液压式离合器操纵机构的名称

序号	名　称	序号	名　称
1	离合器踏板	3	
2		4	油管

3.传动系统的动力传递

根据图2-1-3和图2-1-6,查阅相关资料,分析发动机的动力是如何传递到车轮的?

(1)图2-1-3传动路线:

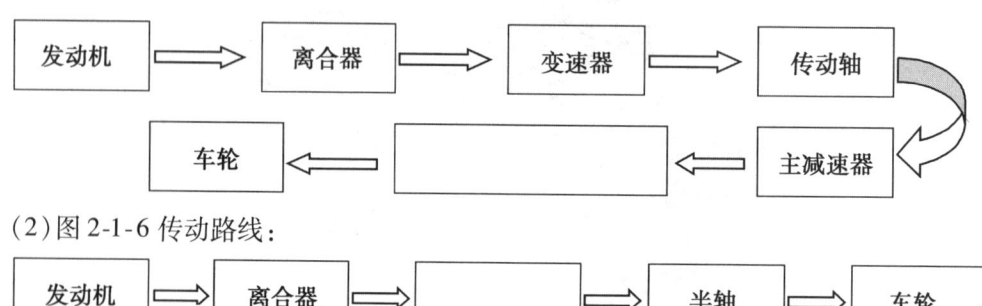

发动机 ⇒ 离合器 ⇒ 变速器 ⇒ 传动轴 ⇒ 主减速器 ⇒ ☐ ⇒ 车轮

(2)图2-1-6传动路线:

发动机 ⇒ 离合器 ⇒ ☐ ⇒ 半轴 ⇒ 车轮

三、汽车传动系统的布置方式以及各自的优缺点

汽车传动系统有哪几种布置方式？不同的布置方式有哪些优缺点？

汽车传动系统的布置方式主要与汽车驱动形式和发动机的安装位置有关。汽车的驱动形式通常用汽车轮毂总数×驱动车轮数来表示,根据驱动车轮的不同,汽车常见驱动可以分为4×4、4×2两种形式。常见汽车传动系统的布置方式主要有以下几种:

图2-1-8　发动机前置前轮驱动

1.发动机前置前轮驱动(FF型),如图2-1-8所示

许多轿车上常采用发动机前置前轮驱动的布置方式。在前置前轮汽车中,根据发动机布置方式又可分为发动机横置前轮驱动和发动机纵置前轮驱动。图2-1-8中为发动机＿＿＿＿＿(横置或纵置)前轮驱动。

2.发动机前置后轮驱动(FR型),如图2-1-9所示

发动机前置后轮驱动车辆是将发动机、离合器和变速器连成一个整体安装在汽车的前部,主要减速器、差速器和半轴安装在汽车后桥,两者通过万向传动装置相连。这种形式是目前载货汽车和部分中高级轿车常采用的一种传动布置形式。

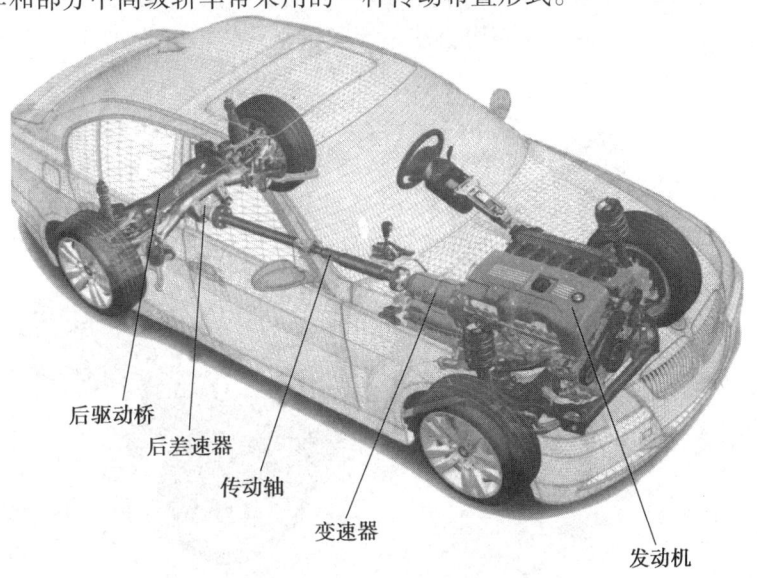

图2-1-9　发动机前置后轮驱动

3. 发动机后置后轮驱动(RR),如图2-1-10所示

某些大客车和微型小客车及部分轿车采用发动机后置后轮驱动形式。

图 2-1-10　发动机后置后轮驱动

4. 中置后驱动(MR),如图2-1-11所示

特点是发动机布置在前后轴之间,用后轮驱动。用于跑车和少数大中型客车。

图 2-1-11　发动机中置后轮驱动

5. 四轮驱动(4WD),如图2-1-12所示

为了提高汽车的通过性,许多越野汽车采用四轮驱动的布置方式,汽车的全部车轮都是驱动轮。

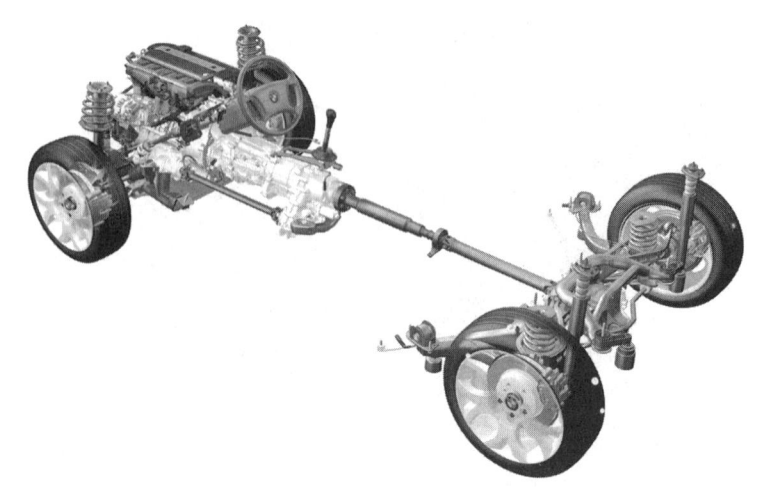

图 2-1-12　四轮驱动

汽车传动系统的布置方式不同，其结构特点也不同。查阅相关资料，试分析汽车传动系统的几种不同布置方式的优缺点，填写在表2-1-3中。

表2-1-3 不同布置方式车辆的优缺点

驱动类型	优　点	缺　点
发动机前置前轮驱动	发动机散热条件好，传动系统机构紧凑，传动效率高，整车质心降低，汽车高速行驶稳定性好，因此广泛运用在质心较低的轿车上	上坡时前轮附着力减小，容易打滑，下坡制动时前轮载荷过重，高速时容易发生翻车现象
发动机前置后轮驱动		
发动机后置后轮驱动		操纵机构复杂，发动机散热困难
发动机中置后轮驱动		
四轮驱动		

四、利用汽车维修资料查询相关信息

查询汽车维修资料是判断汽车故障和获取维修方法的重要手段，如何利用维修资料查询相关信息？

随着科技的进步和汽车工业的快速发展，为满足不同的消费需求，世界各大汽车制造公司，不断地推出新的车型，而且车型淘汰周期越来越短。汽车结构越来越复杂，性能不断得到改进，功能越来越完善。作为汽车维修专业技术人员，面对不同生产年代的众多车型，为了快速、准确、有效地完善故障检测、分析、诊断和排除，除了依赖于检测仪器、仪表和维修工具以外，汽车维修技术资料已经成为不可缺少的帮手。因此，查询汽车维修资料是获得现代汽车维修方法的重要手段。

1.汽车维修资料的分类

按照不同媒体的维修技术资料划分，有以下几类：
(1)原厂维修手册。
(2)公开出版的书籍。
(3)专业报纸、杂志。
(4)汽车维修数据库。

小提示：维修手册是汽车制造商向其特约维修站提供针对具体车型的技术资料。

2.汽车维修资料的查询

(1)认识维修手册,在教师的指导下查阅卡罗拉维修手册(或实验室有的维修手册)总目录,总目录分为哪几个章节?每个章节可分为哪些子系统?

(2)根据收集的卡罗拉维修手册,查询卡罗拉 C50 手动传动桥扭矩,完成表 2-1-4。

表 2-1-4　C50 手动传动桥扭矩参数

螺栓名称	规　格	
	公　制	英　制
变速器放油螺栓		
变速器壳体螺栓		
离合器储液罐装配螺栓		
变速器倒车灯开关		

(3)叙述如何快速查找维修手册。

【知识拓展】汽车分动器

1.分动器的功能

分动器就是将变速器输出的动力分配到各驱动桥,并且进一步增大扭矩,是 4×4 越野车传动系统中不可缺少的传动部件,如图 2-1-13 所示。它的前部与汽车变速箱连接,将输出的动力经适当变速后同时传给汽车的前桥和后桥,此时汽车全轮驱动,可在冰雪、泥沙和无路地区地面行驶。

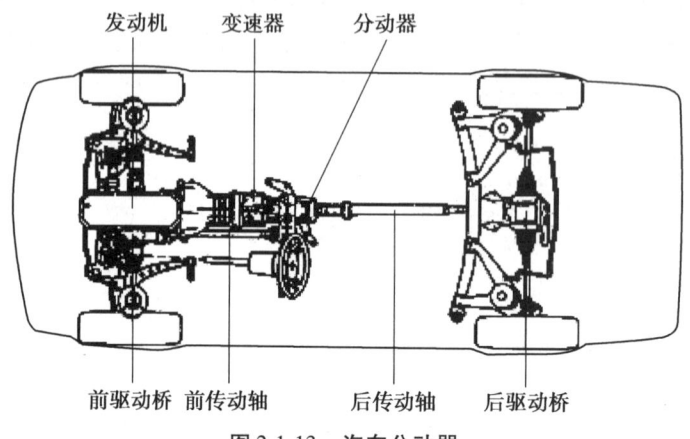

图 2-1-13　汽车分动器

2.分动器类型

分动器主要有 3 种类型,即分时四驱(Part-time 4WD)、全时四驱(Full-time 4WD)、适时驱动(Real-time 4WD)等。

【任务实施】

一、准备工作

1.工具和材料

举升机、实训车辆、钢直尺、维修手册、干净的抹布、常用工具。

2.安全防护用品

标准作业装、安全鞋、线手套。

3.汽车信息收集

车牌号码:_____,车辆型号:_____,

VIN 码:_____,行驶里程:_____。

二、汽车传动系统的维护作业

正确维护汽车传动系统,可以提高汽车的使用安全性和可靠性,按照下列计划进行汽车传动系统的维护作业。

1.维护作业的准备及预检

(1)检查举升机。 □任务完成

(2)车辆位置检查。 □任务完成

(3)安装车轮挡块,阻挡车轮。 □任务完成

(4)安装各种防护套。

①安装座椅套。 □任务完成

②安装地板垫。 □任务完成

③安装转向盘套。 □任务完成

④拉起发动机释放杆。 □任务完成

(5)打开发动机盖。 □任务完成

①安装翼子板护布。 □任务完成

②安装前格栅布。 □任务完成

(6)发动机机舱预检。

①检查发动机冷却液液位。 □正常 □不正常

②检查发动机机油液面。 □正常 □不正常

③检查制动液液位。 □正常 □不正常

④检查刮水器喷洗器液面。 □正常 □不正常

检查结论:

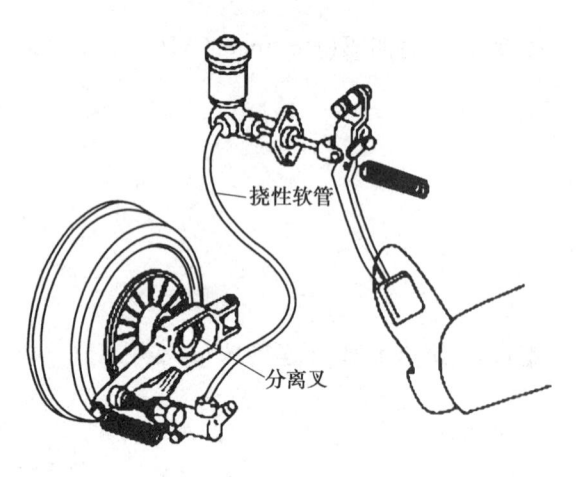

图 2-1-14　离合器的检查

2.离合器的检查,如图 2-1-14 所示

(1)离合器总泵、分泵、挠性软管是否泄漏。　　　　　□正常　□不正常
(2)检查离合器油量是否正常。　　　　　　　　　　　□正常　□不正常
(3)踩下离合器踏板,是否存在:
①异响。　　　　　　　　　　　　　　　　　　　　　□有　　□无
②过度松动。　　　　　　　　　　　　　　　　　　　□是　　□否
③感觉踏板过于沉重。　　　　　　　　　　　　　　　□是　　□否
④回弹无力。　　　　　　　　　　　　　　　　　　　□是　　□否

小提示: 如果离合器操作机构是机械操纵,则减少离合器液压操纵机构检查。

(4)离合器踏板自由行程的检查。

用手指压离合器踏板,并用钢直尺测量离合器踏板自由行程,如图 2-1-15 所示。

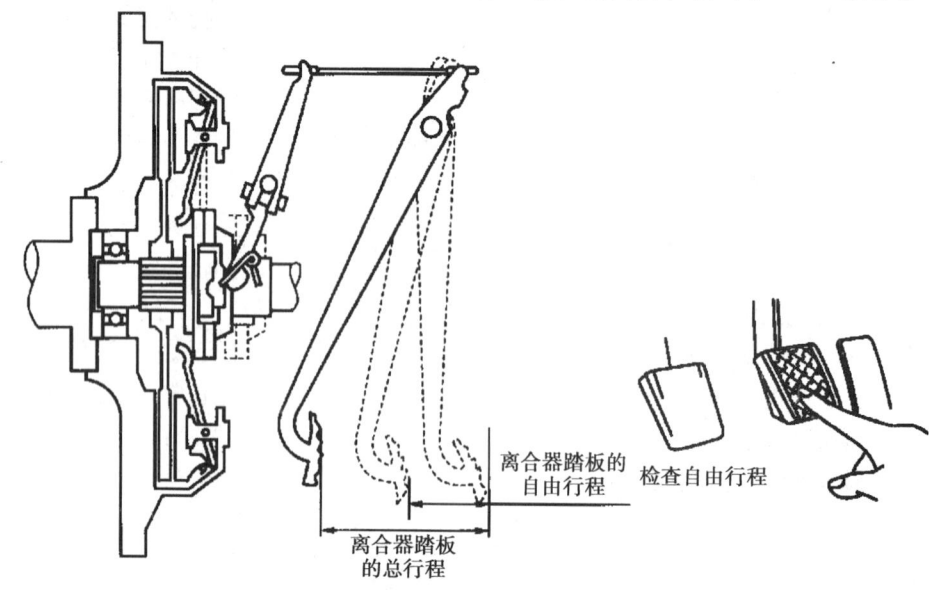

图 2-1-15　离合器踏板自由行程的测量

①测量值为_____mm。
②查询维修手册,标准自由行程为_____mm。
③离合器踏板自由行程是否正常。　　　　　　　　□正常　□不正常
检查结论：

小提示：离合器踏板自由行程——离合器在接合状态时,在分离轴承和分离杠杆内端之间留有一定的间隙,为消除这一间隙所需要的离合器踏板行程。

3.手动变速器的检查
(1)用举升机将汽车举升到适当高度并锁止。　　　　　　□任务完成

安全提示：在汽车的举升过程中,举升机锁止前禁止进入车底进行作业,锁止后方能进入车底作业。

(2)检查手动变速器是否漏油。
①检查变速器壳接触面是否漏油。　　　　　　　　　□是　□否
②检查轴和拉索伸出的区域是否漏油。　　　　　　　□是　□否
③检查油封是否漏油。　　　　　　　　　　　　　　□是　□否
④检查放油螺栓和加注螺栓是否漏油。　　　　　　　□是　□否

(3)手动变速器油的检查
从手动变速器上拆卸加注螺栓,将手指插入螺栓孔,其油面应该与加注口齐平或稍低。
①检查手动变速器油量是否正常。　　　　　　　　　□正常　□不正常
②检查手动变速器油质是否正常。　　　　　　　　　□正常　□不正常
检查结论：

4.驱动轴防尘套的检查
(1)检查左驱动轴防尘套及卡箍是否有裂纹和其他损坏。
①检查外侧防尘套及卡箍是否有裂纹。　　　　　　　□有　□无
②检查内侧防尘套及卡箍是否有裂纹。　　　　　　　□有　□无
③检查外侧润滑脂是否渗漏。　　　　　　　　　　　□是　□否
④检查内侧润滑脂是否渗漏。　　　　　　　　　　　□是　□否
(2)检查右驱动轴防尘套及卡箍是否有裂纹和其他损坏。
①检查外侧防尘套及卡箍是否有裂纹。　　　　　　　□有　□无
②检查内侧防尘套及卡箍是否有裂纹。　　　　　　　□有　□无
③检查外侧润滑脂是否渗漏。　　　　　　　　　　　□是　□否
④检查内侧润滑脂是否渗漏。　　　　　　　　　　　□是　□否

小提示：在进行检查驱动轴防尘套检查时，必须用手转动轮胎，以便检查整个防尘套外表，如图 2-1-16 所示。

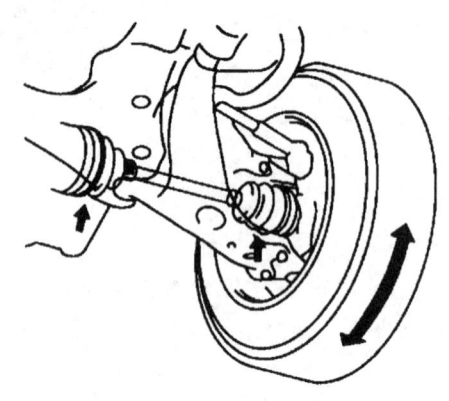

图 2-1-16　防尘套的检查

检查结论：

根据以上检查结果，将表 2-1-5 填写完整。

表 2-1-5　传动系统维护故障原因表

故障部位	故障原因	维修建议
离合器		
手动变速器		
传动轴		
防尘套		

5.车辆复位与清洁

(1)解除举升机保险，降下车辆。　　　　　　　　　□任务完成
(2)复查。
检查制动液、动力转向油盖、水箱盖、机油加注口盖是否拧紧。
　　　　　　　　　　　　　　　　　　　　　　□正常　　□不正常
(3)清洁复位。
①拆卸车内外防护套。　　　　　　　　　　　　　□任务完成
②拆卸车轮挡块。　　　　　　　　　　　　　　　□任务完成
③清洁工位。　　　　　　　　　　　　　　　　　□任务完成

【任务检测】

一、判断题

1.解放 CA1092 型货车装了 6 只轮胎，其中后面 4 只轮胎为驱动轮胎，所以其驱动形式

为6×4。   ( )
   2. 越野汽车在任何行驶条件下的所有车轮都是驱动轮。   ( )
   3. 离合器的功能是保证换挡平顺,在必要时中断动力传递,因此在汽车上都需装有离合器。   ( )
   4. 主减速器将动力传给差速器,并实现降速增矩、改变力的传递方向。   ( )
   5. 在制动系统中,控制装置接受传动装置输出的制动能源,并产生阻碍车辆运动或运动趋势的力。   ( )
   6. 在转向系统中,方向盘属于转向操纵机构。   ( )
   7. 车轮上安装轮胎来承受轮胎与车桥之间的各种载荷。   ( )
   8. 变速器在汽车上的唯一功能就是起变速作用。   ( )

二、填空题

   1. 传动系统按照能量传递方式的不同,可分为_____、_____、电传动三种类型(本书仅讲述机械式传动系统)。
   2. 常见汽车传动系统主要有_____、_____、_____、发动机后置后轮驱动(RR)、四轮驱动(4WD)。
   3. 机械式传动系统由_____、_____、_____、主减速器、差速器和半轴等组成。

【评价与反馈】

班级：_____ 姓名：_____ 指导教师：_____

序号	考核项目	配分	考核内容	配分	考核标准	得分
1	出勤、纪律	5	出勤	2	违规一次不得分	
			行为规范	3	违规一次不得分	
2	安全、防护、环保	20	着装	4	违规一次不得分	
			个人防护	4	违规一次不得分	
			"5S"、"EHS"	4	违规一次不得分	
			设备使用安全	4	违规一次不得分	
			操作安全	4	违规一次不得分	
3	知识水平	20	知识测验成绩	20	按测验成绩的20%计	
4	技能考核	40	技能测验成绩	40	按测验成绩的40%计	
5	学习能力	10	工单填写，工艺计划制订	4	未做不得分	
			组内活动情况	4	根据未完成情况酌情扣1～4分	
			资料的查阅和收集	2	未做不得分	
6	任务拓展	5	知识拓展	2	未做不得分	
			技能拓展	3	未做不得分	
7	总分	100				

【教师评估】

序号	优点	存在的问题	解决方案

教师签字：

任务二　离合器操纵机构的检查与维修

【任务目标】

目标类型	目标要求
1.认知目标	(1)能描述离合器操纵机构的作用及特点 (2)能识别离合器操纵机构的类型及各零部件,并叙述其工作原理
2.技能目标	达到汽车维修中级工的如下技能要求: (1)能进行离合器操纵机构的检查 (2)能进行离合器总泵和分泵的更换 (3)能进行机械式离合器操纵机构的调整
3.情感目标	(1)培养"5S"、"EHS"意识 (2)学会与人配合、协作完成工作 (3)爱护环境,正确处理废弃离合器油液

【任务描述】

当离合器操纵机构出现故障时,车辆就会出现动力不足、挂挡困难、起步困难等故障,首先需对离合器操纵机构进行检查,确定故障部位,并对其进行维修或调整。

本任务主要是熟悉汽车离合器操纵机构的组成及作用,知道各种离合器操纵机构的工作过程,能识别各种离合器的操纵系统,能正确实施对离合器操纵机构的维护。

【知识准备】

如果我们的车是手动挡车型,那就不得不来理解一下离合器的功用,知道了它的作用和原理对于日常的操作而言也会有帮助,用比较直白的话来说,离合器就是用来切断和接合发动机的动力的。如何来实现这个功能呢?那就必须要靠离合器的操纵机构来实现。离合器操纵机构是驾驶员借以使离合器分离,而后又使之平顺结合的一套机构,它起始于离合器踏板,终止于离合器壳体内的分离轴承。

一、离合器操纵机构的作用与类型

离合器操纵机构的作用有哪些?不同车型的离合器操纵机构类型一样吗?

1.离合器操纵机构的作用

在配置手动变速器的车辆中,在发动机与变速器之间均装设离合器。离合器具有保证汽车平稳起步,便于发动机的起动和变速器换挡,防止传动系统过载等功能。要实现这些功

能,离合器应该是这样一个传动机构:其主动部分和从动部分可以结合,也可以分离,在传动过程中还可以相对转动,因此离合器操纵机构主要_____(分离或结合)离合器,如图2-2-1所示。

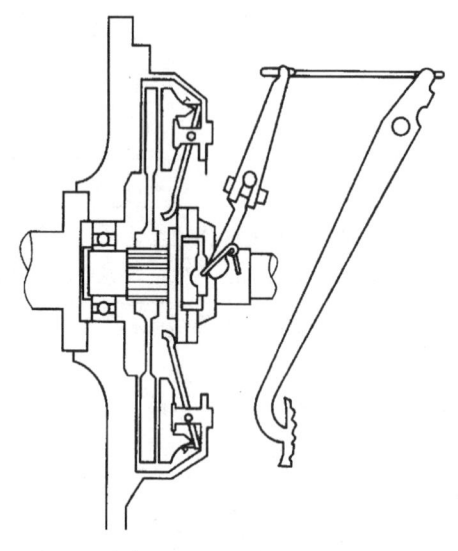

图 2-2-1　离合器操纵机构分离离合器示意图

2.离合器操纵机构的类型

按照操纵离合器的能源划分,离合器操纵机构分为人力式、助力式和动力式三种。按传动方式划分,离合器操纵机构有_____、液压和气压三种。

(1)机械式离合器操纵机构分为拉索式和机械杆式,如图2-2-2(a)所示为_____。如图2-2-2(b)所示为机械杆式。拉索式离合器操作机构主要由离合器板、_____、_____、_____和_____组成。

(2)液压操纵机构主要由离合器板、_____、分泵及管路系统组成,如图2-2-2(c)所示。

查询相关资料,区分图 2-2-2 离合器操纵机构的类型,并将相关信息填写在表中2-2-1中。

表 2-2-1　不同车型的离合器操纵机构对比

项　目	操纵机构	优　点	缺　点	代表车型
图2-2-2(a)				
图2-2-2(b)				
图2-2-2(c)				

二、典型液压式离合器操纵机构

典型液压式离合器操纵机构由哪些部件组成?它又是如何工作的呢?

液压式离合器操纵机构具有摩擦阻力小、传递效率高、接合平顺等优点。它结构比较简单,便于布置,不受车身和车架的变形的影响,是比较普遍采用的一种操纵形式。

1.典型液压式离合器操纵机构的组成

液压式离合器操纵机构一般是以制动液来传递运动的,系统通常通过踩下离合器踏板

图 2-2-2 不同车型的离合器操纵机构

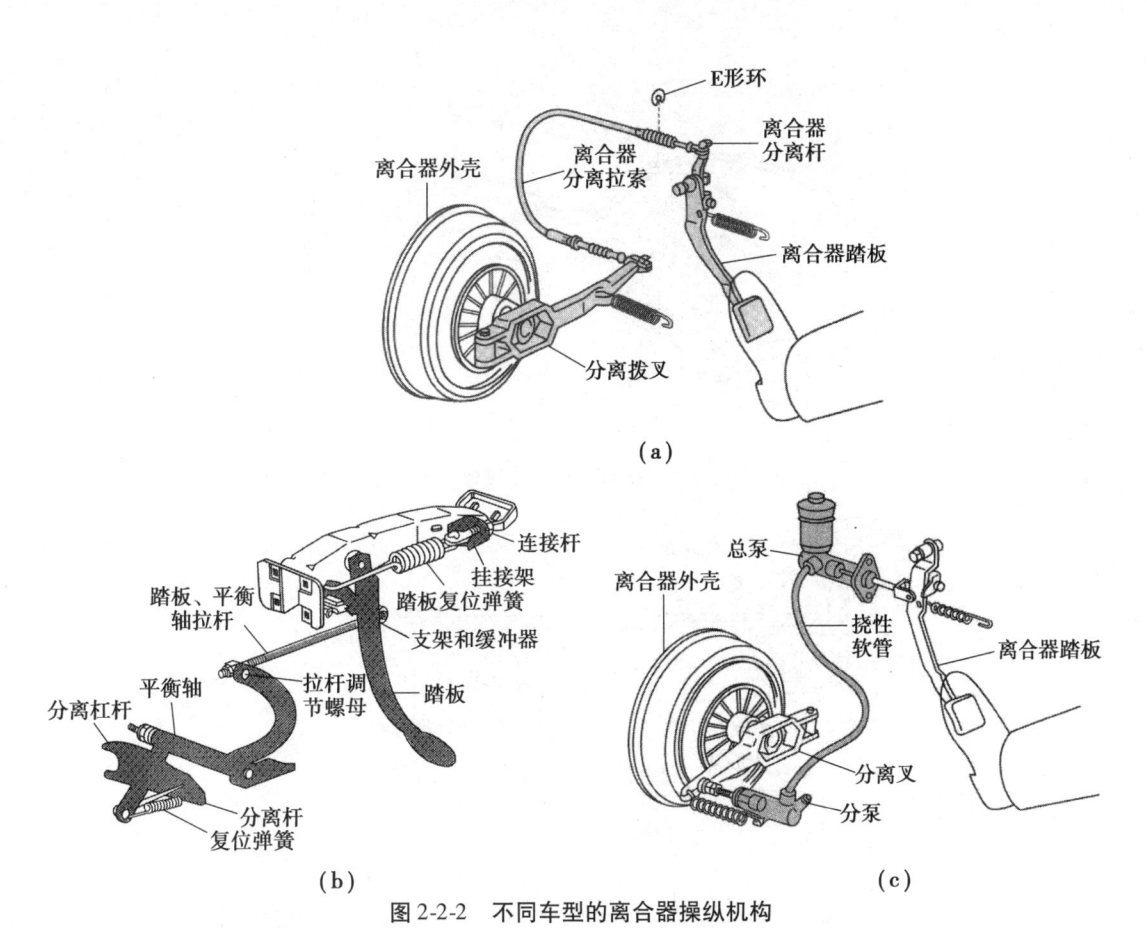

后,储液罐的液压油通过总泵增压后输送到分泵,再由分泵压缩分离叉使离合器分离。

图 2-2-3 为典型液压式离合器操纵机构,查询相关资料,完善表 2-2-2。

表 2-2-2 液压离合器操纵机构的零件名称与作用

序号	名　称	作　用
1	离合器踏板	
2	离合器主缸推杆	
3		
4		将离合器总泵的油液输送到离合器分泵
5		
6		
7	离合器盖	其中膜片弹簧起分离杠杆作用

2.液压式离合器操纵系统的工作原理

(1)观察图 2-2-4,当离合器踏板松开时,总泵进油孔_____(有或没有)被阀门密封,分泵的油压_____(能或不能)将推杆推出。

(2)观察图 2-2-5,当踩下踏板时,总泵进油孔_____(有或没有)被阀门密封,分泵的油压_____(能或不能)将推杆推出。

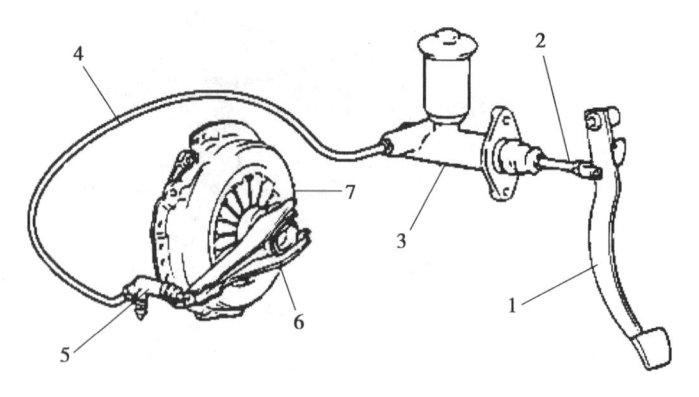

图 2-2-3　液压式离合器操纵机构

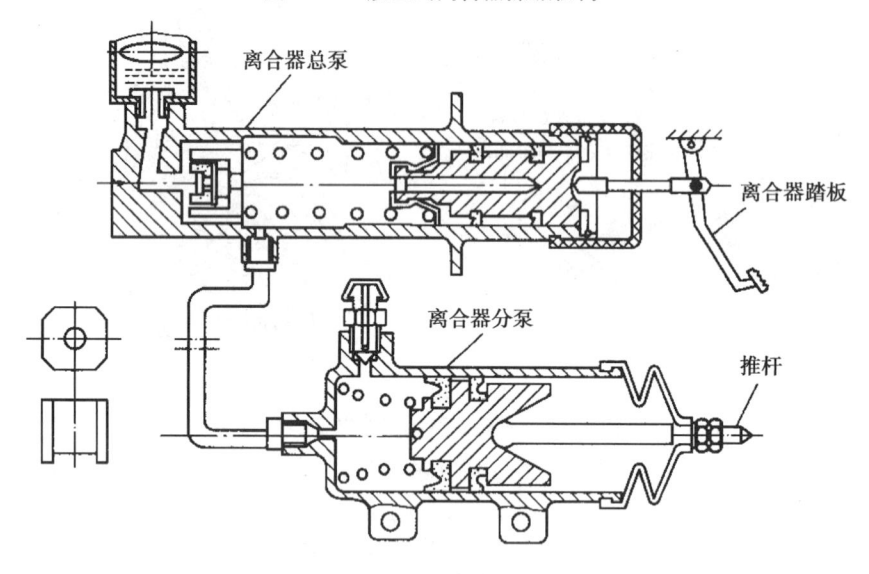

图 2-2-4　松开离合器踏板

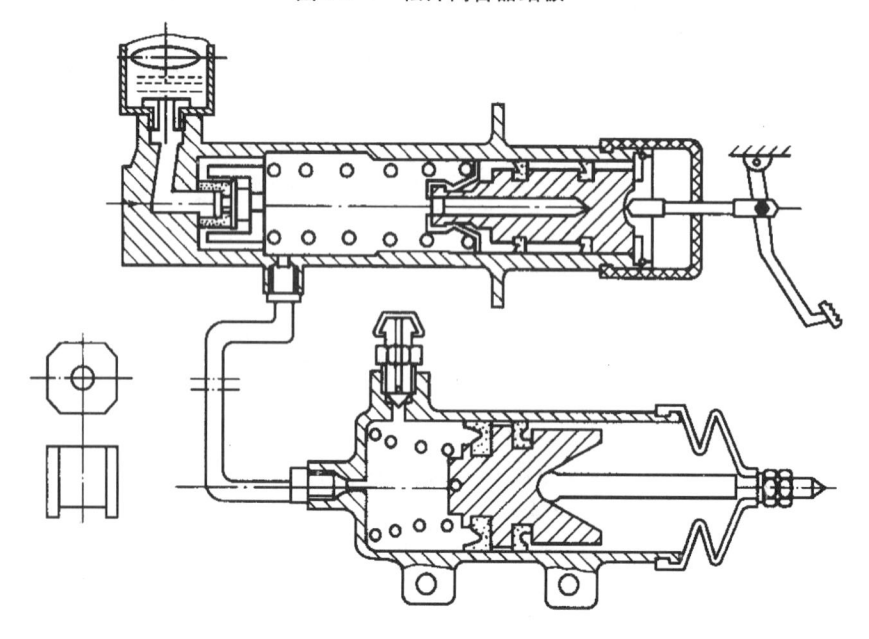

图 2-2-5　踩下离合器踏板

3. 当离合器操纵机构工作不良时，易导致汽车动力不足、发抖和换挡异响等故障，常见离合器操纵机构故障应如何排除

表 2-2-3　离合器操纵机构常见故障

常见故障	可能原因	排除方法
离合器打滑	自由行程不足	
	拉索或踏板发卡	润滑或更换拉索
离合器发抖	操纵机构磨损	更换磨损件
	液压系统有空气	排空气
	分离轴承接触表面不平	
离合器分离不彻底	自由行程过大	调节自由行程
	踏板或分离轴承行程不足	调节踏板行程
	操纵机构磨损	更换磨损件
	液压系统泄露	维修
	分离轴承移动发卡	
离合器异响	分离轴承磨损	更换分离轴承
	分离拨叉磨损	更换分离拨叉
	操纵机构润滑点无油	润滑维护

【知识拓展】

离合器位于发动机与变速器之间，是发动机与变速器动力传递的"开关"，它是一种既能传递动力、又能切断动力的传动机构。它的作用主要是保证汽车能平稳起步，变速换挡时减轻变速齿轮的冲击载荷并防止传动系统过载。

在一般汽车上，汽车换挡时通过离合器分离与接合实现，在分离与接合之间就有动力传递暂时中断的现象。这在普通汽车上没有什么影响，但在争分夺秒的赛车上，如果离合器掌握不好，动力跟不上，车速就会变慢，影响成绩。为了解决这个问题，早在20世纪80年代，汽车工程界就弄出了一个双离合系统变速器，简称DSG（英文全称：Direct Shift Gearbox），一个离合器传递奇数挡，另一个离合器传递偶数挡，且其动力传递通过两个离合器联结两根输入轴，相邻各挡的被动齿轮交错与两输入轴齿轮啮合，配合两离合器的控制，能够实现在不切断动力的情况下转换传动比，从而缩短换挡时间，有效提高换挡品质。例如，布加迪 EB16.4 Veyron 的新型7速变速器装置了双离合器，从一个挡换到另一个挡，时间不会超过0.2秒。现在，这种双离合器已经从赛车应用到一般轿车上。这些汽车装配DSG的目的是可以比自动变速器更加平顺地换挡，不会有迟滞现象。

大众高尔夫配了7挡DSG变速箱，如图2-2-6。这种双离合系统变速器是一个整体，有7个挡位，离合器与变速器装配在同一机构内，两个离合器互相配合工作。这好比喻一辆车有两套离合器，正司机控制一套，副司机控制另一套。正司机挂上一挡松开离合踏板起步时，这时副司机也预先挂上二挡但踩住离合踏板；当车速上来准备换挡时，正司机踩住离合踏板的同时副司机即松开离合踏板,二挡开始工作。这样就省略了换挡空置的一刹那,动力传递连续,有点像接力赛。双离合系统两套离合器传动系统,通过电脑控制协调工作。

当汽车正常行驶的时候,一个离合器与变速器中某一挡位相连,将发动机动力传递到驱动轮;电脑根据汽车速度和转速对驾驶者的换挡意图做出判断,预见性地控制另一个离合器与另一个挡位的齿轮组相连,但仅处于准备状态,尚未与发动机动力相连。换挡时第1个离合器断开,同时第2个离合器将所相连的齿轮组与发动机接合。除了空挡之外,一个离合器处于关闭状态,另一个离合器则处于打开状态。

图 2-2-6　7 挡 DSG 变速箱整体结构

两根传动轴分别由第1、第2离合器控制与发动机动力的连接与断开,分别负责一、三、五、七挡和二、四、六、R 挡的挡位变换。考虑到零件使用寿命,设计人员选择了油槽膜片式离合器,离合器动作由液压系统来控制。7 挡 DSG 变速箱内部结构如图 2-2-7 所示。

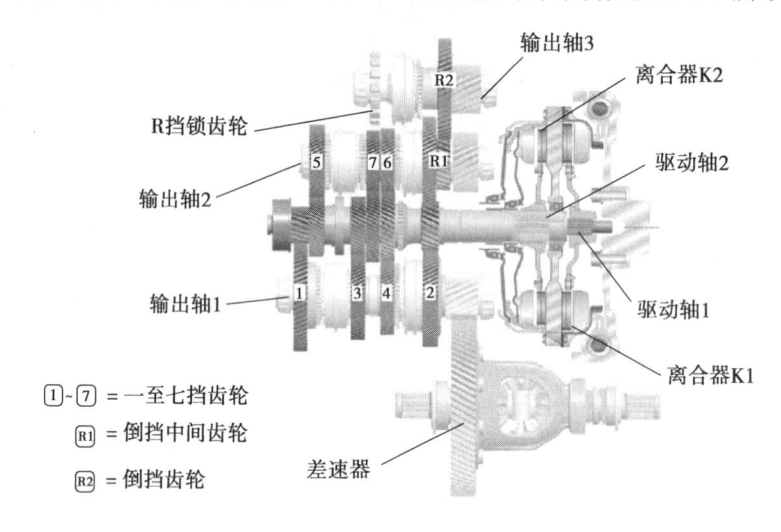

图 2-2-7　7 挡 DSG 变速箱内部结构

【任务实施】

一、准备工作

1. 工具和材料

举升机、实训车辆、钢直尺、维修手册、常用工具、干净的抹布。

2. 安全防护用品

标准作业装。

3. 汽车信息收集

车牌号码:＿＿＿＿＿＿＿＿＿＿,车辆型号:＿＿＿＿＿＿＿＿＿＿,

VIN 码：_____,行驶里程：_____。

二、完成液压式离合器操纵机构的基本检查

1.离合器液体渗漏检查,如图2-2-8(a)所示

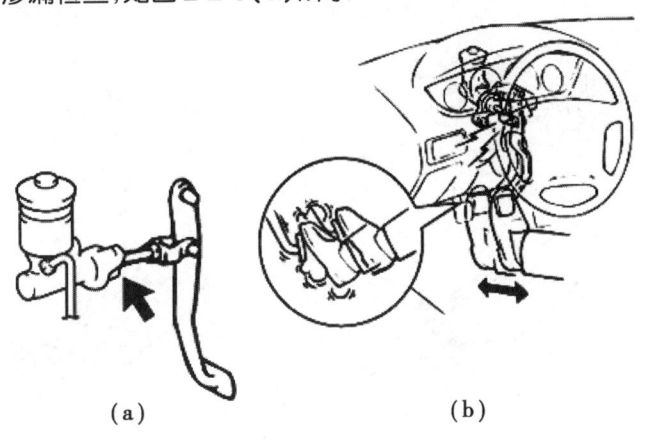

(a)　　　　　　　　(b)

图2-2-8　离合器的基本检查

（1）检查离合器的总泵、分泵和输油软管是否泄漏。　　□有　　□无
（2）检查离合器的油量、油质是否正常。　　□正常　　□不正常

2.踩下离合器踏板时,如图2-2-8(b)所示,检查是否存在下述故障
（1）踏板的回弹无力。　　□正常　　□不正常
（2）异常噪声。　　□有　　□无
（3）过度松动。　　□有　　□无
（4）感觉踏板重。　　□有　　□无

3.用钢直尺测量离合器踏板高度,见图2-2-9(a)所示,并记录测量值,测量结果记录在表2-2-4中　　□任务完成

小提示：测量从地面到离合器踏板上表面的距离。如果必须要从地毯表面开始测量,则从标准值中扣除地毯的厚度,或者地毯和沥青纸毡的厚度。

4.使用手指按压踏板,并使用测量标尺测量踏板的自由行程量,见图2-2-9(b)所示,测量结果记录在表2-2-4中　　□任务完成

小提示：用你的手指按压踏板时,感觉踏板逐渐变重的过程分两步,如下：

第一步：踏板运动直到踏板推杆接触总泵活塞。

第二步：踏板运动直到总泵引起液压上升。

离合器分离轴承推动膜片弹簧以前,随着踏板发生一定量的移动,踏板自由行程也就被确定。

表2-2-4　离合器踏板检查记录表

检测项目	检查数值	标准数值	维修建议
踏板高度			
踏板自由行程			

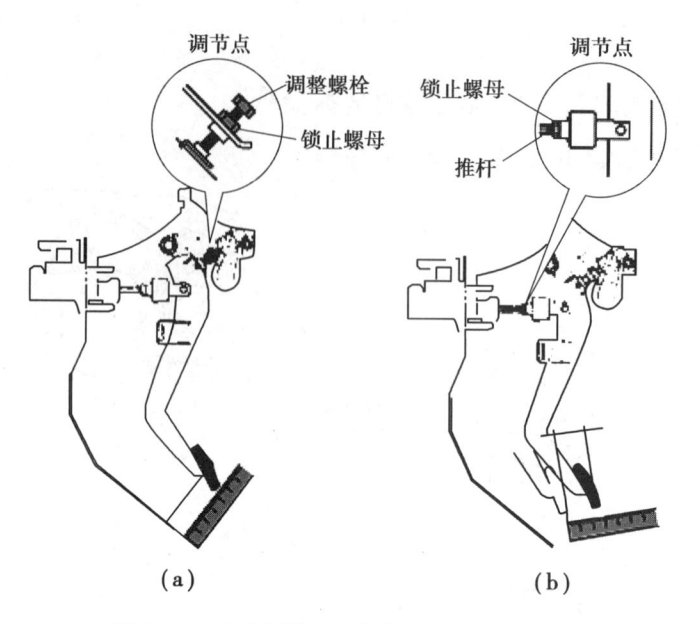

图 2-2-9　离合器踏板高度和自由行程的测量

三、离合器踏板的调整

1. 自由行程调整,见图 2-2-10(a)　　　　　□任务完成
(1)松开推杆锁止螺母。
(2)转动踏板推杆直到踏板自由行程正确。
(3)上紧推杆锁止螺母。
(4)调整好踏板自由行程之后,检查踏板高度。

2. 离合器踏板高度调整,见图 2-2-10(b)　　□任务完成
(1)松开限位螺栓锁止螺母。
(2)转动限位螺栓直到踏板高度正确。
(3)上紧限位螺栓锁止螺母。

小提示：机械式离合器操作机构的调整方法:拉索式直接调整拉索长度;杠杆式直接调整杠杆的长度。有些汽车离合器踏板的自由行程可以自动调节,如捷达。

四、液压式离合器操纵系统的排空

1.描述液压离合器操纵机构在哪些情况下需要排空
(1)判断下列哪些情况下需要排空。

①拆装变速器	□需要	□不需要
②拆装离合器分泵	□需要	□不需要
③更换离合器总泵	□需要	□不需要
④调整离合器踏板	□需要	□不需要
⑤拆装离合器分片	□需要	□不需要
⑥更换离合器油液	□需要	□不需要

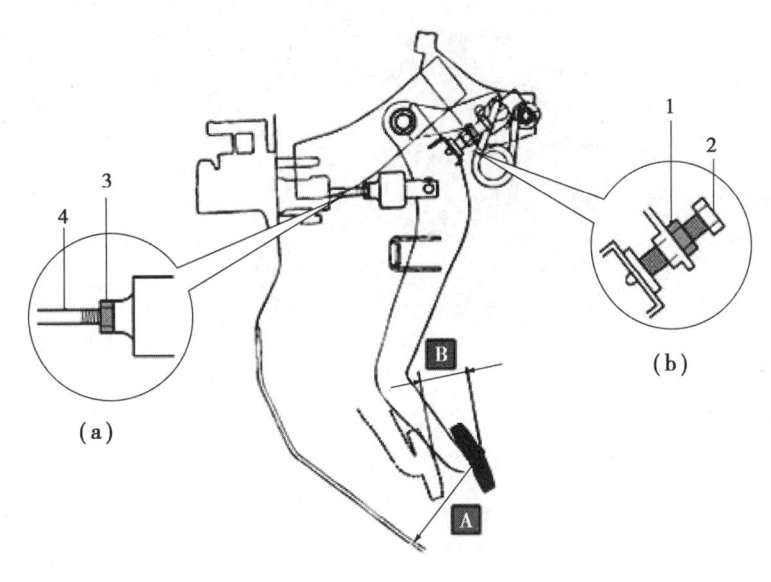

A:踏板高度　B:踏板自由行程
1—限位螺栓锁止螺母；2—限位螺栓；3—推杆锁止螺母；4—踏板推杆
图 2-2-10　离合器踏板的调整

(2)液压系统中混入空气后,如果不排除空气会对车辆产生什么影响?

2.液压离合器操纵机构的排空方法

(1)排空前的检查

①检查连接管路是否有泄露及其他的异常现象。　　　　　□任务完成
②如果油面过低,添加油到储液罐至正常位置。　　　　　□任务完成
③将离合器踏板缓缓踩到底,然后松开离合器踏板。检查离合器操纵机构或回位弹簧,记录检查的内容：_____
④当你踩下离合器踏板时,液压系统是否正常。　　□正常　　□不正常

(2)排空的操作方法

①拉起驻车制动器,将主缸储液罐中的制动液加至规定高度。
　　　　　　　　　　　　　　　　　　　　　　　　　　　□任务完成

小提示：离合器油一般和刹车油共用一个储液罐,但有些车辆会单独设置一个离合器储液罐。

②拆除排气塞螺钉的橡胶皮罩,把排气塞螺钉擦拭干净,将透明乙烯软管一端连接到排气塞螺钉,另一端放进容器内,如图 2-2-11 所示。　　　　　□任务完成
③一人反复踩下离合器踏板,感到有阻力时踩住不动,并保持其踩下状态。□任务完成

小提示：排空气需要两个人配合工作。

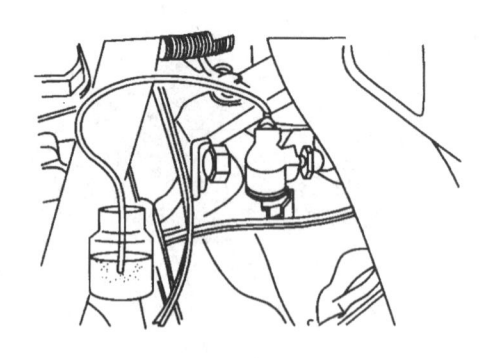

图 2-2-11　离合器排空

想一想： 为什么离合器踏板要反复踩下并保持踩下状态？

④ 另一人拧松离合器分泵排气螺钉,将带气泡的离合器液排进容器内,然后立即拧紧排气螺钉。　　　　　　　　　　　　　　　　　　　　□任务完成

⑤ 缓慢地放开离合器踏板,重复③、④,直到往容器内排放的离合器油的气泡消失为止。
　　　　　　　　　　　　　　　　　　　　　　　　　　　□任务完成

⑥ 将离合器油加注到储液罐中,直到液面达到规定位置。　　□任务完成

⑦ 检查离合器踏板的自由行程是否正常。　　　　　□正常　□不正常

小提示： 如果液压主缸内混入空气,由于其安装位置较高,用以上的排空法就不易排出空气。此时可以用真空吸气法,即选择合适工具,在储液罐口施加一个真空力,让气泡膨胀向上移动,将混入的空气吸出。

五、当离合器操纵机构的检查调整完毕后,要对离合器进行复查

1. 检查是否有离合器液体渗漏。　　　　　　　　　□正常　□不正常
2. 检查离合器踏板工作状况是否正常。　　　　　　□正常　□不正常
3. 启动发动机,挂挡是否有异响。　　　　　　　　□正常　□不正常

【任务检测】

一、选择题

1. 离合器踏板自由行程是指(　　)。
   A. 可左右晃动的距离　　　B. 从开始踩下离合器踏板到压力开始加重的距离
   C. 从踩下离合器踏板至踩到底的距离

2. 离合器从动盘磨损后,其踏板自由行程会(　　)。
   A. 变大　　　　　　　B. 变小　　　　　　　C. 不变

3. 调整离合器自由行程,一般顺时针拧拉杆螺帽,自由行程(　　)。
   A. 增大　　　　　　　B. 减小　　　　　　　C. 不变

二、判断题

1. 分离杠杆内端高低不一致将导致离合器分离不彻底,并且汽车在起步时车身会发生颤抖现象。（　　）
2. 如果离合器自由间隙过大,从动盘摩擦片磨损变薄后压盘将不能向前移动压紧从动盘,这将导致离合器打滑。（　　）
3. 离合器液压操纵机构漏油、有空气或油量不足,会造成离合器分离不彻底。（　　）

三、填空题

从下列名称中选出与下列图表中的号码相应的元件名称的字母代号填入表中对应位置。

（a）分泵　（b）总泵　（c）离合器盖　（d）离合器踏板　（e）液压管

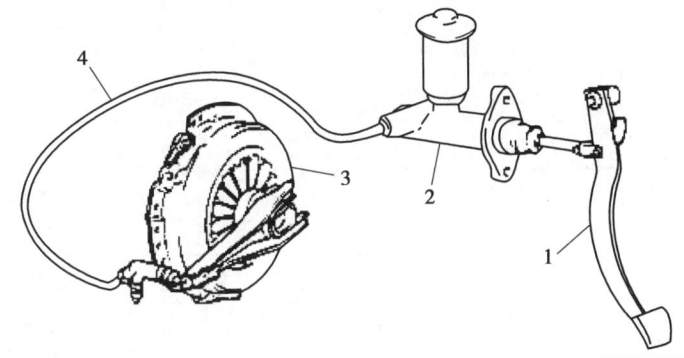

1	2	3	4

【评价与反馈】

班级：_____ 姓名：_____ 指导教师：_____

序号	考核项目	配分	考核内容	配分	考核标准	得分
1	出勤、纪律	5	出勤	2	违规一次不得分	
			行为规范	3	违规一次不得分	
2	安全、防护、环保	20	着装	4	违规一次不得分	
			个人防护	4	违规一次不得分	
			"5S"、"EHS"	4	违规一次不得分	
			设备使用安全	4	违规一次不得分	
			操作安全	4	违规一次不得分	
3	知识水平	20	知识测验成绩	20	按测验成绩的20%计	
4	技能考核	40	技能测验成绩	40	按测验成绩的40%计	
5	学习能力	10	工单填写,工艺计划制订	4	未做不得分	
			组内活动情况	4	根据未参与情况酌情扣1~4分	
			资料的查阅和收集	2	未做不得分	
6	任务拓展	5	知识拓展	2	未做不得分	
			技能拓展	3	未做不得分	
7	总分	100				

【教师评估】

序号	优点	存在的问题	解决方案

教师签字：

任务三　离合器的更换

【任务目标】

目标类型	目标要求
1. 认知目标	(1) 能叙述离合器的组成、作用和工作原理 (2) 能识别离合器机器传动机构的主要零部件 (3) 能懂得不同类型的离合器的结构特点 (4) 能提供正确的离合器使用建议
2. 技能目标	达到汽车维修中级工的如下技能要求： (1) 能懂得制订离合器更换的工作计划 (2) 能在整车上拆装离合器总成并识别离合器零件 (3) 能完成摩擦式离合器总成的拆卸、检测和维修 (4) 能对离合器的安装质量进行检验
3. 情感目标	(1) 培养"5S"、"EHS"意识 (2) 具备安全使用车间举升设备的意识

【任务描述】

离合器位于发动机和变速器之间，是汽车传动系统中直接与发动机相连系统的总成件。离合器有故障将导致汽车换挡困难或不能换挡，甚至车辆不能行驶等。

本任务通过对离合器的学习，要让学生知道离合器的组成、作用及零部件的安装位置，明确更换离合器的操作规程和安装后的检查方法。

【知识准备】

一、离合器的安装位置、类型和作用

离合器是汽车传动系统中直接与发动机相连的部件，汽车上的离合器安装在什么位置？有哪些类型？作用是什么？

1. 离合器在汽车上的安装位置

传动系统离合器通常与发动机曲轴飞轮组的飞轮安装在一起，是发动机与汽车传动系统之间切断和传递动力的部件。

离合器总成安装的位置：_____与_____之间，如图 2-3-1 所示。用笔在图上标示出离合器的位置。

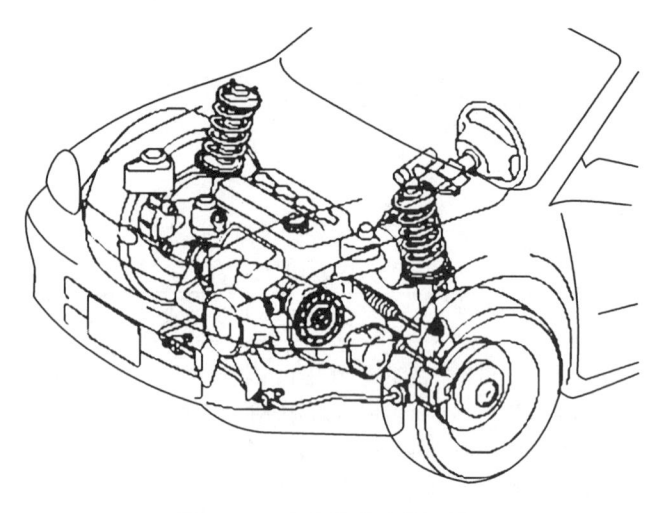

图 2-3-1 离合器的安装位置

2.离合器的分类

汽车主要采用摩擦式离合器,根据分类方法不同,其类型较多。

(1)按从动盘的数目不同,离合器分为单片式、双片式和多片式。

①单片式离合器,见图2-3-2所示。单片式离合器是指只有 1 个_____的离合器。

②双片式离合器,如图2-3-3所示。双片式离合器是指只有 2 个_____的离合器。

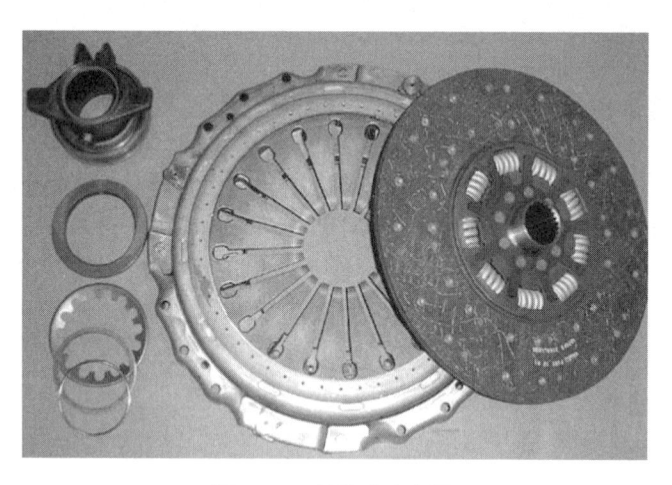

图 2-3-2 单片式离合器

(2)按压紧弹簧的形式及布置形式不同,离合器分为周布螺旋弹簧式、中央弹簧式、膜片弹簧式和斜置弹簧式等。

①周布螺旋弹簧式离合器,如图2-3-4(a)所示。

②膜片弹簧式离合器,如图2-3-4(b)所示。膜片弹簧离合器的特点:结构_____、轴向尺寸小、良好的弹性性能、能自动调节压紧力、操纵轻便、高速时压紧力稳定、分离杠杆不需要调整等。

(3)按传递转矩方式分为摩擦式离合器、电磁离合器和液压耦合器等。

请辨认图 2-3-5 中的离合器类型,完善表 2-3-1。

图 2-3-3 双片离合器

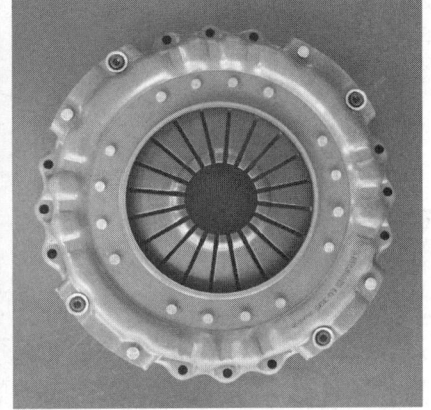

(a) 周布螺旋弹簧式离合器　　(b) 膜片弹簧式离合器

图 2-3-4 离合器压紧弹簧

表 2-3-1 离合器的分类及安装位置

图　号	离合器类型	离合器在车辆上安装部位
图 2-3-5(a)		
图 2-3-5(b)		自动变速器
图 2-3-5(c)		空调压缩机

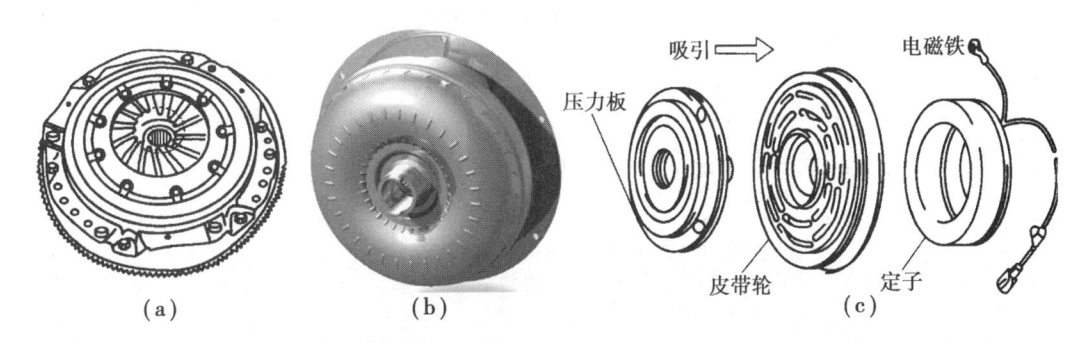

图 2-3-5 离合器按传递扭矩分类

（4）按离合器的操纵机构传动装置的形式分为机械式操纵机构离合器和液压式操纵机构离合器两种。

①机械式操纵机构主要由离合器板、____________、____________和__________组成，如图 2-3-6(a)所示。

②液压式操纵机构主要由离合器板、__________、分泵及管路系统组成，如图 2-3-6(b)所示。

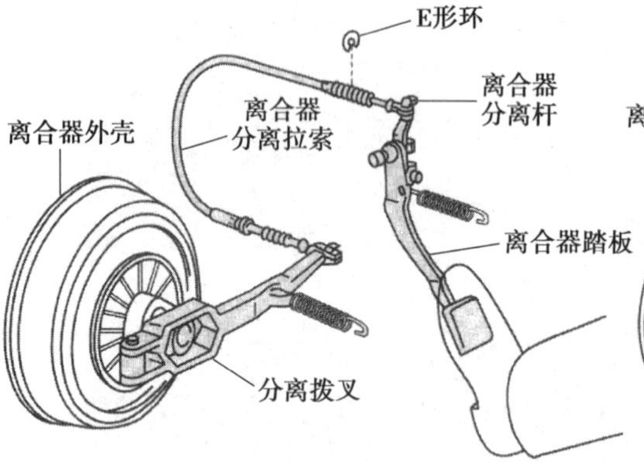

(a)机械式操纵机构

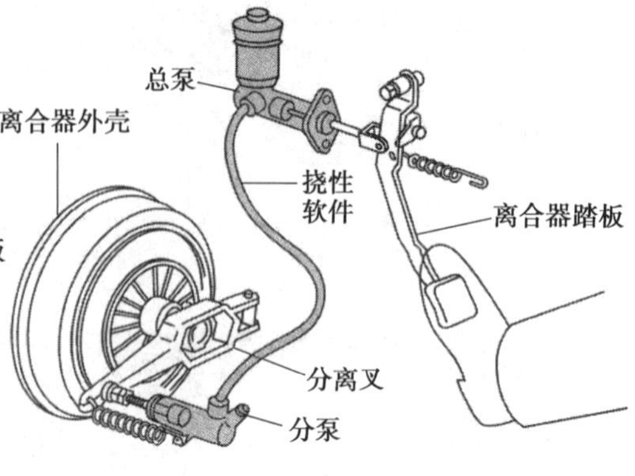

(b)液压式操纵机构

图 2-3-6　离合器按操纵机构分类

3.离合器的作用

离合器安装在发动机与变速器之间，用来分离或接合前后两者之间动力联系系统。其作用为：

(1)使发动机与传动系统逐渐接合，保证汽车平稳起步。

(2)暂时切断发动机与传动系统的动力连接，便于发动机的起动和变速器换挡，保证换挡时工作平顺。

(3)限制所传递的转矩，防止__________过载。

二、离合器的组成

用于汽车传动系统上的离合器种类虽多，但其组成基本相同，你知道离合器由哪些部分组成吗?

离合器由主动部分、从动部分、压紧机构和操纵机构四部分组成，如图 2-3-7 所示。查询相关资料，将表 2-3-2 补充完整。

表 2-3-2　离合器的组成

序　号	分　类	特　征	零件名称
1	主动部分	这部分与发动机曲轴连在一起	
2	从动部分	它将主动部分通过摩擦传来的动力传给变速器的输入轴	
3	压紧机构	与主动部分一起旋转，它以离合器盖为依托，将压盘压向飞轮，从而将处于飞轮和盘压间的从动盘压紧	
4	操纵机构	操纵机构是为驾驶员控制离合器分离与接合程度的一套专设机构	

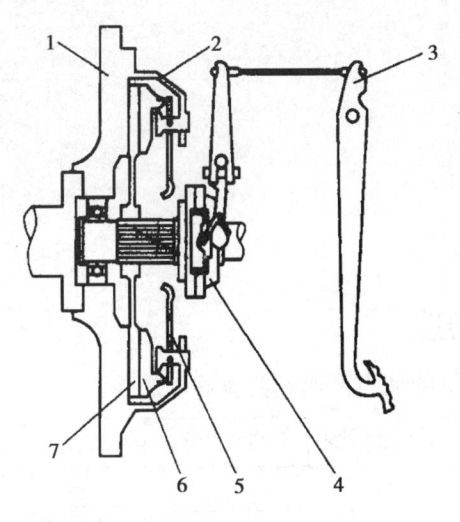

1—飞轮；2—离合器盖；3—离合器踏板；4—分离轴承；5—膜片弹簧；
6—离合器压盘；7—离合器从动盘

图 2-3-7　离合器的结构组成

三、离合器的功能

离合器的主动部分和从动部分借接触面间的摩擦作用来传递转矩，使两者之间可以暂时分离，又可逐渐接合，在传动过程中又允许两部分相互转动。如何来实现这些功能呢？

1. 离合器踏板松开时，分离轴承_____（有或没有）压紧膜片弹簧，离合器主动盘_____（压紧或分开）从动盘，发动机动力将_____（能或不能）传递到变速器，如图2-3-8（a）所示。

2. 离合器踏板踩下时，分离轴承_____（有或没有）压紧膜片弹簧，离合器主动盘_____（压紧或分开）从动盘，发动机动力将_____（能或不能）传递到变速器，如图2-3-8（b）所示。

(a) 离合器踏板松开时　　　(b) 离合器踏板踩下时

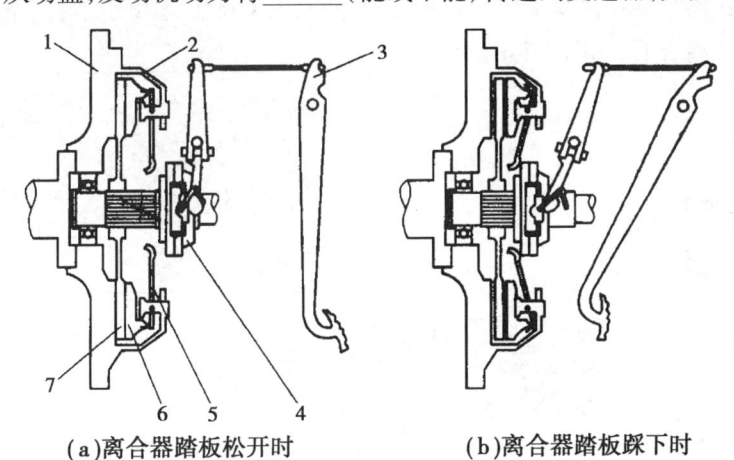

图 2-3-8　离合器的工作过程

四、分析离合器的工作过程

1. 接合状态

离合器在接合状态时，弹簧将压盘、飞轮及从动盘互相压紧。发动机的转矩经飞轮及压盘，通过摩擦面的摩擦作用传到从动盘，再经从动轴输入变速器。

2.分离过程

3.接合过程

五、离合器的动力传递

离合器是如何把发动机的动力传递到变速器上的呢?

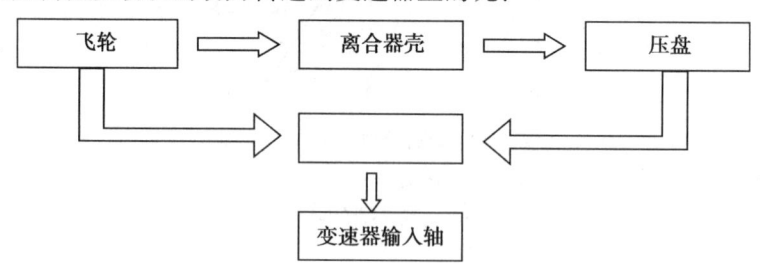

图 2-3-9　离合器的动力传递路线

六、膜片弹簧式离合器的组成和工作过程

现代轿车的离合器常采用膜片弹簧式离合器,膜片弹簧式离合器是由哪些部分组成的?它是怎样工作的?

1.膜片弹簧式离合器的结构

膜片弹簧式离合器在汽车上应用较多,例如解放 CA1092、丰田卡罗拉、桑塔纳、夏利、长安等都采用这种离合器,如图 2-3-10 所示。

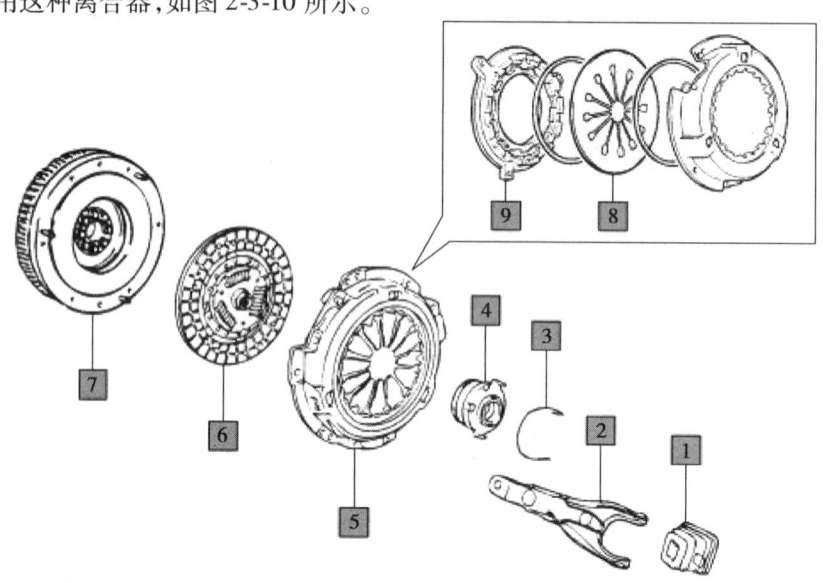

1－护套;2－分离叉;3－夹头;4－分离轴承;5－离合器盖;6－离合器盘;7－飞轮;8－膜片弹簧;9－压盘

图 2-3-10　膜片弹簧式离合器的组成

（1）主动部分

主动部分包括飞轮、离合器盖、压盘等机件，这部分与发动机曲轴连在一起。离合器盖与飞轮靠螺栓连接，压盘与离合器盖之间是靠3～4个传动片传递转矩的。

（2）从动部分

从动部分是由单片、双片或多片从动盘所组成，它将主动部分通过摩擦传来的动力传给变速器的输入轴。从动盘由从动盘本体、摩擦片和从动盘毂三个基本部分组成。由于发动机传到汽车传动系统的转速和转矩是周期性地不断变化的，这会使传动系统产生扭转振动；另一方面由于汽车行驶在不平的道路上，使汽车传动系统出现角速度的突然变化，也会引起上述扭转振动。这些都会对传动系统零件造成冲击性载荷，使其寿命缩短，甚至损坏零件。为了消除扭转振动和避免共振，防止传动系统过载，多数离合器从动盘中装有扭转减振器。带扭转减振器的从动盘的结构如图 2-3-11 所示。

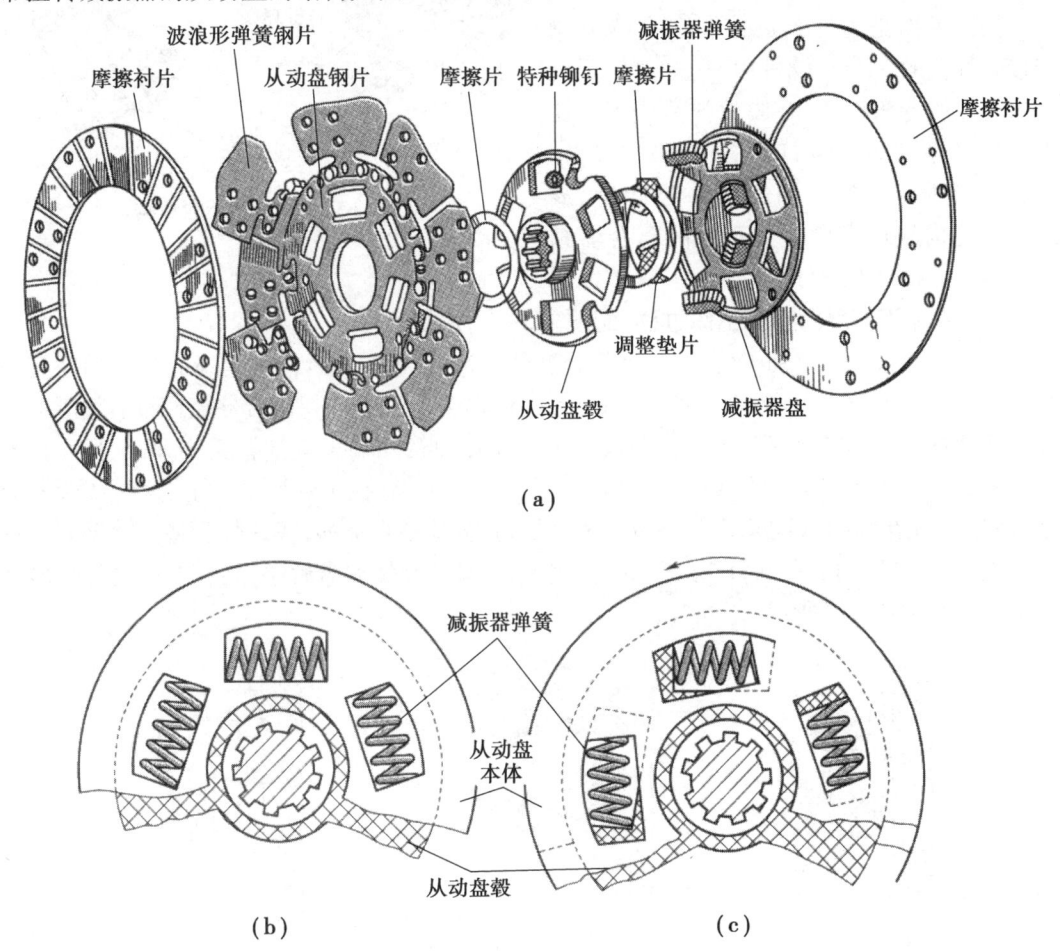

图 2-3-11 带扭转减振器的从动盘

为了使汽车能平稳起步，离合器应能柔和接合，这就需要从动盘在轴向上具有一定弹性。为此，往往在从动盘本体圆周部分，沿径向和周向切槽。再将分割形成的扇形部分沿周向翘曲成波浪形，两侧的两片摩擦片分别与其对应的凸起部分相铆接，这样从动盘被压缩时，压紧力随翘曲的扇形部分被压平而逐渐增大，从而达到接合柔和的效果。

离合器接合时，发动机发出的转矩经飞轮和压盘传给了从动盘两侧的摩擦片，带动从动盘本体和与从动盘本体铆接在一起的减振器盘转动。从动盘本体和减振器盘又通过六个减振器弹簧把转矩传给了从动盘毂。因为有弹性环节的作用,所以传动系统受的转动冲击可以在此得到缓和。传动系统中的扭转振动会使从动盘毂相对于从动盘本体和减振器盘来回转动,夹在它们之间的阻尼片靠摩擦消耗扭转振动的能量,将扭转振动衰减下来。

（3）压紧机构

压紧机构主要由膜片弹簧（或螺旋弹簧）组成,与主动部分一起旋转,它以离合器盖为依托,将压盘压向飞轮,从而将处于飞轮和盘压间的从动盘压紧,如图 2-3-12 所示。

（4）操纵机构

操纵机构是为驾驶员控制离合器分离与接合程度的一套专设机构,它是由位于离合器壳内的分离杠杆（在膜片弹簧式离合器中,膜片弹簧兼起分离杠杆的作用）、分离轴承、分离套筒、分离叉、回位弹簧等机件组成的分离机构和位于离合器壳外的离合器踏板及传动机构、助力机构等组成。

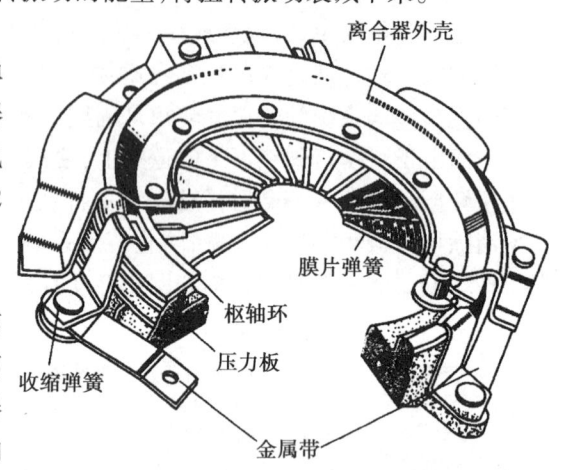

图 2-3-12 离合器压紧机构

2. 膜片弹簧式离合器的工作过程,如图 2-3-13 所示

在离合器盖未固定到飞轮上时,膜片弹簧处于自由状态,离合器盖与飞轮接合面间有一距离 L,如图 2-3-13(a)所示。用螺栓将离合器盖固定到飞轮上时,离合器盖通过后钢丝支承圈把膜片弹簧中部向前移动了一段距离。由于膜片弹簧外端位置没有变化,所以膜片弹簧被压缩变形。膜片弹簧外缘通过离合器压盘把从动盘压靠在飞轮后端面上,这时离合器为接合状态,如图 2-3-13(b)所示。在分离离合器时,分离轴承前移,膜片弹簧将以前钢丝支承圈为支点,其外缘向后移动,在分离钩的作用下,压盘离开从动盘后移,离合器就变为分离状态了,如图 2-3-13(c)所示。

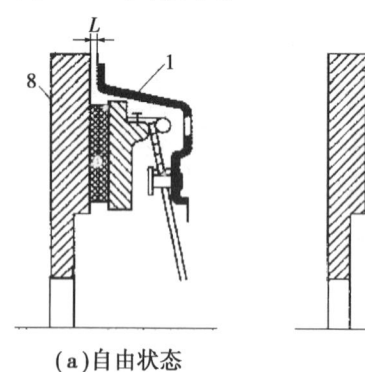

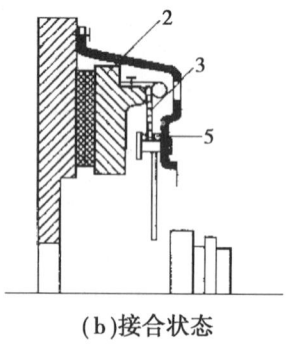

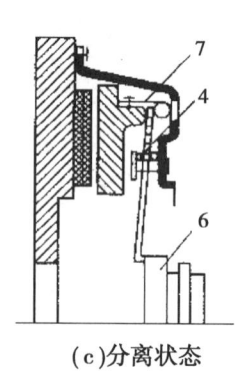

(a)自由状态　　(b)接合状态　　(c)分离状态

1—盖；2—压盘；3—膜片弹簧；4、5—前、后钢丝支承圈；6—分离轴承；7—分离钩；8—飞轮；

图 2-3-13 膜片弹簧式离合器的工作过程

3. 膜片弹簧式离合器的特点

（1）膜片弹簧本身兼有压紧弹簧和分离杠杆的作用,使离合器结构大为简化,质量减小,尺寸减小。

(2)膜片弹簧与压盘在整个圆周上接触,使压力分布均匀(良好的弹性性能,能自动调节压紧力),摩擦片接触良好,磨损均匀。

(3)在摩擦片磨损后,仍可靠地传递发动机的转矩。

(4)操作轻便,旋转对称性、平衡性好,高速下压紧力平稳。

由于膜片弹簧式离合器具有上述特点,因而在轿车、轻中型货车上应用越来越广,甚至在重型汽车上也有应用。

【任务拓展】

一、单片周布弹簧式离合器

单片周布弹簧式离合器的构造如图 2-3-14 所示。

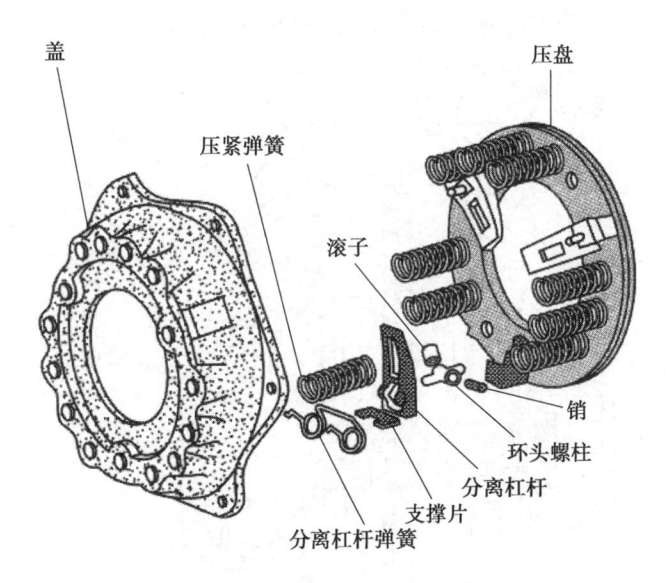

图 2-3-14 单片周布弹簧式离合器

1.主动部分与从动部分

单片周布弹簧式离合器的主动部分、从动部分的结构与膜片弹簧式离合器基本相同。

2.压紧装置

周布弹簧式离合器的压紧装置由若干根螺旋弹簧组成,螺旋弹簧沿压盘周向对称布置,装在_____与_____之间,如图 2-3-14 所示。

3.分离机构

(1)分离叉。分离叉与其转轴制成一体,轴的两端靠衬套支撑在离合器壳上。

(2)分离杠杆。采用了支点移动,重点摆动的综合式防干涉机构,如图 2-3-15 所示。

二、双片中央弹簧式离合器

双片中央弹簧式离合器如图 2-3-16 所示,其压紧装置只有一根张力较强的压紧弹簧布置于离合器的中央。中央弹簧式离合器多用于重型汽车上,其主要特点如下:

(a)接合位置　　　　(b)分离位置

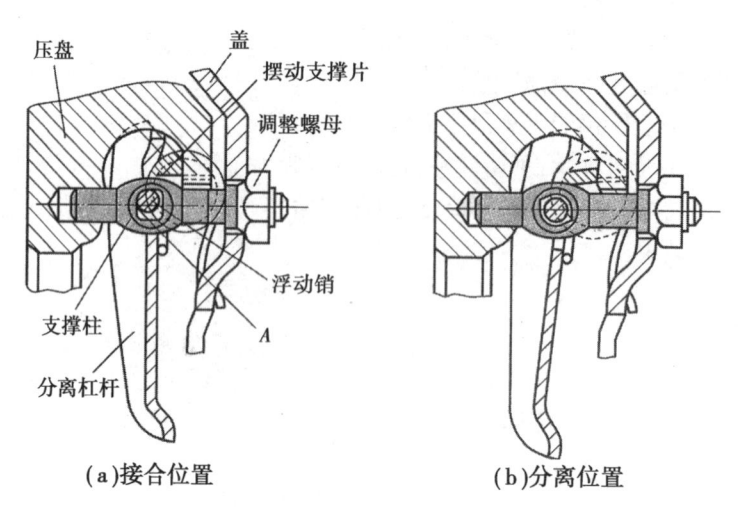

图 2-3-15　综合式防干涉分离杠杆及其工作情况

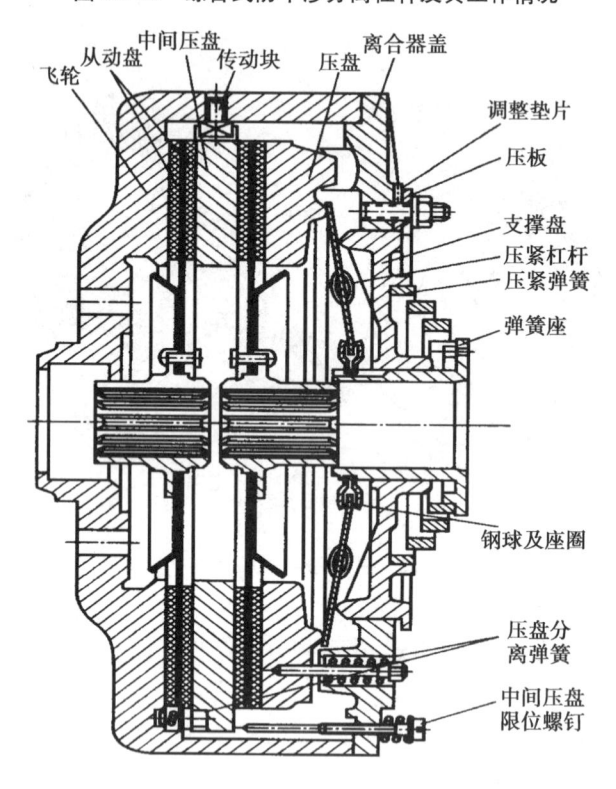

图 2-3-16　双片中央弹簧式离合器

1.双片离合器

双片离合器与单片离合器相比,主要区别是主动部分多了一个_____和从动部分多了一个_____,即有两个从动盘和两个压盘,摩擦面数为 4 个,因此可使传递的转矩增大了一倍。

2.压紧力放大

其压紧弹簧不是直接作用在压盘上,而是通过杠杆作用将弹簧的张力放大数倍后作用在压盘上,如图 2-3-16 中锥形弹簧的大端作用于固定在离合器盖的支撑盘上,小端作用于弹簧座上,弹簧座的前端再经过钢球及座圈向后拉动压紧杠杆,压紧杠杆以支撑盘的环台为支点,外端则将弹簧的张力放大后作用于压盘的环台上,使压盘向前压紧。

3.压紧力的调整

中央弹簧式离合器的压紧力都是可调的。

【任务实施】

一、准备工作

1.所需设备、工量具和材料

举升机、实训车辆、变速器托架、百分表、千分尺、常用工具、扭力扳手、维修手册、干净的抹布。

2.安全防护用品

标准作业装、安全鞋、线手套。

3.汽车信息收集

车牌号码:_____,车辆型号:_____,

VIN 码:_____,行驶里程:_____。

4.拆卸注意事项

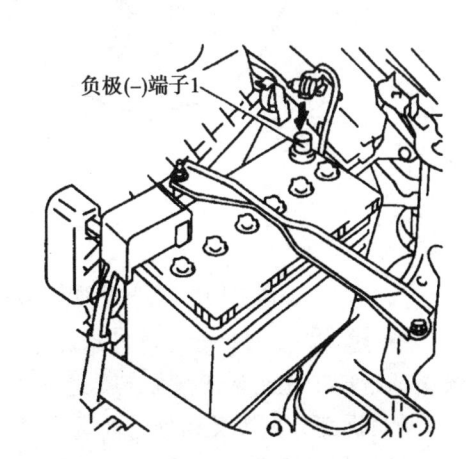

(1)拆卸离合器前应先拆下蓄电池负极电缆,图2-3-17所示;

(2)注意每个拆卸零件的安装位置和方向;

(3)工具、量具及设备使用要合理规范;

(4)注意拆装过程的安全。

二、拆卸离合器

离合器安装在发动机与变速器之间,拆卸离合器之前必须先拆卸变速器。

1.阅读维修手册,小组讨论拆卸离合器的步骤和方法

小提示: 主要拆卸步骤

(1)脱开蓄电池的负极;

(2)拆下传动轴;

(3)拆下变速器;

(4)拆下离合器。

2.具体的拆卸步骤

小提示: 以下操作步骤为一般的操作规程,具体操作方法要以车型维修手册所规定的步骤为准。

(1)从蓄电池上脱开蓄电池的负极,如图2-3-17所示。　□任务完成

图2-3-17 蓄电池上脱开蓄电池的负极

想一想：拆卸离合器前为什么要脱开蓄电池负极？

小提示：断开蓄电池的负极电缆之前应首先读取和记录故障码以及其他相关信息。

（2）松开所有连接变速器的线束。　　　　　　　　□任务完成
（3）拆卸变速器外部挡位机构的所有连接件。　　　□任务完成
（4）拆卸起动机。　　　　　　　　　　　　　　　□任务完成
（5）拆卸离合器分泵。　　　　　　　　　　　　　□任务完成

小提示：不需要拆卸分泵油管，不排放离合器油。如果是机械式离合器操纵机构，拆卸与变速器连接部分。

（6）在传动轴的凸缘上做上配合记号。　　　　　　□任务完成

想一想：拆传动轴时，在传动轴的凸缘上做好配合记号的原因是什么？

（7）检查发动机后部是否由变速器支撑，如不是，则在修理变速器时发动机必须支撑起来。　　　　　　　　　　　　　　　　　　　　　　　　□任务完成
（8）用变速器托架支撑变速器，拆卸变速器固定螺栓，轻轻转动变速器，并从发动机上取出变速器，如图2-3-18所示。　　　　　　　　　　　□任务完成

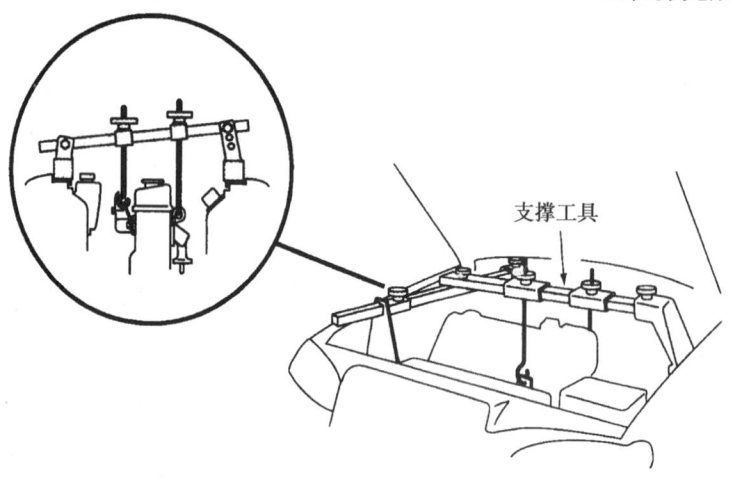

图2-3-18　拆卸手动变速器时，用专用的发动机支撑工具支撑发动机

小提示：在拆卸变速器总成时，变速器的支撑器（千斤顶）必须与变速器连接牢固、安全的情况下才允许慢慢卸下变速器。

（9）拆卸分离拨叉和分离轴承。　　　　　　　　　□任务完成
（10）将SST（专用工具——离合器从动盘对中工具）插入到离合器从动盘和飞轮，拆下离合器总成，如图2-3-19所示。
①在离合器罩壳和飞轮上装配记号。　　　　　　　□任务完成

②按对角线交替、均匀地拧松固定螺栓,每一次拧松单个固定螺栓一圈,直到弹簧张力消失为止。　　□任务完成
③拆下安装螺栓和离合器盖。　　　　　　　□任务完成

注意: 离合器压盘是很重的,小心不要掉下来砸到你的脚。同时,戴手套来保护手指。现在,离合器从动盘可以方便地取下了,注意不要吸进任何从动盘上的石棉微粒。

图 2-3-19　离合器的拆卸

三、离合器总成的检修

如果离合器总成出现问题,易导致离合器分离不彻底、打滑、发抖和异响等故障。如何对离合器总成进行规范的检查?

1. 离合器总成的直观检查

(1)离合器工作表面是否受到油的污染。　　　　□是　　□否

想一想: 当离合器表面受到油的污染时,汽车容易发生哪种故障现象?阐述其原因。

(2)离合器工作表磨损是否均匀。　　　　　　　□是　　□否
(3)压紧弹簧有无损坏。　　　　　　　　　　　□有　　□无
(4)离合器从动盘是否翘曲或严重磨损。　　　　□有　　□无

想一想: 当离合器片翘曲时,汽车容易发生哪些故障现象?阐述其原因。

2. 飞轮的检查

(1)检查齿圈轮齿是否有磨损。　　　　　　　　□是　　□否
(2)测量磨损沟槽深度。
测量磨损沟槽深度:_____,标准值:_____,结论:_____(合格或不合格)。
(3)测量飞轮工作面摆差,检查方法如图 2-3-20 所示。
测量工作面摆差:_____,标准值:_____,结论:_____(合格或不合格)。
(4)检查导向轴承是否正常。　　　　　　　　　□正常　□不正常

小提示: 导向轴承通常是永久加以润滑而不需清洁或加注润滑油的,一般对它的检查是:一面用手转动轴承,一面向转动方向施加压力,如轴承卡住或阻力过大,则应更换导向轴承。更换导向轴承时,需用专用修理工具(SST)拆装,其方法如图 2-3-21 所示。

3. 压盘和离合器盖

(1)直观检查压盘和离合器盖是否有裂纹或变形。　　□有　　□无

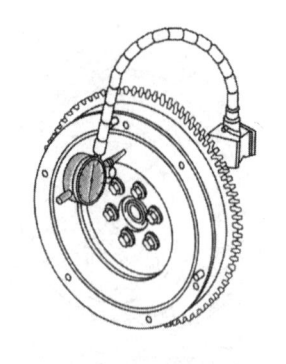

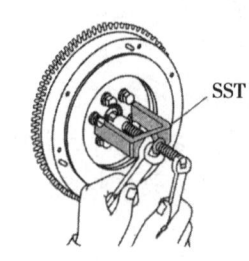

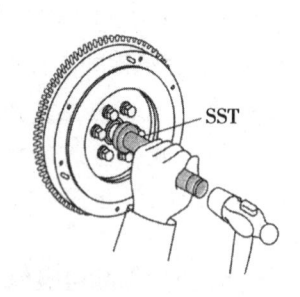

图 2-3-20　飞轮摆差的检查图　　　　　　　　图 2-3-21　导向轴承的更换

(2) 检查压盘是否存在严重的磨损。　　　　　　　　　　□是　　　□否

小提示：工作表面的轻微磨损,可用油石修平,磨损沟槽超过 0.50 mm,应修平平面,压盘的极限减薄量不得大于 1 mm,修整后压盘的平面度误差不得大于 0.10 mm,而且应进行静平衡试验。

(3) 检查压盘的翘曲,如图 2-3-22 所示。

测量压盘的翘曲值:_____,标准值:_____,结论:_____(合格或不合格)。

(4) 离合器盖与飞轮接合面的平面度公差。

测量平面度公差值:_____,标准值:_____,结论:_____(合格或不合格)。

(5) 膜片弹簧磨损的深度和宽度检查,如图 2-3-23。

深:_____,标准值:_____,宽:_____,标准值:_____,结论:_____(合格或不合格)。

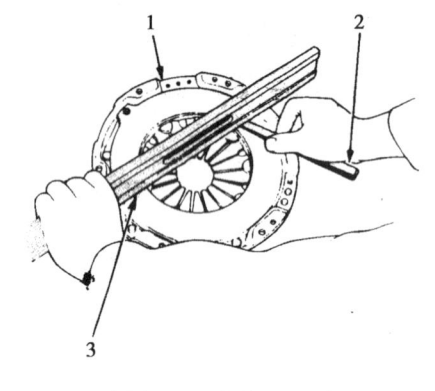

1—压盘　2—塞尺　3—直尺

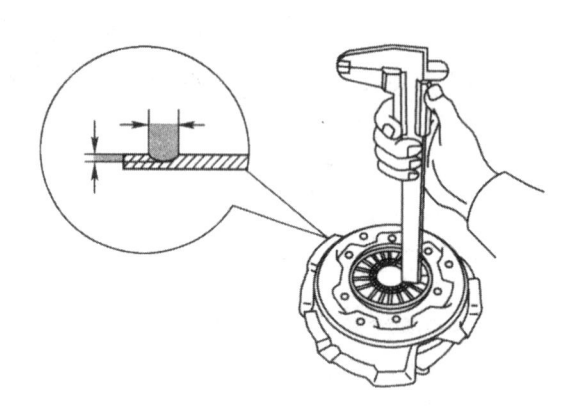

图 2-3-22　压盘的翘曲检查　　　　　　　　图 2-3-23　膜片弹簧磨损的深度和宽度的检查

4.从动盘的检查

(1) 检查从动盘摩擦衬片表面是否有烧焦、开裂现象。　　□有　　□无

(2) 检查扭转减振器弹簧是否折断。　　　　　　　　　　□是　　□否

(3) 检查铆钉是否松动。　　　　　　　　　　　　　　　□是　　□否

(4) 用游标卡尺检查从动盘厚度,如图 2-3-24 所示。

厚度测量值:_____,极限值:_____,结论:_____(合格或不合格)。

(5) 用深度千分尺按图 2-3-25(或游标卡尺按图 2-3-26)检查铆钉的深度。

深度测量值:_____,极限值:_____,结论:_____(合格或不合格)。

小提示：测量方法应从摩擦衬片的表面到铆钉，两面都要测。铆钉头深度小于 0.50 mm，应更换新片。

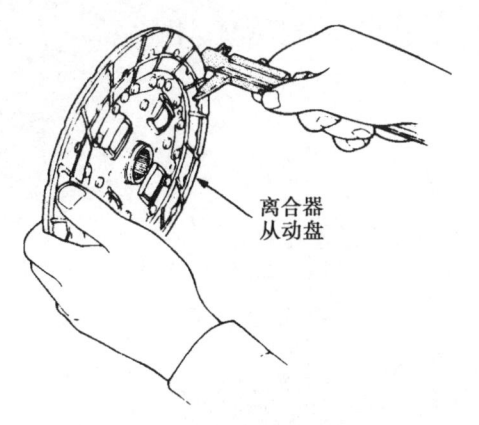

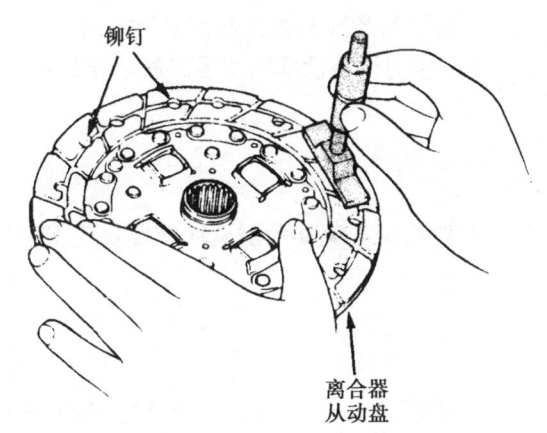

图 2-3-24　离合器从动盘厚度的检查　　　图 2-3-25　深度千分尺检查铆钉深度

（6）从动盘端面圆跳动检查，如图 2-3-27 所示。

跳动量：_____，极限值：_____，结论：_____（合格或不合格）。

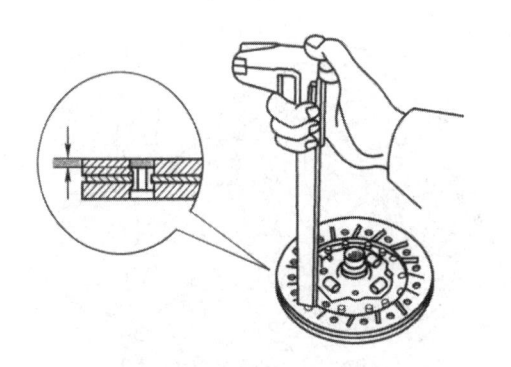

图 2-3-26　游标卡尺检查铆钉深度　　　图 2-3-27　从动盘端面圆跳动的检查

5.分离轴承的检查，如图 2-3-28

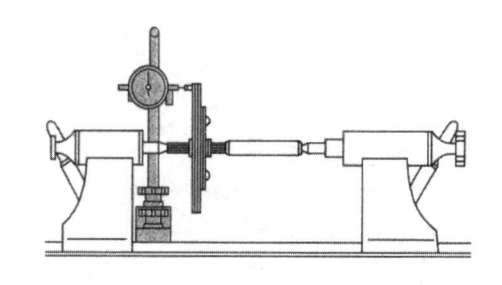

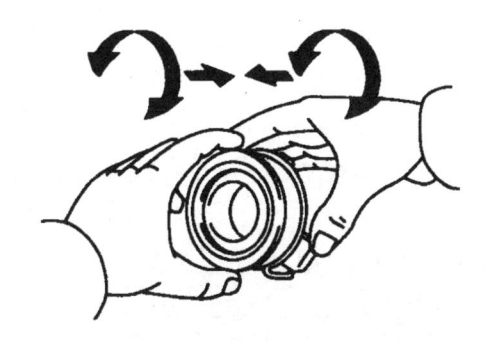

图 2-3-28　分离轴承的检查

（1）运转是否灵活？　　　　　　　　　　　　□是　　□否
（2）运转是否有噪声？　　　　　　　　　　　□有　　□无

四、离合器的装配

离合器的装配是离合器修复后的重要工序,它直接影响离合器的正常工作。

1. 小组讨论离合器的主要装配步骤和方法

2. 使用 SST 将离合器从动盘安装在飞轮上,如图 2-3-29 所示

提示：安装离合器从动盘时,要注意安装方向。

想一想：使用 SST 安装离合器摩擦盘的目的是什么？

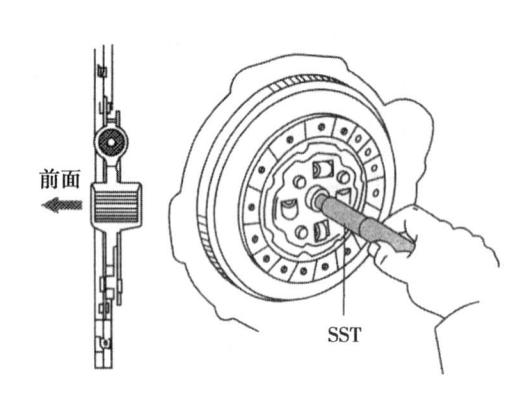

图 2-3-29　离合器从动盘的安装

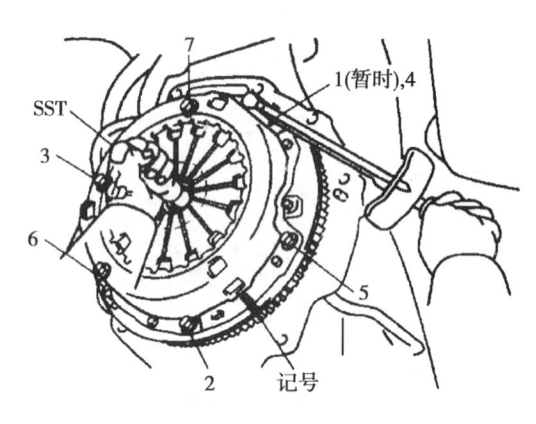

图 2-3-30　离合器盖的装配

3. 安装离合器盖

(1) 对准离合器盖和飞轮的装配记号。　　　　　　　□任务完成

(2) 并按图 2-3-30 所示的次序均匀地分几次拧紧螺栓。　□任务完成

小提示：第一个螺栓位于定位销附近,上下、左右轻微晃动 SST 确认从动盘对正后,再拧紧螺栓,拧紧离合器盖安装螺栓至规定扭矩时,要使用扭力扳手。

4. 检查并调整离合器盖

(1) 用带滚轮的百分表检查膜片弹簧内侧的平整度,如图 2-3-31 所示。

平整度：_____,极限值：_____,结论：_____(合格或不合格)。

(2) 如果平整度不合格,用 SST 进行调整,如图 2-3-32 所示。

5. 安装分离拨叉和分离轴承　　　　　　　　　　□任务完成

小提示：在变速器输入轴上涂一层润滑脂。分离轴承安装完毕后,应向前和向后移动分离叉来检查分离轴承是否润滑自如。

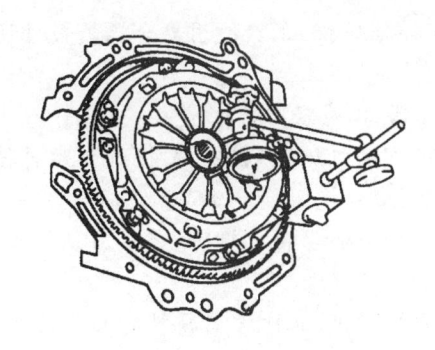

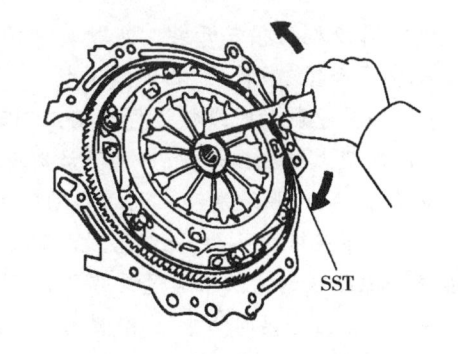

图 2-3-31　膜片弹簧平整度的检查　　　　　　图 2-3-32　膜片弹簧的调整

6. 按拆卸的相反顺序装配其他拆卸部件,记录主要步骤　　□任务完成
主要步骤有:

五、复查和检验

离合器的装配完成后,我们要检查离合器能否正常工作。

1.检查离合器的工作状况

(1)用举升机将车辆升起,使车轮稍离地面。　　　　　　□任务完成
(2)将变速器置于空挡,点火开关旋至启动(START)位置,启动发动机。
　　　　　　　　　　　　　　　　　　　　　　　　　　□任务完成
(3)发动机启动后,踩下离合器踏板时应没有任何异常响声。□正常　　□不正常
(4)完全踩下离合器踏板后,然后依次将变速器的每一个挡位挂挡一次,此时变速器应没有齿轮撞击声,应能够很顺利挂入所选挡位。　　　□正常　　□不正常

2.检查离合器是否有打滑现象

(1)安装车轮挡块,拉起驻车制动。　　　　　　　　　　□任务完成
(2)起动发动机,挂上低速挡(一挡或二挡)。　　　　　　□任务完成
(3)慢慢抬起离合器踏板,逐渐加大油门起步,如果汽车不动,发动机也不熄火,这就说明离合器打滑。　　　　　　　　　　　　　　　　□正常　　□不正常

3.试车检验并记录试车结果

试车检验记录:

> **小提示**：离合器使用注意事项
>
> (1)汽车起步和挂挡时力求结合平稳,不能猛抬离合器踏板。否则,在冲击载荷下,将会损坏压盘、摩擦片及传动部分。
>
> (2)正确驾驶操作。汽车行驶中,离合器频繁工作,每分离和结合一次,都要产生较大的热量,而这些热量又不能在很短的时间内迅速消失。过多地使用离合器,会使其温度过高,

引起摩擦片急剧磨损或开裂。驾驶员必须严格遵守操作规程,正确使用离合器。另外还应尽量减少离合器"半联动"的使用次数。

(3) 在紧急制动时或接近停车前应同时踩下离合器,以减轻冲击。

(4) 严禁上坡拖挡行驶;严禁下坡时踩下离合器(发动机熄火)挂空挡滑行,然后再挂挡猛抬离合器踏板,强迫发动机重新起动的不正确操作方法。

(5) 汽车在松软路面、泥泞路段和冰雪路面行驶中,当驱动轮打滑时,严禁用猛加油门、猛抬离合器踏板的方法来通过此路段。

(6) 离合器分离时力求迅速,减小主、从动部分的滑磨,防止变速器换挡时的齿轮冲击,以保护齿轮牙齿及同步器。

【任务检测】

一、选择题

1. 发动机正常运转时,踏下离合器踏板,压盘(   )。
   A. 就停止转动　　　　B. 仍与飞轮一起旋转　　C. 都不是

2. 离合器从动盘安装在(   )上。
   A. 发动机曲轴　　　B. 变速器输入轴　　　C. 变速器输出轴　　D. 变速器中间轴

3. 离合器从动盘中的减振器弹簧的作用是(   )。
   A. 减少振动　　　　B. 压紧压盘的机械力　　C. 吸收扭力　　　D. 以上都不是

4. 下列(   )或许不是离合器振动的原因。
   A. 曲轴轴向间隙过大　　　　　　　　B. 压盘不平衡
   C. 飞轮跳动过大　　　　　　　　　　D. 飞轮螺栓松动

5. 技师 A 说离合器盘沾上渗漏的油,在离合器工作时会打滑。技师 B 说离合器沾了渗漏的油,在离合器工作时会发出噪声。(   )说法正确。
   A. 只有技师 A 对　　　　　　　　　B. 只有技师 B 对
   C. 技师 A 和技师 B 都对　　　　　　D. 技师 A 和技师 B 都不对

6. 当调整离合器机构时,技师 A 说调整分离轴承,技师 B 说调整飞轮。(   )说法正确。
   A. 只有技师 A 对　　　　　　　　　B. 只有技师 B 对
   C. 技师 A 和技师 B 都对　　　　　　D. 技师 A 和技师 B 都不对

7. 一台车在离合器工作时发出刮擦噪声。技师 A 说问题很可能出在同步器,技师 B 说问题出在过度磨损的离合器刮伤压盘。(   )说法正确。
   A. 只有技师 A 对　　　　　　　　　B. 只有技师 B 对
   C. 技师 A 和技师 B 都对　　　　　　D. 技师 A 和技师 B 都不对

8. 技师 A 说对离合器从动盘检查其厚度是很需要的,技师 B 说对离合器的检查是检查外圆尺寸。(   )说法正确。
   A. 只有技师 A 对　　　　　　　　　B. 只有技师 B 对
   C. 技师 A 和技师 B 都对　　　　　　D. 技师 A 和技师 B 都不对

9. 当离合器工作时发生刮擦,技师 A 说是铆钉碰到了压盘,技师 B 说是铆钉碰到了飞轮表面。(   )说法正确。

A. 只有技师 A 对 　　　　　　　　　　B. 只有技师 B 对
C. 技师 A 和技师 B 都对 　　　　　　D. 技师 A 和技师 B 都不对

10. 技师 A 说应检查压盘的端面跳动，技师 B 说对压盘的检查应检查润滑剂数量是否正确。(　　)说法正确。

A. 只有技师 A 对 　　　　　　　　　　B. 只有技师 B 对
C. 技师 A 和技师 B 都对 　　　　　　D. 技师 A 和技师 B 都不对

二、判断题

1. 离合器可防止传动系统过载。　　　　　　　　　　　　　　　　　　(　　)
2. 压盘不属于离合器主动部分。　　　　　　　　　　　　　　　　　　(　　)
3. 膜片弹簧式离合器中的膜片弹簧既是压紧弹簧又是分离杠杆。　　　　(　　)
4. 离合器在使用过程中，不允许出现摩擦片与压盘、飞轮之间有任何相对滑移的现象。
(　　)
5. 离合器从动盘磨损后，其踏板的自由行程会变小。　　　　　　　　　(　　)

【评价与反馈】

班级：_____ 姓名：_____ 指导教师：_____

序号	考核项目	配分	考核内容	配分	考核标准	得分
1	出勤、纪律	5	出勤	2	违规一次不得分	
			行为规范	3	违规一次不得分	
2	安全、防护、环保	20	着装	4	违规一次不得分	
			个人防护	4	违规一次不得分	
			"5S"、"EHS"	4	违规一次不得分	
			设备使用安全	4	违规一次不得分	
			操作安全	4	违规一次不得分	
3	知识水平	20	知识测验成绩	20	按测验成绩的20%计	
4	技能考核	40	技能测验成绩	40	按测验成绩的40%计	
5	学习能力	10	工单填写,工艺计划制订	4	未做不得分	
			组内活动情况	4	根据未参与情况酌情扣1~4分	
			资料的查阅和收集	2	未做不得分	
6	任务拓展	5	知识拓展	2	未做不得分	
			技能拓展	3	未做不得分	
7	总分	100				

【教师评估】

序号	优点	存在的问题	解决方案

教师签字：

任务四　手动变速器的检查与维护

【任务目标】

目标类型	目标要求
1. 认知目标	（1）能叙述手动变速器的作用 （2）能识别外操纵机构的类型
2. 技能目标	达到汽车维修中级工的如下技能要求： （1）能进行变速器的就车检查 （2）能进行手动变速器外操纵机构的调整 （3）能进行手动变速器的油液更换
3. 情感目标	（1）培养"5S"、"EHS"意识 （2）养成严谨的工作作风

【任务描述】

变速器主要由变速器传动机构和操纵机构组成。变速器操纵机构能让驾驶员使变速器挂上或摘下某一挡位，从而改变变速器的工作状态。识别图2-4-1是_____（手动或自动）变速器操纵机构。

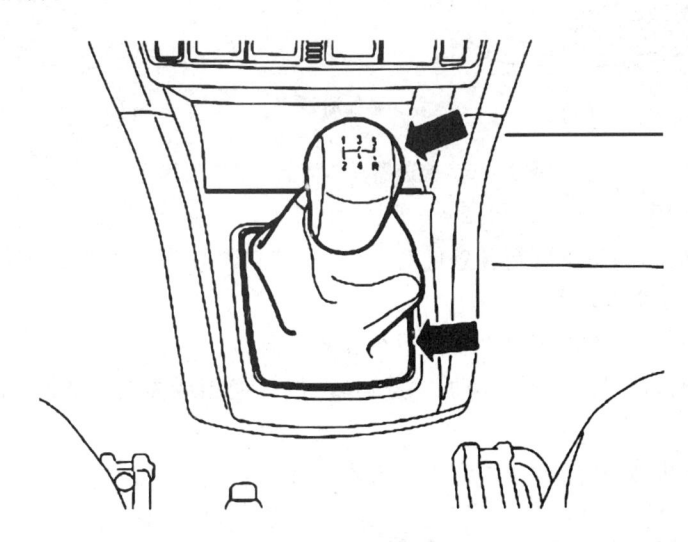

图2-4-1　变速器操纵手柄

手动变速器相对于自动变速器而言，结构简单、性能稳定，在使用过程中出现故障的概率比较低，因此在维修服务中，检查手动变速器通常不需要拆下变速器，而是就车检查、维修。

【知识准备】

一、手动变速器

手动变速器安装在车辆的什么位置？有哪些作用？

1.认识手动变速器的安装位置

（1）观察图2-4-2(a)驱动类型属于发动机_____置_____轮驱动车辆，变速器_____（纵或横）向布置，在图上标注出变速器的位置。

（2）观察图2-4-2(b)驱动类型属于发动机_____置_____轮驱动车辆，变速器_____（纵或横）向布置，在图上标注出变速器的位置。

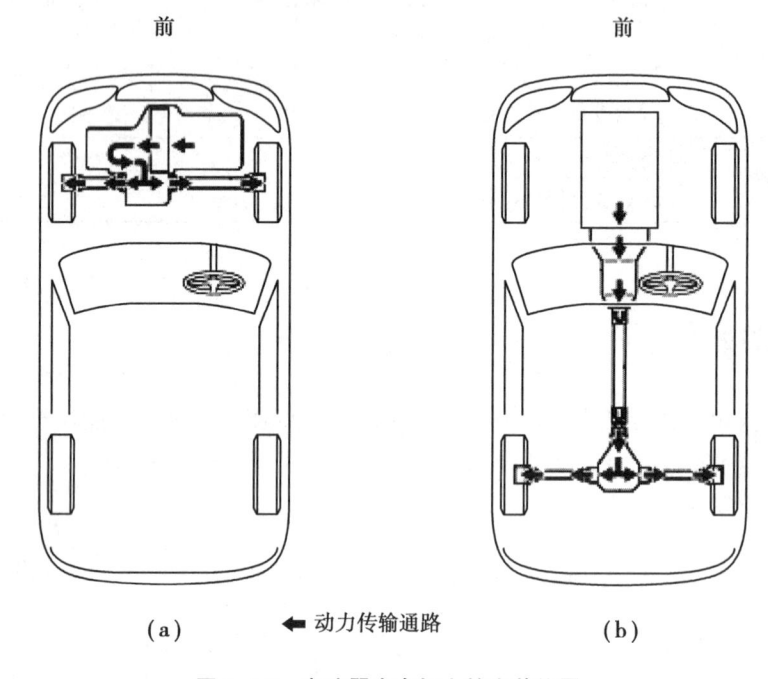

前　　　　　　　　　　　　　　前

（a）　　　← 动力传输通路　　　（b）

图2-4-2　变速器在车辆上的安装位置

2.变速器的作用

（1）改变传动比，满足不同行驶条件对牵引力的需要，使发动机尽量工作在有利的工况下，满足可能的行驶速度要求。

（2）实现倒车行驶，用来满足汽车倒退行驶的需要。

（3）中断动力传递，在发动机起动、怠速运转、汽车换挡或需要停车时，中断向驱动轮的动力传递。

（4）驱动其他机构，利用变速器作为动力输出装置。

二、手动变速器的分类

1.按齿轮的传动方式分

手动变速器按齿轮的转动方式可分为两轴式变速器和三轴式变速器，如图2-4-3所示

（1）图2-4-3(a)属于_____式手动变速器，指变速器只有输入轴和输出轴，在任何前

(a)   (b)

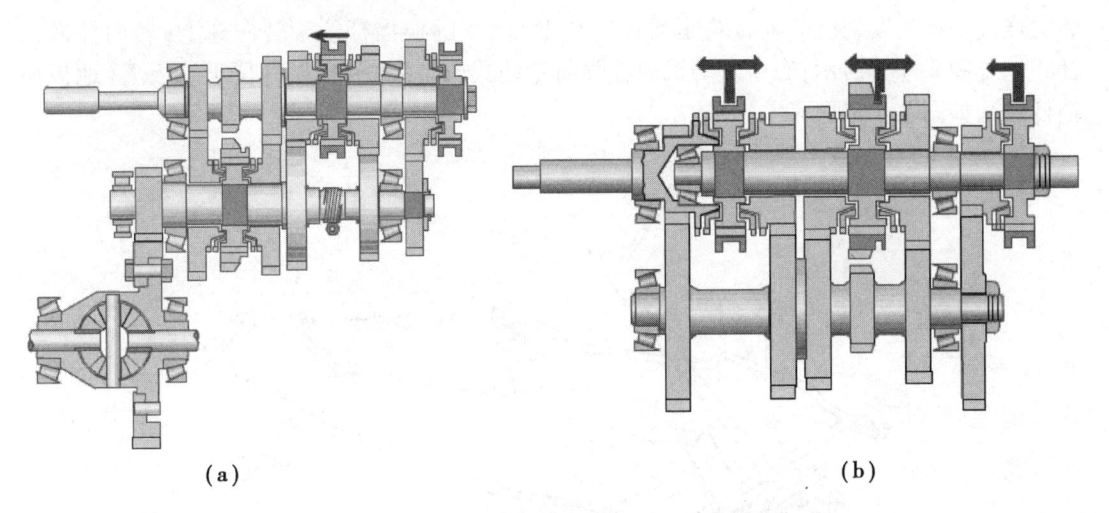

图 2-4-3　变速器按齿轮的传动方式分类

进换挡时,都只有一对齿轮副(倒挡时两对齿轮副)工作,应用于发动机前置_____(前或后)轮驱动的轿车。

(2)图2-4-3(b)属于_____式手动变速器,指除输入轴和输出轴外,还有中间轴,输入轴前端通过离合器与发动机曲轴相连,输出轴后端通过凸缘连接万向传动装置,中间轴主要用来固定安装各挡位的变速器传功齿轮,应用于发动机前置_____(前或后)轮驱动的汽车。

2.按变速器的换挡方式分

按变速器的换挡方式可分为滑动选择式、结合套和_____变速器。

3.按变速器的操纵方式分

按变速器的操纵方式可分为强制操纵式、半自动操纵式和自动操纵式变速器三种。

(1)强制操纵式变速器。它是通过驾驶员用手操纵变速杆来选定挡位,并直接操纵变速器的换挡机构进行挡位变换。齿轮式有级变速器大多数都采用强制操纵的换挡方式。

(2)半自动操纵式变速器。这种变速器一般是通过驾驶员用手操纵换挡手柄选定挡位,同时导通变速器换挡机构的控制系统,在控制系统操纵下使换挡机构自动进行换挡。

(3)自动操纵式变速器。自动操纵式变速器(通常简称为自动变速器)在某一传动范围内(一般是在前进挡范围内),由变速器的自动控制系统根据发动机的负荷和车速的变化情况自动地选定挡位,并进行挡位变换,即自动地改变传动比。驾驶员只需要操纵加速踏板就可以控制车速。

小提示: 变速器挡位数指的是变速器前进挡的个数。

三、手动变速器外操纵机构

手动变速器外操纵机构的作用有哪些,对其如何进行分类?

1.手动变速器外操纵机构

手动变速器外操纵机构分为远距离操纵式和直接操纵式两大类。

(1)远距离操纵式

在远距离操纵式中,变速器与驾驶员操作的换挡杆是分隔开的,这两部分由杆、轴联动装置连接。有些发动机前置后轮驱动式(FR 型)汽车的换挡杆位于转向柱上(转向柱换挡杆式),如图 2-4-4 所示;有些发动机前置驱前轮动式(FF 型)的换挡杆位于地板上(地板换挡杆式),如图 2-4-5 所示。

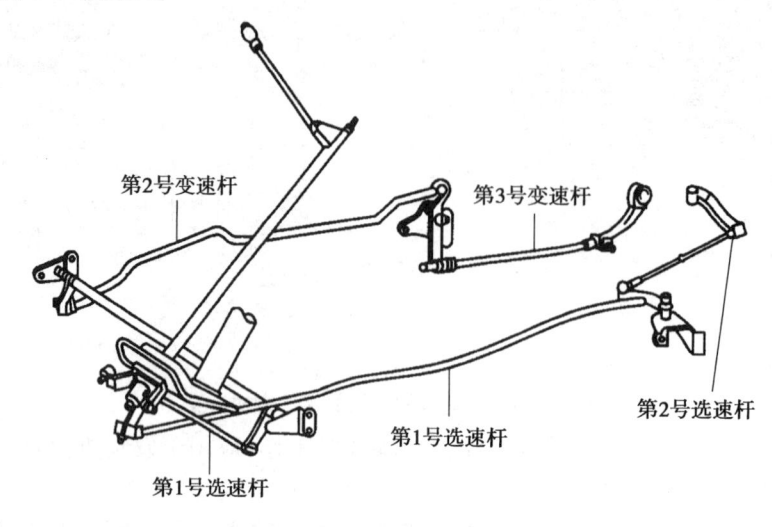

图 2-4-4 转向柱式换挡杆式外操纵机构

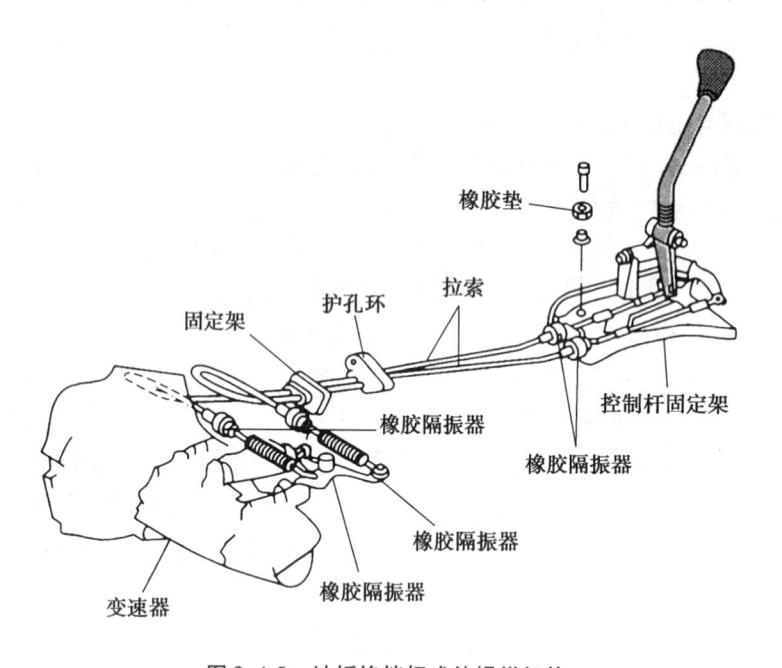

图 2-4-5 地板换挡杆式外操纵机构

(2)直接操纵式

在直接操纵式中,换挡杆直接设置在手动变速器盖上,如图 2-4-6 所示。手动变速器布置在驾驶员座位的附近,变速杆由驾驶室输出,驾驶员可直接操作变速杆来拨动变速器盖内的换挡变速器装置进行换挡。

2.不同类型的手动变速器外操纵机构的结构特点

不同类型的手动变速器外操纵机构,其结构特点也有不同,试分析两种外操纵机构的特点,查询相关资料,完善表 2-4-1。

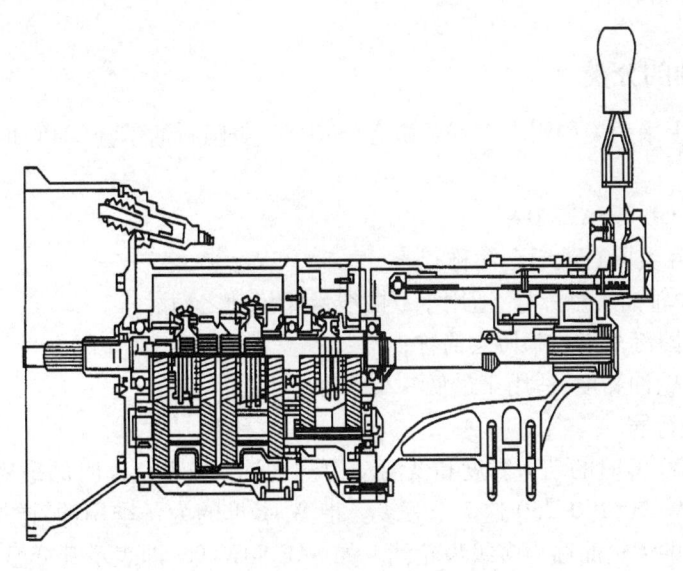

图 2-4-6　直接操纵式外操纵机构

表 2-4-1　不同类型的手动变速器外操纵机构的特点

类型	优点	缺点	代表车型
图 2-4-5	地板换挡杆式外操纵机构		
图 2-4-6	直接操纵式外操纵机构		

【知识拓展】齿轮油的选用

齿轮油是指用于汽车机械变速器、驱动桥齿轮和传动机构的润滑油。它以精制润滑油为基础油,加入抗氧化、防腐蚀、防锈、消泡、耐压抗磨等多种添加剂调和而成,因此,具有良好的润滑性能。它与其他润滑油一样,具有减磨、冷却、清洗、密封、防锈和降低噪声等作用,但其工作条件与发动机油不一样,因此对性能的要求也不一样。

一、齿轮油的基本性能

1.齿轮油的使用要求。齿轮油具有良好的润滑性能和较高的挤压性,具有适当的黏度(比发动机机油高)、较好的黏温特性、较好的低温流动性、较好的防腐性和抗氧化稳定性、良好的抗泡性。

2.齿轮油的性能要求。对齿轮油的性能要求主要有黏度、黏温性和抗磨性等几项指标。齿轮油的黏度应使传动机构工作时消耗于油内摩擦的能量很少,同时又能保证齿轮及轴承摩擦面不发生擦伤及噪声,油封及接合面不漏油;抗磨性是指油品能在运动部件间保持油膜,防止金属与金属直接接触的能力。齿轮油挤压抗磨性可用油的载荷承载能力来评定。

车辆齿轮油其他性能指标的意义与发动机机油相同或类似,这里不再叙述。

二、齿轮油的分类

目前,国际上采用美国汽车工程师协会(SAE)与美国石油学会(API)的分类标准来标定齿轮油。

例如,"API GL-4 SAE 80W"

API——国际美国石油学会简称;

GL-4——齿轮油质量标号,适用于双曲线齿轮传动之润滑;

SAE——美国汽车工程师协会简称;

80W——齿轮油黏度,适用于最低 -26 ℃的温度。

1.SAE 黏度标号

齿轮油按 100 ℃时的动力黏度和低温动力黏度达 150 Pa·s 时的最高温度分为70 W、75 W、80 W、85 W、90、140、250 这 7 个等级。带 W 字母的为冬季用油,详见表 2-4-2。同时符合 2 种黏度级的齿轮油称为多级齿轮油。如 SAE 80W/90,即表示其低温黏度符合 SAE 80 的标准,而高温黏度又符合 SAE 90 的要求,可以在某一地区全年通用,也可以根据当地温度选用。

表 2-4-2　SAE 齿轮油黏度分类表

黏度等级	最高温度/℃ (低温黏度为 150 Pa·s 时)	运动黏度(100 ℃)/mm^2·s^{-1} 最小	最大
70W	-55	4.1	—
75 W	-40	4.1	—
80 W	-26	7.0	—
85 W	-12	11.0	—
90	—	13.5	18.5
140	—	24.0	32.5
250	—	41.0	—

2.API 质量标号

按齿轮载荷承载能力和使用场合不同,API 将齿轮油分为 GL-1、GL-2、GL-3、GL-4、GL-5、GL-6 六个等级,详见表 2-4-3。

我国参照 API 使用分类规定的车辆齿轮油的分类标准,详见表 2-4-4。

参照 SAE 黏度分类:我国车辆齿轮油按黏度为 150 Pa·s 时的最高温度和 100 ℃时的动力黏度分为 70 W、75 W、80 W、85 W、90、140、250 共 7 个黏度标号。

C 级车辆齿轮油是一种普通车辆齿轮油,它以石油润滑剂、合成润滑剂及石油润滑剂和合成润滑油混合组分为原料,并加入抗氧剂、防锈剂、抗泡剂和少量极压剂等制成,适用于等速度和载荷比较苛刻的手动变速器和螺旋齿轮驱动桥。按黏度分为 80W/90,85W/90 和 90。

CLD(GL-4)级车辆齿轮油,许多按企业标准生产的双曲线齿轮油或中载荷齿轮油,在经汽车制造厂的试验认定后,可加在该厂生产的要求使用 GL-4 级油的驱动桥里使用。双曲线齿轮油的旧黏度标号有15号和18号(相当于新90号),22号和26号(相当于新140号),7号(相当于新75 W)。

表 2-4-3　API 齿轮油的使用标号及性能

标号	适用范围
GL-1	低齿面压力、低滑动速度下运行的汽车螺旋锥齿轮、涡轮后轴和各种机械变速器
GL-2	汽车涡轮后轴,其负温度及滑动速度的状况用 GL-1 是不能满足使用要求的
GL-3	中等速度及带载荷运转的汽车机械变速器和后桥螺旋圆锥齿轮
GL-4	在高速低转矩及低速高转矩下运转的小客车和其他车辆的各种齿轮,特别是准双曲线齿轮
GL-5	在高速冲击载荷、高速低转矩及低速高转矩下运转的小客车和其他车辆的各种齿轮,特别是准双曲线齿轮
GL-6	在高速冲击载荷运转中的汽车的各种齿轮,特别是高偏置准双曲线齿轮,其偏置大于从动齿轮直径的25%

L-CLE(GL-5)车辆齿轮油,按黏度分为75 W、80 W/90、90、85 W/140、85 W/90等标号。该级别齿轮油经过严格的试验,适用于高速冲击载荷,高速低转矩和低速高转矩下工作的各种齿轮,特别是轿车和其他各种车辆的双曲线齿轮油。

表 2-4-4　国产齿轮油的分类标准

代号	组成、特性和使用说明	使用部位
CLC	精制矿油加抗氧化剂、防锈剂、抗泡剂和少量极压剂等组成,适用于中等速度和载荷比较苛刻的机械变速器和螺旋锥齿轮的驱动桥	机械变速器和螺旋锥齿轮的驱动桥
CLD	精制矿油加抗氧化剂、防锈剂、抗泡剂和极压剂等制成,适用于在低速高转矩,高速低转矩下操作的各种齿轮,特别是客车和其他各种车辆用的准双曲线齿轮	机械变速器、螺旋锥齿轮和使用条件不太苛刻的准双曲线齿轮的驱动桥
CLE	精制矿油加抗氧化剂、防锈剂、抗泡剂和极压剂等制成,适用于比 CLD 更恶劣的工作环境和各种齿轮,特别是轿车和其他各种车辆用的准双曲线齿轮	使用条件苛刻的准双曲线齿轮及其他各种齿轮的驱动桥,也可用于机械变速器

三、齿轮油的选用原则

通常按说明书的要求,选择相应标号的齿轮油,还可以参照下列原则选油:

(1)根据季节选择齿轮油的标号(黏度级)。齿轮油的标号75 W、80 W、85 W、90 和 140号分别适用于最低气温为 -40 ℃、-26 ℃、-12 ℃、-10 ℃的地区,应对照当地最低气温适当选择。由于进口品牌的齿轮油在国内的大量生产和销售,现在市场上出售的齿轮油基本上都使用国际标号,即 SAE 黏度分级标号和 API 质量分级标号。旧牌号国产齿轮油与 SAE 规格、API 规格对应关系及使用范畴,详见表 2-4-5。

表 2-4-5　国产齿轮油与进口齿轮油的对应关系

国产齿轮油	使用范围	相对应的 SAE 规格（按黏度分类）	相对应的 API 规格（按质量分类）
20 号普通齿轮油	冬季使用于一般汽车的齿轮传动装置	SAE90	GL-2
30 号普通齿轮油	长江以南地区全年，长江以北地区，夏季使用于一般汽车的齿轮传动装置	SAE140	GL-2
22 号渣油型双曲线齿轮油	冬季使用于具有准双曲线齿轮传动装置的汽车上	SAE90	GL-3
28 号渣油型双曲线齿轮油	夏季使用于具有准双曲线齿轮传动装置的汽车上	SAE140	GL-3
18 号馏分型双曲线齿轮油	用于气温在 -10 ℃ ~ 30 ℃ 的地区，具有准双曲线齿轮传动装置的汽车上	SAE90	GL-4
26 号馏分型双曲线齿轮油	用于气温在 32 ℃ 以上的地区，具有准双曲线齿轮传动装置的汽车上	SAE140	GL-4
13 号馏分型双曲线齿轮油	用于气温在 -35 ℃ ~ -10 ℃ 的严寒地区，具有准双曲线齿轮传动装置的汽车上	SAE85W	GL-5

（2）根据齿轮类型和工况选择齿轮油（使用级）。对于一般工作条件下的螺旋锥齿轮减速器（驱动桥）、变速器和转向器可选用普通车辆齿轮油；主减速器是准双曲线齿轮的，必须根据工作条件选用中载荷车辆齿轮油或重载荷车辆齿轮油。具体选择方法可参考表 2-4-6。

表 2-4-6　汽车齿轮油的选择

使用性能级别的选择		黏度级别（或牌号）的选择	
性能级别	齿轮类型、工作条件和示例	黏度级别	使用气温范围
普通车用齿轮油（GL-3）	工作条件缓和的螺旋锥齿轮主减速器和变速器、转向器（解放 CA1091 驱动桥、变速器）	90	-10 ℃ 以上地区全年通用
^	^	80 W/90	-30 ℃ 以上地区全年通用
^	^	85 W/90	-20 ℃ 以上地区全年通用
中载荷车用齿轮油（GL-4）	工作条件一般（齿间压力在 3 000 MPa、齿间滑移速度在 8 mm/s 以下）的准双曲线齿轮主减速器（东风 EQ1090）或要求使用 GL-4 齿轮油的进口汽车	90（旧 18 号）	-10 ℃ 以上地区全年通用
^	^	旧 7 号严寒区曲线齿轮油	-43 ℃ 以上严寒区冬季
^	^	85 W/90	-20 ℃ 以上地区全年通用

续表

使用性能级别的选择		黏度级别(或牌号)的选择	
性能级别	齿轮类型、工作条件和示例	黏度级别	使用气温范围
重载荷车用齿轮油(GL-5)	工作条件苛刻的准双曲线齿轮主减速器(丰田皇冠等进口轿车)或要求使用 GL-5 齿轮油的进口汽车	90	10 ℃以上地区全年通用
^	^	140(旧26号)	重载荷、炎热夏季用
^	^	85 W/90	−20 ℃以上地区全年通用

四、选择齿轮油的注意事项

(1)不要混淆发动机机油和齿轮油 SAE 黏度分类标号。

在标准中为避免混淆,规定为:高黏度标号用在齿轮油上,低黏度标号用于发动机润滑油,但旧牌号齿轮油的分级号较低。应注意齿轮油和发动机黏度级别并无联系,同型号不能互用。切不可将齿轮油当发动机润滑油使用,否则,发动机将会发生烧瓦、拉缸和烧结活塞等严重事故。

(2)不能降级使用或升级使用齿轮油。如使用 GL-4 级别的准双曲线齿轮,由于轴间滑动非常大,承受的载荷也非常大,普通齿轮油无法保持正常的油膜,如果在其间使用了普通的齿轮油(GL-3),准双曲线齿轮将会很快损坏。馏分型准双曲线齿轮油的颜色一般为黄绿色到深绿色及深棕红色等,其他齿轮油的颜色一般为深黑色,使用时注意区别。也不宜滥用准双曲线齿轮油来代替普通齿轮油,否则会造成变速器齿轮的腐蚀性磨损和不必要的经济损失。必须根据齿轮传动的特点,选用性能与使用级别合适的齿轮油。

(3)不要误认为高黏度齿轮油的润滑性好。使用黏度标号太高的齿轮油,将会使燃油消耗显著增加,特别是对高级轿车影响更大,应尽量使用合适的多级齿轮油。

(4)加油量应适当。油量应适当,不能过多也不能过少。过多不仅会增加搅油阻力和燃油消耗,还齿轮油有可能经后桥壳混入制动鼓造成制动失灵;过少则会使润滑不良,温度过高,加速齿轮磨损。齿轮油面一般应加到与齿轮箱加油口下缘平齐,且应经常检查各齿轮油箱是否渗漏,并保持各油封、垫片的完好。

(5)合理使用齿轮油。齿轮油的使用寿命较长,如使用单级油,在换季维护时换用不同的黏度标号。放出的旧油如不到换油期限,可在再次换油时上车使用。旧油应妥善保管,严防水分、机械杂质和废油污染。

(6)适时换油。应按规定换油指标换用新油,无油质分析手段时,可按规定期限换油。汽车制造厂推荐的期限为 30 000~48 000 km。换油时,应趁热放出旧油,并将齿轮和齿轮箱清洗干净后方可加入新油,加油时应防止水分和杂质混入。

(7)齿轮油使用禁忌。在使用中,严禁向齿轮油中加入柴油等进行稀释,也不要因冬季起步困难而烘烤驱动桥、变速器,以免齿轮油严重变质。如果出现这种情况,应用低黏度的多级齿轮油。

【任务实施】

一、准备工作

1.所需设备、工量具和材料

常用工具、举升机、维修手册、干净的抹布、齿轮油。

2.安全防护用品

标准作业装、安全鞋、线手套。

3.汽车信息收集

车牌号码：_____，车辆型号：_____，

VIN 码：_____，行驶里程：_____，

车辆故障现象描述_____。

二、手动变速器的铭牌识别

一种型号的手动变速器,可能装在多种类型的汽车上。因此,在进行任何维修工作之前,首先应该确认所维修的手动变速器的型号,这样才能获得准确的维修数据,并保证随后的工序、特殊处理过程及安装正确。手动变速器型号是根据变速器的铭牌确定,在铭牌上通常会标出变速器的代码、生产日期、制造厂商等信息。

1.查找实训汽车的手动变速器铭牌,描述铭牌的位置及铭牌的内容

车型：_____，铭牌位置：_____，

铭牌内容：_____

_____。

2.查找维修手册,解释铭牌内容

3.根据变速器的型号,查找维修手册,将手动变速器油液的更换周期、油液的类型及加注量记录下来

（1）变速器的型号：_____。

（2）变速器油液的更换周期：_____。

（3）变速器油液的加注类型：_____。

（4）变速器油液的加注量：_____。

三、变速器的就车检查

1.运转车辆进行换挡检查如下几个项目

（1）检查变速器操纵机构是否松旷。　　　　　　　　□正常　□不正常

（2）变速器各挡位换挡是否正常。　　　　　　　　　□正常　□不正常

(3)检查变速器运转时是否有异常响声。
①空挡运行状态是否有异常响声。　　　　　　　　　□有　　□无
②前进挡运行状态是否有异常响声。　　　　　　　　□有　　□无
③倒挡运行状态是否有异常响声。　　　　　　　　　□有　　□无

小提示：变速器换挡时的注意事项：
(1)必须在车辆静止时，才能挂入倒挡。
(2)发动机在运转过程中，换挡时应将离合器踏板踏到底。
(3)车辆行驶过程中，不能将手放在变速杆上，以免造成零件的磨损。

2.举升车辆检查以下几个项目
(1)检查变速器通气塞是否堵塞。　　　　　　　　　□正常　□不正常
(2)检查变速器壳体是否有变形和损坏。　　　　　　□有　　□无
(3)检查变速器各配合表面是否有漏油，如图2-4-7(a)。□有　　□无

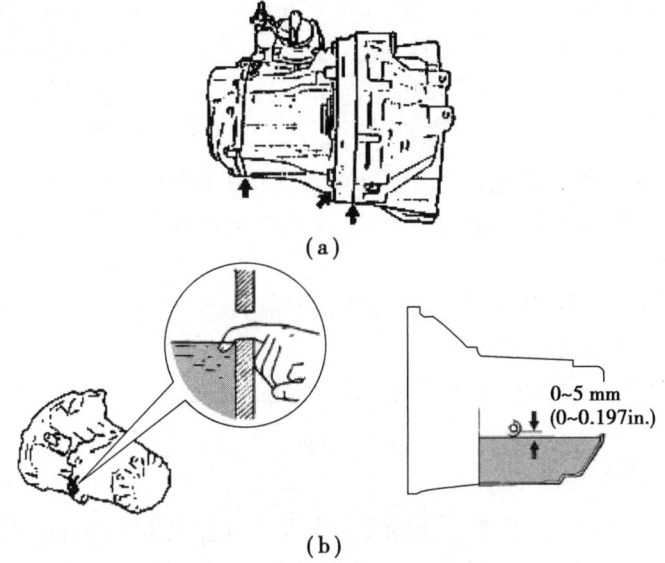

图2-4-7　变速器油液的检查

(4)拆下加注塞和垫圈，用手检查油面高度，油面应高于加注口下边缘5 mm以内。检查变速器油量是否正常，见图2-4-7(b)。　　　　　　□正常　□不正常

小提示：油量过少或过量均可能引起故障。手动变速器油液应该保持正常的颜色和气味，如果油液脏了则需要更换，如果油液成乳液状则表明变速器油液进水。

四、变速器油液的检查与更换

汽车在行驶一定里程之后，手动变速器的油质会发生变化，容易导致手动变速器故障。为了避免故障的发生，应该结合汽车的使用条件，需定期对手动变速器的油液进行更换。
(1)汽车停置在水平地面上，如果汽车是冷车，应启动汽车使变速器油温达到一定温度。
　　　　　　　　　　　　　　　　　　　　　　　　　　□任务完成
(2)用举升机安全地将汽车举升到工作高度。　　　　□任务完成
(3)如图2-4-8所示，_____号螺栓为放油螺栓，_____号螺栓为加注螺栓；在放油

螺栓下方放置一集油盘,如图2-4-9所示,拆下放油塞,排放手动变速器油液。

□任务完成

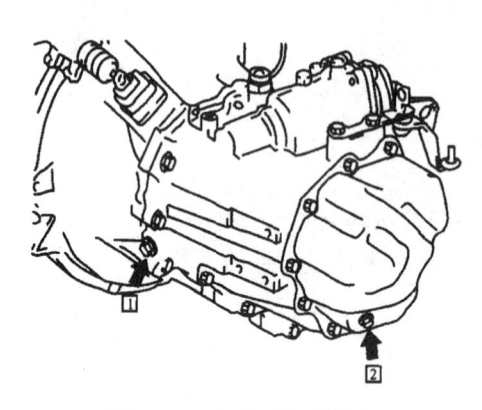

图2-4-8　加注塞和放油塞　　　　　　　图2-4-9　排放变速器油液

(4)检查变速器油液状况。
①变速器油液是否含有大量的铜屑。　　　　　　　□有　　□无
②变速器油液是否含有大量的铁屑。　　　　　　　□有　　□无
根据①、②的检查,结论是:变速器磨损_____(是或否)严重。

小提示：手动变速器油液应该保持正常的颜色和气味,如果油液脏了则需要更换,如油液成乳液状则表明变速器油液进水,如果油液中带有白色或黄色的金属碎片则说明变速器的内部磨损严重。

(5)拧紧放油塞,拆下加注螺栓,加注变速器油液,直到加注口有变速器油流出为止。
(6)更换新的垫圈并安装加注塞。
(7)检查变速器油是否泄漏并降下汽车,汽车复位与清洁。

五、汽车换挡困难的原因

导致汽车换挡困难的原因主要有手动变速器及其外操纵机构两方面的原因。

以羚羊世纪星轿车五挡变速器为例,在教师的指导下,制订并实施手动变速器外操纵机构的调整方案。

1.羚羊世纪星轿车五挡变速器外操纵机构如图2-4-10
2.判断车辆的故障现象

3.制订调整方案

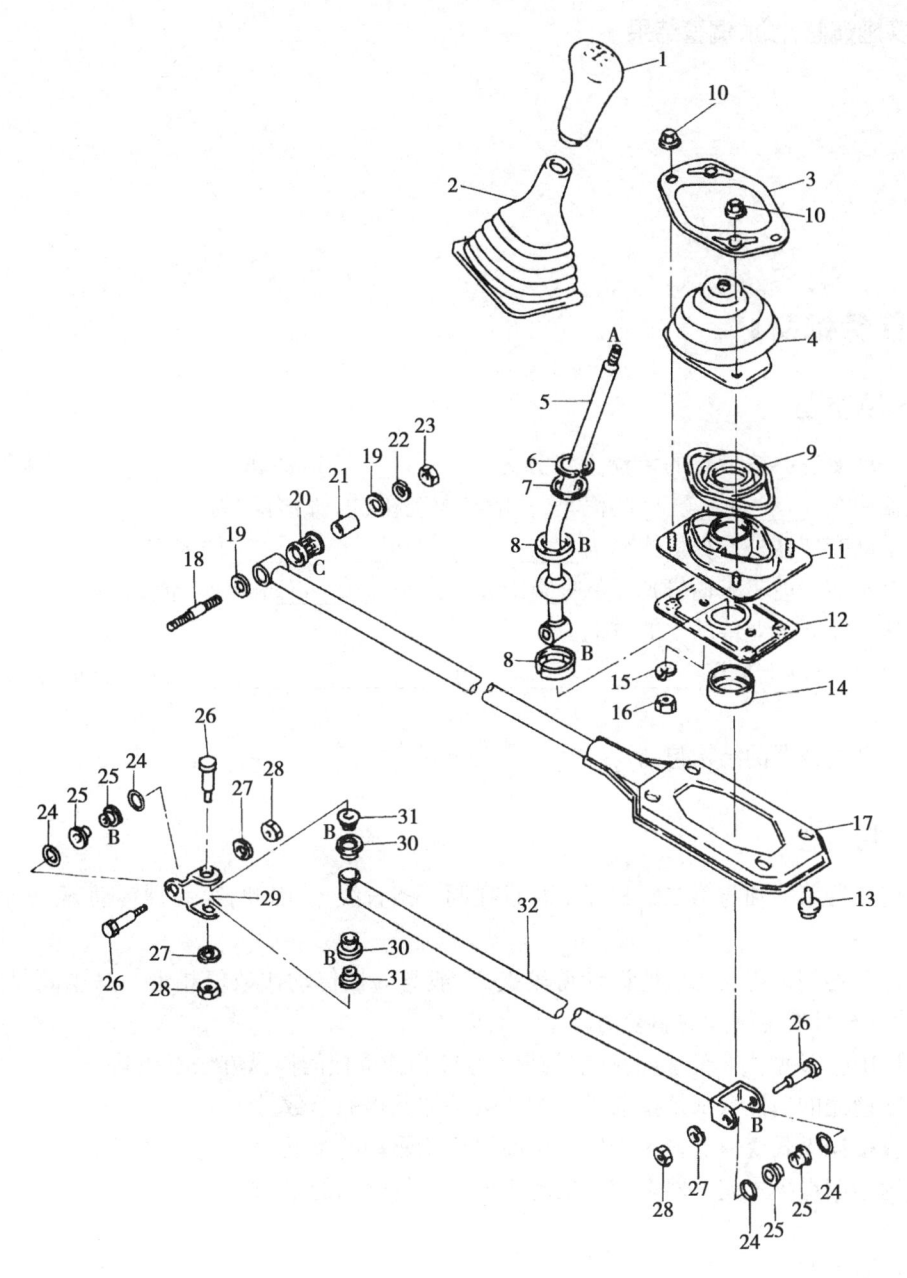

1—变速操纵杆手柄;2—二号防尘罩;3—防尘罩固定板;4—防尘罩;5—变速器操纵杆;6—卡环;
7—调整片;8—变速器操纵杆座;9—座体防尘器;10—座体总成螺母;11—座体总成;
12—支承板组件;13—螺栓;14—后防尘罩;15—座体弹簧垫圈;16—控制座体螺母;
17—加强杆;18—加强杆双头螺栓;19—加强杆垫圈;20—加强杆衬套;21—加强杆隔套;
22—加强杆弹簧垫圈;23—加强杆螺母;24—O形密封圈;25—换挡控制轴套;26—换挡控制轴螺栓;
27—换挡控制轴弹簧垫圈;28—换挡控制轴螺母;29—换挡控制轴接头;30—换挡控制轴外套;
31—换挡控制轴内套;32—换挡控制轴;A—涂螺纹防松胶;B—涂润滑脂;C—不润滑

图 2-4-10　变速器控制装置的分解图

4.实施调整计划,调整结果

【任务检测】

一、填空题

1. 手动变速器按齿轮的传动方式分为_____变速器和_____变速器,两轴式变速器用于_____的汽车,一般与驱动桥(前桥)合称为_____。
2. 手动变速器外操纵机构分为_____和_____两大类。
3. 对于前置前驱车辆(FF),变速器安装方向分_____和横向布置两种,_____布置变速器需要改变传动力的方向。
4. 目前,国际上采用_____与_____的分类标准来标定齿轮油。
5. 手动变速器的结构包括_____和_____两大部分。

二、判断题

1. 变速器第一轴与第二轴相互平行且在同一条直线上,因此,第一轴转动第二轴也随着转。( )
2. 变速器倒挡传动比数值设计得较大,一般与一挡传动比数值相近。这主要是为了倒车时,使汽车具有足够大的驱动力。( )
3. EQ1090E 型汽车变速器挂前进挡(一挡)和挂倒挡的操纵方法不相同。( )
4. 变速器的挡位数都是指前进挡的个数外加倒挡的个数。( )
5. 直接操纵式变速器多用于发动机前置后轮驱动的车辆。( )
6. 远距离操纵式变速器多用于发动机前置后轮驱动的车辆。( )

【评价与反馈】

班级：_____ 姓名：_____ 指导教师：_____

序号	考核项目	配分	考核内容	配分	考核标准	得分
1	出勤、纪律	5	出勤	2	违规一次不得分	
			行为规范	3	违规一次不得分	
2	安全、防护、环保	20	着装	4	违规一次不得分	
			个人防护	4	违规一次不得分	
			"5S"、"EHS"	4	违规一次不得分	
			设备使用安全	4	违规一次不得分	
			操作安全	4	违规一次不得分	
3	知识水平	20	知识测验成绩	20	按测验成绩的20%计	
4	技能考核	40	技能测验成绩	40	按测验成绩的40%计	
5	学习能力	10	工单填写，工艺计划制订	4	未做不得分	
			组内活动情况	4	根据未完成情况酌情扣1~4分	
			资料的查阅和收集	2	未做不得分	
6	任务拓展	5	知识拓展	2	未做不得分	
			技能拓展	3	未做不得分	
7	总分	100				

【教师评估】

序号	优点	存在的问题	解决方案

教师签字：

任务五　手动变速器的总成检修

【任务目标】

目标类型	目标要求
1.认知目标	(1)能认识手动变速器的传动机构 (2)能叙述齿轮变速变扭的原理 (3)能叙述换挡操纵与同步器的工作过程 (4)能分析手动变速器的动力传动路线
2.技能目标	达到汽车维修中级工的如下技能要求： (1)能进行手动变速器的解体检修与装复检查 (2)能进行手动变速器的零件检查 (3)能查询维修资料，获取所需要的紧固力矩
3.情感目标	(1)养成良好的学习和工作习惯，培养"5S"、"EHS"意识 (2)注意搬运安全、操作安全、设备安全

【任务描述】

由于前驱或后驱的变速器总成在车辆上的安装位置有很大差异，使其维修方法也存在着差异，因此在维修前需确认变速器是哪种布置方式，需要知道前驱与后驱手动变速器有哪些不同，然后确定其维修方法。

本任务通过对变速器的学习，要让学生知道变速器传动机构的组成、变速器的工作过程及分变速器的动力传动路线，明确更换离合器的操作规程和安装后的检查方法。

【知识准备】

一、变速器的齿轮

手动变速器是通过变速器齿轮来实现传动系统变速变扭的重要装置，那么齿轮是如何实现传动系统变速变扭功能的呢？

1.齿轮的变速原理

(1)如图2-5-1(a)所示，当两个齿数相同的齿轮啮合传动时，主动齿轮和从动齿轮速度相等。

(2)如图2-5-1(b)所示，当小齿轮和大齿轮啮合传动时，主动齿轮的速度_____（大于、等于或小于）从动齿轮的速度。

(3)如图2-5-1(c)所示，当大齿轮和小齿轮啮合传动时，主动齿轮的速度_____（大于、等于或小于）从动齿轮的速度。

(a)　　　　　　　　　　(b)　　　　　　　　　　(c)

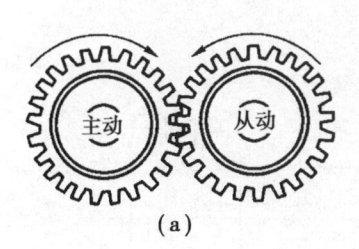

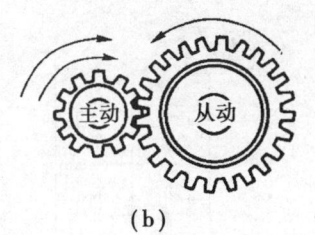

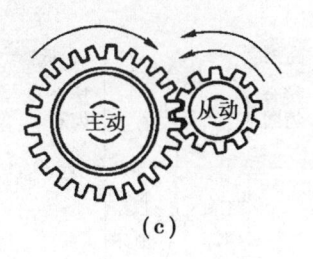

图 2-5-1　齿轮传动速度的变扭原理

2.齿轮变扭原理

如图 2-5-1(b)所示，小齿轮驱动大齿轮时，两个齿轮啮合面上的力相等，由于主动齿轮的半径小于从动齿轮的半径，根据杠杆原理可知，主动齿轮的扭矩小于从动齿轮的扭矩，同理可知，图 2-5-1(c)主动齿轮的扭矩_____（大于、等于或小于）从动齿轮扭矩。

3.齿轮变向原理

如图 2-5-2 所示，外啮合的一对齿轮传动，两齿轮旋向_____（相反或相同），每经一传动副，其轴向改变一次转向。图 2-5-2(a)所示的一对齿轮传动，其输出轴与输入轴转向相反，这是普通两轴式变速器前进挡的传动情况。图 2-5-2(b)所示的两对齿轮传动，其输出轴与输入轴转向相同，这是普通两轴式变速器倒挡的传动情况。

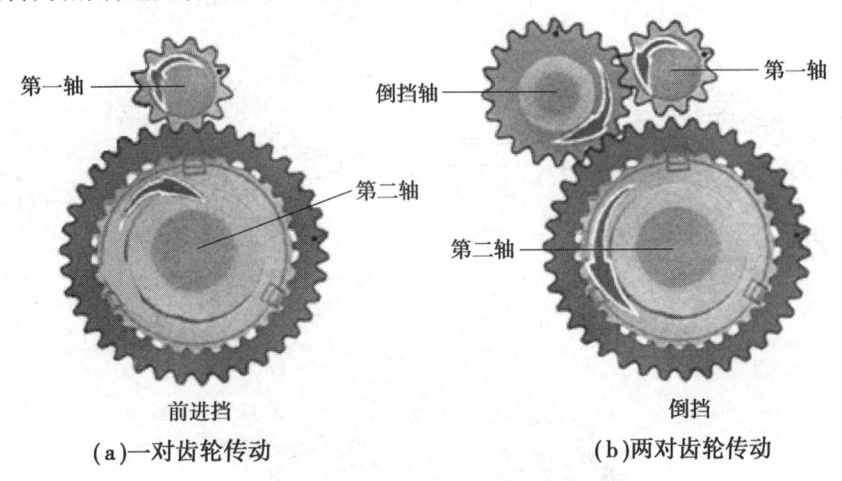

(a)一对齿轮传动　　　　　　　(b)两对齿轮传动
　前进挡　　　　　　　　　　　　倒挡

图 2-5-2　前进挡与倒挡

4.换挡原理

若将图 2-5-3(a)中的接合套置于花键毂中间，与左右两边接合齿圈都不接触，此时中间轴的动力不能传递到第二轴，形成空挡；如果将接合套左移如图 2-5-3(b)所示，接合套连接高挡接合齿圈和花键毂，动力从中间轴通过高挡齿轮、接合套、花键毂传递到输出轴形成高挡；如果将接合套右移如图 2-5-3(c)所示，接合套连接低挡接合齿圈和花键毂，动力从中间轴通过低挡齿轮、接合套、花键毂传递到输出轴形成低挡位，这就是变速器换挡原理。

二、变速器的安装位置、结构和工作过程

不同类型车辆变速器的安装位置及结构都不一样，如何来区分它们呢？它们是如何工作的？

1.普通齿轮变速器主要分为三轴变速器和两轴变速器两种

(1)查找相关资料，区分图 2-5-4 所示的手动变速器属于前驱还是后驱。

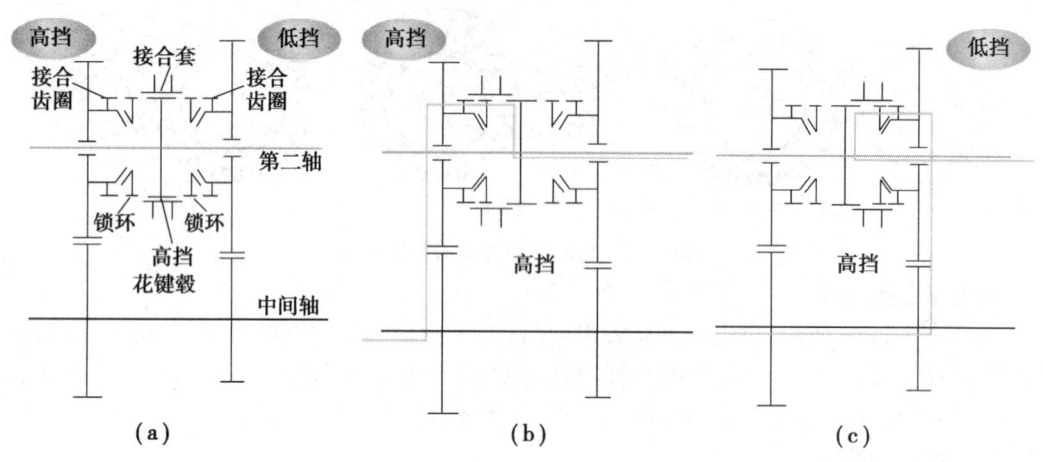

图 2-5-3　变速器的换挡原理

图 2-5-4 中(a)为_____(前驱或后驱)手动变速器,图 2-5-4 中(b)为_____(前驱或后驱)手动变速器,图 2-5-4 中(c)为_____(前驱或后驱)手动变速器,由于前驱变速器将主减速器和差速器安装在一起,称为手动变速器驱动桥。

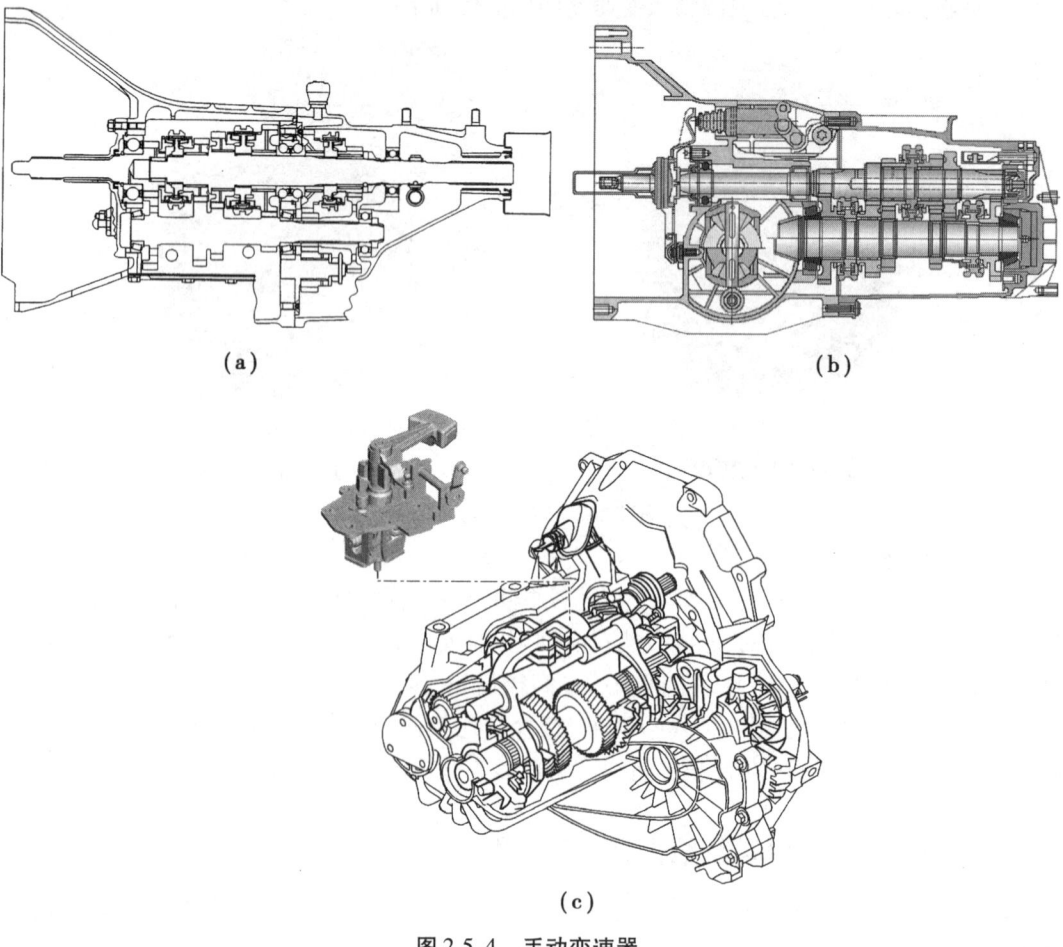

图 2-5-4　手动变速器

(2)分析前驱和后驱手动变速器的异同,参考图 2-5-4 手动变速器结构,对照实训场地的手动变速器总成,将表 2-5-1 补充完成。

表 2-5-1　前驱和后驱变速器

图号	图 2-5-4(a)	图 2-5-4(b)	图 2-5-4(c)
轴的数量			
输入轴与输出轴的关系			
有无主减速器			
有无差速器			

2.两轴式变速器

两轴式变速器的变速传动机构主要由第一轴（动力输入轴）、第二轴（动力输出轴）、倒挡轴、各挡齿轮及变速器壳体所构成。两轴是指汽车前进时,传递动力的轴只有第一轴和第二轴。大部分轿车都采用两轴式变速器。

（1）两轴式变速器的结构。

以两轴五挡变速器为例讲解,即五个前进挡和一个倒挡传动。所有前进挡齿轮处于常啮合状态,倒挡采用滑动中间齿轮机构。输出轴驱动主减速齿轮和差速器,由此再驱动与前车轮连接的前传动轴,两轴式变速器结构如简图 2-5-5,查询相关资料,完善表格 2-5-2。

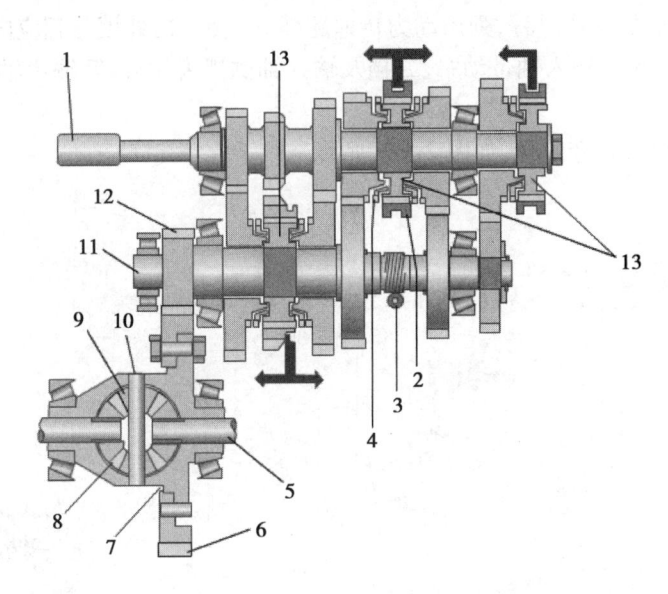

图 2-5-5　两轴式变速器的结构简图

表 2-5-2　两轴式变速器的零件名称

序号	名称	序号	名称	序号	名称
1		6		11	
2		7	差速器壳	12	主减速器主动齿轮
3	里程表齿轮	8	半轴齿轮	13	花键毂
4		9	行星齿轮		
5	半轴	10	行星齿轮轴		

（2）根据图2-5-5，补充完善下列变速器传动示意图2-5-6。

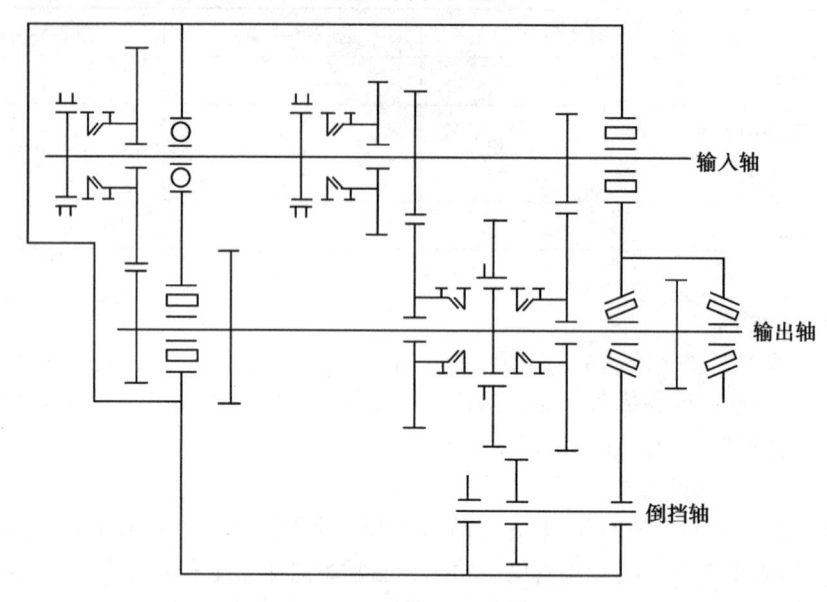

图2-5-6　两轴式变速器传动示意图

（3）分析变速器的工作过程，列出动力传递路线。（在空白处填写相应内容）

①空挡，如图2-5-5，输入轴带动一、二挡及输入轴倒挡齿轮旋转，输出轴_____（旋转或不旋转）。

②一挡，一二挡接合套左移，如图2-5-7所示。

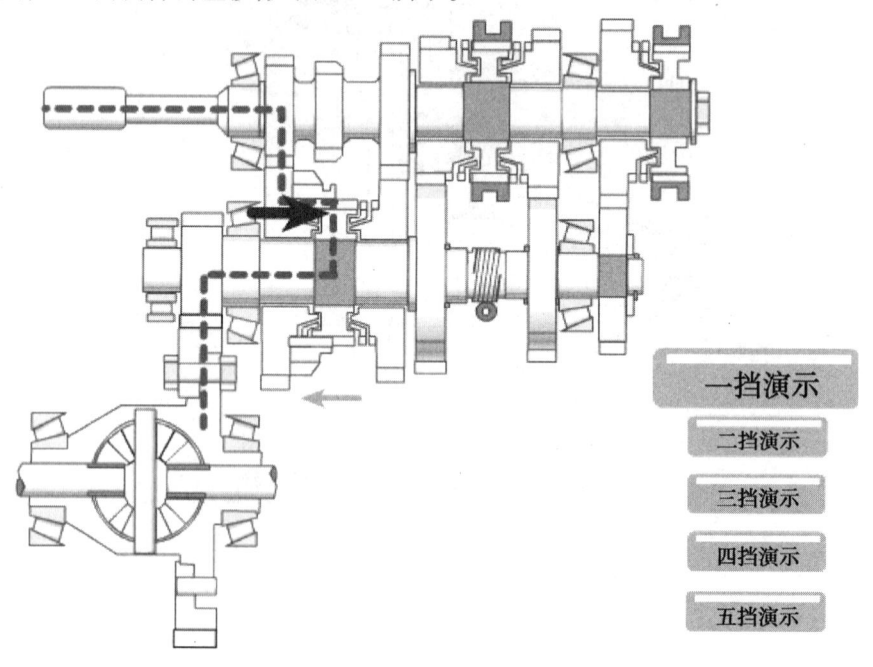

图2-5-7　一挡动力传递路线

一挡动力传递线路：

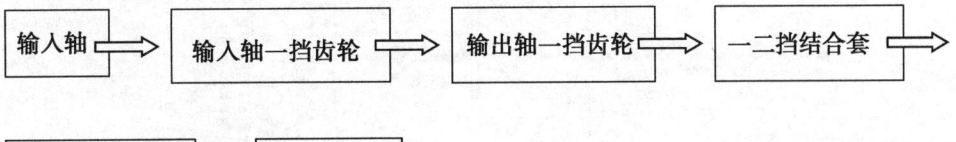

输入轴 ⇒ 输入轴一挡齿轮 ⇒ 输出轴一挡齿轮 ⇒ 一二挡结合套 ⇒

一二挡花键毂 ⇒ 输出轴

③二挡，一二挡接合套____（左或右）移。
写出二挡动力传递线路：

输入轴

④三挡，三四挡结合套____（左或右）移。
写出三挡动力传力传递线路：

输入轴

⑤四挡，三四挡结合套____（左或右）移，如图 2-5-8 所示。
写出四挡动力传递线路：

输入轴

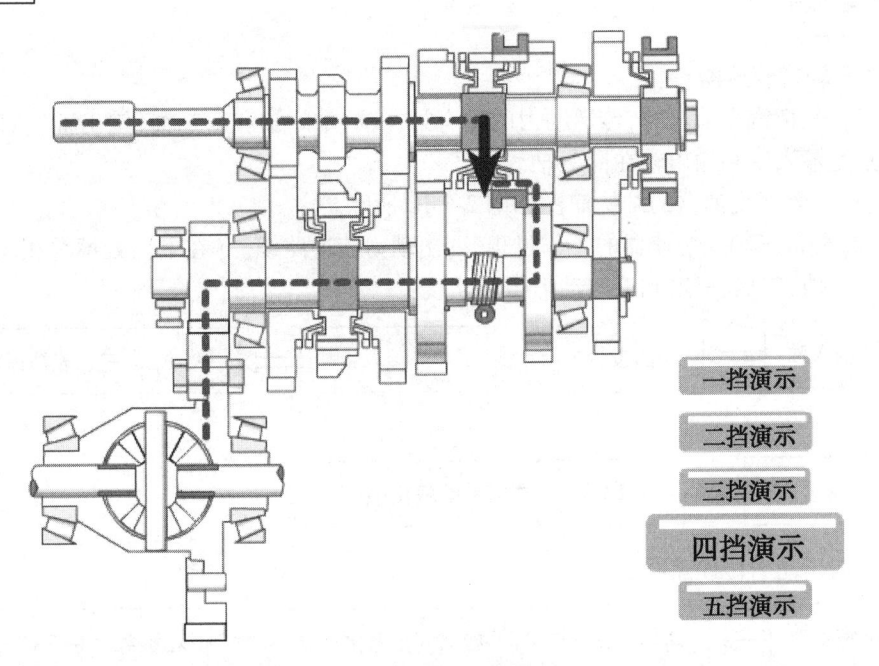

一挡演示
二挡演示
三挡演示
四挡演示
五挡演示

图 2-5-8　四挡动力传递线路

⑥五挡，三四挡结合套____（左或右）移，如图 2-5-9 所示。
写出五挡动力传递线路：

输入轴

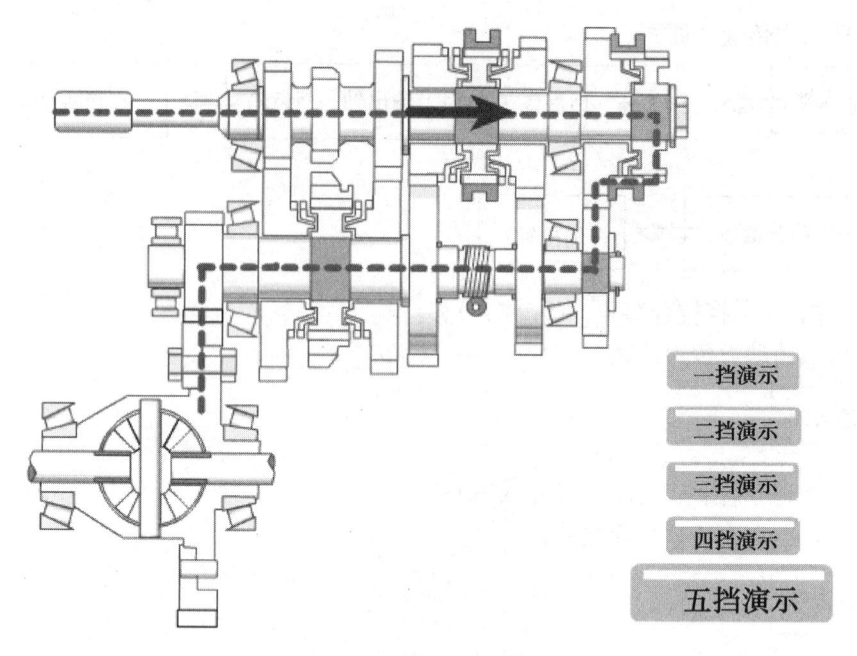

图 2-5-9　五挡动力传递线路

⑥想一想倒挡是如何工作的,你能把倒挡的动力传递线路写出来吗?

写出倒挡动力传递线路:

| 输入轴 |

3.三轴式变速器

三轴是指汽车前进时,传递动力的轴有第一轴、中间轴和第二轴(输出轴),直接挡除外,其特点是输入轴和输出轴在同一轴线上。

(1)三轴式变速器的结构简图如图 2-5-10 所示。

(2)分析三轴式变速器的工作过程,列出动力传递路线。(在空白处填写相应内容)

①一挡、二挡、三挡和五挡动力传递路线:

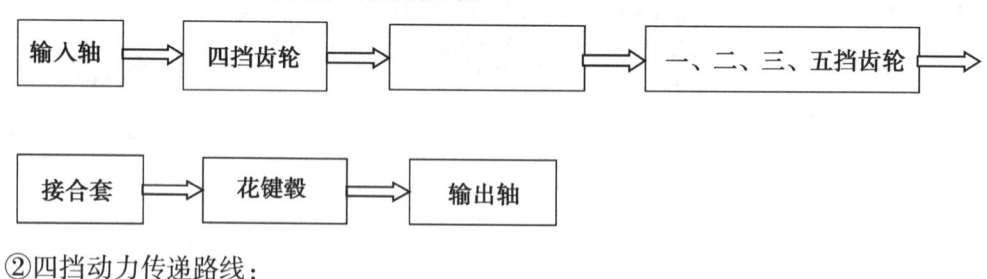

输入轴 ➡ 四挡齿轮 ➡ ☐ ➡ 一、二、三、五挡齿轮 ➡

接合套 ➡ 花键毂 ➡ 输出轴

②四挡动力传递路线:

输入轴 ➡ 四挡齿轮 ➡ 四挡同步器接合套 ➡ 花键毂 ➡ ☐

③倒挡动力传递线路:

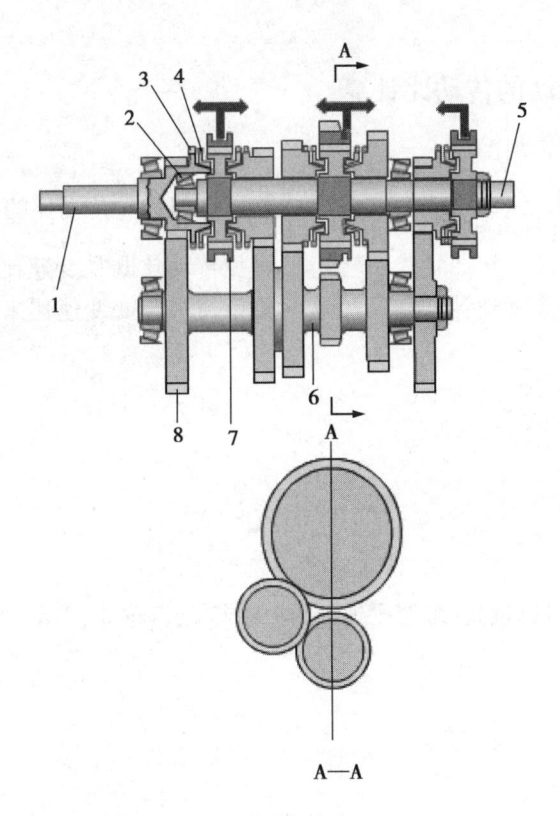

1—输入轴；2—轴承；3—接合齿圈；4—同步环；2、5—输出轴；
6—中间轴；7—接合套；8—中间轴常啮合齿轮

图 2-5-10　三轴式变速器的结构简图

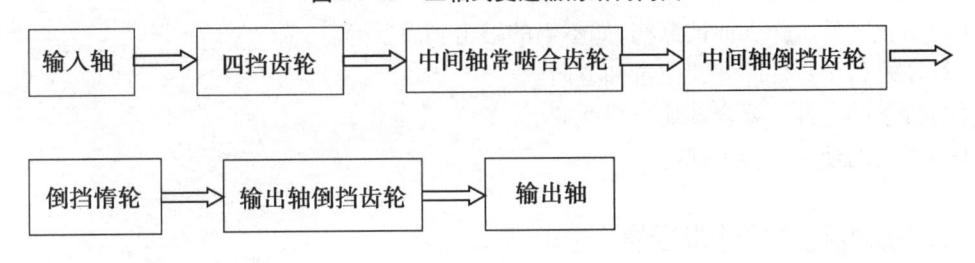

输入轴 → 四挡齿轮 → 中间轴常啮合齿轮 → 中间轴倒挡齿轮

倒挡惰轮 → 输出轴倒挡齿轮 → 输出轴

【知识拓展】传动比的计算

一、单级齿轮传动的传动比计算

设主动齿轮转速为 n_1，齿数为 z_1；从动齿轮转速为 n_2，齿数为 z_2。主动齿轮（输入轴）转速与从动齿轮（输出轴）转速之比值称为传动比，如图 2-5-1 所示。传动比用字母 $i_{1,2}$ 表示。即：

$$i_{1,2} = \frac{n_1}{n_2} = \frac{z_2}{z_1}$$

因而：

$$n_2 = n_1 \cdot \frac{z_1}{z_2}$$

二、多级齿轮传动的传动比计算

多级齿轮传动的传动比 i 为：

$$i = \frac{\text{所有从动齿轮齿数的连乘积}}{\text{所有主动齿轮齿数的连乘积}} = \text{各级齿轮传动比的乘积}$$

由于 $i = n_入/n_出 = M_出/M_入$（M 表示转矩），可见传动比既是变速比又是变矩比。降速则增矩，增速则降矩。汽车变速器就是利用这一关系通过改变变速比来适应汽车行驶阻力变化的需要。

【任务实施】

一、准备工作

1.工具与材料

常用工具、专用工具、量具、维修手册、干净的抹布、齿轮油、手动变速器车辆或手动变速器总成。

2.安全防护用品

标准作业装、安全鞋、线手套。

3.汽车信息收集

车牌号码：＿＿＿＿＿＿＿＿＿＿＿＿，车辆型号：＿＿＿＿＿＿＿＿＿＿＿＿，
VIN码：＿＿＿＿＿＿＿＿＿＿＿＿，行驶里程：＿＿＿＿＿＿＿＿＿＿＿＿。

4.变速器拆装注意事项：

(1)防止零件工作表面被擦伤，如不当的敲击和放置等。
(2)注意每个零件的安装位置和方向。
(3)拆下的零件需要合理地进行摆放。
(4)工具的使用要合理规范。

二、手动变速器的外观目检

在拆装手动变速器前，为了检查元件是否齐备和有无损坏，需进行手动变速器的外观目检。

1.变速器壳体检查

(1)变速器外壳是否有裂纹。　　　　　　　　　□是　　□否
(2)变速器是否漏油。　　　　　　　　　　　　□是　　□否
(3)倒挡开关是否存在。　　　　　　　　　　　□是　　□否
(4)分离拨叉防尘套是否有裂纹。　　　　　　　□是　　□否

说明：如本任务的变速器是已拆卸下的变速器，则省去变速器的拆装步骤。

2.阅读维修手册，小组讨论拆卸变速器的步骤和方法

3. 从车上拆下变速器总成　　　　　　　　　　　　　　　　□任务完成

> **小提示**：在拆卸、解体手动变速器前应该将沙尘清洗干净。

三、手动变速器的拆卸

在进行手动变速器总成的修理时需先拆卸变速器，在拆卸变速器时首先要熟悉变速器的机构，然后对变速器进行拆卸。（以羚羊五挡变速器为例）

1.两轴式变速器的总体构造

该车型采用的手动变速器具有_____个同步器和_____轴，从而实现_____个前进挡和一个倒挡传动。所有前进挡齿轮处于常啮合状态，倒挡采用滑动中间齿轮机构。输出轴驱动主减速齿轮和差速器，由此再驱动与前车轮连接的前传动轴。

（1）变速器齿轮的传动机构，如图 2-5-11 所示。

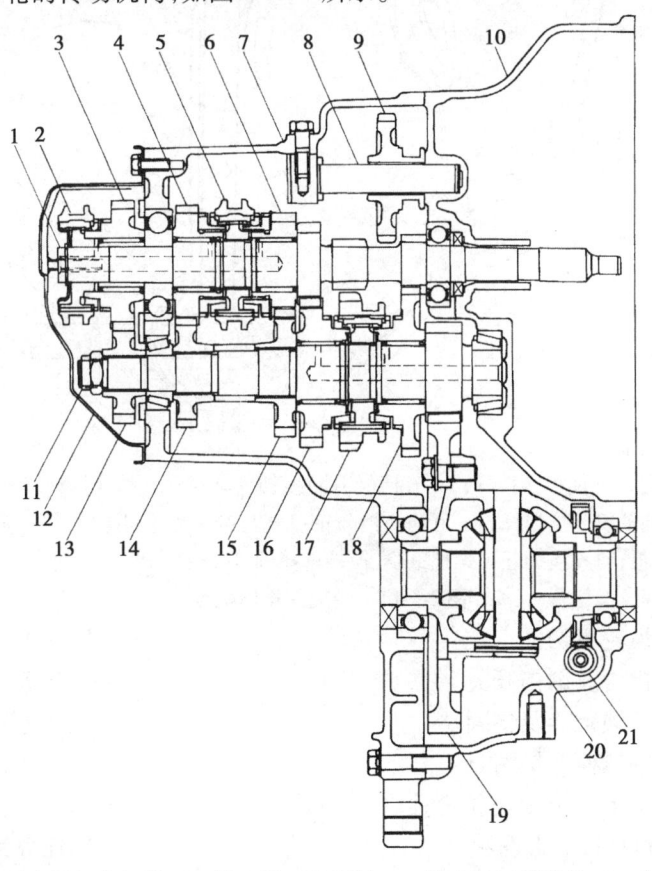

1－输入轴；2－五挡同步器毂套组件；3－输入轴五挡齿轮；4－输入轴四挡齿轮；5－高速同步器毂套组件；6－输入轴三挡齿轮；7－变速器左箱；8－倒挡轴轮轴；9－倒挡轴中间齿轮；10－变速器右箱；11－输出轴；12－左箱盖；13－输出轴五挡齿轮；14－输出轴四挡齿轮；15－输出轴三挡齿轮；16－输出轴二挡齿轮；17－低速同步器毂套组件；18－输出轴一挡齿轮；19－主减速齿轮；20－差速器；21－车速表从动齿轮

图 2-5-11　两轴式变速器的结构

（2）变速器换挡机构，如图 2-5-12 所示。

2.羚羊5挡变速器解体

（1）拆下变速器左箱侧盖。　　　　　　　　　　　　　　　　□任务完成

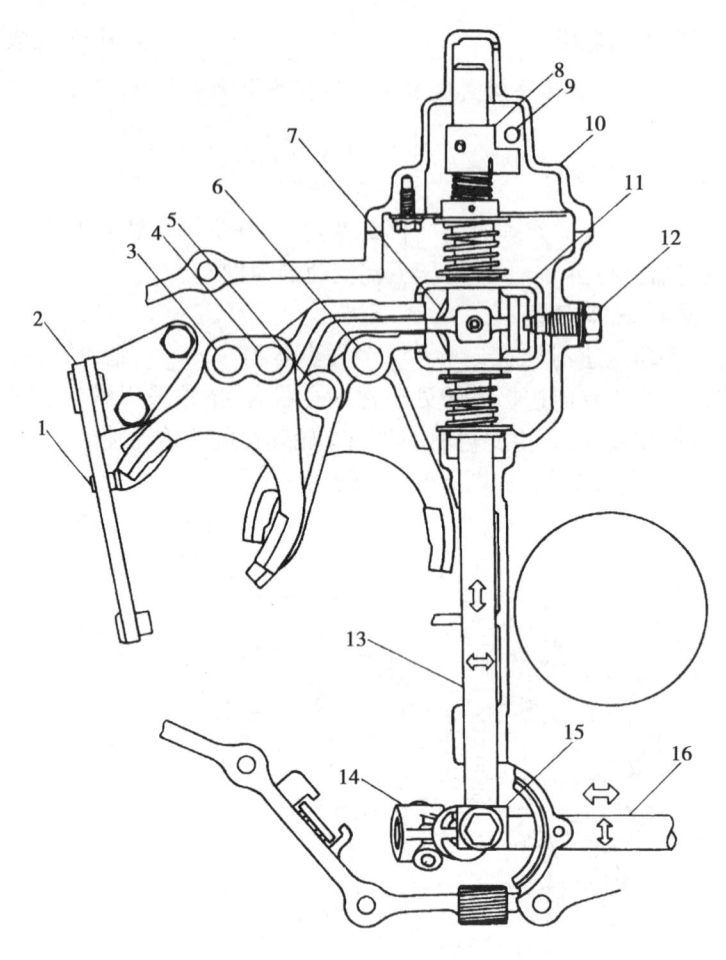

1—倒挡换挡臂；2—倒挡换挡杆；3—五挡(倒挡)换挡导轴；4—五挡换挡轴；5—高速换挡轴；
6—低速换挡轴；7—换挡杆；8—五挡换挡凸轮；9—五挡互锁导向螺栓；10—换挡导向箱；
11—换挡互锁板；12—换挡互锁螺栓；13—换挡选择轴；14—换挡臂；15—换挡轭；16—换挡轴

图 2-5-12 变速器换挡机构

(2)拆卸五挡齿轮机构。　　　　　　　　　　　　□任务完成

(3)拆卸换挡机构及倒挡开关。　　　　　　　　　　□任务完成

(4)拆下换挡互锁螺栓及垫圈。　　　　　　　　　　□任务完成

(5)拆卸倒挡轴螺栓及垫圈。　　　　　　　　　　　□任务完成

(6)从外侧拆下十一个变速箱螺栓，并从隔板侧拆下另外两个螺栓，如图 2-5-13 所示。用塑料锤敲打左箱凸缘，拆下左箱。　　　　　　　　　　　□任务完成

(7)拆下换挡轴拨叉。　　　　　　　　　　　　　　□任务完成

(8)拉出倒挡轴及垫圈，然后拆下倒挡中间齿轮，拉出五挡导轴以及五挡换挡轴。
　　　　　　　　　　　　　　　　　　　　　　　□任务完成

小提示：当拆五挡换挡轴和导轴时，应将高速换挡轴上推，并换至 4 挡，以利于五挡换挡轴和导向轴的拆卸。如图 2-5-14 所示。

(9)用塑料锤敲打输入轴端部，将输入轴总成从箱中推出一点，然后取出输入轴总成以及高、低速挡轴，如图 2-5-15 所示。　　　　　　　　　□任务完成

(10)变速器右箱的拆卸。

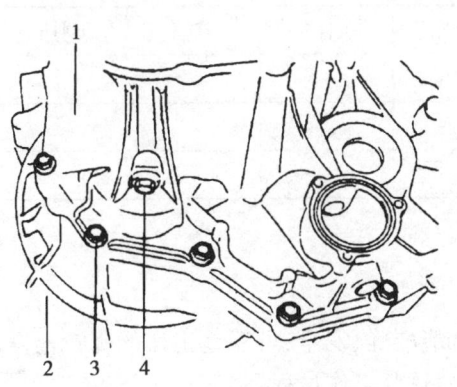

1-左箱;2-右箱;3-变速箱螺栓;
4-倒挡轴螺栓

图 2-5-13 拆卸变速箱螺栓

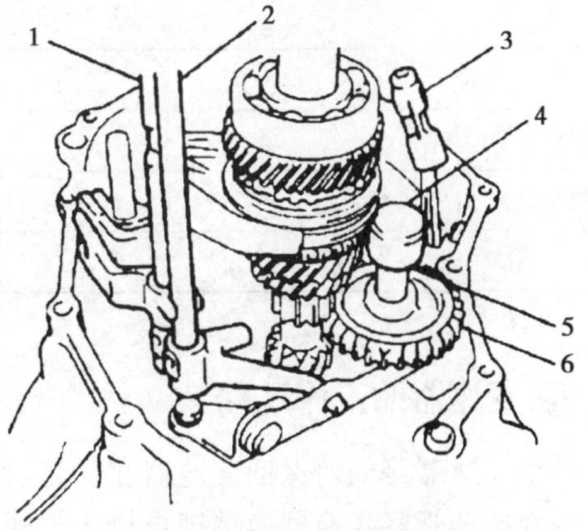

1-五挡换挡轴;2-五挡换导轴;
3-换挡轭;4-倒挡轴;5-垫圈;6-倒挡中间齿轮

图 2-5-14 拆卸倒挡中间齿轮

①从右箱拆下差速器总成,如图 2-5-16 所示。　　　　□任务完成

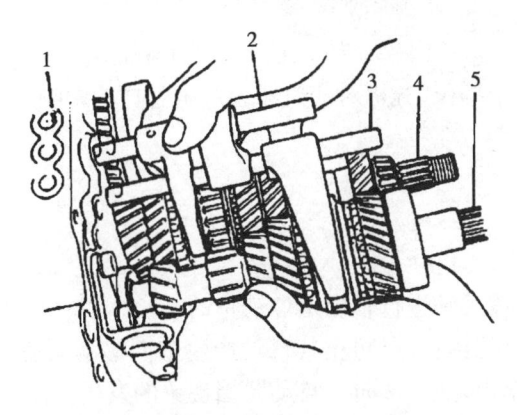

1-右箱;2-低速换挡轴;3-高速换挡轴;
4-输出轴总成;5-输入轴总成

图 2-5-15 拆卸输入轴及输出轴

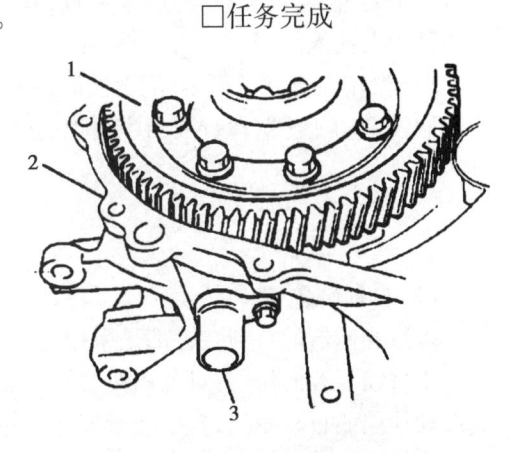

1-差速器总成;2-变速器右箱;
3-车速表从动齿轮箱总成

图 2-5-16 拆卸差速器总成

②用专用工具（轴承拆卸工具和滑动轴）,拆下输入轴油封。
　　　　　　　　　　　　　　　　　　　　　　　　□任务完成
③从右箱取出磁铁。　　　　　　　　　　　　　　□任务完成
④拆下挡臂。　　　　　　　　　　　　　　　　　□任务完成

四、已拆卸变速器的工作过程

对于已拆卸的变速器,你能分析它是怎样工作的吗?

1.仿照图 2-5-6 传动示意图,将拆卸的变速器的传动示意图画在下列空表处。

变速器传动示意图：

2.计算传动比

(1)数出各传动齿轮的齿数记录在表 2-5-3 中。
(2)根据所学知识,计算出各挡位的传动比并记录在表 2-5-3 中。

表 2-5-3　传动比记录表

挡位	一挡	二挡	三挡	四挡	五挡	倒挡
挡位主动齿轮齿数						
挡位从动齿轮齿数						
传动比						

五、变速器的工作过程

手动变速器是如何保证变速器在任何情况下都能准确、安全、可靠地工作的呢？根据拆卸下的变速器观察变速器换挡锁止机构与同步器，叙述其工作过程。

1.手动变速器的自锁、互锁、倒挡锁装置

为保证手动变速器能够准确无误地挂入所选挡位并安全可靠地工作，手动变速器应安装有自锁装置、互锁装置、倒挡锁装置，其目的是保证换挡到位，不能同时挂两个挡，防止自动脱挡和误挂入倒挡。

(1)汽车在行驶过程中，能否同时进两个挡？　　　　□能　　□不能

假设手动变速器在行驶当中出现同时挂上两个挡位，分析对变速器会产生怎样的影响？

(2)自锁装置

多数变速器的自锁装置都是采用定位钢球对拨叉轴进行轴向定位锁止的。

①自锁装置的作用：对各挡拨叉轴进行轴向定位锁止，以防止其自动产生轴向移动而造成自动挂挡或自动脱挡，自锁装置能保证轮齿以全齿宽啮合，防止自动脱挡现象的发生。

②自锁装置对变速器性能的影响：挂挡过程中，若操纵变速杆推动拨叉前移或后移的距离不足时，则接合套与相应的从动齿轮将不能在全齿宽上啮合；即使达到全齿宽啮合，也可能由于车身振动等原因，引起接合套的轴向移动，从而导致齿的啮合长度减少，严重时完全脱离啮合，即发生自动脱挡。

③工作过程：自锁装置都是采用定位钢球对拨叉轴进行轴向定位锁止的。如图 2-5-17 (a)所示，每根拨叉轴的上表面分布有＿＿＿＿＿＿＿（1、2、3）个凹槽。当进行换挡时，驾驶员通过变速杆对拨叉轴施加一定的轴向力，拨叉轴克服弹簧的压力将定位钢球从拨叉轴凹槽中挤出，如图 2-5-17(b)所示，拨叉轴便可滑过钢球进行轴向移动，并带动拨叉及相应的接合套轴向移动；当拨叉轴移至其另一凹槽与钢球相对正时，钢球被压入凹槽，如图 2-5-17(c)所示，此时拨叉轴所带动的接合套便被拨入空挡或被拨入另一工作挡位。

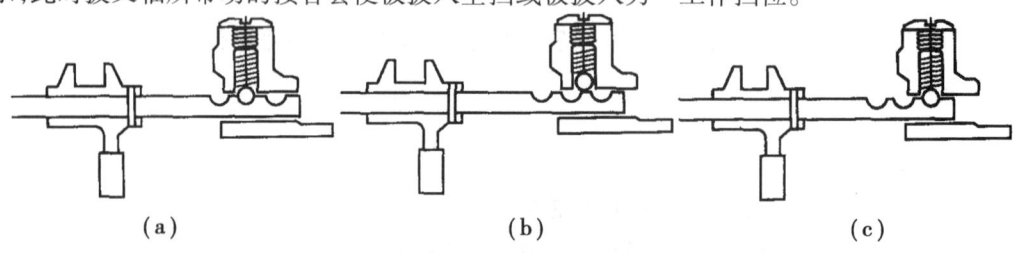

(a)　　　　　　　(b)　　　　　　　(c)

图 2-5-17　换挡自锁装置

(3)互锁装置

①作用:防止两个拨叉轴同时移动,即当拨动一根拨叉轴轴向移动时,其他拨叉轴都被锁止在空挡的位置,从而可以防止挂两个挡。

②类型:目前广泛应用的互锁装置主要有互锁钢球、互锁销这两大类型。

③工作过程:当变速器处于空挡时,所有拨叉轴的侧面凹槽同钢球在同一条线上,如图2-5-18(a)所示;当移动中间拨叉轴时,轴两侧的两个钢球被挤出,外钢球分别嵌入两侧拨叉轴凹槽中,从而将中间拨叉轴两侧的两个轴锁止在其_____位置,如图2-5-18(b)所示。

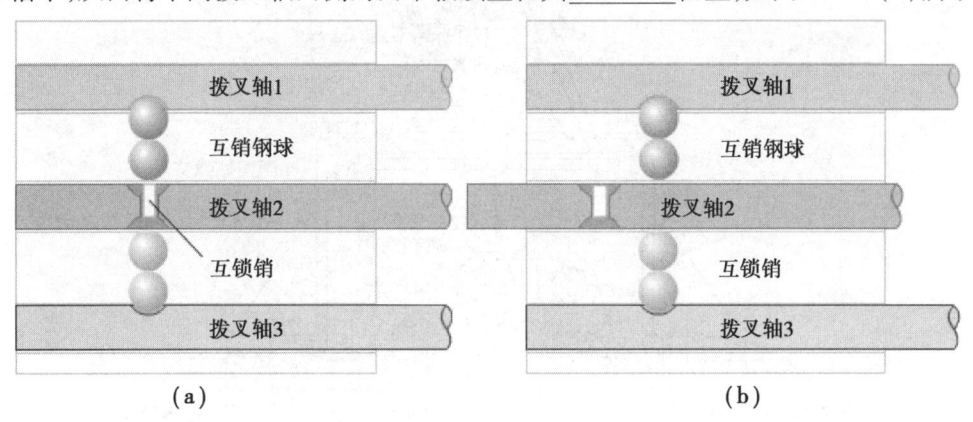

图2-5-18 拨叉轴互锁工作示意图

(4)倒挡锁

①作用:使驾驶员必须对变速杆施加较大的力,才能挂入倒挡,起到提醒作用,防止误挂倒挡,提高安全性。

②工作过程:如图2-5-19所示,它由倒挡拨块(五挡变速器)中的锁销和弹簧组成。锁销杆部装有弹簧,杆部右端的螺母可调整弹簧的预压力和锁销的长度。欲换倒挡(或一挡)时,须用较大的力向一侧摆动变速杆,推动倒挡锁销压缩弹簧后,变速杆下端进入拨块者方能实现换挡。只要换入倒挡,其拨叉轴就与装在变速器壳上的电开关接通,警告灯亮、报警器响(有的汽车仪表盘上有倒挡指示灯),有效地防止误挂倒挡。

2.同步器

同步器的功用是使接合套与待啮合的齿圈迅速同步,缩短换挡时间,且防止在同步前啮合而产生接合齿的冲击,因此同步器是手动变速器换挡过程中必不可少的部件。

(1)无同步器的手动变速器车辆换挡有哪些缺点,可以采取哪些改进措施?

缺点:无同步器的车辆换挡_____(复杂或简单),也易造成疲劳。

改进措施:手动变速器均采用同步器这种装置以保证挂挡平顺,又使得操作简单,减轻驾驶员的劳动强度。

(2)同步器分类。

同步器是由同步装置(包括推动件、摩擦件)、锁止装置和接合装置组成。目前所用的同步器几乎都采用摩擦惯性式同步装置,但锁止装置不同,可分为锁环式和锁销式惯性同步器。锁环式同步器的结构如图2-5-20所示。

(3)根据图2-5-21叙述同步器的工作过程,以二挡换三挡为例。

①空挡位置。接合套刚从二挡退入空挡时,如图2-5-21(a)所示,第一轴齿轮、接合套、锁环以及与其有关联的运动件,因惯性作用而沿原方向继续旋转(图示箭头方向)。设齿轮、

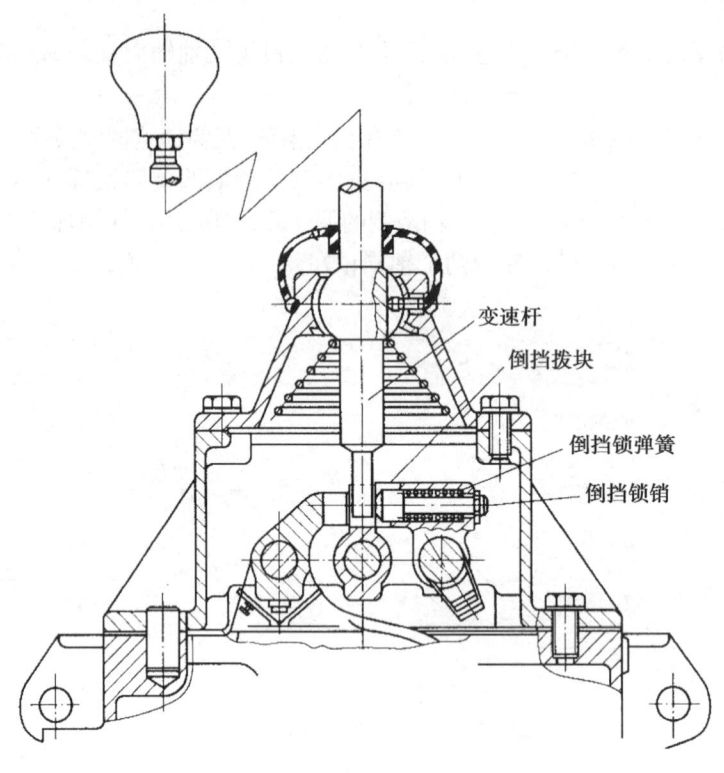

图 2-5-19　弹簧锁销式倒挡锁

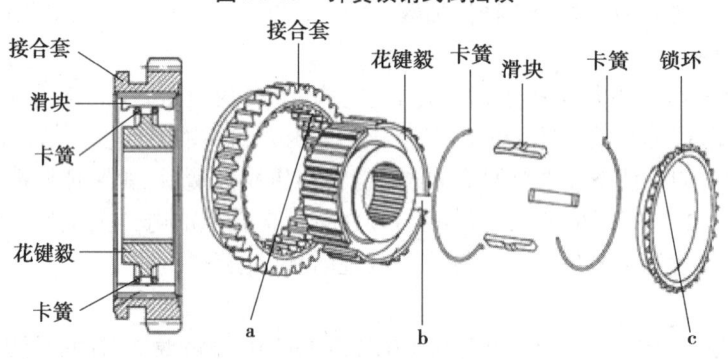

图 2-5-20　锁环式同步器的结构

接合套、锁环的转速分别为 n_1，n_2，n_3，因接合套通过滑块前侧（图中下侧）推动锁环一起旋转，所以 $n_2 = n_3$，因 $n_1 > n_2$，故 $n_1 > n_3$。此时锁环是轴向自由的，其内锥面与齿轮的外锥面没有摩擦（图示虚线）。

②摩擦力矩的形成与锁止过程。欲换入三挡时，推动接合套连同滑块一起向左移动，如图 2-5-21（b）所示，滑块又推动锁环移向齿轮，使锥面接触。驾驶员作用在接合套上的轴向推力，使两锥面有正压力 N，又因两者有转速差（$n_1 > n_3$），所以产生摩擦力矩 M_1。通过摩擦作用，齿轮带动锁环相对于接合套向前转动一个角度，使锁环缺口靠在滑块的另一侧（上侧）为止，此时接合套的内齿与锁环上错开了约半个齿宽，接合套的齿端倒角面与锁环的齿端倒角面互相抵住，锁止作用开始，接合套暂不能前移进入啮合。

驾驶员的轴向推力使接合套的齿端倒角面与锁环的齿端倒角面之间产生正压力 N，力 N 可分解为轴向力 F_1 和切向力 F_2。F_2 形成一个企图拨动锁环相对于接合套反转的力矩，

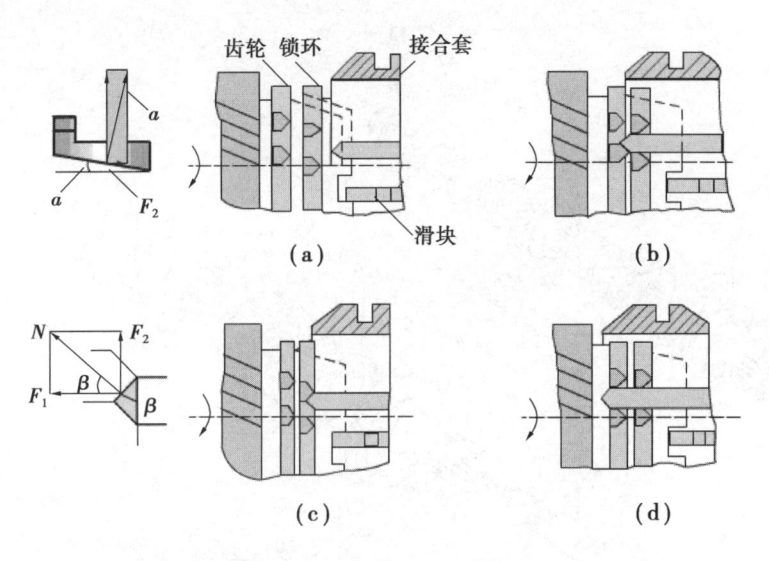

图 2-5-21 同步器的工作过程

称为拨环力矩 M_2。F_1 使锁环和齿轮 1 的锥面进一步压紧,两锥面间的摩擦力矩 M_1 使齿轮 1 相对于锁环迅速减速而趋向与锁环同步,齿轮 1 以及与其相关联的零件产生一个与旋转方向相同的惯性力矩,又通过摩擦锥面以摩擦力矩的方式传到锁环上,阻碍锁环相对于接合套反向转动。可见锁环上同时作用着方向相反的两个力矩,即拨环力矩和惯性力矩。在齿轮 1 和锁环 9 未同步之前,惯性力矩在数值上等于摩擦力矩 M_1。

在达到同步之前无论驾驶员施加多大的操纵力,都不会挂上挡;推力的加大只能同时增大作用在锁环上的两个力矩,缩短同步时间。

③同步啮合。随着驾驶员施加于接合套上的推力加大,摩擦力矩 M_1 不断增加,使齿轮的转速迅速降低。当齿轮、接合套和锁环达到同步时,作用在锁环上的惯性力矩消失。此时在拨环力矩的作用下,锁环、齿轮以及与之相连的各零件都对于接合套反转一角度(因轴向力 F_1 仍存在,使两锥面以静摩擦方式贴合在一起),滑块处于锁环缺口的中央[图 2-5-21(c)],键齿不再抵触,锁环的锁止作用消除。接合套压下弹簧圈继续左移(滑块脱离接合套的内环槽而不能左移),与锁环的花键齿圈进入啮合。由于作用在锁环齿圈的轴向力和滑块推力都不存在,锥面间的摩擦力矩消失。若接合套花键齿与齿轮的齿端相抵触[如图 2-5-21(c)所示],齿端倒角面上的切向分力拨动齿轮相对于锁环和接合套转过一角度,让接合套与齿轮进入啮合,即换入三挡,如图 2-5-21(d)所示。

六、两轴式变速器输入轴与输出轴的分解

1. 变速器齿轮与轴部件的位置,如图 2-5-22 所示
2. 查询维修手册,列举分解变速器输入轴和输出轴需要用到的专用工具和设备
3. 根据变速器齿轮与轴部件的位置,查询维修手册,在教师的指导下,制订并实施输入轴和输出轴的分解方案

(1)输入轴的分解方案

①用轴承拆卸工具和压力机,拆下输入轴右轴承。　　　□任务完成

②用拆卸工具和压力机一起压出五挡齿轮隔套、左轴承和四挡齿轮。

□任务完成

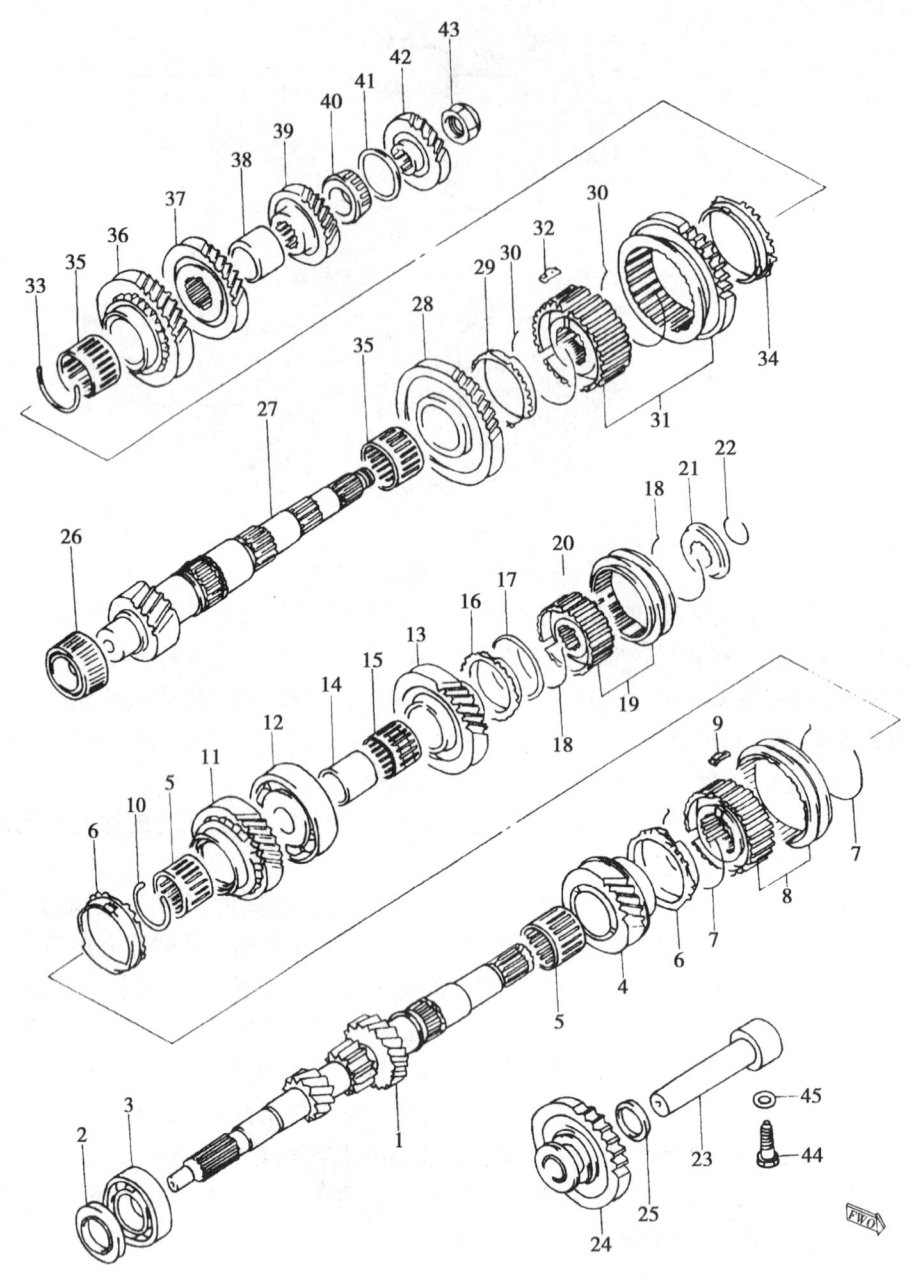

1—输入轴；2—油封；3—输入轴右轴承；4—输入轴三挡齿轮；5—三、四挡齿轮滚针轴承；6—高速同步器齿环；7—高速同步器弹簧；8—高速同步器毂套组件；9—高速同步器滑块；10—挡圈；11—输入轴四挡齿轮；12—输入轴左轴承；13—输入轴五挡齿轮；14—五挡齿轮隔套；15—五挡齿轮轴承；16—五挡同步器齿环；17—五挡同步器齿环卡簧；18—五挡同步器弹簧；19—五挡同步器毂套组件；10—五挡同步器滑块；21—五挡同步器毂板；22—挡圈；23—倒挡齿轮轴；24—倒挡中间齿轮；25—倒挡轴垫圈；26—输出轴右轴承；27—输出轴；28—输出轴一挡齿轮；29—输出轴一挡同步器齿环；30—低速同步器弹簧；31—低速同步器毂套组件；32—低速同步器滑块；33—挡圈；34—二挡同步器齿环；35—一挡和二挡齿轮轴承；36—输出轴二挡齿轮；37—输出轴三挡齿轮；38—三挡、四挡齿轮隔套；39—输出轴四挡齿轮；40—输出轴左轴承；41—轴承调整垫片；42—输出轴五挡齿轮；43—输出轴螺母；44—倒挡轴螺栓；45—垫圈

图 2-5-22　变速器齿轮与轴部件位置

③拆下四挡齿轮滚针轴承和高速同步器齿环。　　　□任务完成
④用专用工具拆下挡圈。　　　□任务完成
⑤用拆卸工具和压力机压出高速同步器毂套组件及三挡齿轮。
　　　□任务完成
⑥从轴上拆下三挡齿轮滚针轴承。　　　□任务完成
⑦分解同步器毂套组件。　　　□任务完成
(2)输出轴分解方案。
①用拆卸工具和压力机拆卸左轴承内圈和四挡齿轮。　　　□任务完成
②将拆卸工具装在二挡齿轮上,用压力机将三挡和四挡齿轮隔套连同二挡齿轮一起压出。滚针轴承与二挡齿轮一起压出。　　　□任务完成
③取出二挡同步器齿环。　　　□任务完成
④用专用工具,拆下挡圈。　　　□任务完成
⑤将拆卸工具装在一挡齿轮上,用压力机将低速同步器毂套组件连同一挡齿轮一起压出。　　　□任务完成
⑥分解同步器毂套组件。　　　□任务完成
⑦从轴上取出滚针轴承。　　　□任务完成
⑧用拆卸工具、金属棒和压力机,压出右轴承内圈。　　　□任务完成

七、变速器零件检修

对于已拆卸的变速器零件,怎样判断是继续使用还是更换?
彻底清洗所有零件,并检查各零件是否正常,需要时,应换用新件。

1.齿轮、轴承与卡簧检查

(1)齿轮有无剥落、斑点。　　　□有　　□无
(2)轴承有无剥落、松动。　　　□有　　□无
(3)各弹簧卡簧是否损坏或变形。　　　□有　　□无

2.修理同步器零件时,应检查如下内容

(1)检查齿轮、倒角轮齿、齿环及同步器套,然后判断是否有损坏。　　　□有　　□无
(2)锁环内表面凹槽有无磨损。
　　　□有　　□无
(3)同步器锁环内表面有无擦伤或机械损坏。
　　　□有　　□无
(4)同步器锁环间隙的检查,如图2-5-23所示,把检查结果记录在表2-5-4中。

图2-5-23　锁环间隙的检查

小提示：将同步环压在与之相配的齿轮的锥面上,用厚薄规检查同步环与齿轮之间的端面间隙。

(5)同步器锁环运行的检查,用手按压同步器锁环以便与齿轮锥装在一起,以确保用力转动时,同步器锁环不能滑动。　　　□正常　　□不正常

表 2-5-4　锁环间隙的检查记录表

检测位置	测量间隙	判断结果	标准
一挡锁环间隙			
二挡锁环间隙			标准间隙 1.0~1.4 mm
三挡锁环间隙			使用限度 0.5 mm
四挡锁环间隙			
五挡锁环间隙			

3. 接合套和花键毂的检查

（1）外观目检。

接合套和花键毂是否有擦伤或任何机械损坏。　　□有　□无

（2）检查接合套与花键毂滑动是否顺畅，如图 2-5-24 所示。□是　□无

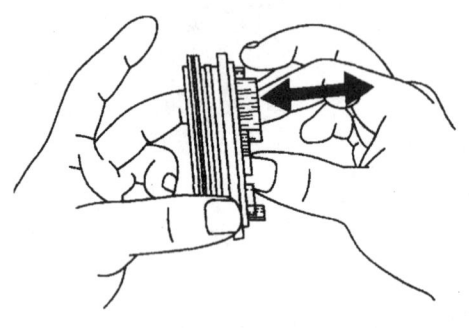

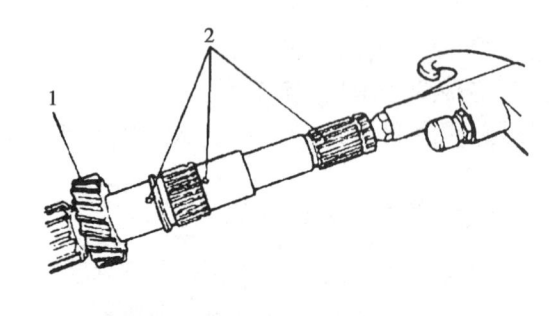

图 2-5-24　接合套和花键毂滑动性能的检查

1—输入轴；2—油孔

图 2-5-25　用吹气的方法检查油孔

4. 变速器轴的检查

（1）为了保证润滑，轴中间油孔应吹入空气，检查其是否堵塞。如图 2-5-25 所示。

　　□有　□无

（2）检查轴的花键是否磨损、键齿折断或缺损。　　□正常　□不正常

（3）检查轴齿轮的齿面、齿锥部是否磨损或损坏。　□正常　□不正常

（4）如图 2-5-26 所示，使用百分表检查轴的径向摆差并记录。

测量值_____。　　　　　　　　□正常　□不正常

5. 换挡控制机构的检查

（1）检查各挡位换挡拨叉轴的磨损情况。　　　　□正常　□不正常

（2）检查换挡拨叉轴限位钢球的磨损情况。　　　□正常　□不正常

（3）检查换挡拨叉轴限位弹簧的长度。　　　　　□正常　□不正常

测量值：_____，标准值_____。　□正常　□不正常

小提示：用卡尺测量限位弹簧的自由长度，若长度低于使用极限值时，应更换限位弹簧。

（4）检查拨叉与接合套的配合间隙，如图 2-5-27 所示。

测量值：_____，标准值_____。　□正常　□不正常

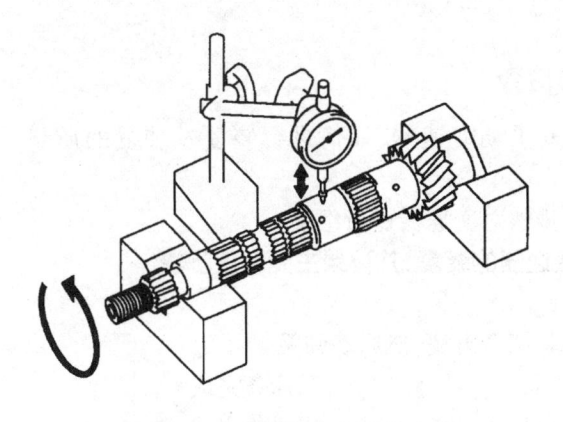

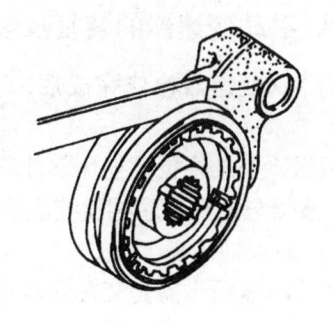

图 2-5-26　轴的径向摆差检查　　　　　图 2-5-27　检查拨叉与接合套的配合间隙

小提示：将拨叉与接合套组合,用塞尺测量两者的配合间隙。若拨叉与同步器的接合套的配合间隙大于使用极限值,应更换拨叉或同步器接合套。拨叉与接合套配合间隙规定:标准值为 0.2~0.6 mm,使用极限值为 1.0 mm。

6.主减速器及差速器检查

(1)装差速齿轮,并按下述方法测定差速齿轮的止推间隙。如图 2-5-28 所示。

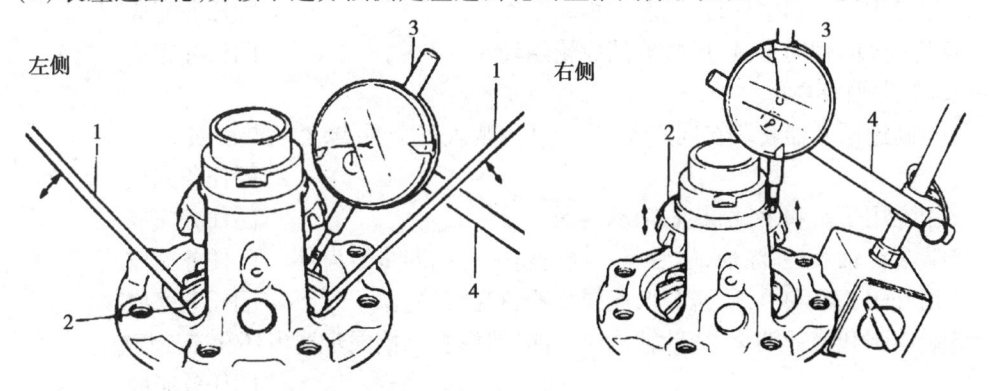

1—起子;2—差速器齿轮;3—百分表;4—磁力表架

图 2-5-28　测量齿轮的止推间隙(轴向间隙)

①左侧:

用软卡爪虎钳固定差速器总成,将量表测头放置在齿轮顶面。

用两把起子,使齿轮上下移动,从量表指针处读取数据。

测量值:_____。

②右侧:

按上述相同的方法,将量表测头放置在齿轮抬肩处。

用手上下移动齿轮,并读出量表数值。

测量值:_____。

差速器齿轮止推间隙规定值为 0.05~0.33 mm,检查间隙为:_____

(2)如止推间隙超过规定值,应从下表中选择适合的止推垫,然后装上所选止推垫,再检查止推间隙是否在规定范围内。(可选用的止推垫厚度:0.90 mm、0.95 mm、1.00 mm、1.05 mm、1.10 mm、1.15 mm 和 1.20 mm)

八、手动变速器的装复及装复质量的检查

当手动变速器检修完成后,需要重新装复手动变速器,如何进行装复及装复的质量检查?

根据检查结果更换损坏部件后,按照如下步骤对变速器进行组装。

1.按照与拆卸顺序相反的顺序进行手动变速器的装复,并记录主要装复步骤

（1）输入轴装复

①将高速同步器套装在同步器毂上,其内装三个滑块,然后装弹簧。
□任务完成

②用专用工具和手锤打入右轴承(或用压床压入)。　□任务完成

③装三挡齿轮滚针轴承并涂油,然后装三挡齿轮及同步器齿环。
□任务完成

④用专用工具和手锤,压装高速同步器毂套组件。　□任务完成

⑤装挡圈和滚针轴承,滚针轴承应涂油,然后装同步器齿环和四挡齿轮。
□任务完成

⑥用专用工具和手锤,压装左轴承。　□任务完成

⑦用上述的相同工具,压装五挡齿轮隔套。　□任务完成

（2）输出轴装复。

①将高速同步器套装在同步器毂上,其内装入三个滑块,然后装弹簧。
□任务完成

②用专用工具和手锤,装右轴承内圈。　□任务完成

③装滚针轴承,并涂油,然后装一挡齿轮和一挡同步器齿环。　□任务完成

④用专用工具和手锤,压装低速同步器毂套组件。　□任务完成

⑤装挡圈和滚针轴承,滚针轴承应涂油,然后装二挡同步器齿环和二挡齿轮。
□任务完成

⑥用专用工具和压力机,压装三、四挡齿轮和隔套。　□任务完成

⑦用专用工具和手锤,装输出轴轴承内圈。　□任务完成

（3）右箱装复。

①将差速器总成装入右箱。　□任务完成

②在O型密封圈和齿轮涂油后,插装车速表从动齿轮箱总成,然后用螺栓固定。
□任务完成

（4）左箱装复。

①安装输入轴总成、输出轴总成以及高、低速挡轴。　□任务完成

②将五挡(倒挡)换挡轴与倒挡换挡导轴装入右箱。同时还必须将倒挡换挡臂与倒挡换挡杆相啮合。
□任务完成

③将倒挡中间齿轮与倒挡换挡杆组合,再将倒挡齿轮轴通过中间齿轮,插入右箱内,然后将倒挡齿轮轴的A与右箱B对准,如图2-5-29所示。　□任务完成

检查倒挡换挡杆端与中间齿轮槽间的间隙是否为1.0 mm　□是　　□否

④擦净左右箱配合面,左箱配合面均匀涂一层密封胶,然后与右箱配装。
□任务完成

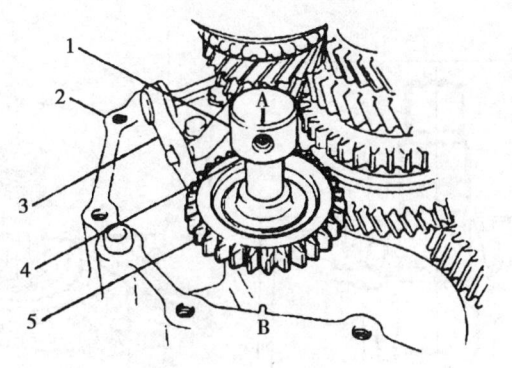

1—倒挡齿轮轴；2—右箱；3—倒挡换挡杆；4—垫圈；5—倒挡中间齿轮；A 与 B 对准

图 2-5-29　对准倒挡齿轮轴

⑤按规定拧紧扭矩，从外侧开始拧紧变速箱的 11 个螺栓，从隔板侧装另外两个变速箱螺栓，并按规定拧紧扭矩。

查询扭紧力矩：_____ N·m。

⑥装倒挡轴螺栓及铝垫圈，并将其拧紧。　　　　　　　　　□任务完成

查询扭紧力矩：_____ N·m。

⑦检查定位弹簧是否变弱，需要时，更换新件。检查结果记录在表 2-5-5 中，判断是否合格。

表 2-5-5　定位弹簧自由长度的测量

定位弹簧自由长度	标准值	使用极限	测量值	能否继续使用
低速（紫色）	26.1 mm	25.0 mm		
高速	40.1 mm	39.0 mm		

⑧装各换挡轴的钢球和定位弹簧，并用螺栓紧固。

（5）五挡齿轮装复

①输出轴左轴承外圈装在轴承内圈上，用专用工具和锤敲打轴承外圈。

　　　　　　　　　　　　　　　　　　　　　　　　　　　　　□任务完成

②在轴承外圈上预先放置一调整垫片，在此调整垫片放一直尺，用手通过直尺正压调整垫片后用塞尺测定"A"（箱面与直尺间的间隙）。　　　　　□任务完成

③反复进行上述步骤，选择适当的调整垫片，以将间隙调到规定值。并将此调整垫片装在轴圈处，如图 2-5-30 所示。根据表 2-5-6 选择调整垫片的厚度_____ mm。

注意：塞入 0.1 mm 的塞尺，就可立即知道调整垫片是否满足要求。

表 2-5-6　选择轴承调整垫片的厚度表

间隙 A：调整片凸出高度	0.08～0.12 mm
可选用的调整垫片厚度	0.40 mm、0.45 mm、0.50 mm、0.55 mm、0.60 mm、0.65 mm、0.70 mm、0.75 mm、0.80 mm、0.85 mm、0.90 mm、0.95 mm、1.00 mm、1.10 mm 和 1.15 mm

④装左箱板，使其端部插入换挡导轴的槽内，然后用六个螺钉固定，各螺钉的螺纹部应涂防松胶。　　　　　　　　　　　　　　　　　　　　　　□任务完成

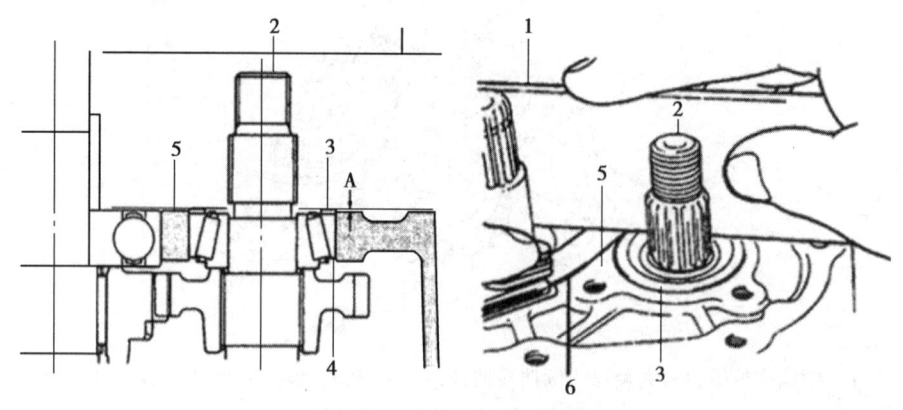

1—直尺;2—输出轴;3—轴承调整垫片;4—轴承外圈;5—箱体表面;6—塞尺;A:调整垫凸出高度

图 2-5-30　选择轴承调整垫片

⑤装五挡同步器毂套的组件、滑块和弹簧。　　　　　　　　□任务完成
⑥将五挡齿轮装在中间轴上,其加工凸台应朝内。　　　　　□任务完成
⑦将滚针轴承装在输入轴上,并涂油,然后装五挡齿轮和专用工具,固定住轴不转,装中间轴螺母,并按规定拧紧扭矩,再铆紧螺母。　　　　　　　　　　　　　□任务完成
⑧装复左箱侧盖,并按规定扭紧力矩。扭紧力矩为_____ N·m。
　　　　　　　　　　　　　　　　　　　　　　　　　　　　□任务完成

(6)换挡(选挡)轴总成安装
①擦净换挡导向箱配合面,并均匀涂上一层密封胶。　　　　□任务完成
②装换挡轴挡叉,并与换挡臂连接。　　　　　　　　　　　□任务完成
③将换挡(选择)轴总成装入变速器,并以其底端与换挡轴挡叉连接。换挡轴挡叉螺栓涂螺纹防松胶,用此螺栓固定挡轴换挡叉和轴。　　　　　　　　　□任务完成
④将垫圈装在换挡互锁螺栓上,并按拧紧扭矩规定值,拧紧换挡互锁螺栓。
　　　　　　　　　　　　　　　　　　　　　　　　　　　　□任务完成
⑤擦净左箱配合面,换挡导向箱配合面涂密封胶后,将换挡导向箱配装在左箱上。
　　　　　　　　　　　　　　　　　　　　　　　　　　　　□任务完成
⑥装线束卡夹托架,并与换挡导向箱一起固定。　　　　　　□任务完成
⑦装倒车灯开关,并固定好导线。　　　　　　　　　　　　□任务完成
⑧擦净左箱端盖和左箱配合面,检查O形密封圈的状态,然后用三个螺栓固定左箱盖。
　　　　　　　　　　　　　　　　　　　　　　　　　　　　□任务完成

2. **按照与拆卸顺序相反的顺序进行手动变速器的装复,并记录主要安装步骤**

3. **如何进行装复检查试验**
(1)检查变速器是否完全装复完整。　　　　　　　　　　　□任务完成
(2)检查变速器油液是否正常,如果不足,请补充。　　　　□任务完成
(3)检查变速器的换挡情况,感觉是否灵活自如,运转正常。　□是　　□否
(4)拨动杆、拨叉应该自由移动和转动。　　　　　　　　　□是　　□否
(5)检查变速器运转过程中是否有漏油和其他现象。　　　　□有　　□无
(6)检查自锁及互锁装置是否正常。　　　　　　　　　　　□正常　□不正常
(7)检查里程表传动齿的工作是否正常。　　　　　　　　　□正常　□不正常
(8)在倒车挡位用电阻表检查倒车灯的功能是否正常。　　　□正常　□不正常

【任务检测】

一、选择题

1. 下列( )的齿轮传动比 $i_{1,2}$ 表示超速传动。
   A. 2.15∶1   B. 1∶1   C. 0.85∶1   D. 以上都不表示

2. ( )齿轮高速有噪声。
   A. 直齿轮   B. 斜齿轮   C. A 和 B

3. 惰轮位于主动齿轮和从动齿轮之间,从动齿轮( )。
   A. 转动方向与主动齿轮相同   B. 转动方向与主动齿轮相反
   C. 保持静止   D. 使从动齿轮转动加快

4. 用来确保将主轴和变速齿轮锁在一起同速转动的部件称为( )。
   A. 同步器   B. 换挡杆系统   C. 换挡拨叉   D. 分动器

5. 技师甲说,从动齿轮齿数除以主动齿轮齿数可以确定传动比。技师乙说,从动齿轮转速除以主动齿轮转速可以确定传动比。( )正确。
   A. 甲正确   B. 乙正确   C. 两人均正确   D. 两人均不正确

6. 变速器工作时的"咔嗒"噪声可能是( )。
   A. 输入轴磨损   B. 同步器故障
   C. 油封失效   D. 齿轮磨损、折断、齿面剥落

7. 变速器自锁装置的作用是( )。
   A. 防止跳挡   B. 防止同时挂上两个挡
   C. 防止误挂倒挡   D. 防止互锁

8. 关于乱挡原因,下列说法错误的是( )。
   A. 互锁装置失效,如拨叉轴、互锁销或互锁钢球磨损过甚
   B. 变速杆下端弧形工作面磨损过大或拨叉轴上拨块的凹槽磨损过大
   C. 变速杆球头定位销折断或球孔、球头磨损过于松旷
   D. 自锁装置的钢球或凹槽磨损严重,自锁弹簧疲劳过软或折断

9. 前进挡和倒挡有噪声,而空挡没有。故障可能是( )。
   A. 输出轴损坏   B. 输入轴轴承损坏
   C. A 和 B   D. 以上都不是

10. 汽车跳入空挡,特别是当减速时或下坡时,技师甲说应检查换挡杆和内部杆系统;技师乙说,离合器导向轴承可能有故障。( )正确。
    A. 甲正确   B. 乙正确   C. 两人均正确   D. 两人均不正确

二、判断题

1. 发动机横置前轮驱动车辆,主减速器采用一对圆柱齿轮,如捷达轿车。   ( )
2. 发动机纵向布置前轮驱动车辆,主减速器采用一对圆柱齿轮,如桑塔纳轿车。( )
3. 变速器齿轮应成对更换。   ( )
4. 在装配同步器时,花键毂的细槽应朝向接合套拨叉槽一侧。   ( )
5. 自锁装置用于防止变速器自动脱挡或挂挡,并保证轮齿以全齿宽啮合。   ( )

【评价与反馈】

班级：_____　　姓名：_____　　指导教师：_____

序号	考核项目	配分	考核内容	配分	考核标准	得分
1	出勤、纪律	5	出勤	2	违规一次不得分	
			行为规范	3	违规一次不得分	
2	安全、防护、环保	20	着装	4	违规一次不得分	
			个人防护	4	违规一次不得分	
			"5S"、"EHS"	4	违规一次不得分	
			设备使用安全	4	违规一次不得分	
			操作安全	4	违规一次不得分	
3	知识水平	20	知识测验成绩	20	按测验成绩的20%计	
4	技能考核	40	技能测验成绩	40	按测验成绩的40%计	
5	学习能力	10	工单填写，工艺计划制订	4	未做不得分	
			组内活动情况	4	根据未完成情况酌情扣1~4分	
			资料的查阅和收集	2	未做不得分	
6	任务拓展	5	知识拓展	2	未做不得分	
			技能拓展	3	未做不得分	
7	总分	100				

【教师评估】

序号	优点	存在的问题	解决方案

教师签字：

任务六　万向传动装置的检修

【任务目标】

目标类型	目标要求
1. 认知目标	（1）能叙述万向传动装置的作用和种类 （2）能识别汽车传动轴及万向节
2. 技能目标	达到汽车维修中级工的如下技能要求： （1）能进行万向传动装置的基本检查 （2）能完成前轮传动轴防尘套的更换 （3）能规范分解、检查和安装普通十字轴式万向节
3. 情感目标	（1）养成良好的学习和工作习惯，培养"5S"、"EHS"意识 （2）树立严谨的工作作风

【任务描述】

车辆在使用过程中，部分汽车轴距长，传动轴还需制成多节。工作条件恶劣、润滑条件差、行驶在不良的道路上，冲击载荷的峰值往往会超过正常值的一倍以上，万向传动装置不仅要在高速下承受较大的转矩和冲击负荷，还要适应车辆在行驶中随着悬架的变形，传动轴与变速器输入轴及主减速器输出轴之间的夹角的不断变化；传动轴的长度也会随着悬架的变形而变形，使伸缩节不断滑磨。万向传动装置在汽车的底部，泥土、灰尘极易侵入各个机件，在这些情况下，万向传动装置会出现各种耗损，造成传动轴的弯曲、扭转和磨损逾限，产生振动、异响等故障，破坏万向传动装置的动平衡特性、速度特性，传动效率降低，使万向传动装置技术状况变坏，从而影响汽车的动力性和经济性，所以要对汽车万向传动装置进行定期检查。

【知识准备】

一、万向传动装置的作用和组成

万向传动装置的作用是什么，由哪些部分组成？
1. 作用：在轴线相交或相对位置经常变化的两转轴间传递动力。
2. 组成：万向节和传动轴，当传动轴比较长时，还要加中间支承。
3. 用笔在图 2-6-1 中标示出万向传动装置。

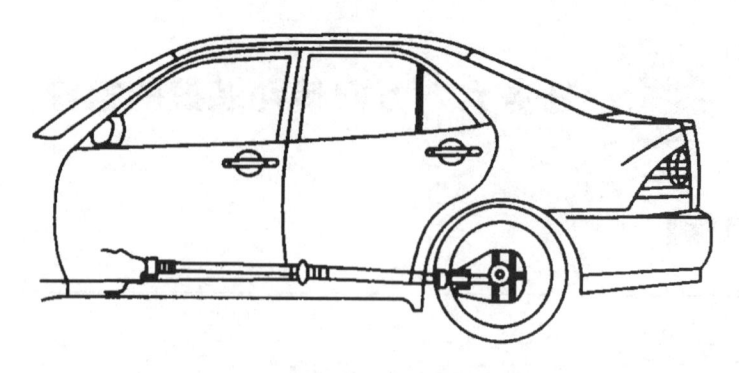

图 2-6-1　万向传动装置

二、万向传动装置的安装位置

万向传动装置常见的安装位置在哪些地方？查询资料完善表 2-6-1。

表 2-6-1　万向传动装置的安装位置

说明	图示
发动机前置后轮驱动汽车的_____与主减速器之间，当变速器与驱动桥之间的距离较远时，应将传动轴分成两段甚至多段，并加设中间支承	
多桥驱动车辆变速器与分动器，_____与驱动桥之间	
转向驱动桥的内、外半轴之间	
采用独立悬架的汽车的_____与差速器之间	
汽车的动力输出装置和转向操纵机构中	

三、万向节的类型

万向节是实现转轴之间变角度传递动力的部件,它的类型有哪些?

根据万向节在扭转方向有无弹性可分为刚性万向节和弹性万向节,刚性万向节又分为不等速万向节(如十字轴式万向节)、准等速万向节(如双联式、三销轴式等)和等速万向节(如球叉式、球笼式等)。汽车上应用较多的是刚性万向节。

1.十字轴式万向节

(1)十字轴式万向节的组成及特点。

十字轴式万向节由一个十字轴、两个万向节叉和四个滚针轴承等组成。十字轴式刚性万向节结构简单、工作可靠且允许所连接的两轴之间最大交角为15°~20°,在汽车上应用最为普遍,如图2-6-2所示。

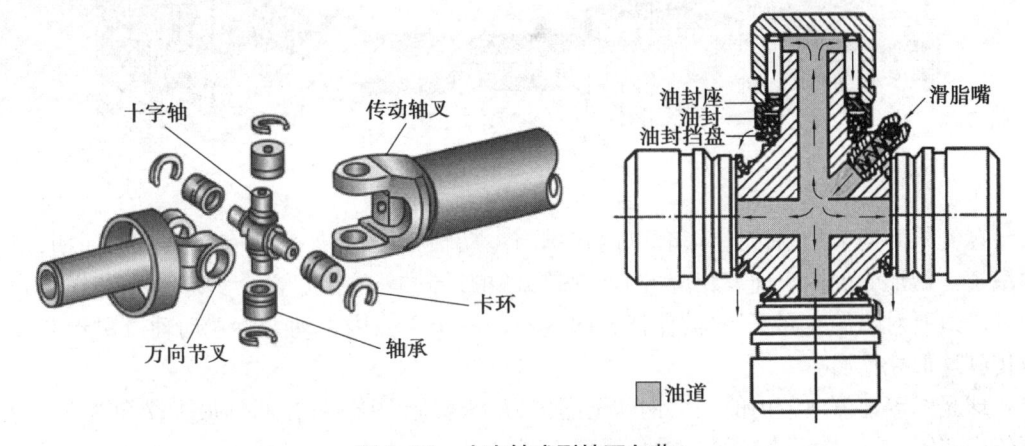

图2-6-2 十字轴式刚性万向节

(2)十字轴式刚性万向节传动的不等速特性。

单个十字轴式刚性万向节在输入轴和输出轴有夹角的情况下,其两轴的角速度是不相等的,两轴夹角α越大,转角差越大,万向节的不等速特性越_____(严重或小)。

万向节传动的不等速特性将使从动轴及与其相连的传动部件产生扭转振动,从而产生附加的交变载荷,影响传动部件的寿命。

(3)十字轴式万向节传动的等速条件,如图2-6-3所示。

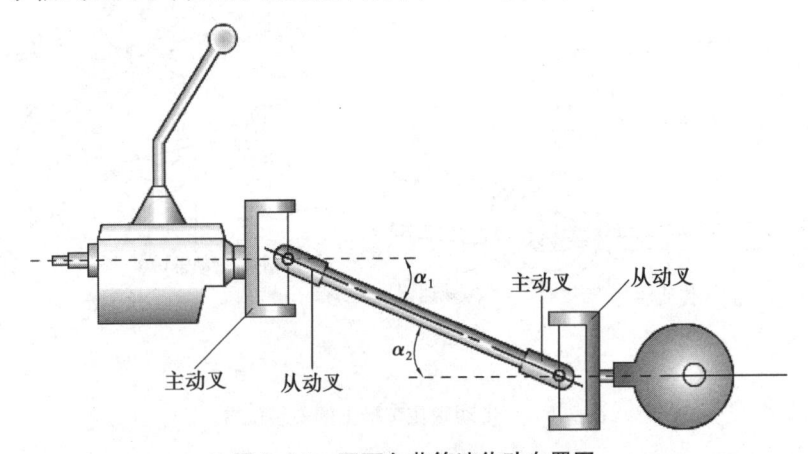

图2-6-3 双万向节等速传动布置图

①采用双万向节传动；
②第一万向节两轴间的夹角 $α_1$ 与第二万向节两轴间的夹角 $α_2$ 相等；
③第一万向节的从动叉与第二万向节的主动叉在同一平面内。

2.准等速万向节

常见的准等速万向节有双联式和三销轴式两种，它们的工作原理与上述双十字轴式万向节实现等速传动的原理是一样的。

3.等速万向节

目前轿车上常用的等速万向节为球笼式万向节，也有采用球叉式万向节或自由三枢轴万向节的。如图2-6-4所示。

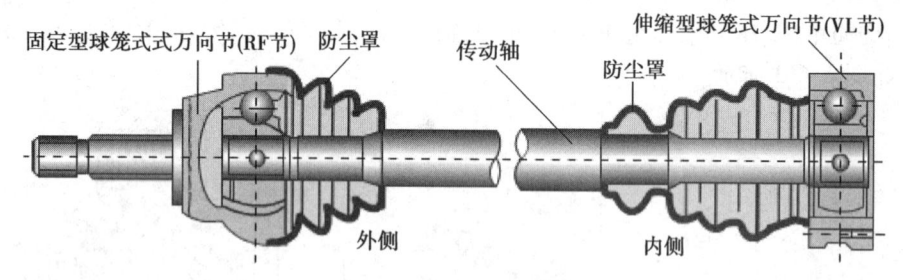

图2-6-4　球笼式万向节

球笼式万向节的结构：星形套以内花键与主动轴相连，其外表面有六条弧形凹槽，形成内滚道。球形壳的内表面有相应的六条弧形凹槽，形成外滚道。六个钢球分别装在由六组内外滚道所对出的空间里，并被保持架限定在同一个平面内。动力由主动轴及星形套经钢球传到球形壳输出。

球笼式等速万向节内的六个钢球全部传力，承载能力强，可在两轴最大交角为42°情况下传递扭矩，其结构紧凑，拆装方便，得到广泛应用。

四、后轮驱动汽车与前轮驱动汽车的传动轴的区分

1.观察图2-6-5,区分(a)和(b)分别属于哪种驱动类型的车辆

(1)图2-6-5(a)属于后驱汽车,其传动轴装在_____与_____之间。

(2)图2-6-5(b)属于前驱汽车,其传动轴装在_____与_____之间。

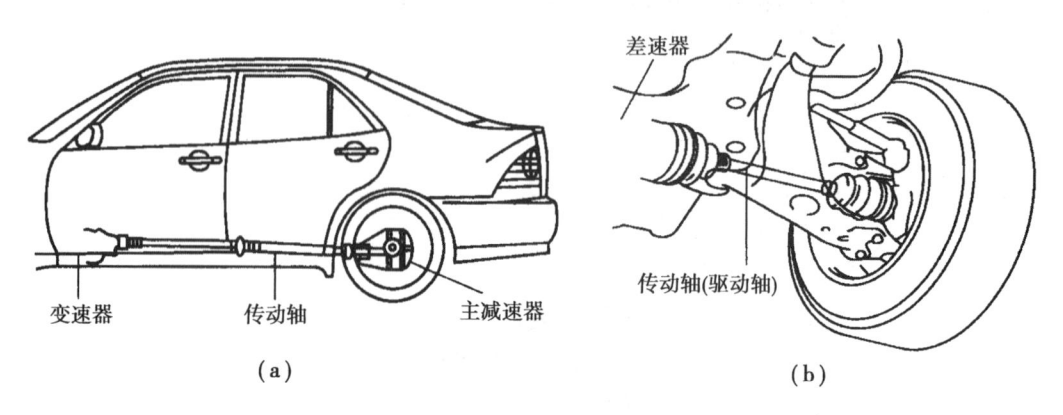

图2-6-5　传动轴在车辆上的安装位置

2.观察图2-6-6与图2-6-7分别属于哪种驱动形式车辆

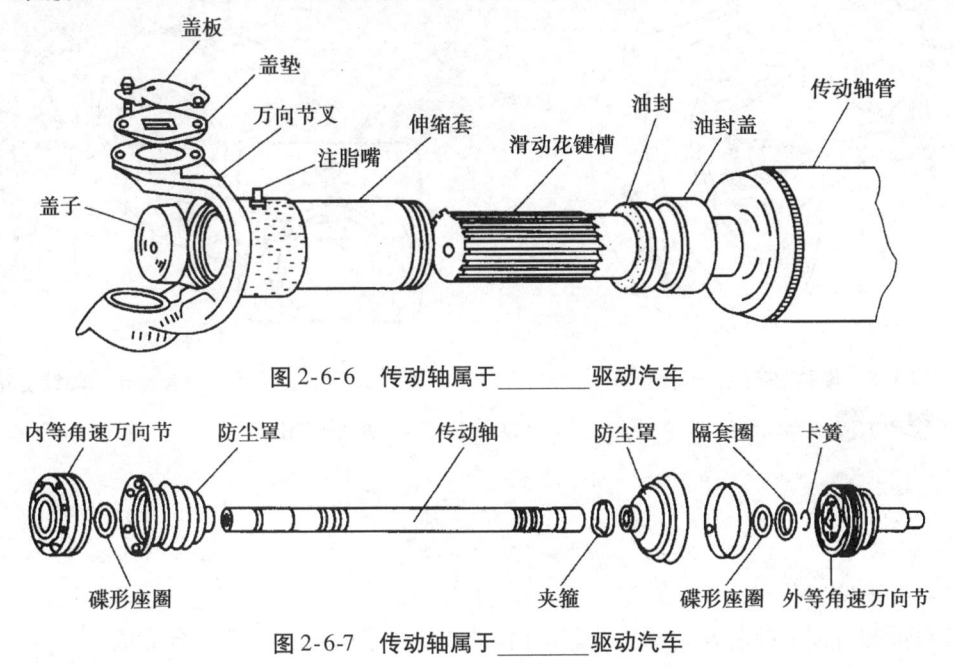

图2-6-6 传动轴属于_____驱动汽车

图2-6-7 传动轴属于_____驱动汽车

【任务实施】

一、准备工作

1. 工具和材料

常用工具、实训车辆、举升机、钢直尺、维修手册、干净的抹布。

2. 安全防护用品

标准作业装。

3. 汽车信息收集

车牌号码：_____，车辆型号：_____，

VIN码：_____，行驶里程：_____。

二、传动轴防尘套的检查与更换

当汽车前轮传动轴防尘套出现故障时，易导致传动轴万向节过早损坏，因此需要对传动轴防尘套进行检查与更换。

1. 检查传动轴内外防尘套是否老化、破裂及漏油现象，如图2-6-8所示

□有老化　　□有破裂　　□有漏油　　□良好

2. 前驱防尘套的更换（以更换卡罗拉左侧传动轴为例）

(1) 拆卸前轮。　　　　　　　　　　　　　　　　　□任务完成

(2) 使用专用工具凿松传动轴锁止螺母，如图2-6-9所示。□任务完成

(3) 拆卸传动轴锁止螺母。　　　　　　　　　　　　□任务完成

小提示：松开锁止螺母的工作需要两个人配合完成，其中一人踩住制动踏板使传动轴无法转动，另一人松开锁止螺母。

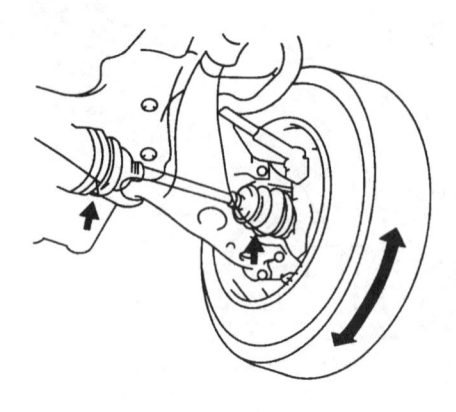

图 2-6-8　传动轴防尘套的检查 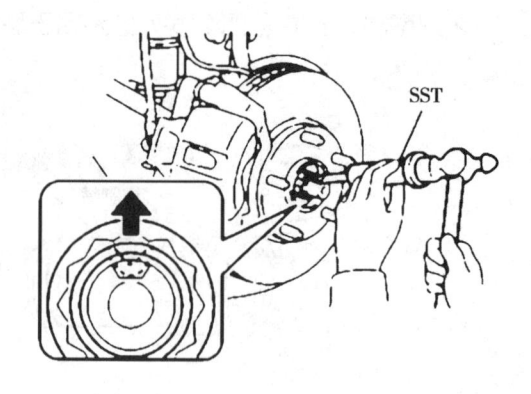　　　　　　图 2-6-9　使用专用工具凿松传动轴锁止螺母

想一想： 松开锁止螺母后是否能继续使用？阐述原因。

（4）拆下速度传感器固定螺栓，从转向节上分离。　　□任务完成
（5）拆卸分离横拉杆左端球头分总成，如图 2-6-10 所示。　□任务完成

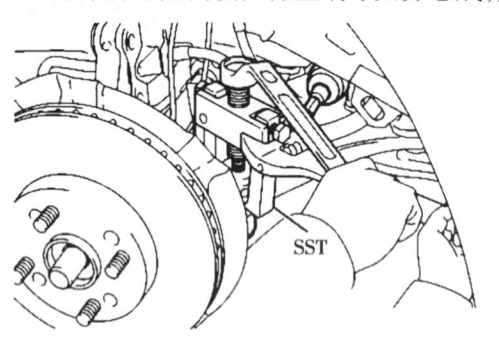

图 2-6-10　分离横拉杆左端球头分总成 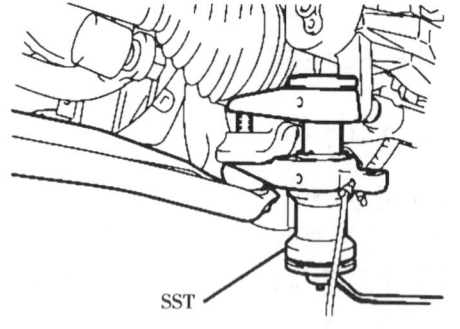　　图 2-6-11　拆卸分离左前悬架下的臂球头分总成

（6）拆卸分离左前悬架下的臂球头分总成，如图 2-6-11 所示。
　　　　　　　　　　　　　　　　　　　　　　　　　□任务完成
（7）传动轴与轮毂分离，如图 2-6-12 所示。　　　　　□任务完成

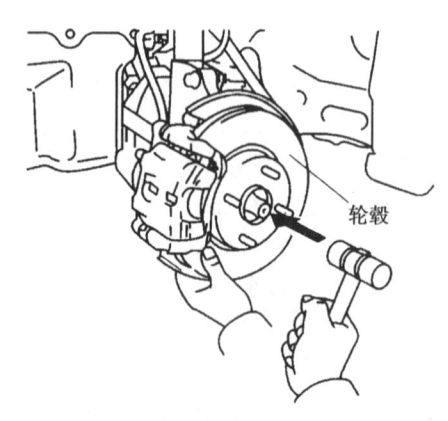

图 2-6-12　传动轴与轮毂分离 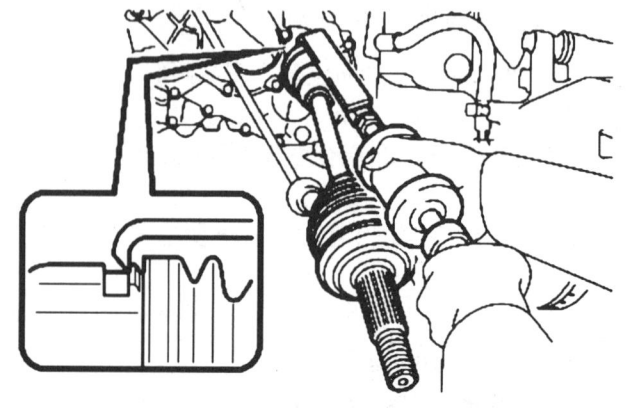　　　　　　图 2-6-13　使用专业工具拉出传动轴

(8) 使用专业工具拉出传动轴,如图2-6-13所示。　　　　□任务完成
(9) 拆下半轴内万向节防尘套大、小号卡箍。　　　　　　□任务完成
(10) 分离内万向节防尘套并刮下油脂。　　　　　　　　　□任务完成
(11) 拆下内万向节总成。
① 从内万向节上刮下旧润滑脂。　　　　　　　　　　　　□任务完成
② 如图2-6-14所示,在内万向节和轴上做好装配记号。　　□任务完成
③ 从外万向节轴上拆下万向节总成。　　　　　　　　　　□任务完成
④ 如图2-6-15所示,使用卡环扩张器拆下卡环。　　　　　□任务完成

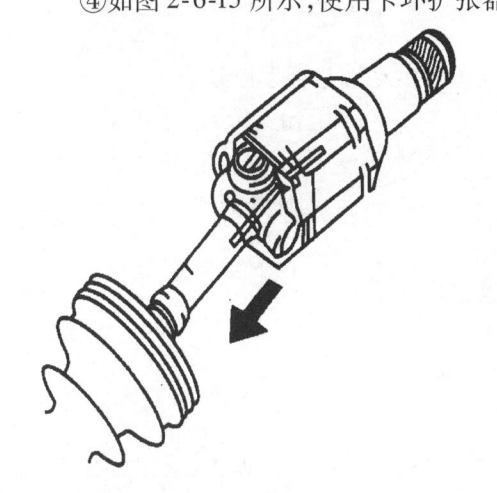

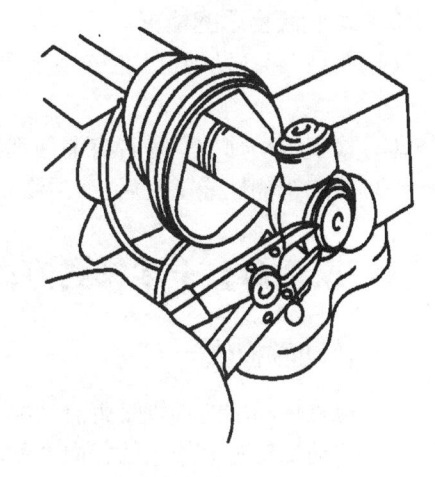

图2-6-14　装配记号　　　　　　　　　　　图2-6-15　拆下卡环

⑤ 在外万向节轴与三销式万向节总成做好记号,使用锤子和铜棒拆下三销式万向节,如图2-6-16所示。　　　　　　　　　　　　　　　　　　　　□任务完成

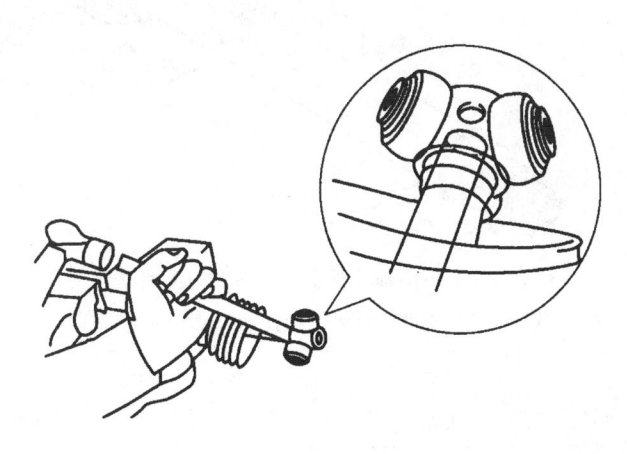

图2-6-16　拆卸三销式万向节

(12) 拆下外万向节防尘套大、小号卡箍。　　　　　　　　□任务完成
(13) 拆下外万向节防尘套并刮下油脂。　　　　　　　　　□任务完成
(14) 用新润滑脂涂抹外万向节总成。　　　　　　　　　　□任务完成
(15) 安装新外万向节防尘套及卡箍。　　　　　　　　　　□任务完成
(16) 安装内万向节防尘套、万向节及卡箍。　　　　　　　□任务完成
(17) 检查装配万向节运动是否正常,如图2-6-17所示。　　□正常　　□不正常

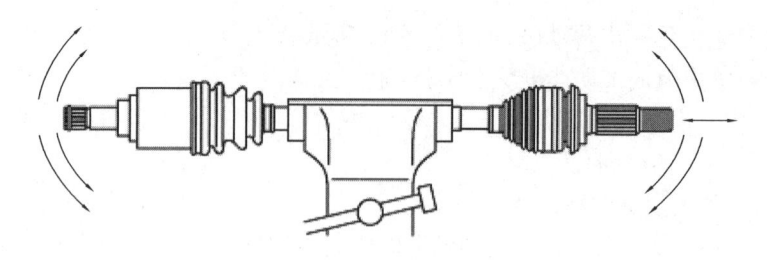

图 2-6-17　检查装配万向节

(18)按与拆卸相反的顺序安装传动轴总成到车上。　　　□任务完成

3.传动轴装复后的检查

(1)路试,起动发动机并使变速器挂入各挡,检查车辆传动轴是否发出异响。
　　　　　　　　　　　　　　　　　　　　　　　　□正常　□不正常

(2)检查传动轴护套是否有漏油现象。　　　　　　□正常　□不正常

(3)检测车辆性能正常后,清洁恢复车辆。　　　　　　□任务完成

【拓展任务】十字轴式万向传动装置的检修

一、传动轴检修

(1)检查传动轴的轴管是否有裂纹、严重的凹瘪。　　　□有　　□无

(2)传动轴轴管全长上的径向全跳动检查,见图2-6-18,公差应符合表2-6-2的规定。

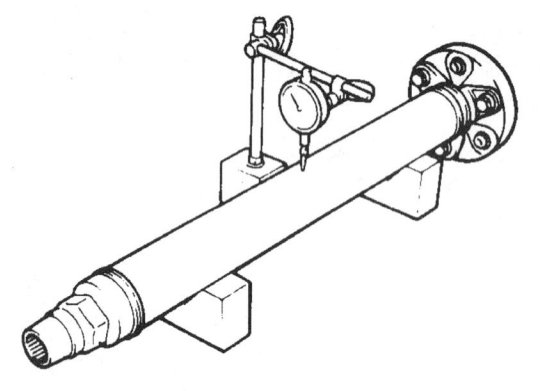

图 2-6-18　传动轴轴管全长上的径向全跳动检查

表 2-6-2　传动轴轴管的径向全跳动公差(mm)

轴长	≤600	600~1 000	≥1 000
经向全跳动公差	0.6	0.8	1.0
检查结果			
结论			

小提示：轿车传动轴径向全跳动公差应比表2-6-2相应减小0.20 mm。中间传动轴支撑轴颈的径向圆跳动公差为0.10 mm。当传动轴轴管的径向全跳动误差超过表2-6-2的规定时,应对传动轴进行较正或更换。

(3)传动轴花键与滑动叉花键、凸缘叉与所配合花键的侧隙:轿车应不大于 0.15 mm,其他类型的汽车应不大于 0.30 mm,装配后应能滑动自如。

检查结果_____mm,结论_____。

二、万向节叉、十字轴及轴承检修

(1)万向节叉和十字轴是否有裂纹、磨损等。　　　　　　　□有　　　□无

小提示:当十字轴轴颈表面有疲劳剥落、磨损沟槽或滚针压痕深度在 0.10 mm 以上时,应更换。当滚针轴承的油封失效、滚针断裂、轴承内圈有疲劳剥落时,应更换。

(2)十字轴承的检查,如图 2-6-19 所示。

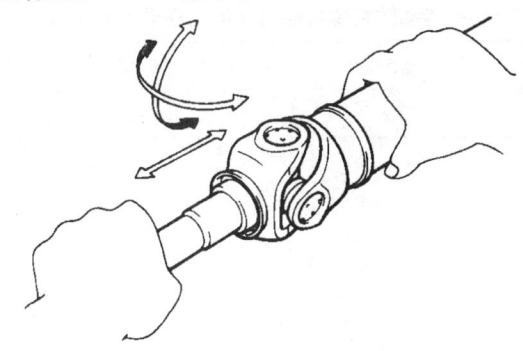

图 2-6-19　十字轴承的检查

(3)用百分表检查十字轴承与轴颈轴向间隙。

十字轴与轴承的最小配合间隙应符合原厂规定,最大配合间隙应符合表 2-6-3 的规定。十字轴及轴承装入万向节叉后的轴向间隙:剖分式轴承承孔为 0.10~0.50 mm;整体式轴承承孔为 0.02~0.25 mm;轿车为 0~0.05 mm。

表 2-6-3　十字轴轴承的配合间隙(mm)

十字轴轴颈直径	≤18	18~23	≥23
最大配合间隙	符合原厂规定	0.10	0.14

三、中间支承检修

中间支承的常见损伤形式是橡胶老化、轴承磨损所引起的振动和异响等。

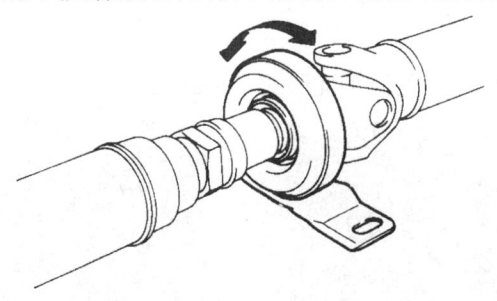

图 2-6-20　中间支承的检查

(1)检查中间支承的橡胶垫环是否开裂、老化。　　　　　　□有　　　□无

(2)油封是否因磨损过甚而失效。　　　　　　　　　□是　　　□否
(3)检查轴承转动是否平稳。　　　　　　　　　　　□是　　　□否
(4)检查垫块是否损坏。　　　　　　　　　　　　　□有　　　□无

四、传动轴管焊接组合件的检查

传动轴管焊接组合件经修理后,原有的动平衡已不复存在。因此,传动轴管焊接组合(包括滑动套)应重新进行动平衡试验。传动轴两端任一端的动不平衡量:轿车应不大于 10 g·cm;其他车型应不大于表2-6-4 的规定。传动轴管焊接组合件的平衡可在轴管的两端加焊平衡片,每端最多不得多于3 片。

表2-6-4　传动轴管焊接组合件的允许动不平衡(g·cm)

十字轴轴颈直径	≤58	58～80	>90
最大允许动不平衡量	30	50	100

【任务检测】

一、选择题

1. 球叉式万向节每次传力时,(　　)。
    A. 只有两个钢球传力　　　　　　B. 只有3 个钢球传力
    C. 只有4 个钢球传力　　　　　　D. 5 个钢球全部传力
2. 所有普通十字轴式刚性万向节"传动的不等速性"是指主动轴匀角速度旋转时,(　　)。
    A. 从动轴的转速不相等　　　　　B. 从动轴在一周中的角速度是变化的
    C. 从动轴的转速是相等的　　　　D. 从动轴在一周中的角速度是相等的
3. 普通刚性万向节传动时,产生不等速旋转,这种不等角速度的变化程度,甲认为:"它与主动轴和从动轴之间的夹角有关,夹角越大,不等速程度越严重。"乙认为:"它与发动机转速有关,与夹角的大小无关,发动机转速越高,不等速程度越严重。"(　　)正确。
    A. 甲对　　　　B. 乙对　　　　C. 甲、乙都对　　　　D. 甲、乙都不对
4. 要保持传动轴管焊接组合件的平衡,可在轴管的两端加焊平衡片,每端最多不得多于(　　)片。
    A. 2　　　　　B. 3　　　　　C. 4　　　　　D. 5
5. 下面(　　)万向传动装置的布置形式是正确的。

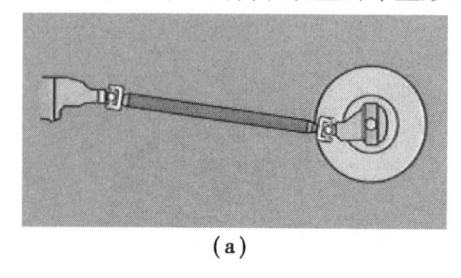

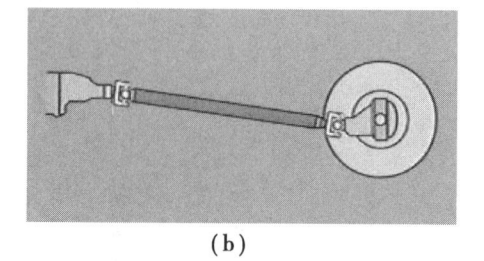

(a)　　　　　　　　　　　　　　(b)

二、判断题

1. 在装配传动轴时,应按规定的力矩拧紧螺栓、螺母。　　　　　　　　(　)
2. 万向传动装置只用于汽车的传动系统上。　　　　　　　　　　　　　(　)
3. 汽车行驶中,传动轴的长度可以自动变化。　　　　　　　　　　　　(　)
4. 十字轴上安全阀的作用是保护油封不致因油压过高而被破坏。　　　　(　)
5. 货车一般采用的是全浮式半轴支承,这种半轴要承受全部反力。　　　(　)

【评价与反馈】

班级：_____　　姓名：_____　　指导教师：_____

序号	考核项目	配分	考核内容	配分	考核标准	得分
1	出勤、纪律	5	出勤	2	违规一次不得分	
			行为规范	3	违规一次不得分	
2	安全、防护、环保	20	着装	4	违规一次不得分	
			个人防护	4	违规一次不得分	
			"5S"、"EHS"	4	违规一次不得分	
			设备使用安全	4	违规一次不得分	
			操作安全	4	违规一次不得分	
3	知识水平	20	知识测验成绩	20	按测验成绩的20%计	
4	技能考核	40	技能测验成绩	40	按测验成绩的40%计	
5	学习能力	10	工单填写,工艺计划制订	4	未做不得分	
			组内活动情况	4	根据未完成情况酌情扣1~4分	
			资料的查阅和收集	2	未做不得分	
6	任务拓展	5	知识拓展	2	未做不得分	
			技能拓展	3	未做不得分	
7	总分	100				

【教师评估】

序号	优点	存在的问题	解决方案

教师签字：

任务七　驱动桥的拆装与检修

【任务目标】

目标类型	目标要求
1. 认知目标	(1) 能叙述后轮驱动汽车驱动桥的组成及零部件的作用 (2) 能叙述主减速器的作用及工作过程 (3) 能叙述差速器的作用及工作过程
2. 技能目标	达到汽车维修中级工的如下技能要求： (1) 能实施分解、检查、装配驱动桥 (2) 能根据维修手册技术要求正确检查、调整主减速器
3. 情感目标	(1) 养成良好的学习和工作习惯 (2) 培养"5S"、"EHS"意识

【任务描述】

对于发动机前置后驱车辆，变速器的动力通过传动轴输送到驱动桥，再由驱动桥把动力传递给车轮。如果驱动桥出现异常响声，需要对驱动桥分解检测，对相关零件进行检测、调整、维修或更换，以恢复其正常工作。

本任务主要介绍驱动桥的结构及各零部件的作用，要让学生知道驱动桥是怎样工作的，能正确实施对驱动桥的拆装及检修。

【知识准备】

一、汽车驱动桥的组成和作用

1. 驱动桥由主减速器、差速器、半轴、万向节、驱动桥壳（或变速器壳体）和驱动车轮等零部件组成。见图 2-7-1 北京吉普汽车后驱动桥结构，在图方框中写出相应零件的名称。

2. 驱动桥可实现如下几种功用：
(1) 通过主减速器齿轮的传动，降低转速，增大转矩。
(2) 主减速器采用锥齿轮传动，改变转矩的传递方向。
(3) 通过差速器可以使内外侧车轮以不

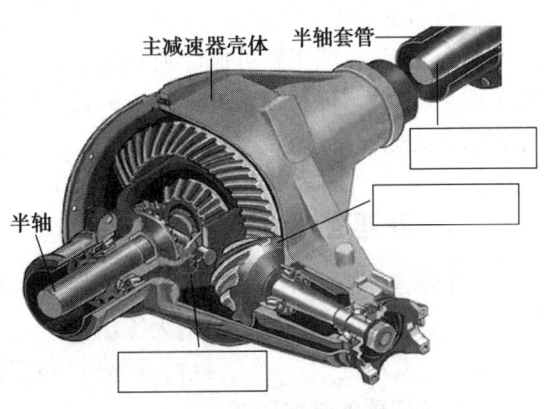

图 2-7-1　北京吉普汽车后驱动桥

同转速转动,适应汽车的转向要求。

(4)通过桥壳和车轮,实现承载及传力作用。

3.驱动桥分非断开式驱动桥和断开式驱动桥,图2-7-2属于_____(非断开或断开)式驱动桥,图2-7-3属于_____(非断开或断开)式驱动桥。

图2-7-2 货车后驱动桥结构

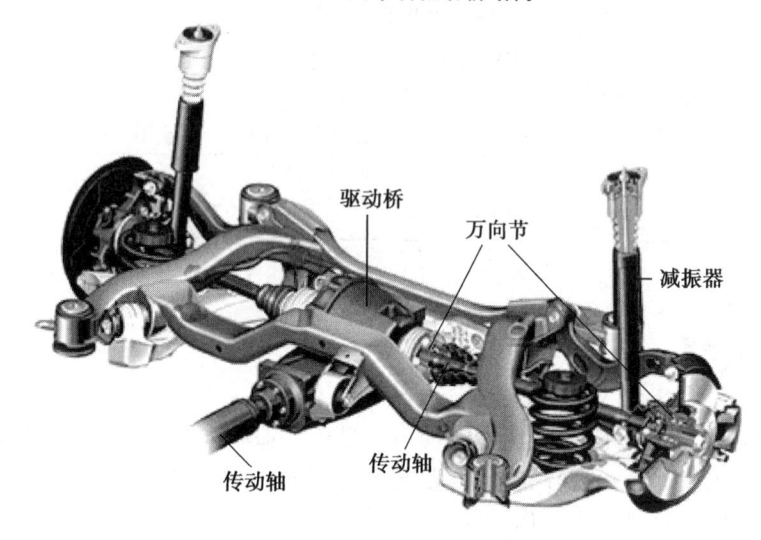

图2-7-3 轿车后驱动桥结构

(1)非断开式驱动桥

当车轮采用非独立悬架时,驱动桥采用_____驱动桥。其特点是半轴套管与主减速器壳刚性连成一体,整个驱动桥通过弹性悬架与车架相连,两侧车轮和半轴不能在横向平面内做相对运动。非断开式驱动桥也称整体式驱动桥。

(2)断开式驱动桥

当驱动轮采用独立悬架时,驱动桥采用_____驱动桥。两侧的驱动轮分别通过弹性悬架与车架相连,两车轮可彼此独立地相对于车架上下跳动。与此相对应,主减速器壳固定在车架上,半轴与传动轴通过万向节铰接,传动轴又通过万向节与驱动轮铰接,这种驱动桥称为断开式驱动桥。

二、主减速器

1.主减速器的功用

(1)通过改变主减速比来增大输出_____,相应降低_____。

(2)当发动机_____(纵向或横向)布置时,改变转矩旋转方向。

2.主减速器的结构形式

(1)按参加减速传动的齿轮副数目分,有单级主减速器和_____主减速器,单级主减速器是指主减速传动是由一对齿轮传动完成的;要求主减速器有较大传动比时,由一对锥齿轮传动将会导致尺寸过大,不能保证最小离地间隙的要求,这时多采用两对齿轮传动,即_____主减速器。

(2)按主减速器传动比的挡数分,有单速式和_____式。

(3)按齿轮副结构形式分,有圆柱齿轮式、圆锥齿轮式和准双曲面齿轮式。

3.常用的齿轮形式

(1)斜齿圆柱齿轮,特点是主从动齿轮轴线平行。

(2)曲线齿锥齿轮,特点是主从动锥齿轮轴线垂直且相交。

(3)准双曲面锥齿轮,特点是主从动锥齿轮轴线垂直但不相交,有轴线偏移。在驱动桥离地间隙 h 不变的情况下,可以降低主动锥齿轮的轴线位置,从而使整车车身及重心降低。见图2-7-4。

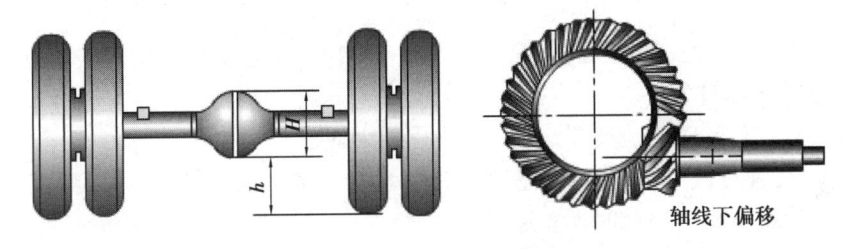

图 2-7-4　轴线下偏移的作用

三、差速器

汽车左右驱动车轮要实现不同的转速,就必须装有差速器,它由哪些部分组成,有什么作用?

1.差速器的组成

差速器由差速器壳体、行星齿轮、半轴齿轮、行星齿轮轴等组成。

根据图2-7-5,查询相应资料,完善表2-7-1。

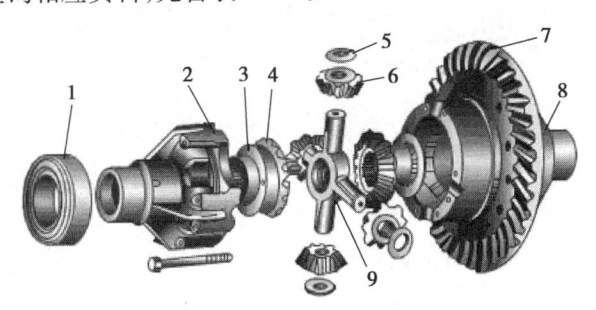

图 2-7-5　差速器的组成

表 2-7-1　差速器零件的名称

序号	名　称	序　号	名　称	序　号	名　称
1	差速器壳轴承	4		7	
2	左差速器壳	5	垫圈	8	
3	垫片	6		9	十字轴

2.差速器的作用

差速器的作用是既能将主减速器传来的动力传给左、右两半轴，又能使两侧驱动轮以不同的转速转动，以满足转弯等情况下内外驱动轮要以不同转速转动的需要，如图 2-7-6 所示，此时左侧车轮的旋转速度_____，右侧车轮的旋转速度_____。

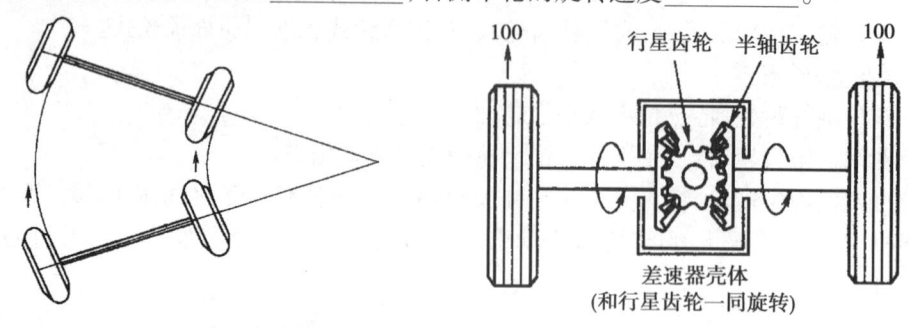

图 2-7-6　左右车轮差速

图 2-7-7　直线行驶的差速器运动

3.差速器的工作过程

(1)汽车直线行驶时的差速器运动，如图 2-7-7 所示。

汽车直线行驶时，行星齿轮只同差速器壳一起绕半轴轴线公转，左、右半轴齿轮角速度_____（相等或不相等），此时无差速作用。

(2)汽车转弯行驶时的差速器运动，如图 2-7-8 所示。

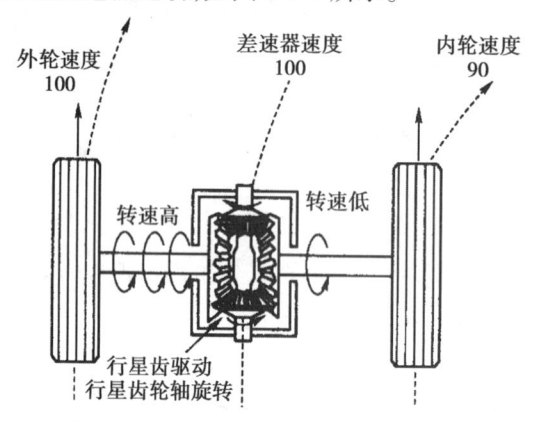

图 2-7-8　转弯行驶时的差速器运动

当汽车转弯行驶时，两侧车轮所受的行驶阻力不再相等，内侧车轮比外侧车轮所遇阻力大，其结果使得行星齿轮顺时针旋转，行星齿轮除了_____，还要绕自身轴线以某一转速自转，左半轴齿轮的转速将在原转速的基础上重叠一个因行星齿轮自转引起的转速，同时，右半轴齿轮则减去一个大小相同、转向相反的转速，对左右半轴齿轮来说，其转速的总和保持不变。

4.普通齿轮差速器的工作特点

(1)当任何一侧半轴齿轮的转速为零时，另一侧半轴齿轮的转速为差速器壳转速的两倍。

(2)当差速器壳转速为零时，若一侧半轴齿轮受其他外来力矩而转动，则另一侧半轴齿轮即可以相同的转速反向转动。

(3)内摩擦力矩很小的对称式锥齿轮差速器的运动学和动力学特性可以概括为"差速

但不差转矩",即可以使两侧驱动轮以不同转速转动,但不能改变传给两侧驱动轮的转矩。

【学习拓展】防滑差速器

防滑差速器按其工作原理可分为转矩敏感式防滑差速器、转速敏感式限滑差速器和主控制式防滑差速器。

1.转矩式防滑差速器
按其结构可以分为锥盘式、轮齿式和摩擦片式三种。

2.转速敏感式限滑差速器
利用液体的黏性摩擦特性,即硅油的黏性摩擦特性感知速度差,实现差速器限滑作用,其结构见图 2-7-9 所示。

3.主动控制式限滑差速器,其结构见图 2-7-10

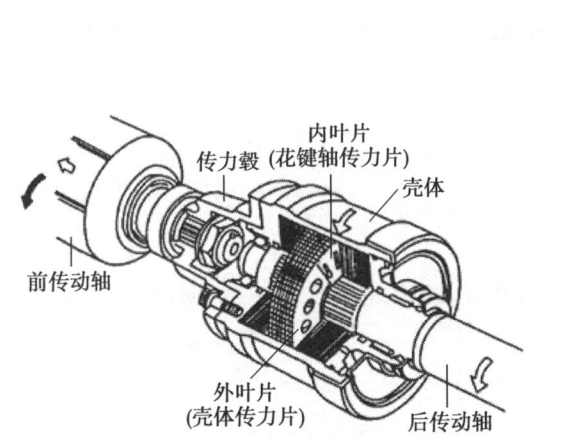

图 2-7-9 黏性联轴器结构

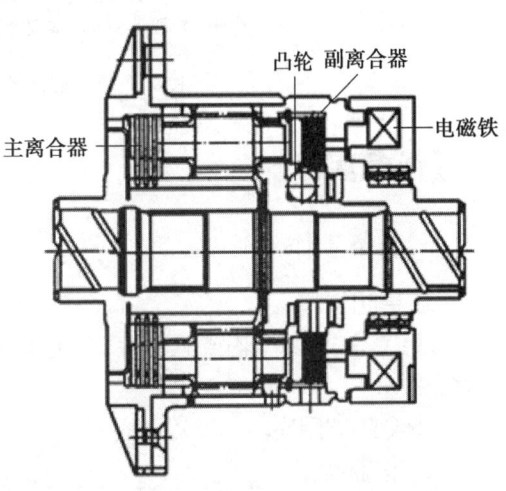

图 2-7-10 电磁主动控制防滑差速器

4.托森差速器
利用蜗轮蜗杆传动的不可逆性原理和齿面高摩擦条件,使差速器根据其内部内摩擦力矩大小而自动锁死或松开,如图 2-7-11 所示。

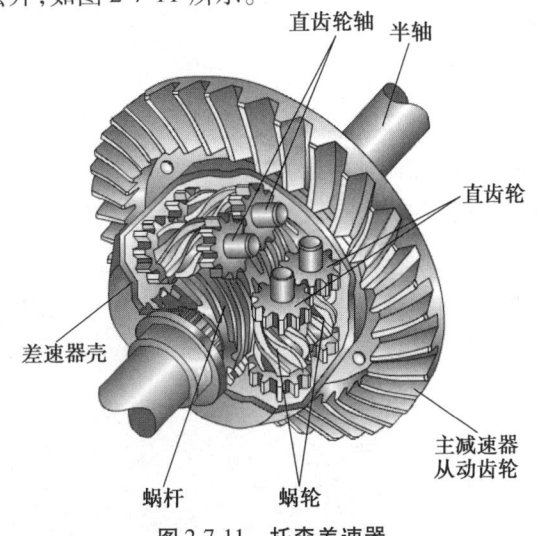

图 2-7-11 托森差速器

托森差速器常被用于全轮驱动轿车的中央轴间差速器,后驱动桥的轮间差速器,但通常不用于转向驱动桥的轮间差速器。奥迪全轮驱动轿车变速器和中央轴间托森差速器结构见图 2-7-12。

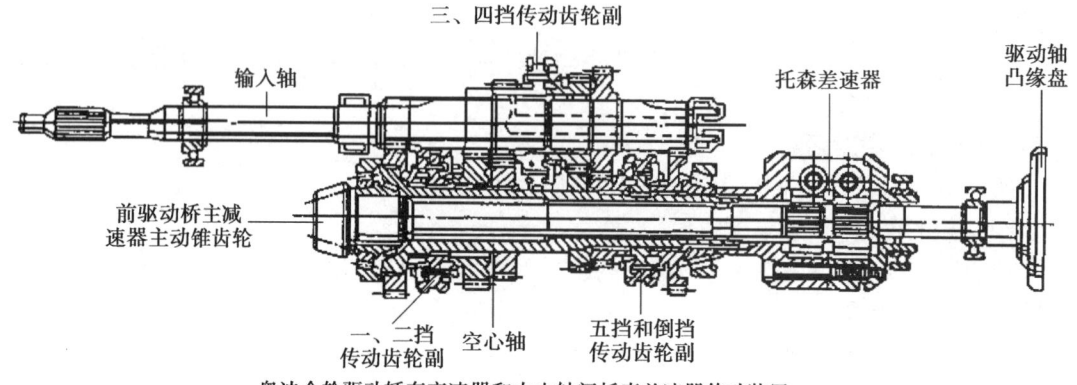

奥迪全轮驱动轿车变速器和中央轴间托森差速器传动装置

图 2-7-12 奥迪全轮驱动轴间托森差速器

【任务实施】

一、准备工作

1.工具和材料

常用工具、后驱车辆或驱动桥、专用工具、举升机、磁力表座及百分表、钢尺、维修手册、干净的抹布。

2.安全防护用品

标准作业装。

3.汽车信息收集

车牌号码:_____,车辆型号:_____,

VIN 码:_____,行驶里程:_____。

二、主减速器拆卸

1.拆卸前准备

(1)将车辆举升至合适的操作高度。　　　　　　　　□任务完成

(2)检查减速器壳是否有漏油或其他异常现象。　　　□有　　□无

(3)拆下放油塞,将驱动桥壳内的主减速器油排放干净,如图 2-7-13 所示。

小提示:排放主减速器油时,要注意油温,避免油温过高伤人。

①检查主减速器的油质。　　　　　　　□正常　　□很黑　　□黑且有杂质

②排放完差速器油后,用手转动一侧车轮,同时观察另一侧车轮出现何种现象;并运用所学知识分析原因。

_____

_____

图 2-7-13　排放驱动桥主减速器油

2.主减速器总成的拆卸

(1)如图 2-7-14 所示,将传动轴从后桥上拆下,并做好配合标记。

□任务完成

解释在拆卸传动轴时,为什么要做配合记号?

_____

(2)使用专用油管扳手从制动轮缸上拆下制动油管,如图 2-7-15 所示。

□任务完成

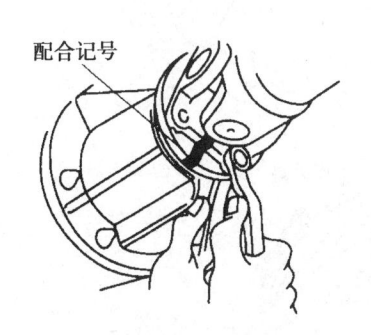

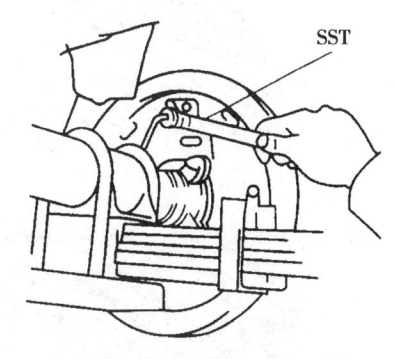

图 2-7-14　拆卸传动轴　　　　　　图 2-7-15　拆卸制动分泵油管

小提示:拆卸制动油管时要注意不能随便排放制动液,要用容器收集起来,同时拆卸下的制动油管接口部位应该用胶布密封。

(3)拆下驻车制动器拉索。　　　　　　　　　　　□任务完成
(4)使用 SST 拆卸后桥半轴,如图 2-7-16 所示。　　□任务完成

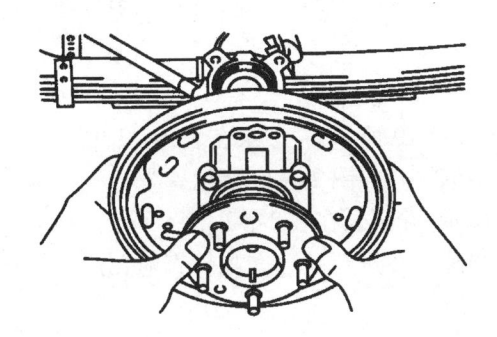

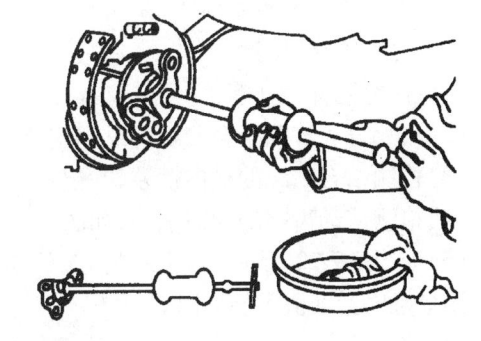

图 2-7-16　半轴拆卸

小提示： 不要损坏半轴油封。

(5) 如图 2-7-17 所示，拆卸主减速器总成。　　　　□任务完成

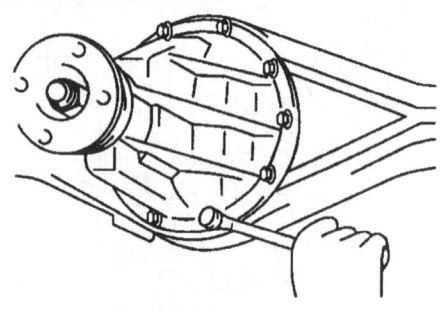

图 2-7-17　拆卸主减速器总成

三、主减速器的检修

1. 主减速器的基本检测

(1) 目测主减速器主、从动锥齿轮，如图 2-7-18 所示。

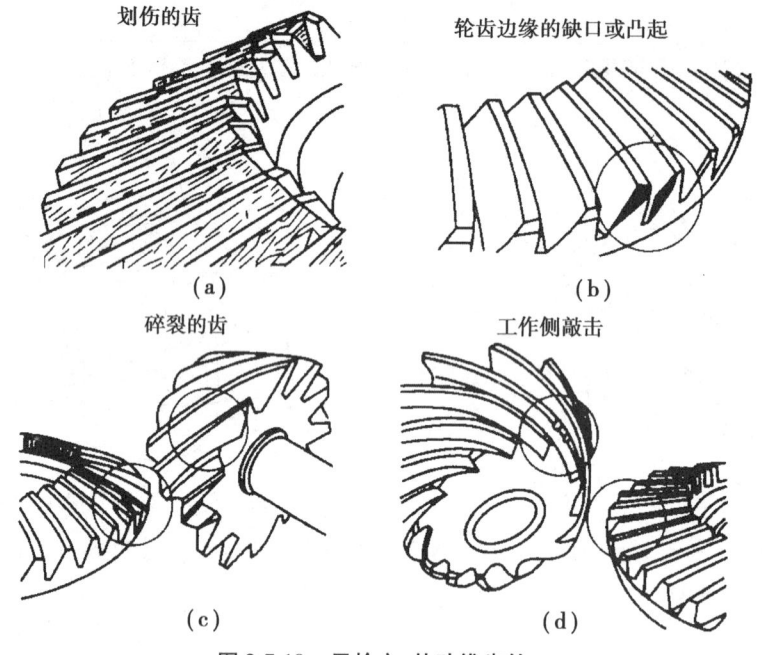

图 2-7-18　目检主、从动锥齿轮

① 检查齿轮有无明显划伤。　　　　　　　　　　　　□有　　□无
② 检查齿轮有无裂纹。　　　　　　　　　　　　　　　□有　　□无
③ 检查齿轮有无剥落。　　　　　　　　　　　　　　　□有　　□无

(2) 用百分表检测结合凸缘的纵向摆差，如图 2-7-19 所示，并记录在表 2-7-2 中。

(3) 检测结合凸缘的横向摆差，并记录在表 2-7-2 中，如图 2-7-20 所示。

(4) 检测从动齿圈的端面摆差，如图 2-7-21 所示，并记录在表 2-7-2 中。

(5) 如图 2-7-22 所示，检测从动齿圈的啮合间隙。在进行啮合间隙检查时，分析并阐述导致测量值比标准值大的原因。

（6）检查差速器侧齿轮的啮合间隙，如图2-7-23所示，并记录在表2-7-2中。

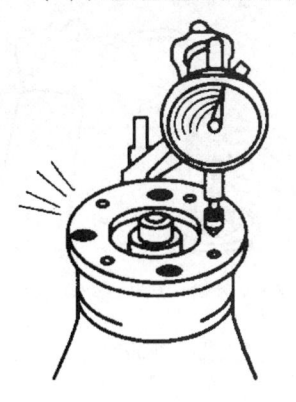

图 2-7-19　测量凸缘摆差 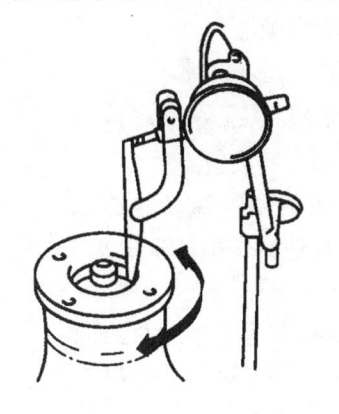　　　图 2-7-20　测量凸缘摆差 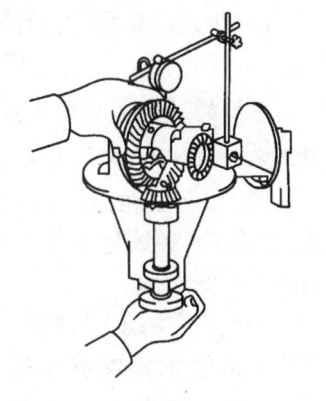　　　图 2-7-21　测量从动齿圈的摆差

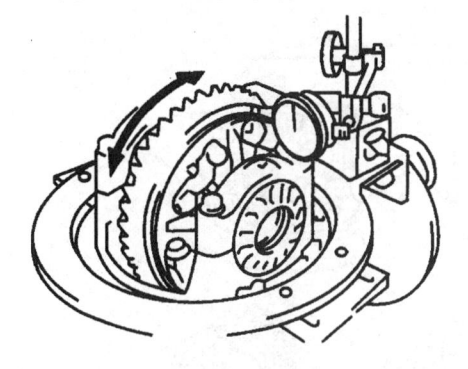

图 2-7-22　测量从动齿圈的啮合间隙 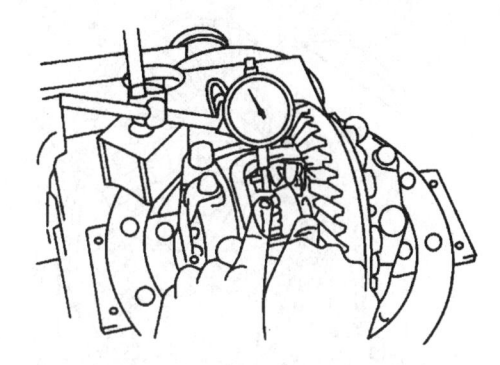　　　图 2-7-23　测量差速器侧齿轮的啮合间隙

表 2-7-2　主减速器解体前的检测数据

检测项目	测量数值(mm)	标准数值(mm)	维修建议
结合凸缘的纵向摆差			
结合凸缘的横向摆差			
主、从动齿轮的端面摆差			
主、从动齿轮的啮合间隙			
差速器侧齿轮的啮合间隙			

2.主减速器与差速器的分解与检查

（1）使用SST固定住凸缘，拆下结合凸缘，如图2-7-24所示。□任务完成

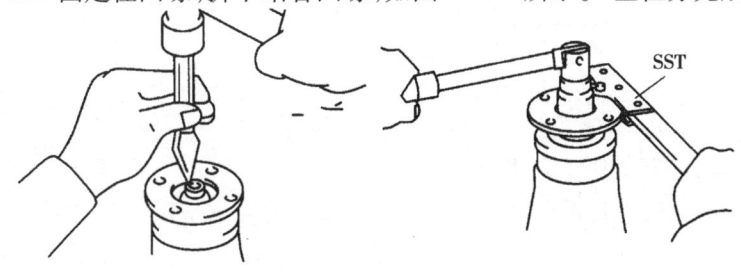

图 2-7-24　凿松螺母，拆卸凸缘

(2)使用专用工具拆下前油封,如图 2-7-25 所示。　　□任务完成

(4)拆检前轴承是否有异常的损坏。

　　　　　　　□正常　　□不正常

小提示：如果发现轴承损坏,其相应的座圈正常,更换轴承时需要更换其相应的座圈。

(5)拆下差速器壳,检查拆下的调整螺母的螺纹、差速器壳螺纹是否有磨损及其他异常损坏现象,如图 2-7-26 所示。　　□正常　　□不正常

(6)拆下主动小齿轮的后轴承,检查后轴承及差速器壳后轴承座圈有无异常的损坏,如图 2-7-27 所示。

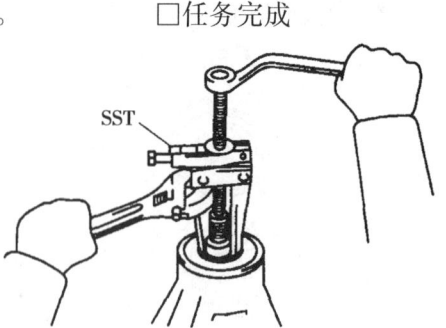

图 2-7-25　拆下前油封

　　　　　　　□正常　　□不正常

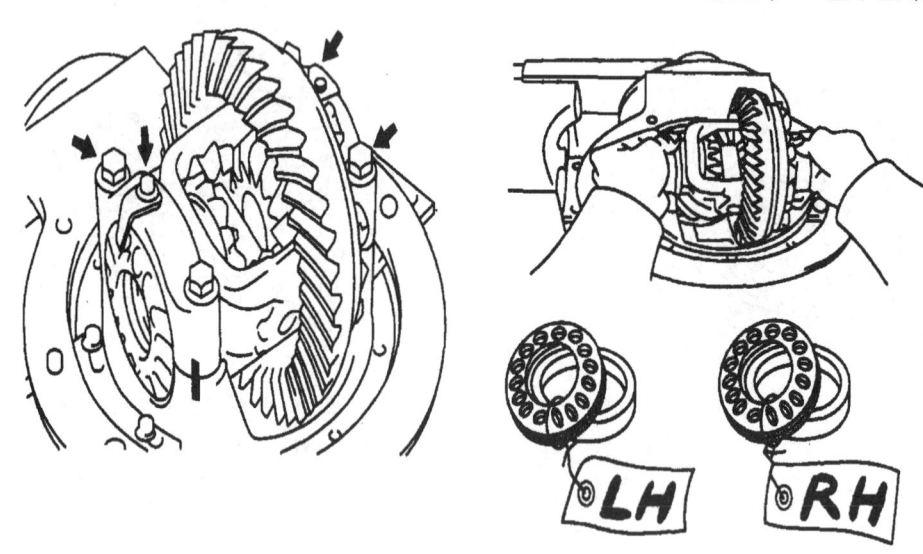

图 2-7-26　拆下差速器

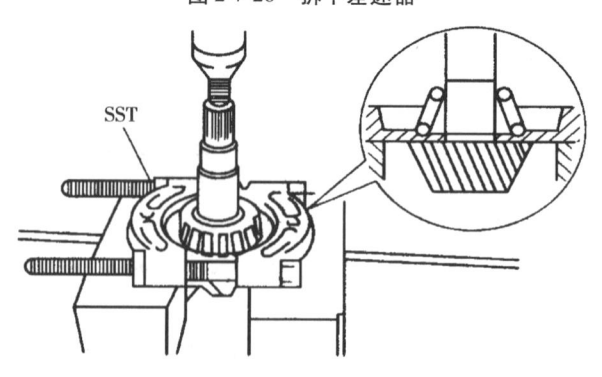

图 2-7-27　拆后轴承

(7)拆下从动齿圈,如图 2-7-28 所示。　　　　　　　　　　　　　□任务完成

①检查从动齿圈的齿是否有划伤、碎裂、断齿或其他异常现象,如图 2-7-29 所示。

　　　　　　　　　　　　　　　　　□正常　　□不正常

② 当从动齿圈和主动锥齿轮中的某一个损坏时,维修时是否要将两者同时进行更换?

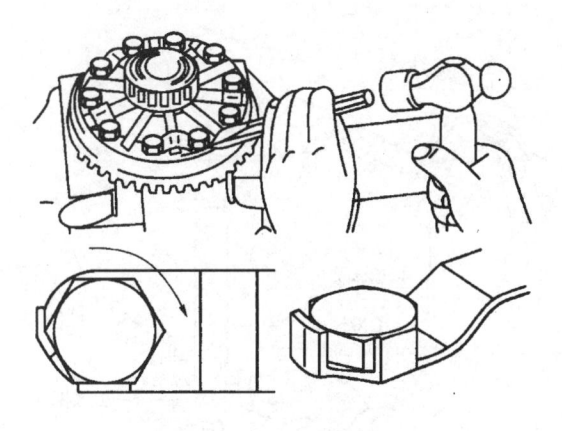

图 2-7-28 拆下从动齿圈

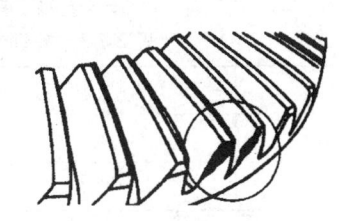

(a)划伤的齿　　(b)轮齿边缘的缺口或凸起

图 2-7-29 齿圈检查

请阐述原因。

_____

_____

(8)拆检侧轴承的滚子、轴承架是否有损坏现象,如图 2-7-30 所示。

□正常　□不正常

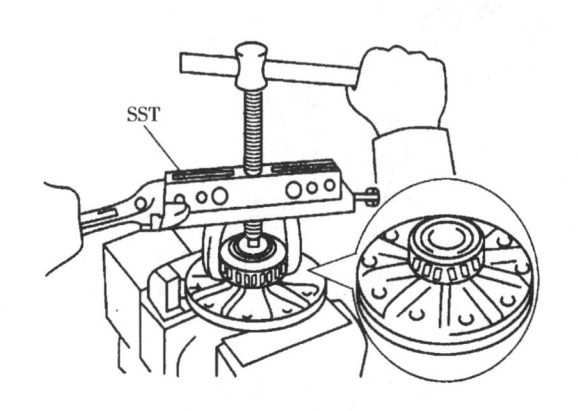

图 2-7-30 拆卸侧轴承　　图 2-7-31 分解差速器

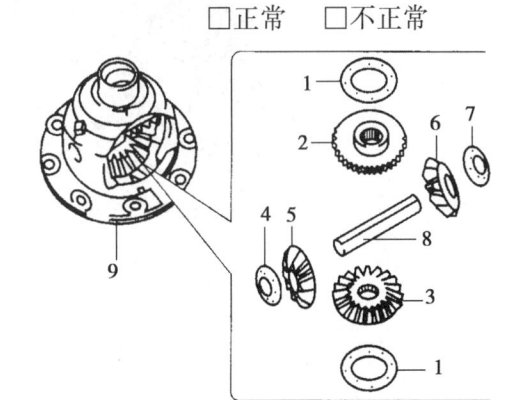

(9)分解差速器,如图 2-7-31 所示。　　□任务完成

(10)检查差速器组件,如图 2-7-32 所示。

①目检齿轮是否过度磨损或损坏。　　□有　□无

②测量止推垫圈厚度及行星齿轮轴外径,并将检查数据填写在表 2-7-3 中。

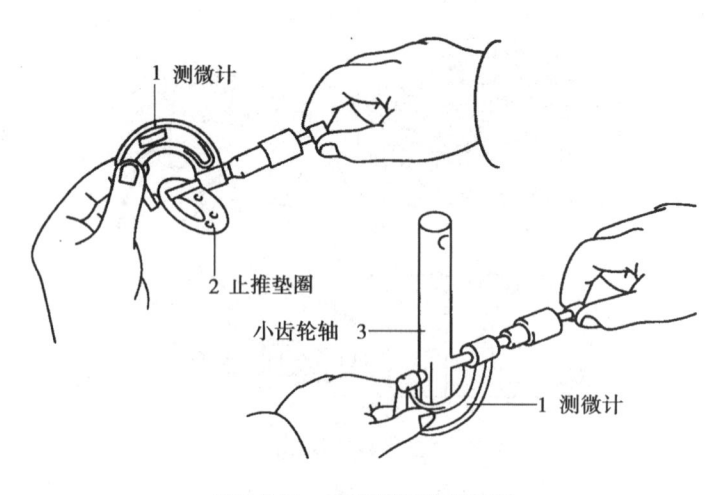

图 2-7-32　差速器组件的检查

表 2-7-3　差速器组件的检测记录表

测量项目	测量数值	标准数值	维修建议
止推垫圈厚度			
行星齿轮轴外径			

3.主减速器与差速器的装配

（1）差速器总成的装配，如图 2-7-33 所示。　　　　□任务完成

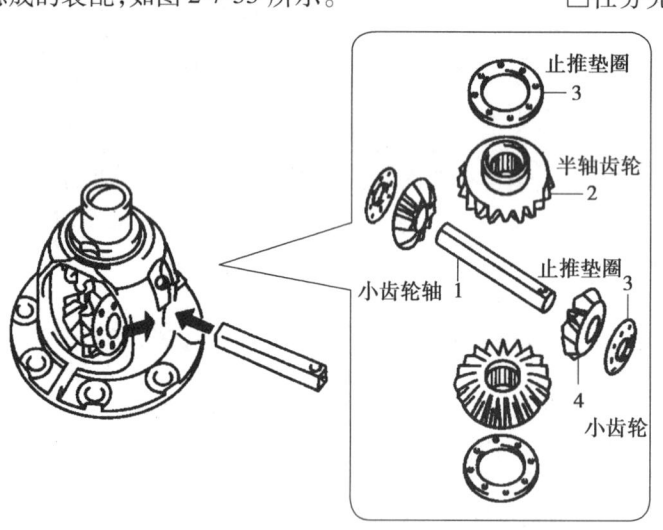

图 2-7-33　差速器总成的装配

（2）测量半轴齿轮的啮合间隙，如图 2-7-34 所示，并将测量值记录在表 2-7-4 中。如果测量的啮合间隙值过大，选择另一个厚度_____（较大或较小）的垫圈，调整啮合间隙。如果测量的啮合间隙值过小，选择另一个厚度_____（较大或较小）的垫圈，调整啮合间隙。

表 2-7-4　半轴齿轮记录表

测试项目	测量数值	标准数值	维修建议
半轴齿轮啮合间隙			

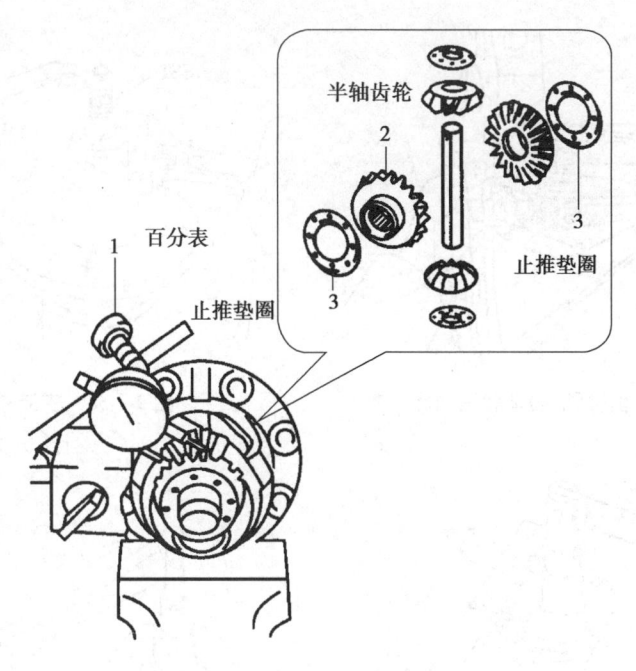

图 2-7-34 测量半轴齿轮的啮合间隙

(3)安装主减速器齿圈,将齿圈螺栓的锁止片锁上,如图 2-7-35 所示。

☐任务完成

图 2-7-35 安装主减速器齿圈并锁紧锁片

图 2-7-36 安装主驱动齿轮轴的内轴承

(4)安装主驱动齿轮轴的内轴承,如图 2-7-36 所示。 ☐任务完成
(5)安装主驱动齿轮轴的前轴承、隔套和甩油环,如图 2-7-37 所示。

☐任务完成

(6)安装主减速器的油封,使用 SST 安装结合凸缘,如图 2-7-38 所示。

☐任务完成

4.主动锥齿轮轴承预紧度的检查与调整

(1)使用可压缩隔套对主动齿轮轴承预紧度进行调整。

①把专用工具 SST 连接到凸缘上,按规定力矩拧紧凸缘盘,紧固螺母,如图 2-7-39(a)所示。 ☐任务完成

②用小读数(0~3 N·m)的扭力扳手测量主动齿轮轴承的预紧度,如图 2-7-39(b)所

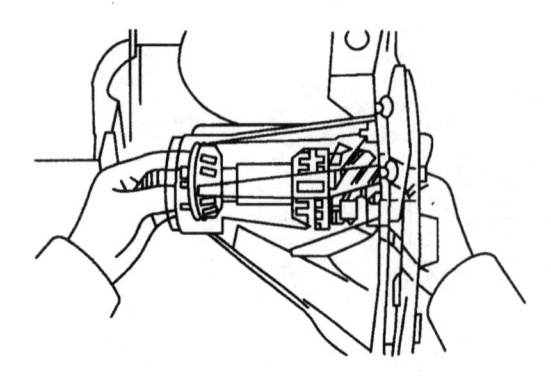

图 2-7-37　安装前轴承、隔套和甩油环　　　　图 2-7-38　安装结合凸缘

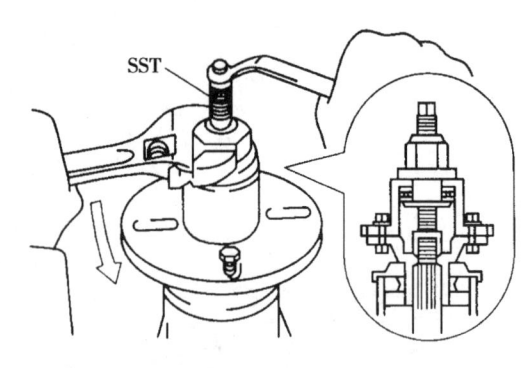

示。　　　　　　　　　　　　　　　　　　　　　　　　□任务完成

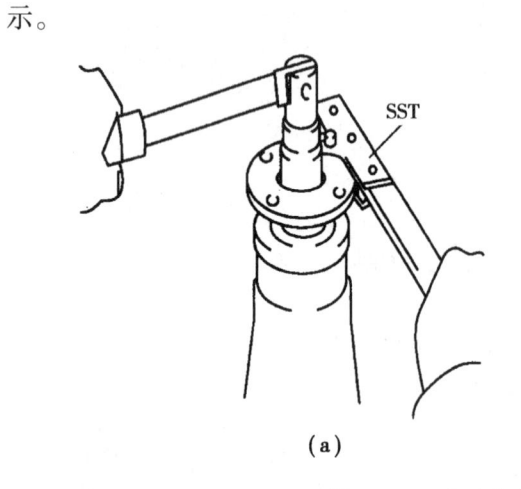

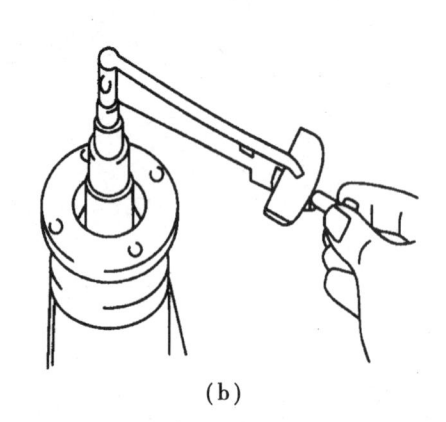

（a）　　　　　　　　　　　　　（b）

图 2-7-39　主动锥齿轮轴承预紧度的检查

标准预紧扭矩(始动点):旧轴承:0.5~0.8 N·m;新轴承:1.0~1.6 N·m。

实测的预紧力矩:＿＿＿＿＿＿＿＿＿＿＿＿＿＿＿＿。

(2)如图 2-7-40 所示,使用刚性隔套对主动齿轮轴承预紧度进行调整。

①将专用工具 SST 连接到凸缘上,按照规定力矩拧紧凸缘盘紧固螺母,如图 2-7-39(a)所示。　　　　　　　　　　　　　　　　　　　　　　　　□任务完成

②用小读数(0~3 N·m)的扭力扳手测量主动齿轮轴承的预紧度,如图 2-7-39(b)所示。　　　　　　　　　　　　　　　　　　　　　　　　□任务完成

当测量的预紧扭矩比标准值大或小时,可以通过增加或减小两轴承间的调整垫片厚度来达到标准值。

③如图 2-7-41 所示,将差速器总成装到减速器壳上。　　□任务完成

轴承盖螺栓拧紧标准扭矩:＿＿＿＿＿＿＿＿＿＿＿＿＿＿。

④如图 2-7-42 所示,差速器支承轴承预紧度的检查与调整。　□任务完成

主动锥齿轮轴承、差速器侧轴承的预紧度过紧或过松会有什么影响?

＿＿＿＿＿＿＿＿＿＿＿＿＿＿＿＿＿＿＿＿＿＿＿＿＿＿＿＿＿＿＿＿＿＿＿＿＿＿＿

＿＿＿＿＿＿＿＿＿＿＿＿＿＿＿＿＿＿＿＿＿＿＿＿＿＿＿＿＿＿＿＿＿＿＿＿＿＿＿

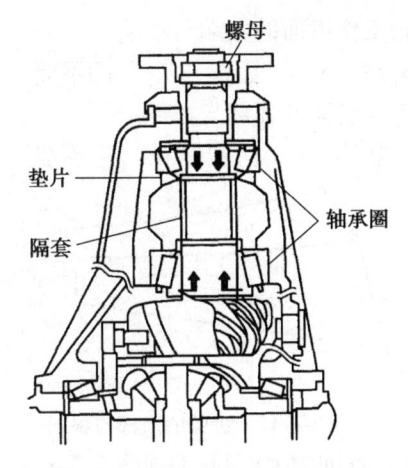

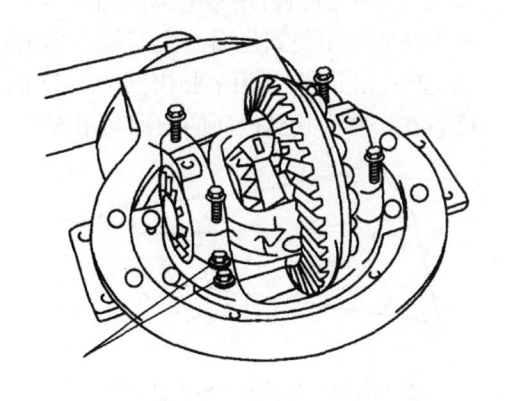

图 2-7-40　主动锥齿轮轴承预紧度的调整　　　图 2-7-41　安装差速器总成

5.主、从动锥齿轮啮合印痕的检查与调整步骤

(1)在齿圈相邻 120°的三处,每次取 2-3 个轮齿涂以红丹,如图 2-7-43 所示。

□任务完成

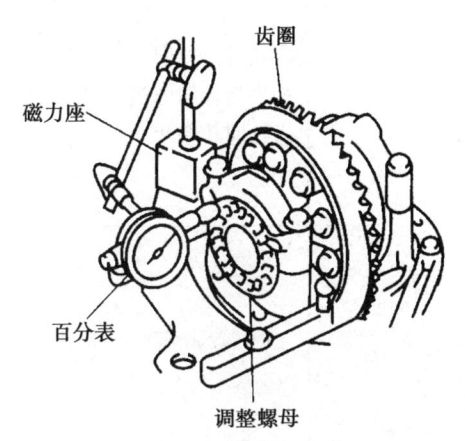

图 2-7-42　轴承预紧度的检查　　　图 2-7-43　啮合印痕的检查

(2)对主动小齿轮稍施加压力,而后转动齿圈,观察轮齿上的啮合印痕部位和形状。

□任务完成

(3)查阅维修手册及相关资料,正常的啮合印痕部位应在工作齿面何处?并在图 2-7-44 中画出正常的啮合印痕部位。

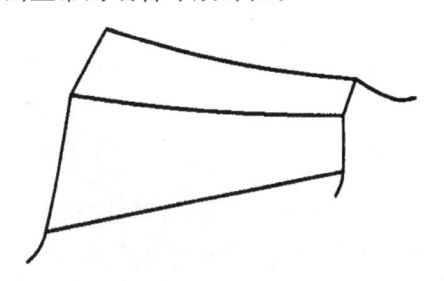

图 2-7-44　正常啮合印痕　　　图 2-7-45　检查印痕

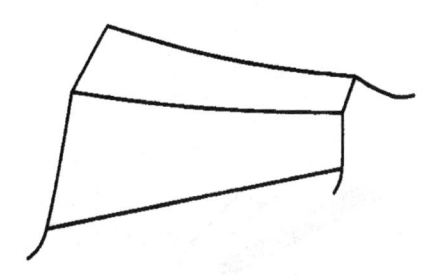

(4)用彩笔在图 2-7-45 画出检查实物印痕。对比图 2-7-44、图 2-7-45 印痕,判断印痕是否正常。　　□正常　□不正常

(5) 查阅相关资料,用彩笔画出图 2-7-46 的齿轮工作齿面的大端与小端。

能否在实物中找到齿面的大端与小端相应的部位？　　　□能　　　□不能

(6) 查阅相关资料,用笔画出图 2-7-47 的齿轮工作齿面的顶部与根部。

能否在实物中找到齿面的顶部与根部相应的部位？　　　□能　　　□不能

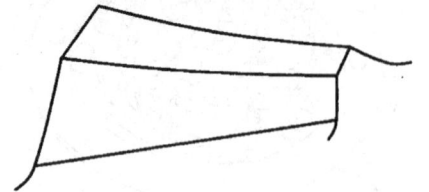

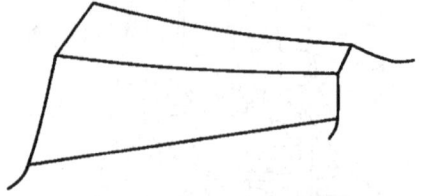

图 2-7-46　齿轮的大端与小端　　　　　　图 2-7-47　齿轮的顶部与根部

(7) 如果齿轮啮合印痕不正常,应该如何调整呢？查询相关资料,完成表 2-7-5。

表 2-7-5　啮合印痕的调整表

从动齿轮啮合印痕	是否正常	调整方法
印痕偏大端	□正常 □不正常	将从动齿轮向主动齿轮移近,如果啮合间隙过小,则将主动齿轮向外移开
印痕偏小端	□正常 □不正常	
印痕偏顶端	□正常 □不正常	
印痕偏根部	□正常 □不正常	

6.啮合间隙的检查,如图 2-7-48 所示

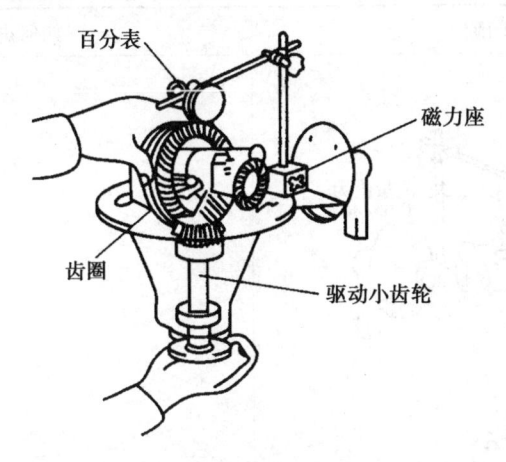

图 2-7-48 啮合间隙的检查

(1)将百分表触针垂直抵住齿圈齿轮大端。

(2)用手固定主动小齿轮,转动齿圈齿轮,从而可在百分表上读出啮合间隙值,并完成表 2-7-6。

表 2-7-6 啮合间隙的检查记录表

啮合间隙	测量数值			标准数值(mm)
齿圈啮合间隙	位置1:	位置2:	位置3:	

(3)当实际测量的啮合间隙不符合规定数值时,该如何进行调整?查阅相关资料,完成表 2-7-7。

表 2-7-7 啮合间隙不正常调整表

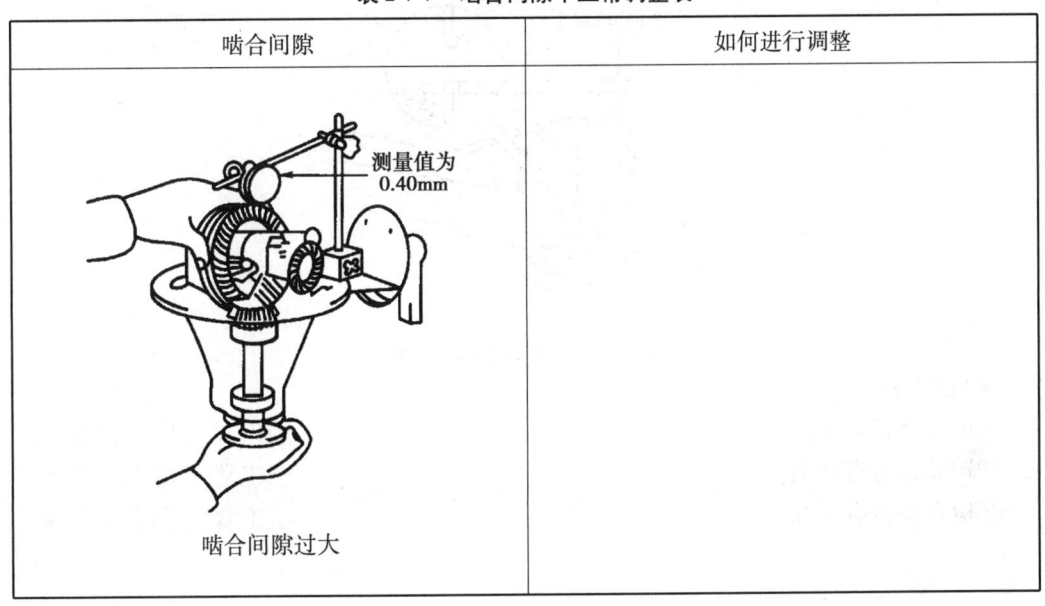

啮合间隙	如何进行调整
啮合间隙过大(测量值为0.40mm)	

续表

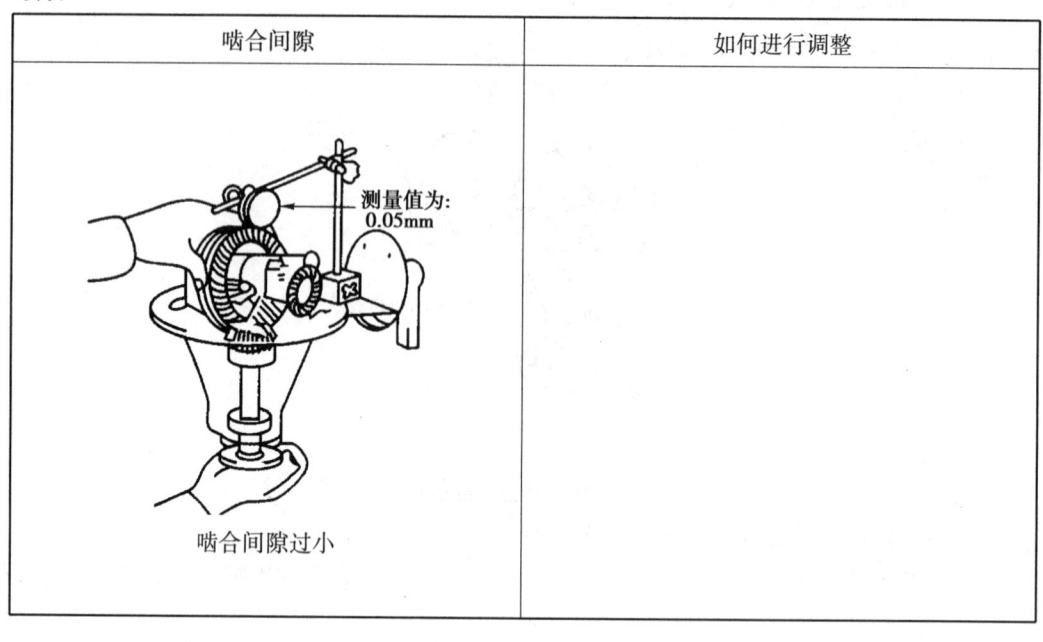

啮合间隙	如何进行调整
测量值为：0.05mm 啮合间隙过小	

四、主减速器总成的装复及检验

(1) 按照与拆卸相反的顺序安装主减速器总成。　　　　□任务完成
(2) 安装半轴及其他附件，按照拆卸相反顺序安装。　　□任务完成
(3) 装上放油塞并加注主减速器油，如图2-7-49所示。　□任务完成

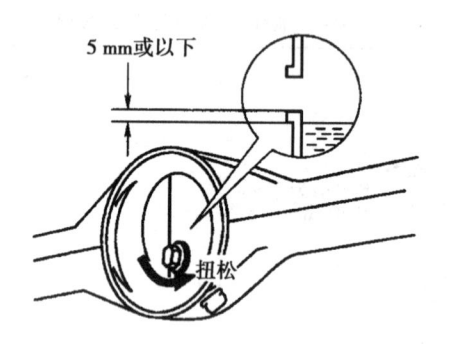

图 2-7-49　加注主减速器油

(4) 试车检查
① 运转是否正常。　　　　　　　　　　　　　□正常　□不正常
② 转动是否有异响。　　　　　　　　　　　　□正常　□不正常
③ 检查是否有漏油。　　　　　　　　　　　　□正常　□不正常

【任务检测】

一、判断题

1. 主减速器的功能是升速降矩。（   ）
2. 行星锥齿轮差速器具有转矩等量分配的特性。（   ）
3. 防滑差速器起作用,可以提高汽车通过坏路面的能力。（   ）
4. 驱动桥壳是传动系统的组成部分,不是行驶系统的组成部分。（   ）
5. 上海桑塔纳轿车和东风 EQ1092 型汽车的主减速器,可以使用普通齿轮油润滑。（   ）
6. 东风 EQ1092 型汽车采用的是全浮式支承的半轴,这种半轴将要承受路面的全部反作用力。（   ）
7. 双曲线齿轮主减速器的壳体,其纵横轴线必须位于同一平面内。（   ）
8. 在调整主、从动圆锥齿轮啮合中,当其啮合印迹与啮合间隙的调整互相矛盾时,应以保证其适当的啮合间隙为主。（   ）
9. 主、从动圆锥齿轮啮合印迹和啮合间隙的调整都是利用改变两齿轮装配中心距来实现的。（   ）
10. 双曲线齿轮主减速器,当没有双曲线齿轮油时,可暂时用普通齿轮油代用。（   ）

二、选择题

1. 驱动桥的一级维护作业有(   )。
   A. 左右半轴的换位　　　　　　　B. 加注润滑油
   C. 异响　　　　　　　　　　　　D. 检查轴承预紧度
2. 驱动桥壳的类型有(   )。
   A. 半浮式　　B. 整体式　　C. 分段式　　D. 全浮式
3. 半轴常见的损伤形式有(   )。
   A. 裂纹　　B. 垂直度误差　　C. 扭曲　　D. 平面度误差
4. 汽车转弯时,差速器中的行星齿轮(   )。
   A. 只有公转,没有自转　　　　　B. 只有自转,没有公转
   C. 既有公转,又有自转
5. 解放 CA1092 型车从动锥齿轮轴承过紧时,应(   )。
   A. 减少任意一边侧盖下调整垫片的厚度
   B. 增加任意一边侧盖下调整垫片的厚度
   C. 适当旋松环形螺母

【评价与反馈】

班级：_____ 姓名：_____ 指导教师：_____

序号	考核项目	配分	考核内容	配分	考核标准	得分
1	出勤、纪律	5	出勤	2	违规一次不得分	
			行为规范	3	违规一次不得分	
2	安全、防护、环保	20	着装	4	违规一次不得分	
			个人防护	4	违规一次不得分	
			"5S"、"EHS"	4	违规一次不得分	
			设备使用安全	4	违规一次不得分	
			操作安全	4	违规一次不得分	
3	知识水平	20	知识测验成绩	20	按测验成绩的20%计	
4	技能考核	40	技能测验成绩	40	按测验成绩的40%计	
5	学习能力	10	工单填写,工艺计划制订	4	未做不得分	
			组内活动情况	4	根据未完成情况酌情扣1~4分	
			资料的查阅和收集	2	未做不得分	
6	任务拓展	5	知识拓展	2	未做不得分	
			技能拓展	3	未做不得分	
7	总分	100				

【教师评估】

序号	优点	存在的问题	解决方案

教师签字：

项目三 汽车制动系统的维修

任务一 液压制动系统的维护

【任务目标】

目标类型	目标要求
1. 认知目标	（1）能描述汽车制动系统的构成及各部件的作用 （2）能描述液压制动系统各部件的功能 （3）能认识液压制动系统的主要部件
2. 技能目标	达到汽车维修中级工的如下技能要求： （1）能完成制动系统的维护作业 （2）能正确选择制动液 （3）能完成制动液的更换
3. 情感目标	（1）养成细致的作业习惯 （2）注意制动液的使用安全 （3）养成重视自身和车辆安全的习惯

【任务描述】

制动系统是底盘的重要组成部分，是汽车日常使用最为频繁的系统，同时它又是汽车主动安全系统的重要组成部分，保证了行车安全和道路安全。因此，制动系统的维护与维修必须做到细致，确保制动系统在工作中的万无一失。

汽车制动系统是汽车安全行驶的重要保证，其性能的可靠性直接关系着汽车驾乘人员的生命安全与家庭幸福，因此在进行汽车定期维护过程中，制动系统的维护是必需的维护内容。在进行制动系统的维护过程中，操作人员应能明确汽车制动系统各个部分的功能、结构和技术要求，并能根据车型和维修手册正确选用制动液。

【知识准备】

一、汽车制动系统的功能

汽车制动系统是控制汽车行驶速度的重要装置,制动系统具体的作用有哪些?

汽车制动系统的主要功能是在不同的路况下,通过对车轮施加不同大小反向力矩以改变地面对车轮的摩擦力,达到控制车辆_____的目的。它是车辆在道路上安全行驶的重要保证,凡是制动系统有故障的车辆严禁上路行驶。

制动系统的主要功能有:
(1)控制行驶中的汽车减速乃至停车。
(2)保证坡道上的汽车车速稳定。
(3)使汽车驻停可靠。
(4)保证汽车行驶方向和转动方向准确。

二、汽车制动系统的工作过程

汽车制动系统需要对车轮旋转提供反向力矩,阻止车辆前进,它是如何完成这一功能的?

1.车辆驱动力与制动力

根据力学原理要使车辆制动必须有外力作用在车辆上,这些外力来自哪里?它们是如何作用在车辆上的?

车辆正常行进时,地面对车辆的摩擦力驱动车辆向_____(前或后)行进,当制动时,地面需对车辆提供一个与运动方向_____(相同或相反)的摩擦力,以消耗车辆的动能,使车辆的速度降低。请在 3-1-1 图中用 F_t 和 F_u 表示出驱动力与摩擦力的方向。

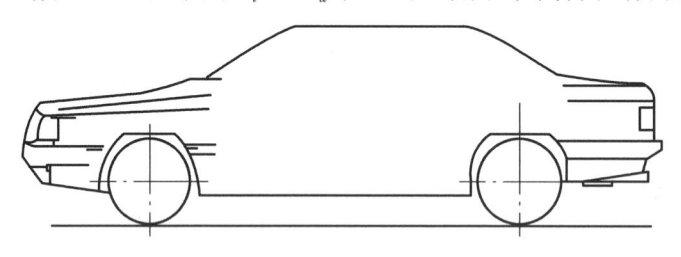

图 3-1-1 汽车驱动力与制动力

为了使地面对车辆提供的摩擦力由驱动力变为制动力,需要降低车轮的转速。因为当车轮与地面接触部分的线速度大于车辆的移动速度(及车速)时,地面的摩擦力起驱动作用,推动车辆前进;当车轮与地面接触部分的线速度小于车辆的移动速度时,地面的摩擦力起制动作用,阻止车辆继续前进。当车轮与地面接触部分的线速度与车辆的移动速度相同时,地面与车轮表面相对静止,相互之间没有摩擦力,地面既不给车辆提供驱动力也不给车辆提供制动力。当地面给车辆提供制动力时,车辆的动能逐渐减少,动能转变为_____,由车轮散发出去。

为了保证车辆在制动过程中速度的平稳下降和行驶方向的准确,车辆在制动时各个车轮的转速需要平稳下降,同时各车轮间的转速应保持相等。采用机械传动系统对车轮进行减速不易做到各个车轮的制动力矩大小相等,也就难以保证各车轮在减速过程中的速度相等。因此汽车的制动系统都采用液压或气压传动装置。因为在密闭的系统中液体或气体压强的大小处处相等,这样能够保证在各车轮的制动器上产生的制动力都一样大,保证了车辆在制动过程中各个车轮的轮速能够平稳且一致下降。同时,液压与气压传动系统采用密封管路将制动总缸和各个车轮制动器的轮缸相连接,也便于布置,不影响车身其他部件的结构和位置。

想一想:当左右两侧车轮获得的制动力大小不一致时,车辆会出现什么问题?

2.汽车制动系统的工作过程

车辆的制动系统是如何工作来获得地面的制动力的?

制动系统的工作过程可用图3-1-2所示的一种简单的液压制动系统示意图来说明。一个以内圆面为工作表面的金属制动鼓8固定在车轮轮毂上,随车轮一同旋转。在固定不动的制动底板11上,有两个支承销12,支承着两个弧形制动蹄10的下端。制动蹄的外圆面上又装有一般是非金属的摩擦片9。制动底板上还装有液压制动轮缸6,用油管5与装在车架上的液压制动主缸4相连通。主缸中的活塞3可由驾驶员通过制动踏板1来操纵。

制动系统不工作时,制动鼓的内圆面与制动蹄摩擦片的外圆面之间保持有一定的间隙,使车轮和制动鼓可以自由旋转。

要使行驶中的汽车减速,驾驶员应踩下制动踏板1,通过推杆2和主缸活塞3,使主缸内的油液在一定压力下流入轮缸,并通过两个轮缸活塞7推使两制动蹄绕支承销转动,上端向两边分开而以其摩擦片压紧在制动鼓的内圆面上。这样,不旋转的制动蹄就对旋转着的制动鼓作用一个摩擦力矩 M_μ,其方向与车轮旋转方向相反。制动鼓将该力矩 M_μ 传到车轮后,由于车轮与路面间有附着作用,车轮对路面作用一个向前的周缘力 F_μ,同时路面也对车轮作用着一个向后的反作用力,即制动力 F_B。制动力 F_B 由车轮经车桥和悬架传给车架及车身,迫使整个汽车产生一定的减速度。制动力愈大,则汽车减速度也愈大。当放开制动踏板时,复位弹簧13即将制动蹄拉回复位,摩擦力矩 M_μ 和制动力 F_B 消失,制动作用即行终止。

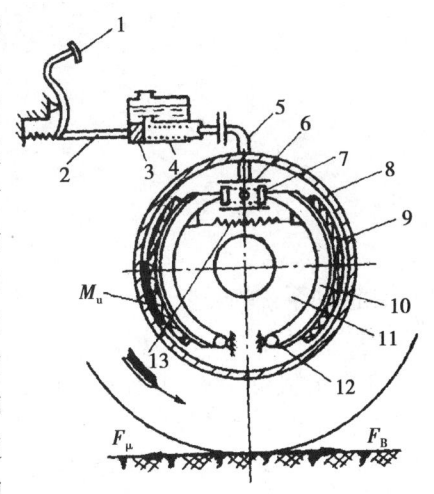

1—制动踏板;2—推杆;3—主缸活塞;
4—制动主缸;5—油管;6—制动轮缸;
7—轮缸活塞;8—制动鼓;9—摩擦片;
10—制动蹄;11—制动底板;
12—支承销;13—制动蹄回位弹簧

图3-1-2 液压制动系统

图3-1-2所示的制动系统中,主要由制动鼓8、带摩擦片9的制动蹄10构成的对车轮施加制动力矩(摩擦力矩 M_μ)以阻碍其转动的部件称为制动器。

显然,阻碍汽车运动的制动力 F_B 不仅取决于制动力矩 M_μ,还取决于轮胎与路面间的附着条件。如果完全丧失附着,则这种制动系统事实上不可能产生制动汽车的效果。

三、制动系统的组成和类型

1.任何制动系统都具有以下四个基本组成部分

（1）供能装置——包括供给、调节制动所需的能量以及改善传能介质状态的各种部件。其中产生制动能量的部分称为制动能源。人的肌体亦可作为制动能源。

（2）控制装置——包括产生制动动作和控制制动效果的各种部件。

（3）传动装置——包括将制动能量传输到制动器的各个部件。

（4）制动器——产生阻碍车辆的运动或运动趋势的力（制动力）的部件，其中也包括辅助制动系统中的缓速装置。

较为完善的制动系统还具有制动力调节装置以及报警装置、压力保护装置等附加装置。请在图3-1-3中标出制动系统的四大基本组成部分。

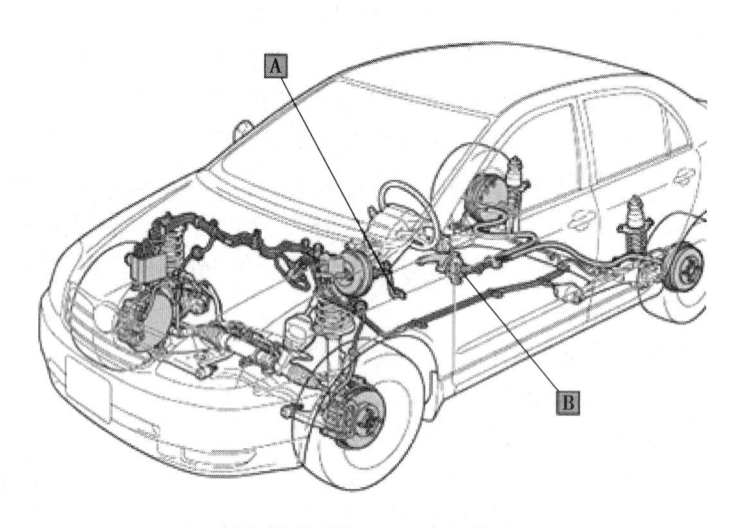

A－行车制动系统　B－驻车制动系统

图3-1-3　汽车制动系统的组成

2.制动系统的类型

（1）按制动系统的功用分类：

①行车制动系统——使行驶中的汽车减低速度甚至停车的一套专门装置。它是在行车过程中经常使用的。

②_____制动系统——使已停驶的汽车驻留原地不动的一套装置。

③第二制动系统——在行车制动系统失效的情况下保证汽车仍能实现减速或停车的一套装置。在许多国家的法规中规定第二制动系统也是汽车必须具备的。

④辅助制动系统——在汽车下长坡时用以稳定车速的一套装置。例如，经常行驶在山区的汽车，若单靠行车制动系统来达到下长坡时稳定车速的目的，则可能导致行车制动系统的制动过热而降低制动效能，甚至完全失效。故山区用汽车还应具备此装置。

（2）按制动系统的制动能源分类：

①人力制动系统——以驾驶员的肌体作为唯一的制动能源的制动系统。

②动力制动系统——完全靠由发动机的动力转化而成的气压或液压形式的势能进行制动的制动系统。

③伺服制动系统——兼用人力和发动机动力进行制动的制动系统。

（3）按照制动能量的传输方式，制动系统又可分为机械式、液压式、气压式和电磁式等。同时采用两种以上传能方式的制动系统可称为组合式制动系统。

其传动装置采用单一的气压或液压回路的制动系统为单回路制动系统。这种制动系统中，只要有一处损坏而漏气（油），整个系统即行失效。故自20世纪60年代中期以来，愈来愈多的汽车在行车制动系统中采用了双回路结构。在双回路制动系统中，所有行车制动器的气压或液压管路分属于两个彼此隔绝的回路。这样，即使其中一个回路失效，还能利用另一回路获得较原先小的制动力。我国自1988年1月1日开始，规定所有汽车必须采用双回路制动系统。

请根据两种制动系统的特点填写表3-1-1。

表3-1-1　常用制动系统对比

对比项目	行程制动系统	驻车制动系统
传动形式		
制动效果		
持续时间		
执行元件		中央制动器或车轮制动器
控制方式		

想一想： 如何区分双回路制动系统和单回路制动系统？

四、现代轿车液压制动系统的组成和工作过程

现代轿车液压制动系统由哪些部分组成？它们是如何配合完成汽车制动的？

与老式的液压制动系统相比，现代轿车多采用的是_____制动系统，它添加了一个真空助力伺服装置。助力制动系统是在液压制动系统的基础上加设一套由其他能源提供制动力的制动装置，成为兼用人力与发动机动力的制动系统。

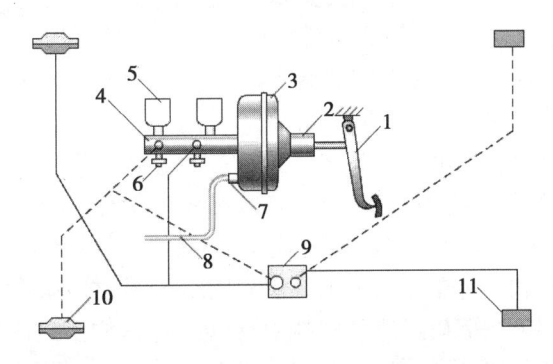

1—制动踏板；2—控制阀；3—真空助力器；4—制动总缸；5—制动油壶；6—制动信号灯液压开关；7—真空单向阀；8—真空管；9—ABS液压控制总成；10—左前盘式制动器；11—左后鼓式制动器

图3-1-4　真空助力制动系统

其工作过程如图3-1-4，与制动踏板连接的推杆不再直接与制动总泵连接，而是顶在真空助力器的活塞上，再由活塞上的顶杆推动制动总泵中的活塞，将制动液从总泵中挤入轮缸。因为真空助力器通过真空管与发动机进气口相连，当发动机工作时，进气口从外界吸入空气，使真空助力器中的空气减少，出现负压。这时如果使助力器中活塞的一端与大气压相连通，大气压就会将活塞推向还有负压的一端，这一推力的方向与踏板传来的力量方向相同，将增大踏板传来的力量，并将两者的合力通过顶杆作用在制动总泵的活塞上。这样可以节约驾驶人员的体力，同时还能增大制动时摩擦块所提供的摩擦力，达到更好的制动效果。但是如果发动机没有运转或者真空管、真空助力器发生泄漏，助力器中的压力与外界大气压相同，不能起到提供助力的作用，制动踏板的阻力将大大增加，容易发生意外。

五、防抱死制动系统

防抱死制动系统又称ABS，它的作用是通过控制汽车制动时的滑移率来使汽车获得与地面最佳的摩擦效果。滑移率是车速与轮速两者间的差值与车速的比值。一般来说，当车辆正常行驶时，车轮的滑移率为0%，当车轮在制动过程中被抱死，车轮在路面上进行滑动时，车轮的滑移率为100%。根据科学研究表明，当车轮的滑移率为30%时，能够取得相对最好的摩擦效果（横向与纵向综合）。通过防抱死制动系统可以使摩擦块与制动鼓或制动盘快速地结合与分离，改善两者间的摩擦形态，使得车轮达到最佳的滑移率。这样可以避免摩擦块因为制动温度过高，与制动鼓或制动盘发生黏接，使车辆的制动效果降低。

如图3-1-5，防抱死制动系统在原有的助力伺服制动系统的基础上，在制动总泵与制动分泵间添加一个制动压力调节器，同时在各个车轮上安装了一个轮速传感器。其中制动压力调节器可以将制动总泵经双油路输来的制动液均匀地分配到四个轮缸上，同时它还将一个电磁阀，一个低压蓄能器，一个液压泵并联在各轮缸的制动油路上，以加强对各轮缸工作过程特别是制动蹄（钳）复位过程的控制。

当车辆正常行驶时，如正常减速，正常停车，制动模块通过车速传感器和轮速传感器对滑移率进行判定，当滑移率较低时，防抱死

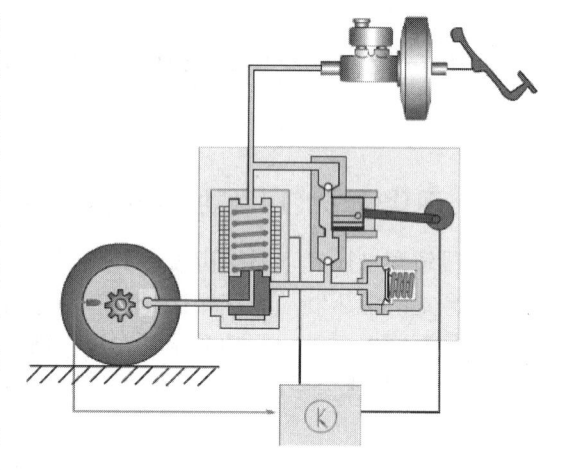

图3-1-5　ABS系统的组成

制动系统并不工作，制动过程与助力伺服制动系统完全相同。当车辆急刹车时，制动模块通过车速传感器和轮速传感器判定滑移率较高，防抱死制动系统启动，通过电磁阀切换各轮缸与液压泵或蓄能器的连接，当轮缸与液压泵相连时，液压泵对轮缸中的制动液加压，使摩擦块压紧制动盘（鼓）；当轮缸与蓄能器相连时，轮缸中的制动液能流入蓄能器，使轮缸的压力下降，在复位装置的作用下摩擦块迅速脱离制动盘（鼓）。这样电磁阀反复地切换轮缸连接的元件，就可以使摩擦块与制动盘（鼓）之间迅速地贴合和分离，降低滑移率，保证制动性能。

请根据三种行车制动系统的特点填写表3-1-2。

表 3-1-2　三种行车制动系统的对比

项目	液压制动系统	液压助力制动系统	伺服制动系统
使用时期		中期	现代
主要动力来源			
操作强度			
系统控制方式			
主要部件			
制动效果			

六、驻车制动系统

驻车制动系统是为了保证车辆在静止时不会因为外力或其他原因而产生移动,防止意外发生。液压传动的制动系统会缓慢泄漏,使长期静止的车辆驻车制动失效,故现在使用的驻车制动系统均采用的_____传动的形式。驻车制动系统常见的形式有杠杆式与拉索式两种,拉索式结构简单,布置容易,但能承受的拉力有限,摩擦阻力也较大。小型车辆因需要的制动力较小,故多采用拉索式驻车制动系统,连接后轮鼓式制动器或者盘式制动器进行制动,如图3-1-6。而大型车辆因需要较大的制动力,故多用杠杆式驻车制动系统,通过中央全盘式制动器进行制动。当驻车制动系统工作时,由固定的摩擦片贴合在制动鼓(盘)上,阻止车轮旋转,防止车辆滑动。

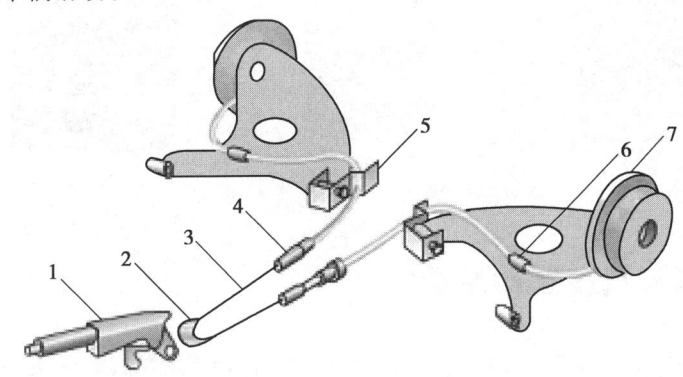

1—操纵杆;2—平衡杠杆;3—拉绳;4—拉绳调整接头;5—拉绳支架;6—拉绳固定夹;7—制动器

图 3-1-6　驻车制动系统

七、制动液的分类和选取

在制动系统中,制动液负责将人力传递到各个车轮制动器处,同时保证各车轮上产生的制动力分配均匀,大小相等。但因为制动器在制动过程中无论是温度还是压力都相对_____(较高或较低),为保证制动液的有效和稳定,需要对制动液的选用有一定的要求,其中确定制动液性能的几个重要参数分别为:

(1)平衡回流沸点(干沸点):是指制动液的沸腾温度,此温度越高越好。但制动液的吸湿性很强,因此在使用中该数据仅具有参考价值,无实际意义。

(2)湿平衡回流沸点(湿沸点):是指吸入或者加入一定量的水分后测得的平衡回流沸

点,它是衡量制动液吸收一定水分后的耐高温性能。湿平衡回流沸点越高,在使用中耐高温性能越好。

(3)高温性能:车辆频繁制动时,制动液的工作温度较高,最高能达到110 ℃。因此要求制动液在高温条件下能保持较好的黏度。

(4)低温性能:在某些地区,室外温度较低,因此要求制动液在低温条件下能保持较好的黏度和流动性。

(5)气阻:当制动液的工作温度高于其沸点时,制动液汽化,而生成的气体因为容易被压缩,会严重影响制动器的正常工作,造成制动距离增大,甚至制动失灵。

现代制动液的分类多采用的是美联邦车辆安全规范 FMVSS NO.116 制动液分类方式,该规范将制动液分为 DOT1、DOT2、DOT3、DOT4、DOT5,如图 3-1-7。其中 DOT1 与 DOT2 因性能较差已不再被使用,现在汽车使用的制动液多为 DOT3 与 DOT4,只有少量车辆使用 DOT5 制动液。DOT3、DOT4 和 DOT5 因成分不相同,所配套的密封装置也不一样,因此不能随意混合,也不能随意提高或降低标准。加注制动液时应参照车辆使用手册,或者根据加注口附近所要求的制动液型号进行加注。

图 3-1-7 制动液

【知识拓展】气压制动系统

以发动机的动力驱动空气压缩机作为制动器制动的唯一能源,而驾驶员的体力仅作为控制能源的制动系统称之为气压制动系统。

图 3-1-8 为某一货车气压制动系统示意图。由发动机驱动的空气压缩机(以下简称空压机)1 将压缩空气经单向阀 4 首先输入湿储气罐 6,压缩空气在湿储气罐内冷却、并进行油水分离之后,分成两个回路,一个回路经储气罐 14(另一个回路是经储气罐 17)、双腔制动阀 3 的后腔通向后制动器室 10。当其中一个回路发生故障失效时,另一个回路仍能继续工作,以保证汽车具有一定的制动能力,从而提高了汽车行驶的安全性。

湿储气罐除向两主储气罐充气外,还向气喇叭 21 等供气。当湿储气罐中的压力达到 0.7~0.74 MPa 时,调压阀 19 使空压机卸荷空转。快放阀 13 的作用是,当松开制动踏板时,使后轮制动气室放气回路线和时间缩短,保证后轮制动器迅速解除制动。双针气压表 18 的两个指针也可分别指示前、后储气罐的压力。梭阀只让压力较高腔的压缩空气输入挂车制动阀 9,后者输出的气压又控制装在挂车上的继动阀,使挂车产生制动。

双腔制动阀通过制动踏板来操纵。不制动时,前、后制动气室分别经制动阀和快放阀与大气相通,而与来自储气罐的压缩空气隔绝,因此所有车轮制动器均不制动。当驾驶员踩下制动踏板时,制动阀首先切断各制动气室与大气的通道,并接通与压缩空气的通道,于是两个主储气罐便各自独立地经制动阀向前、后制动气室供气,促动前、后制动器产生制动。

图 3-1-8 中还有一条通向挂车制动回路的气路。在不制动的情况下,前制动储气罐通过挂车制动阀 9、挂车分离开关 11、接头 12 向挂车储气罐充气。制动时,双腔制动阀的前、后腔输出气压都通入梭阀 8。由于两腔输出的气压不可能一致,梭阀只让压力较高腔的压缩空气输入挂车制动阀 9,后者输出的气压又控制装在挂车上的继动阀,使挂车产生制动。

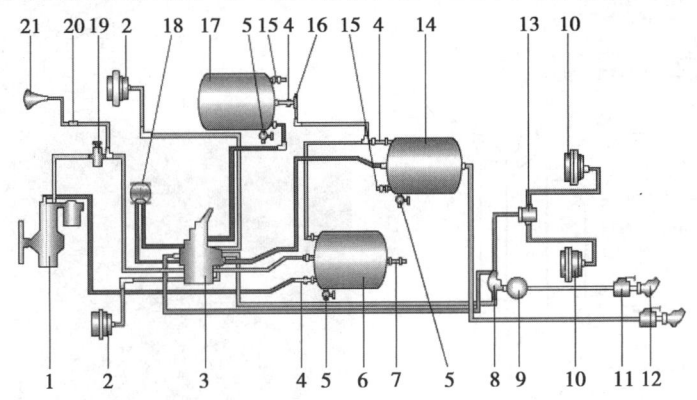

1—空气压缩机;2—前制动气室;3—双腔制动阀;4—储气罐单向阀;5—放水阀;6—湿储气罐;7—安全阀;8—梭阀;9—挂车制动阀;10—后制动气室;11—挂车分离开关;12—接头;13—快放阀;14—主储气罐(供前制动器);15—低压报警器;16—取气阀;17—主储气罐(供后制动器);18—双针气压表;19—调压器;20—气喇叭开关;21—气喇叭

图 3-1-8 气压制动系统示意图

【任务实施】

一、准备工作

1.工具和材料
常用工具、举升机、实训车辆、钢尺、刀口尺、塞尺、百分表、磁性表座、维修手册、干净的抹布。

2.安全防护用品
标准作业装、安全鞋、线手套。

3.汽车信息收集
车牌号码:_____,车辆型号:_____,
VIN 码:_____,行驶里程:_____。

4.技术要求
(1)根据二级维护规范完成二级维护作业。
(2)规范使用和回收制动液。

二、汽车制动系统的维修作业

正确维护汽车制动系统,可以提高汽车的使用安全性和可靠性,按照下列计划进行汽车制动系统的维修作业。

1.工位一:车辆未举升

(1)环绕车身,对伤痕进行记录,如图3-1-9,在损伤的地方用"×"记录。

☐有　　☐无

(2)检查设备、工具和量具是否齐备和完好。　　☐有　　☐无

(3)安装车轮挡块。　　☐任务完成

(4)检查挡杆是否处于空挡位置,驻车制动杆是否拉起,如图3-1-10所示。

☐是　　☐否

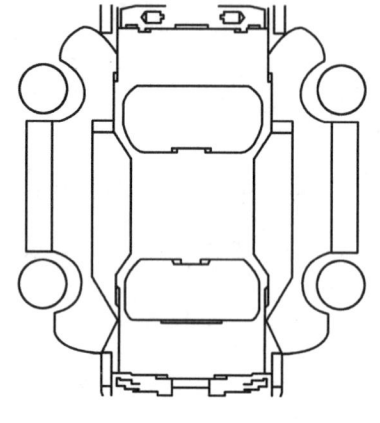

图3-1-9　车身外观检查　　　　　图3-1-10　挂入空挡

(5)启动车辆,松脱驻车制动杆,检查制动报警灯是否正常点亮和熄灭。

☐正常　　☐不正常

请在下面空白处画出制动报警灯的图案。

(6)踩下制动踏板,检查踏板阻力是否正常,检查制动灯是否正常点亮(两人协作项目)。

☐正常　　☐不正常

(7)关闭点火开关。　　☐任务完成

(8)测量制动踏板的行程,并填写表3-1-3(两人协作项目)。

表3-1-3　踏板行程测量记录表

	总行程	自由行程	工作行程	结论
标准值(请查阅资料后完成)				
实际值(请测量后填写)				

(9)反复踩踏制动踏板,检查踏板有无松动、异响、卡滞等现象。

☐正常　　☐不正常

(10)开启引擎盖,如图3-1-11所示。　　☐任务完成

(11)检查制动油壶,如图3-1-12所示。

图 3-1-11　开启引擎盖　　　　　　　　　　　　图 3-1-12

①检查制动液液位是否正常。　　　　　　　　　□正常　　□不正常
②检查制动油壶的位置是否紧固。　　　　　　　□正常　　□不正常
③检查制动油壶的加注口是否密封。　　　　　　□正常　　□不正常
④检查液位传感器的连接是否正常。　　　　　　□正常　　□不正常

图 3-1-13

(12) 检查真空管是否连接紧固，有无破损，如图 3-1-13 所示。
　　　　　　　　　　　　　　　　　　　　　　□正常　　□破损
真空管的两端分别连接的是＿＿＿＿＿＿和＿＿＿＿＿＿。
(13) 检查真空助力器有无破损或严重锈蚀，位置是否稳固。　□正常　　□破损
(14) 检查制动主缸位置是否稳固，接口处有无泄漏。　　　　□正常　　□不正常
制动主缸上有＿＿＿＿＿根制动油管接出。
(15) 检查制动压力调节器
①制动压力调节器位置是否稳固。　　　　　　　□正常　　□不正常
②插头和控制模块有无破损。　　　　　　　　　□正常　　□破损
③电机连接是否正常。　　　　　　　　　　　　□正常　　□不正常
④接头处有无泄漏。　　　　　　　　　　　　　□正常　　□不正常
(16) 清洁、整理工具。　　　　　　　　　　　　□任务完成

2.工位二：车辆半举升，检查如下项目
(1) 检查举升机工作是否正常。　　　　　　　　□正常　　□不正常
(2) 举升车辆至车轮齐胸高，拆卸车轮挡块。　　□任务完成

(3)取下车轮螺栓和车轮。 □任务完成
(4)拆卸制动钳体连接螺栓,如图 3-1-14 所示。 □任务完成

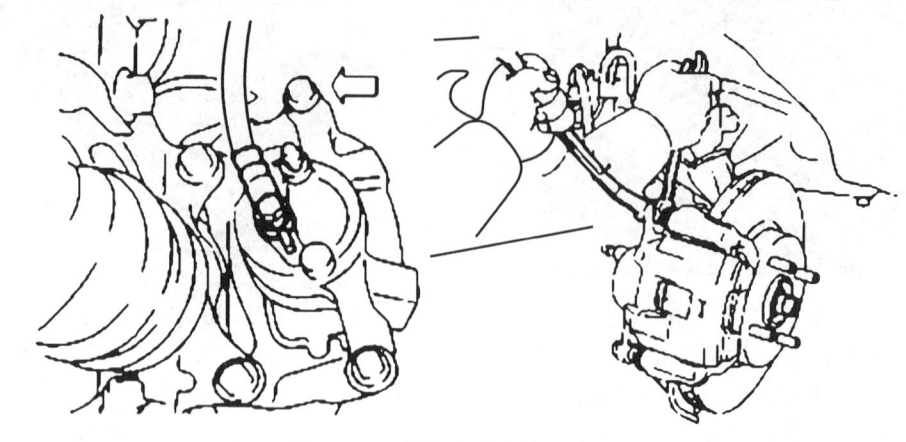

图 3-1-14　拆卸制动钳体连接螺栓

(5)用铁丝或绳索将制动钳体固定在减震弹簧或转向节上,防止制动软管受拉力松脱。
　　　　　　　　　　　　　　　　　　　　　　　　　　　　　□任务完成
(6)取下制动块,用钢直尺测量摩擦块厚度,如图 3-1-15 所示,并完成表 3-1-4。

表 3-1-4　摩擦块厚度测量记录表

	一号位	二号位	三号位	四号位	五号位	六号位	最大差值
测量值							

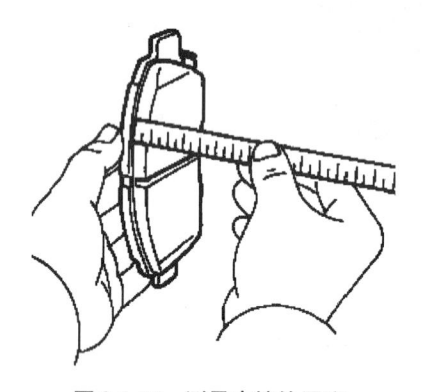

图 3-1-15　测量摩擦块厚度　　　　　　　图 3-1-16　测量制动盘厚度

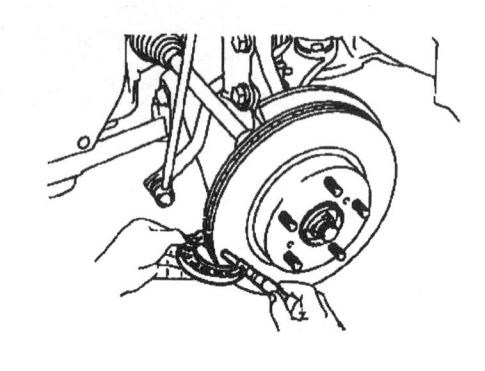

(7)检查摩擦块磨损是否均匀。 □正常　□不正常
(8)目测制动盘表面有无锈蚀。 □正常　□不正常
(9)用千分尺测量制动盘磨损是否正常,有无超出极限,如图 3-1-16 所示。
测量值:_____,标准值:_____。 □正常　□不正常
(10)用百分表检测制动盘跳动范围是否在正常范围内。
①用 SST 固定制动盘,并用三个螺母紧固制动盘,如图 3-1-17 所示。□任务完成
查询资料,车轮螺栓紧固力矩:_____。
②检查前轮轴承是否有松弛和摆动。 □正常　□不正常
③使用百分表,在距离前制动盘外缘 10 mm 的地方测量制动盘的轴向跳动,如图 3-1-18 所示。

图 3-1-17 用三个螺母紧固制动盘　　　　　图 3-1-18 测量制动盘的轴向跳动

测量值：＿＿＿＿＿＿，标准值：＿＿＿＿＿＿。　　□正常　□不正常

④拆卸三个紧固螺栓。　　　　　　　　　　　　　□任务完成

(11)拆下导向柱,检查导向柱表面有无锈蚀,导向柱表面的润滑脂有无变质。

□正常　□不正常

查阅资料,导向柱表面应采用＿＿＿＿＿＿润滑脂。

(12)检查轮缸进油口与排气口有无泄漏。　　　　□正常　□不正常

(13)检查制动软管有无破损,接口有无泄漏。　　□正常　□不正常

(14)检查活塞防尘套有无破损和松动。　　　　　□正常　□不正常

(15)复位导向柱,安装制动钳体和制动块。　　　□任务完成

(16)安装车轮并扭紧车轮螺栓。　　　　　　　　□任务完成

3.工位三:车辆举升

(1)举升车辆至高于头顶,拆卸车轮挡块。　　　　□任务完成

小提示：使用龙门举升机不能使车顶距离上方的横梁太近。

(2)检查鼓式制动器。

取下鼓式制动器制动底板上的橡皮塞,用电筒对小孔进行观察,如图 3-1-19 所示。

①检查制动蹄摩擦片厚度。　　　　　　　　　　□正常　□不正常

②制动鼓磨损是否正常。　　　　　　　　　　　□正常　□不正常

③制动间隙是否正常。　　　　　　　　　　　　□正常　□不正常

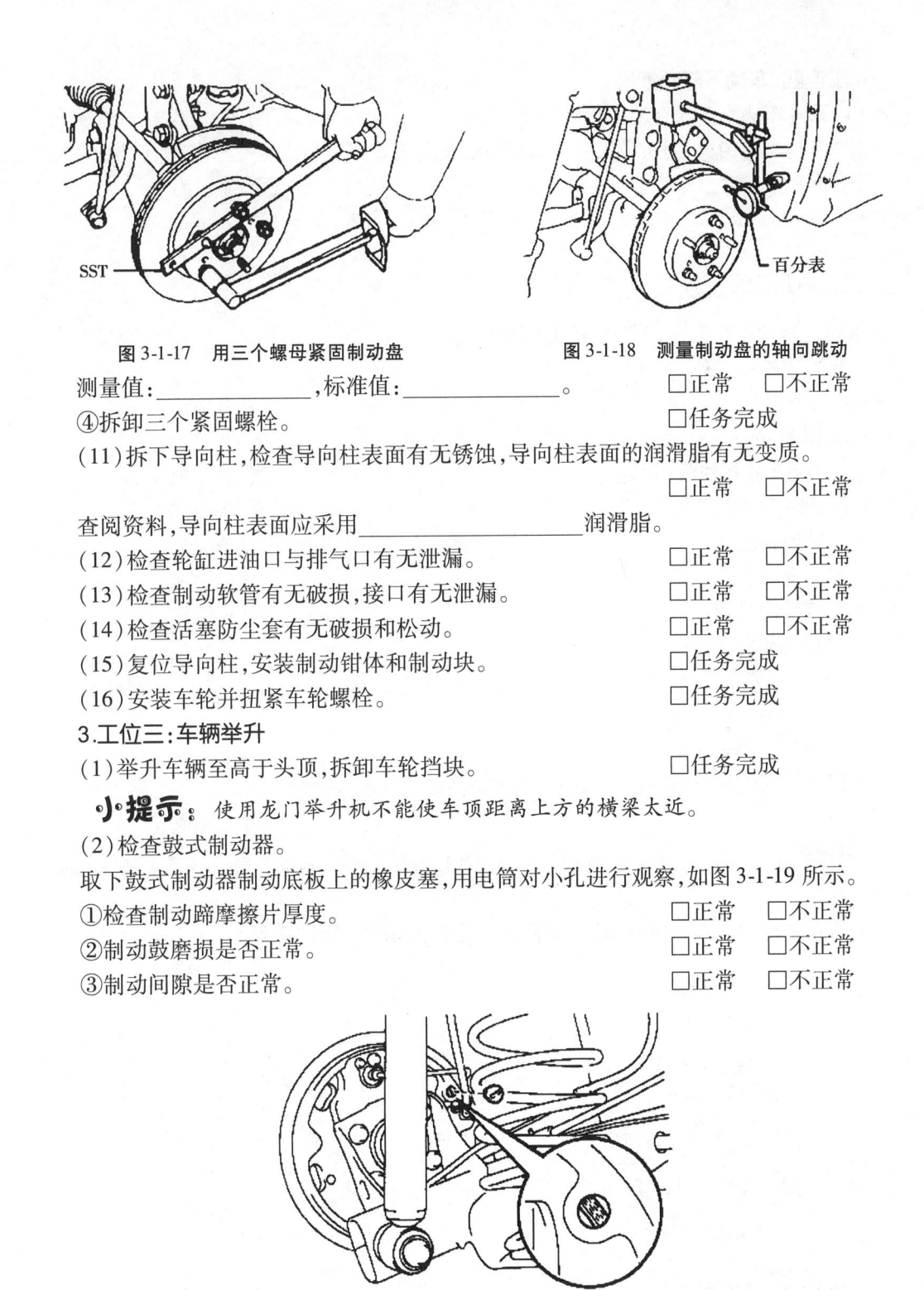

图 3-1-19 观察制动蹄厚度

(3)检查制动油管有无变形和破损,卡箍有无松脱。□正常　□不正常

(4)检查拉索表面有无破损,卡箍有无松脱。　　　□正常　□不正常

(5)检查轮速传感器线路有无破损,卡箍有无松脱。□正常　□不正常

4.工位四:车辆下降至地面

(1)下降车辆至车轮与地面接触为止。　　　　　　□任务完成

(2)安装车轮挡块,用扭力扳手旋紧车轮螺栓至规定扭力。□任务完成

(3)拆卸举升臂。　　　　　　　　　　　　　　　　□任务完成

(4)清洁、复位。　　　　　　　　　　　　　　　　□任务完成

三、制动液的更换

为保证制动系统安全,需要定期更换制动液

1.更换前准备工作。

(1)检查举升机。　　　　　　　　　　　　　　　　□任务完成

(2)车辆位置检查,环检车身,对严重伤痕进行记录。　□任务完成

(3)安装车轮挡块阻挡车轮。　　　　　　　　　　　□任务完成

(4)安装各种防护套。　　　　　　　　　　　　　　□任务完成

①安装座椅套。　　　　　　　　　　　　　　　　　□任务完成

②安装地板垫。　　　　　　　　　　　　　　　　　□任务完成

③安装转向盘套。　　　　　　　　　　　　　　　　□任务完成

④拉起发动机释放杆。　　　　　　　　　　　　　　□任务完成

(5)查询维修书册及车辆使用说明书,制动液型号:＿＿＿＿＿＿＿＿,制动液更换周期:＿＿＿＿＿＿＿。

2.打开制动油壶。　　　　　　　　　　　　　　　　□任务完成

3.用废油回收机或带有软管的容器将多余的制动液从油壶中吸出。

　　　　　　　　　　　　　　　　　　　　　　　　□任务完成

小提示:制动液具有一定的腐蚀性,装有制动液的容器不能随意放置和丢弃,应进行集中处理。

4.将新制动液加入制动油壶中,使液面约低于过滤网,如图3-1-20。

　　　　　　　　　　　　　　　　　　　　　　　　□任务完成

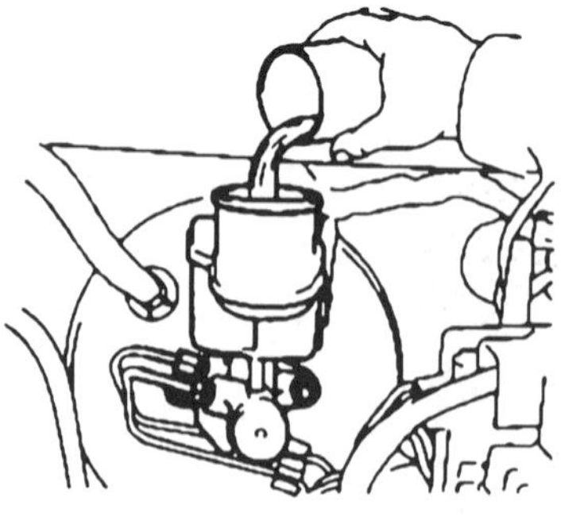

图3-1-20　加注制动液 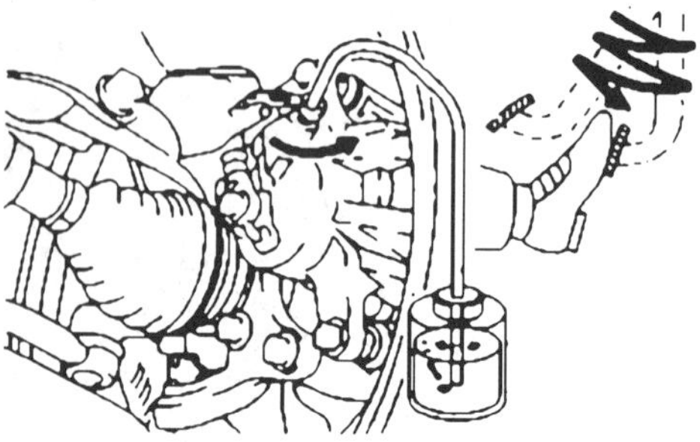　　　　　　　图3-1-21　轮缸排空

5.盖上制动液加注盖,复位引擎盖。　　　　　　　　□任务完成

6.检查举升机工作是否正常。　　　　　　　　　　　□正常　□不正常

7.安装举升臂。　　　　　　　　　　　　　　　　　□任务完成

8.一人坐于主驾位。　　　　　　　　　　　　　　　□任务完成

9. 举升车辆至合适位置。　　　　　　　　　　　　　　□任务完成
11. 检查各车轮排气阀是否正常，有无泄漏。　　　　　□正常　　□不正常
12. 拆下右后轮排气阀上的排气螺塞盖，将盛装制动液的容器上的透明软管与排气阀相连接。
　　　　　　　　　　　　　　　　　　　　　　　　　□任务完成

小提示： 为防止制动液流出，必须保证透明软管与排气阀连接十分稳固。

13. 车内人员反复踩踏制动踏板，然后踩紧踏板，不能松开。　□任务完成
14. 车外人员用对应的开口扳手将排气螺塞旋转 1/3 ~ 1/2 转，使制动液经过软管流入容器中，当软管中的制动液停止流动后，旋紧排气螺塞，如图 3-1-21。
　　　　　　　　　　　　　　　　　　　　　　　　　□任务完成
15. 重复 13 ~ 14 步，直至透明软管中的制动液不含气泡为止。
　　　　　　　　　　　　　　　　　　　　　　　　　□任务完成
16. 以制动主缸为中心，按照由远及近的原则对各车轮的轮缸进行排气。
　　　　　　　　　　　　　　　　　　　　　　　　　□任务完成

请按由远及近的原则记录各轮缸排气的顺序：_____。

17. 下降车辆，安装车轮挡块，拉起手刹。　　　　　　□任务完成
18. 添加制动液，保证制动油壶液位正常。　　　　　　□正常　　□不正常
19. 清洁、整理工具。　　　　　　　　　　　　　　　□任务完成
20. 清洁工位。　　　　　　　　　　　　　　　　　　□任务完成

小提示： 在排气过程中随时检查制动油壶的液面位置不能低于刻度下限。如更换制动液过程中油壶内制动液不够，必须及时补充。

四、制动踏板行程的调整

踏板在车辆行驶过程中使用频繁，如果发现车辆制动踏板在使用过程中发现空行程过长，影响了制动的效果，需要调整制动踏板的行程。

1. 环绕车身，对严重伤痕进行记录。　　　　　　　　□任务完成
2. 检查设备、工具和量具是否齐备和完好。　　　　　□正常　　□不正常
3. 一人进入主驾驶位，一人在外进行测量。（以下为协作内容）
　　　　　　　　　　　　　　　　　　　　　　　　　□任务完成
4. 沿制动踏板移动方向测量踏板距离底板的高度，为踏板复位高度。
　　　　　　　　　　　　　　　　　　　　　　　　　□任务完成
5. 轻踩踏板至踏板阻力增大为止，测量踏板距离底板的高度，与踏板复位高度的差值为自由行程，如图 3-1-22 所示。　　　　　　　　　　□任务完成
6. 将踏板踩至最下方，测量踏板距离底板的高度，与踏板复位高度的差值为踏板的总行程。
　　　　　　　　　　　　　　　　　　　　　　　　　□任务完成
7. 踏板的总行程与踏板的自由行程的差值为踏板的工作行程。
　　　　　　　　　　　　　　　　　　　　　　　　　□任务完成
8. 检查制动踏板踩下时的行程和感觉，执行以下操作：
(1) 踩下制动踏板几次，完全耗尽后备真空源。　　　□任务完成

踏板自由行程

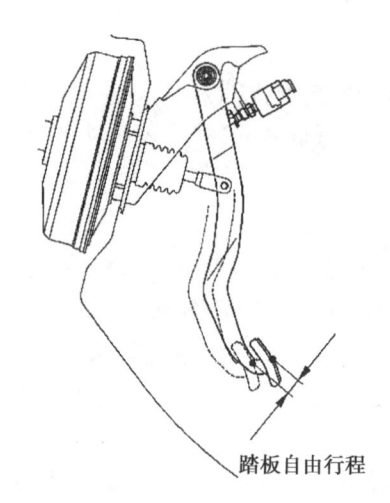

图 3-1-22　测量制动踏板的自由行程

（2）后备真空源耗尽,用轻轻的、恒定的压力踩住制动踏板并持续15秒钟。观察踏板行程和感觉。　　　　　　　　　　　　　　　　　　　　　　　□任务完成

（3）用轻轻的、恒定的压力踩住制动踏板,然后在不完全松开踏板的情况下,减小压力然后再施加压力,如此反复几次。观察每次踩下踏板的行程和感觉。
　　　　　　　　　　　　　　　　　　　　　　　　　　　　□任务完成

（4）慢慢踩下制动踏板,松开,然后再快速踩下踏板。观察每次踩下踏板的行程和感觉。
　　　　　　　　　　　　　　　　　　　　　　　　　　　　□任务完成

根据以上操作写出对制动踏板行程和感觉有何异常？_____
根据制动踏板的异常对故障进行预判断:_____

9. 比对实际自由行程与工作行程是否在标准范围内,如果在标准行程内,即对车辆进行复位,如果超出标准行程,即需按下列步骤进行调整。　　　□任务完成
查阅资料和维修手册,自由行程的标准值为_____。

10. 检查制动踏板上方的制动灯开关,如果制动灯开关的凸起部分不在 1.5～2.5 mm 内,则更换制动灯开关。　　　　　　　　　　□正常　　□不正常

11. 找到制动踏板前方的主缸推杆,松脱主缸推杆上的锁紧螺母,旋转主缸推杆,对自由行程和有效行程进行调节(如推杆在U形槽内的长度过短,则需更换制动块)。
　　　　　　　　　　　　　　　　　　　　　　　　　　　　□任务完成

12. 清洁、复位。　　　　　　　　　　　　　　　　　　　　□任务完成

【任务检测】

一、判断题

1. 制动系统是汽车底盘的重要组成部分。　　　　　　　　　　　　　　（　）
2. 制动系统能够直接对车辆提供阻力,使车辆减速或停止。　　　　　　（　）
3. 我国规定所有车辆必须安装第二制动系统,以保证车辆行驶的安全。　（　）
4. 液压助力制动系统能够减轻驾驶人员的疲劳,使操作更加轻便。　　　（　）
5. 防抱死制动系统使车辆的制动距离减少30%。　　　　　　　　　　　（　）

6. 制动系统维护的过程中，检查制动油液位需打开壶盖进行检查。（   ）
7. 制动系统维护的过程中，必须对轮缸进行排气。（   ）
8. 制动系统维护的过程中，需要对左右两侧制动块的磨损情况进行比较，避免出现制动力不均的情况。（   ）
9. 在轮缸排气的过程中，应随时注意油壶中的液位不能过低。（   ）
10. 在更换制动液时，制动液的牌号可以向下兼容。（   ）

二、选择题

1. （   ）称之为制动踏板的自由行程。
   A. 制动踏板上止点与下止点之间的距离
   B. 制动踏板上止点到踏板阻力明显增大的距离
   C. 制动踏板踏板阻力明显增大到下止点

2. 车辆减速的阻力来自于（   ）。
   A. 人力　　　　　　B. 摩擦片的摩擦力　　　　C. 地面阻力

3. （   ）不是制动系统的基本组成部分。
   A. 供能装置　　　　B. 控制装置　　　　C. 辅助装置

4. 液压助力转向系统中，真空助力器位于（   ）。
   A. 主驾座位下方　　B. 引擎盖内　　　　C. 车轮旁

5. （   ）是现代轿车最为常用的制动液。
   A. DOT1　　　　　　B. DOT2　　　　　　C. DOT3

6. （   ）不是选择制动液的主要依据。
   A. 黏度　　　　　　B. 湿沸点　　　　　　C. 低温性能

7. 以下说法中正确的是（   ）。
   A. 使用举升机前，应检查设备是否完好
   B. 车辆下降前，应将车轮挡块放在车轮的下方
   C. 制动液如果滴落，应在维护完成后及时擦掉

8. 轮缸排气结束后，如果发现制动油壶内已无制动液，应（   ）。
   A 添加制动液至标准位置
   B. 对最后排气的轮缸重新排气
   C. 全部轮缸重新排气

9. 测量制动踏板的自由行程时，钢直尺应（   ）。
   A. 与制动踏板垂直　　B. 与踏板移动方向一致　　C. 与地面垂直

10. 如车辆制动后，在缓坡上仍有下滑现象，则需要（   ）。
    A. 调整驻车制动拉索　　B. 更换制动液　　　　C. 更换制动蹄片

【评价与反馈】

班级：_____ 姓名：_____ 指导教师：_____

序号	考核项目	配分	考核内容	配分	考核标准	得分
1	出勤、纪律	5	出勤	2	违规一次不得分	
			行为规范	3	违规一次不得分	
2	安全、防护、环保	20	着装	4	违规一次不得分	
			个人防护	4	违规一次不得分	
			"5S"、"EHS"	4	违规一次不得分	
			设备使用安全	4	违规一次不得分	
			操作安全	4	违规一次不得分	
3	知识水平	20	知识测验成绩	20	按测验成绩的20%计	
4	技能考核	40	技能测验成绩	40	按测验成绩的40%计	
5	学习能力	10	工单填写,工艺计划制订	4	未做不得分	
			组内活动情况	4	根据未完成情况酌情扣1~4分	
			资料的查阅和收集	2	未做不得分	
6	任务拓展	5	知识拓展	2	未做不得分	
			技能拓展	3	未做不得分	
7	总分	100				

【教师评估】

序号	优点	存在的问题	解决方案

教师签字：

任务二 制动摩擦片的更换

【任务目标】

目标类型	目标要求
1. 认知目标	(1) 描述汽车制动器的工作过程 (2) 认识汽车鼓式制动器的结构 (3) 认识汽车盘式制动器的结构
2. 技能目标	达到汽车维修中级工的如下技能要求： (1) 完成鼓式制动器摩擦片的更换 (2) 完成盘式制动器摩擦片的更换 (3) 检查制动器的故障
3. 情感目标	(1) 养成良好的操作习惯 (2) 培养严密的逻辑思维能力 (3) 养成重视自身和车辆安全的习惯

【任务描述】

制动器是制动系统中用以产生阻碍车辆运动或运动趋势的力的部件，是车辆实现减速、制动的主要元件。良好的制动器能有效缩短制动距离，减少事故发生的机会，但制动器工作环境相对恶劣，极易受到外界条件的影响，使制动效果降低，造成各种交通事故，影响驾乘人员的安全。在每年发生的交通事故中，制动器故障或失效占有很大的比例。故在制动系统的护理、检查和维修中，制动器是最为主要的一个环节。

【知识准备】

一、制动器的工作原理和工作过程

车辆在正常行驶时具有非常大的动能，在减速或制动过程中车辆的动能会急剧下降，而制动器和车轮就是通过在减速或制动过程中的摩擦将车辆的动能转化为_____，并散发到空气中，使车辆的动能减小，速度降低。

在制动过程中，一般制动器都是通过其中的固定元件对旋转元件施加制动力矩，使后者的转速_____，当轮胎表面的线速度低于车速时，路面对车轮产生制动力以使汽车减速或制动。凡利用固定元件与旋转元件工作表面的摩擦产生制动力矩的制动器都称为摩擦制动器，现代车辆所使用的制动器中都为摩擦式制动器。

二、制动器的类别和工作特点

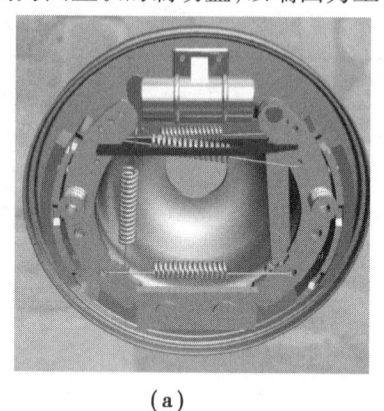

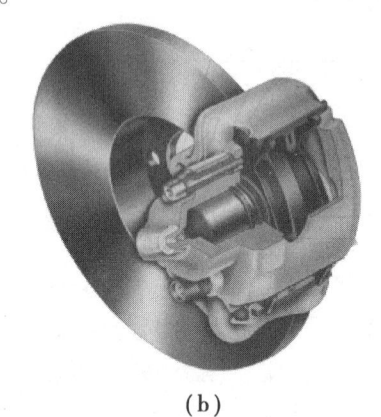

目前各类汽车所用的摩擦制动器可分为_____如图 3-2-1(a) 和_____图 3-2-1(b)两大类。前者的摩擦副中的旋转元件为制动鼓,其工作表面为内圆柱面;后者的旋转元件则为圆盘状的制动盘,以端面为工作表面。

(a)　　　　　　　　　　(b)

图 3-2-1　制动器的类型

旋转元件固装在车轮或半轴上,即制动力矩分别作用于两侧车轮上的制动器称为车轮制动器。旋转元件固装在传动系统的传动轴上,其制动力矩须经过驱动桥再分配到两侧车轮上的制动器则称为中央制动器。车轮制动器一般用于行车制动,也有兼用于第二制动(或应急制动)和驻车制动的。中央制动器一般只用于驻车制动。

1.鼓式制动器

鼓式制动器根据制动效能不同分为多个种类,其命名主要按照制动蹄的种类和个数进行区分。

(1)根据制动蹄的展开方向,制动蹄可以分为两种:领蹄和从蹄。其中领蹄的展开方向与制动鼓的旋转方向相同,当制动蹄制动时,制动蹄受制动鼓的摩擦力方向与制动蹄展开的方向相同,制动蹄进一步展开,增大了_____与_____间的正压力和摩擦力,使得制动蹄的制动效果优于轮缸独立作用在制动蹄上时的制动效果。但因为制动力在制动时增加得较为迅速,故领蹄在制动时制动效果显著,车辆所受冲击较大,在一定程度上影响了车辆制动时的平稳性和舒适性。而从蹄在制动时,因为展开方向与摩擦力方向相反,摩擦力会减小制动时的正压力和摩擦力,使从蹄的制动效果_____,但能明显提高制动时车辆的平稳性和舒适性。

(2)常见的鼓式制动器中,根据制动蹄的种类和轮缸的工作特点分为领从式、单向双领式、双向双领式和双从式。除此之外,还有一种鼓式制动器,除了向领蹄借用摩擦力增强正压力外,还借用摩擦力作为推动另一制动蹄展开的动力,大大地增强了制动的效果,减短制动距离,这样的制动器被称为自增力式鼓式制动器。

(3)鼓式制动器的结构有哪些特点?它是怎样工作的?

如图 3-2-2,作为旋转元件的制动鼓固装在车轮轮毂的凸缘上。作为固定部分零件装配基体的制动底板用螺栓与后驱动桥壳半轴套管上的凸缘连接(前轮制动器的制动底板则应与前桥转向节的凸缘连接)。用钢板料焊接成 T 形截面的前后两制动蹄,以其腹板下端的孔

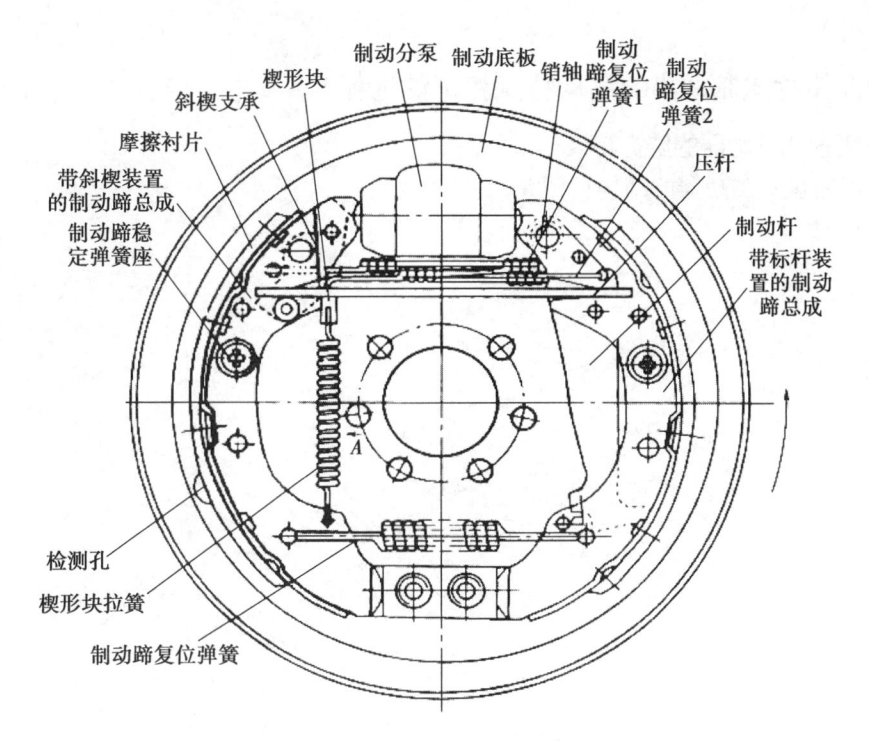

图 3-2-2　鼓式制动器结构

分别同两支承销上的偏心轴颈作动配合。制动蹄的外圆面上,用埋头铆钉铆接着一般用石棉纤维及其他物质混合压制而成的_____。铆钉头顶端埋入深度约为新摩擦片厚度的一半。

属于液压传动装置的制动轮缸直接作为制动蹄促动装置,也用螺钉装在制动底板上,因而在结构上它又成为制动器的不可分割的组成部分。制动蹄腹板的上端嵌入压合在轮缸活塞上的顶块的直槽中。两制动蹄由复位弹簧拉拢,并以焊在腹板上的锁销紧靠着装在制动底板上的调整凸轮。限位杆借螺纹旋装在制动底板上。弹簧使制动蹄腹板紧靠着限位杆中部的抬肩,借以防止制动蹄的轴向窜动。

制动时,两蹄在轮缸中的液压作用下,各自绕其支承销偏心轴的轴线向外旋转,紧压到制动鼓上。解除制动时,撤除液压力,两蹄便在_____的作用下复位。

2. 盘式制动器

盘式制动器中的制动盘是摩擦副中的旋转件,它是以端面工作的金属圆盘。制动钳是由装在横跨制动盘两侧的夹钳形支架中的制动块和促动装置组成。制动块是由摩擦块和金属背板组成。

(1)按摩擦副中固定元件的结构,盘式制动器可分为钳盘式和全盘式两大类。

(2)钳盘式制动器又可分为定钳盘式和浮钳盘式。

定钳盘式制动器的制动钳固定安装在车桥上,既不能旋转,也不能沿制动盘轴线方向移动,因而其中必须在制动盘两侧都装设制动块促动装置(相当于制动轮缸的活塞缸),以便分别将两侧的制动块压向制动盘。

浮钳盘式制动器的制动钳可以相对制动盘作轴向滑动。其中只在制动盘的内侧设置活塞缸,而外侧的制动块则附装在钳体上。

三、浮钳盘式制动器的结构特点和工作过程

1.浮钳盘式制动器的结构特点

(1)浮钳盘式制动器的结构见图3-2-3。

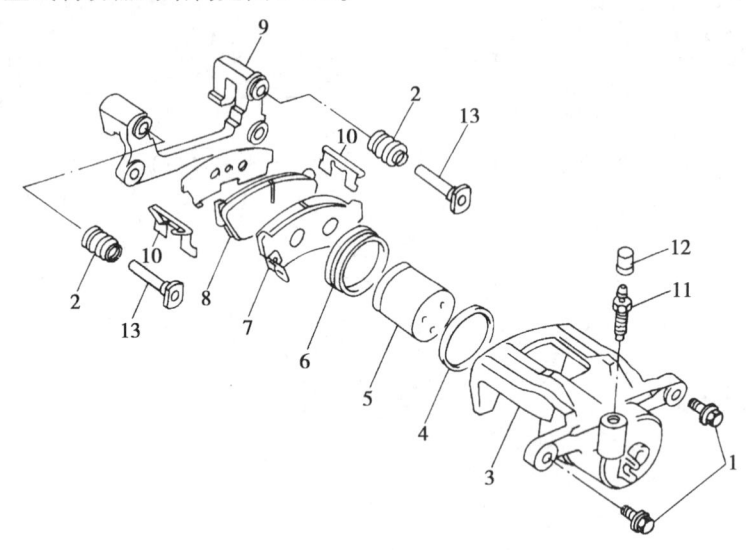

1—制动钳导向销螺栓；2—导向销防尘套；3—盘式制动器钳体(盘式制动器缸体)；4—活塞密封圈；
5—盘式制动器活塞；6—缸体防尘罩；7—盘式制动器内制动块；8—盘式制动器外制动块；
9—制动钳支架；10—制动块弹簧；11—排气螺塞；12—排气螺塞盖；13—制动钳导向销

图3-2-3 浮钳盘式制动器的结构

制动盘用螺栓固定在轮毂上，随车轮旋转。制动钳支架固定在转向节上，制动钳体用紧固螺栓与制动钳导向销连接，导向销插入制动钳支架的孔中作动配合，使制动钳体可沿导向销轴线作轴向滑动。在制动钳上设有一直径较大的制动分泵，以增加活塞和制动块的工作压力。制动器钳体通过导向销悬装在制动钳支架上，可做轴向移动。制动块的外表面黏结有摩擦材料，能承受较大的剪切力。制动钳上还设有_____，用以排除制动管路和分泵中的气体。

(2)浮钳盘式制动器的结构特点。

浮钳盘式制动器轴向和径向尺寸较小，而且制动液受热汽化的机会较少。此外，浮钳盘式制动器在兼充行车和驻车制动系统的情况下，只需在行车制动钳油缸附近加装一些用以推动油缸活塞的驻车制动机械传动零件即可。故自20世纪70年代以来，浮钳盘式制动器逐渐取代了定钳盘式制动器。

2.浮钳盘式制动器的工作过程

浮钳盘式制动器的工作过程如图3-2-4、图3-2-5所示。当制动器没有工作时，活塞在轮缸内的密封圈弹力作用下_____(远离或夹紧)制动盘，回到轮缸内，制动盘不受摩擦力，不起制动效果。当制动器制动时，活塞在液压力作用下，将活动制动块(带摩擦块磨损报警装置)推向制动盘。与此同时，作用在制动钳体上的反作用力推动制动钳体沿导向销向右移动，使固定在制动钳体上的制动块压靠到制动盘上。于是制动盘两侧的摩擦块在两侧作用力的作用下_____(远离或夹紧)制动盘，使之在制动盘上产生与运动方向相反的制动力

矩，促使汽车制动。

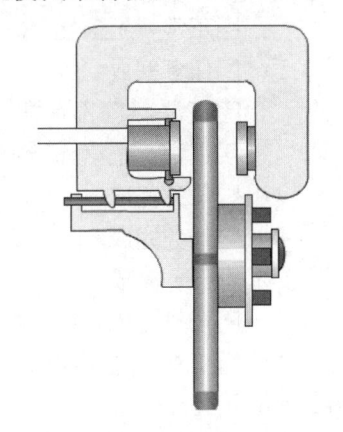

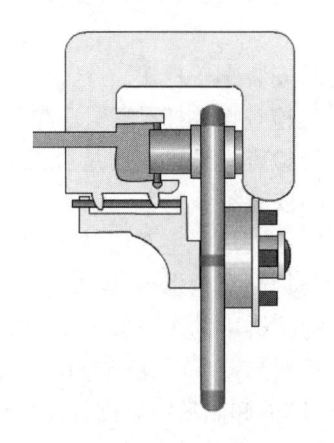

图 3-2-4 浮钳盘式制动器未制动　　　　　3-2-5 浮钳盘式制动器制动

请比较鼓式制动器与盘式制动器的差别，并填写表 3-2-1。

表 3-2-1　比较盘式制动器与鼓式制动器的差异

对比项目	盘式制动器	鼓式制动器
制动力		
排水效果		
散热性		
舒适性		
成本		

【任务实施】

一、准备工作

1.工具和材料

常用工具、举升机、实训车辆、钢直尺、刀口尺、塞尺、百分表、磁性表座、维修手册、干净的抹布。

2.安全防护用品

标准作业装、安全鞋、线手套。

3.汽车信息收集

车牌号码：＿＿＿＿＿＿＿＿＿＿＿＿，车辆型号：＿＿＿＿＿＿＿＿＿＿＿＿，

VIN 码：＿＿＿＿＿＿＿＿＿＿＿＿，行驶里程：＿＿＿＿＿＿＿＿＿＿＿＿。

二、盘式制动器摩擦块的更换

为保证制动系统的稳定可靠，当摩擦块磨损超过极限时需更换盘式制动器摩擦块。

维护步骤：

（1）环绕车身，对严重伤痕进行记录。　　　　　　　　　□任务完成

(2)检查设备、工具和量具是否齐备和完好,检查备用的摩擦块型号是否匹配。

☐正常 ☐不正常

(3)安装车轮挡块。 ☐任务完成

(4)检查换挡杆是否处于空挡位置,驻车制动杆是否拉起。 ☐正常 ☐不正常

(5)检查举升机工作是否正常。 ☐正常 ☐不正常

(6)安装举升臂。 ☐任务完成

(7)一人坐于主驾位,然后举升车辆至合适的位置。 ☐任务完成

(8)拆卸车轮螺栓,摆放在零件推车上。 ☐任务完成

(9)将拆下的车轮放入轮胎推车。 ☐任务完成

(10)检查制动管路与制动器有无破损、泄漏。 ☐正常 ☐不正常

(11)拆卸制动钳导向柱螺栓,摆放在零件推车上,如图3-2-6所示。

☐任务完成

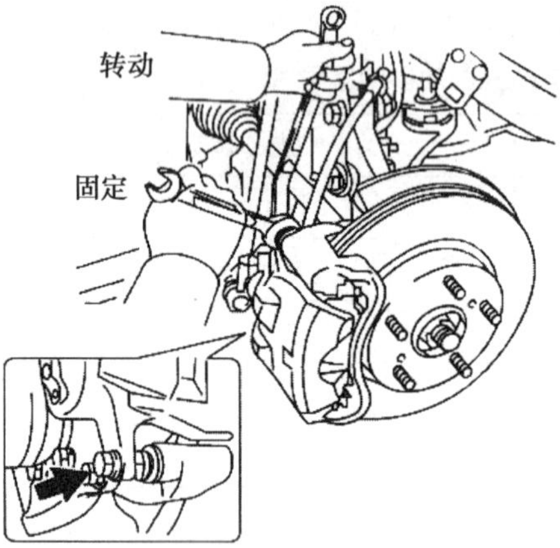

图 3-2-6　拆卸制动钳导向柱螺栓 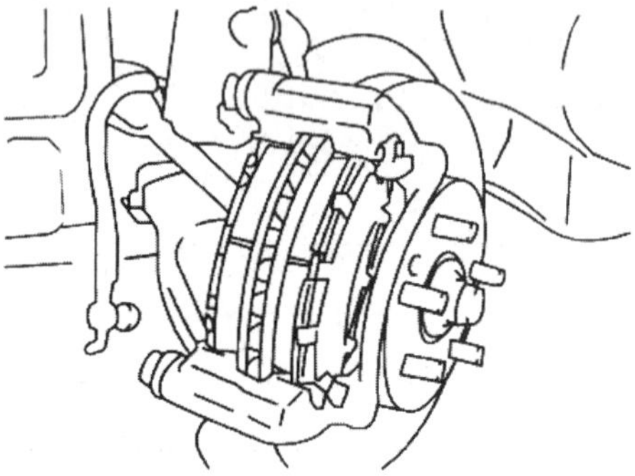　　图 3-2-7　拆卸摩擦块

(12)用铁丝或绳索将制动钳体固定在减震弹簧上。 ☐任务完成

(13)卸下保持弹簧。 ☐任务完成

(14)取下旧摩擦块,如图3-2-7所示。 ☐任务完成

(15)检查旧摩擦块。

①检查旧摩擦块垫片有无锈蚀或损坏。 ☐正常 ☐不正常

②检查旧摩擦块厚度,如图3-2-8所示,并填写表3-2-2。

表 3-2-2　摩擦块厚度测量记录表

	一号位	二号位	三号位	四号位	五号位	六号位	最大差值
测量值							

查阅资料和维修手册,对盘式制动器的主要参数进行记录和判定:
制动块厚度:极限值_____,实际值_____。 ☐正常 ☐不正常

③检查旧摩擦块平面度。 ☐正常 ☐不正常

查阅资料和维修手册,对盘式制动器的主要参数进行记录和判定:
制动块表面平整度:极限值_____;实际值_____。

☐正常 ☐不正常

④比较同一车桥上的摩擦块磨损情况是否一致。　　　　　　□一致　　□不一致

小提示：如旧摩擦块存在异常情况,需进行进一步的分析与维修,防止新换摩擦块出现相同的问题。

（16）检查制动盘的厚度、端面跳动,如图3-2-9、图3-2-10所示。
查阅资料和维修手册,对盘式制动器的主要参数进行记录和判定：
制动盘厚度：极限值_____,实际值_____。　　□正常　　□不正常
（17）检查制动钳有无破损。　　　　　　　　　　　　　□正常　　□不正常

图3-2-8　测量旧摩擦块厚度　　　　　　　图3-2-9　测量制动盘厚度

（18）用软布包裹住的撬棍将轮缸活塞撬回原位。　　　　□任务完成
（19）将新的摩擦块装回制动盘,复位制动钳体。　　　　□任务完成
（20）检查导向柱螺栓。
①检查导向柱螺栓是否有卡滞现象。　　　　　　　　　　□正常　　□不正常
②检查导向柱螺栓是否有卡死现象。　　　　　　　　　　□正常　　□不正常
③检查制动钳安装支架是否松动。　　　　　　　　　　　□正常　　□不正常
④检查制动钳安装螺栓是否弯曲或损坏。　　　　　　　　□正常　　□不正常
⑤检查导向柱防尘罩是否开裂或破损。　　　　　　　　　□正常　　□不正常

图3-2-10　测量制动盘端面跳动　　　　　　图3-2-11　安装导向柱

（21）更换导向柱润滑脂,安装导向柱,如图3-2-11所示。　□任务完成
（22）安装车轮。　　　　　　　　　　　　　　　　　　　□任务完成
（23）按扭力要求扭紧车轮螺栓。　　　　　　　　　　　　□任务完成
查阅资料和维修手册,该车辆的车轮螺栓扭力要求为_____N·m。

(24)将车辆放至地面,进入驾驶位。　　　　　　　　　□任务完成
(25)车辆点火。　　　　　　　　　　　　　　　　　　□任务完成
(26)反复踩下制动踏板。　　　　　　　　　　　　　　□任务完成
为什么在更换摩擦块后需要反复踩下制动踏板?

(27)车辆熄火。　　　　　　　　　　　　　　　　　　□任务完成
(28)清洁复位。　　　　　　　　　　　　　　　　　　□任务完成

三、制动蹄的更换

当制动鼓使用一定时间后,制动鼓的制动效果发生下降,制动蹄磨损超过极限,需要更换新的制动蹄。

车辆型号:_____,制动器:前轮_____,后轮_____。
查阅资料和维修手册,对盘式制动器的主要参数进行记录和判定:
制动蹄厚度:极限值_____,实际值_____,结论_____。
制动鼓内径:极限值_____,实际值_____,结论_____。
径向圆跳动:极限值_____,实际值_____,结论_____。
端面圆跳动:极限值_____,实际值_____,结论_____。
制动间隙:标准值_____,实际值_____,结论_____。

维护步骤:
(1)环绕车身,对严重伤痕进行记录。　　　　　　　　□任务完成
(2)检查设备、工具和量具是否齐备和完好,检查备用的制动蹄型号是否匹配。
　　　　　　　　　　　　　　　　　　　　　　　　　□任务完成
(3)安装车轮挡块。　　　　　　　　　　　　　　　　□任务完成
(4)检查换挡杆是否处于空挡位置,驻车制动杆是否拉起。□正常　□不正常
(5)检查举升机工作是否正常。　　　　　　　　　　　□正常　□不正常
(6)举升车辆至合适位置。　　　　　　　　　　　　　□任务完成
(7)拆卸车轮螺栓,摆放在零件推车上。　　　　　　　□任务完成
(8)将拆下的车轮放入轮胎推车。　　　　　　　　　　□任务完成
(9)检查制动管路与制动器有无破损、泄漏。　　　　　□任务完成
(10)用专用工具拆下轮毂盖。　　　　　　　　　　　□任务完成

> **小提示:** 轮毂盖虽然很薄,但能够有效地保证车轮轮毂不会被外在的污物污染,不能损坏。

(11)取下开口销和开槽垫圈。　　　　　　　　　　　□任务完成
检查开口销和开槽垫圈有无损坏。　　　　　　　　　□正常　□不正常
(12)旋下调整螺母。　　　　　　　　　　　　　　　□任务完成

> **小提示:** 应对调整螺母的位置进行标记,保证装配时能装回原位。

(13)取下止推垫圈。　　　　　　　　　　　　　　　□任务完成

（14）用螺丝刀通过制动鼓螺孔向上拨动楔形块，取下制动鼓。

　　　　　　　　　　　　　　　　　　　　　　　　□任务完成

（15）用鲤鱼钳拆下压力弹簧座，如图 3-2-12 所示。　□任务完成

（16）从支架上提起制动蹄，取下复位弹簧，如图 3-2-13 所示。

　　　　　　　　　　　　　　　　　　　　　　　　□任务完成

（17）用尖嘴钳拆下驻车制动杆上的驻车制动拉索，如图 3-2-14 所示。

　　　　　　　　　　　　　　　　　　　　　　　　□任务完成

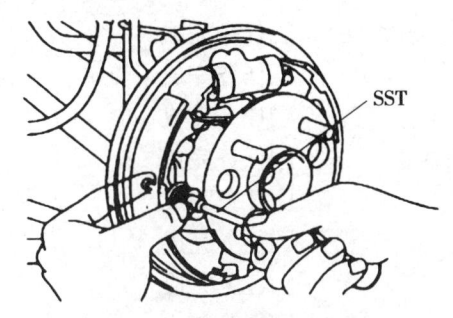

图 3-2-12　拆卸压力弹簧座 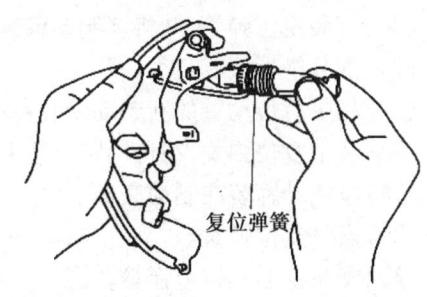　　　　　图 3-2-13　拆卸复位弹簧

（18）取下楔形块的复位弹簧和拉力弹簧。　　　□任务完成
（19）检查弹簧弹力是否正常。　　　　　　　　□正常　　□不正常
（20）拆卸定位弹簧和制动蹄。　　　　　　　　□任务完成
（21）检查制动蹄摩擦片厚度，如图 3-2-15 所示。　□正常　　□不正常
（22）检查制动鼓内径，如图 3-2-16 所示。　　　□正常　　□不正常

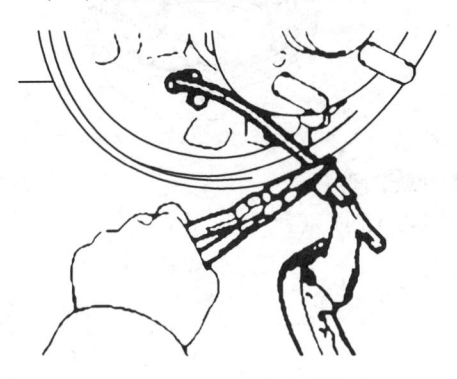

图 3-2-14　拆卸驻车制动拉索 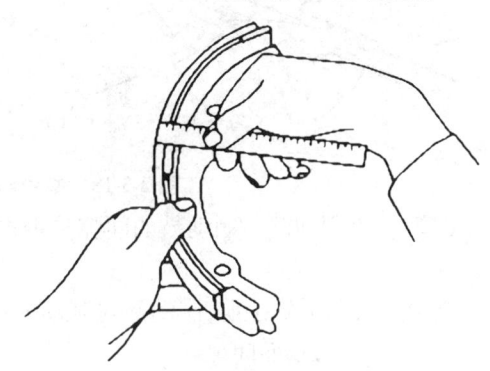　　　　图 3-2-15　测量制动蹄摩擦片的厚度

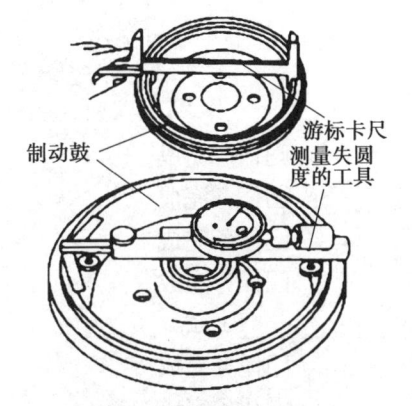

图 3-2-16　测量制动鼓内径 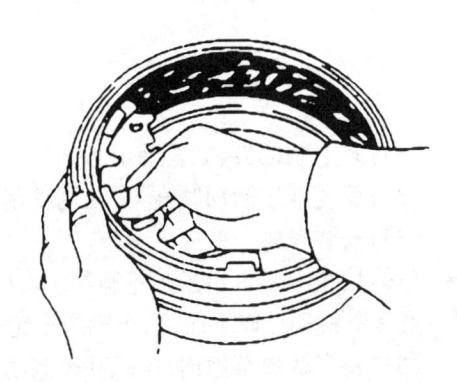　　　　　图 3-2-17　检查制动蹄与制动鼓的摩擦

(23) 检查制动蹄与制动鼓摩擦的是否正常,如图 3-2-17 所示。
　　　　　　　　　　　　　　　　　　　　　　　□任务完成

简述检查制动蹄与制动鼓摩擦的方法。

(24) 安装定位弹簧,并将新制动蹄装在压杆上。　　□任务完成
(25) 安装楔形块。　　　　　　　　　　　　　　　□任务完成
(26) 将带有传动臂的新制动蹄装在压杆上。　　　　□任务完成
(27) 装上复位弹簧,在传动臂上装上驻车制动拉索。□任务完成
(28) 将制动蹄装在制动底板上。　　　　　　　　　□任务完成
(29) 安装复位弹簧。　　　　　　　　　　　　　　□任务完成
(30) 安装楔形块拉力弹簧。　　　　　　　　　　　□任务完成
(31) 安装压力弹簧和座圈。　　　　　　　　　　　□任务完成

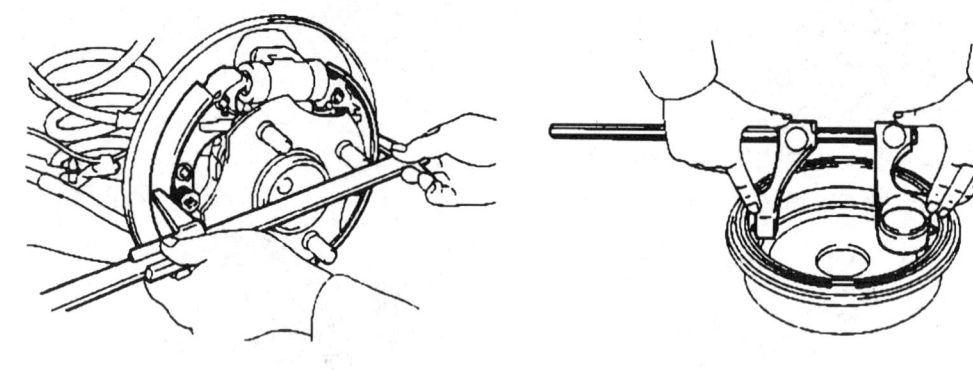

图 2-3-18　检查制动蹄与制动鼓的间隙

(32) 检查制动蹄与制动鼓的间隙是否正常,如图 2-3-18 所示。
　　　　　　　　　　　　　　　　　　　　　　　□任务完成

查阅资料和维修手册,制动蹄与制动鼓的间隙为:标准间隙_____,单面间隙_____,双面间隙_____。

简述检查制动蹄与制动鼓间隙的方法。

(33) 装上制动鼓、后轮轴承和螺母。　　　　　　　□任务完成
(34) 反复踩压制动踏板,自动调整制动间隙。　　　□任务完成
(35) 安装车轮。　　　　　　　　　　　　　　　　□任务完成
(36) 按扭力要求扭紧车轮螺栓。　　　　　　　　　□任务完成

查阅资料和维修手册,该车辆的车轮螺栓扭力要求为_____N·m。

(37) 将车辆放至地面,拉起驻车制动操纵杆。　　　□任务完成
(38) 清洁复位。　　　　　　　　　　　　　　　　□任务完成

四、检查和试车

在完成制动器的安装之后还需对车辆进行检查和试车。
(1)检查制动器是否有渗漏制动液的现象。　　　　□正常　□不正常
(2)向制动储液器罐中充注制动液,并排除制动系统空气。　□任务完成
(3)试车检查。
①制动踏板工作情况。　　　　　　　　　　　　　□正常　□不正常
②制动效果。　　　　　　　　　　　　　　　　　□正常　□不正常
③有无制动跑偏现象。　　　　　　　　　　　　　□正常　□不正常

【任务拓展】制动跑偏故障的诊断与排除

汽车制动是指汽车能在短距离内迅速停车,且维持行驶方向稳定性和在下坡能维持一定的车速以及在坡道上保持停驻的能力。

汽车制动跑偏的原因机理分析。

制动跑偏是制动时原期望汽车按直线方向减速停车,汽车自动向左或向右偏的现象。汽车制动性良好是汽车安全行驶的重要保证。汽车行驶过程中制动跑偏是许多交通事故的主要原因之一。

首先,我们要了解造成制动跑偏的原因。汽车行驶过程中是靠制动器与地面产生的一个与行驶方向相反的外力来实现停车或减速的,这个与行驶方向相反的力称为制动力。如果汽车在制动过程中,同轴上左右制动器产生的制动力大小不等或同一时间内制动力增长的快慢不一致,必然造成制动跑偏。

一、制动跑偏

在车轮抱死之前地面制动力等于制动器制动力,车轮抱死以后地面制动力等于地面附着力。左右制动器所提供的制动力不相同时,所获得的地面制动力不对称,车轮将发生跑偏。或者左右两个制动器一侧车轮减速快而另一侧车轮减速却很慢,汽车在减速过程中明显偏向车轮减速快的一侧。制动器制动力受制动器结构决定,取决于制动器的形式、结构尺寸、制动器摩擦副的摩擦因素等。另外,制动器产生的制动力不相等也会造成制动跑偏。这种现象在路试过程中主要表现为紧急制动时一侧车轮已经抱死,另一侧车轮只是减速而不能抱死,汽车偏驶向车轮抱死的一侧。从制动轮与地面的拖痕来看,可见到一边拖痕很深而另一边拖痕很浅甚至没有拖痕。在制动检验台上可以看到,在制动过程结束时,左右制动轮产生的最大制动力的差值很大。造成这种现象的主要原因是:

(1)某一制动分泵的密封圈损坏,制动气管或油管漏油、漏气。
(2)某一制动分泵的活塞卡滞。
(3)某一制动凸轮轴锈蚀,动作不灵活,调节器损坏。
(4)制动蹄片支承销锈蚀卡滞。
(5)左右制动器与蹄片间隙大小不等。
(6)左右制动器摩擦片材料不同、厚薄不均、摩擦系数不同等。

(7)某一制动摩擦片有油污等。

制动器产生的制动力在制动过程中增长的快慢不一致。这种现象在路试过程中表现为汽车利用点制动或半脚制动减速时,一侧车轮减速快而另一侧车轮减速却很慢。造成这一现象的原因是:

(1)左右制动器的回位弹簧张力大小不等。

(2)个别制动鼓磨损严重或失圆。

(3)个别车轮的凸轮轴衬套和蹄片支承销松动等。

二、车身及悬挂系统

汽车车架变形与悬挂系统出现故障将造成车辆轮荷分布不均、前轮定位不正确、前后轴移位等现象,这些都将导致制动跑偏。

(1)车辆左右载荷分布不均。制动力增长快慢一致的情况下,承受载荷小的车轮必然先抱死,而承受载荷大的车轮由于惯性的作用必然后抱死,故而出现制动跑偏的现象。这种现象在汽车装载的情况下才会较明显,空载的情况下一般不会发生。在制动台上检验也没有明显的反应。造成此现象的主要原因是:车架变形、减振器损坏、钢板弹簧变形、折断、疲劳,悬挂系统的导杆或平衡杆变形等。当然汽车在装载的过程中,人为地将货物不均匀堆放也将造成车辆左右轮载荷分布不均而导致制动跑偏。

(2)前轮定位不正确。前轮定位不正确将造成转向轮"发摆"、转向自动"跑偏"、轮胎异常磨损等现象,破坏了汽车行驶的稳定性,在制动时也将造成制动跑偏,主要是前制动时跑偏。在路试过程中可以发现制动跑偏的方向不是固定不变的,而是时左时右的。在制动台上试验时也没有明显反应。造成此现象的主要原因是:车架变形、悬挂系统损坏变形、前轴变形、转向节松动及前束调整不当等。值得一提的是车辆在严重超载的情况下使车架变形,弹簧钢板的弧度发生较大变化,也将造成前轮定位不正确,引起制动跑偏。这种现象应当引起驾驶员的高度重视,以免造成安全事故。

(3)前后轴移位、左右轴差距过大、车架变形、前后轴弹簧钢板的U形螺栓松动、弹簧钢板中心螺栓折断等都可能造成前后轴移位,左右轴距差过大导致汽车在直线行驶和制动时均出现跑偏现象。

(4)轮胎的影响。汽车要实现制动,不仅需要有足够的制动力,而且需要轮胎与地面之间有足够的附着系数。如果同轴上的轮胎气压、花纹、磨损程度不一致,轮胎的附着系数就不同,可造成制动跑偏。而同一轴上的轮胎规格不一致、直径大小不相等,导致左右轮产生的制动力不相等,也将造成制动跑偏。在路试过程中可以发现,由于轮胎引起的制动跑偏也是无规则的,时左时右,因此在对车辆进行维修时应按照规定及时对轮胎进行合理调配和换位,避免轮胎的异常磨损。轮胎造成汽车跑偏的原因主要有以下四方面:

①某个轮胎制动器回位不良,分离不彻底也会导致行驶方向跑偏,这相当于给予一侧轮胎施加了一个制动力。

②两侧的轮胎花纹不一致或花纹一深一浅或不是同一品牌都可能造成汽车跑偏。

③两侧轮胎的气压不一致或汽车轮胎的气压呈非对称等压,这样就会造成汽车的平顺性和稳定性都很差,严重时就会造成汽车跑偏。

④制动时要求车轮与路面要有足够的附着系数,由于路面泥泞、凹凸不平、偏斜等原因,汽车制动时也将出现制动跑偏。

这就要求我们在进行道路试验时，必须在平直、干燥、清洁、附着系数较高的水泥或沥青路面上进行，以排除道路因素对汽车制动跑偏的影响。

三、车辆制动跑偏故障检测

车辆制动跑偏的现场检验一般首先采取路试，根据轮胎拖印轻重和长短找出制动效果差的车轮，然后参照制动效果不良的诊断程序予以检修。行驶中紧急制动时车头偏向路面一侧，即另一侧制动不灵。停车后下车查看左右车轮在地面的拖压印迹，拖印短的一侧为制动不灵（若两前轮拖距和印迹轻重长短大致相同，而两后轮则不同，说明甩尾了）。遇此现象须查看不灵车轮有无漏气，分泵推杆伸缩情况（歪斜、卡滞——检查前轮左右轮胎，车桥架起，调整制动间隙及松脱等），从观察孔察看制动鼓、摩擦片间有无油污，配合间隙是否正常，必要时按规定进行调整。在气压系统中发现个别车轮失灵后，一人踩住制动踏板，另一人注意听看车轮分泵（气制动）、气管或接头是否有漏气声。若分泵内有漏气声，为膜片破损、气管接头松动；无漏气之处，观察分泵推杆伸缩情况，是否有歪斜、卡住及脱焊。如还不能找出故障原因则应按下列要求进行检查：

（1）将车桥架起，从制动鼓检查孔观察内部有无油污，检查摩擦片是否松脱，检测两边车轮的摩擦片与鼓间隙是否正常一致。上述情况如若良好，再拆检制动鼓是否失圆，摩擦片是否磨损过薄硬化，铆钉是否外露等。

（2）检查前轮左右轮胎气压或磨耗是否一致，左右钢板弹簧弹力是否相等，有无明显位移等。若有，应按技术规定予以修复。

（3）必要时采用减少跑偏一侧的前轮制动间隙（或加大另一侧间隙）的方法来消除。倘若各轮胎拖印基本符合要求，但制动仍跑偏说明故障不一定在制动系统，应检查车架前轴等有关部位的技术状况。

（4）检测前悬挂各部件拉杆、球头、下摆臂、左右减振器、轮心轴承及前横梁等部件是否正确，然后再检查左右两侧轴距是否符合标准。

（5）以上都合格后，再进行四轮定位。

四、制动跑偏故障的排除

对于制动跑偏的故障，一定根据故障具体情况做出针对性检修，对于制动器产生的制动力不相等现象，我们分别要对以下部件进行检修。

（1）检查如果发现制动分泵密封圈损坏，制动气管或油管漏油、漏气，应给予更换。

（2）对于制动分泵活塞卡滞现象，应更换分泵活塞。

（3）左右制动器片磨损不等的，给予更换。

（4）左右制动器摩擦片材料不同、厚薄不均、摩擦系数不同等，应进行调整更换一致。

（5）检查制动摩擦片有油污等，应给予清除。

（6）车辆左右载荷分布不均，可参考车辆制动时的左右轮制动力大小的相关要求，如差值大，给予调整。

（7）在前轮定位不正确的情况下，给予重新调整。

（8）如果同轴上的轮胎气压、花纹、磨损程度不一致，应按照规定及时对轮胎进行合理调配和换位，避免轮胎的异常磨损。轮胎是易损件，平时要加强轮胎管理、维修、养护。试验证明,前轴左、右制动轮制动力之差超过5%、后轴左、右制动轮制动力之差超过10%,将引起制动跑偏现象。所以制动规范中对台式左、右轮制动力之差作了相应的规定,在路试时要求紧急制动及点制动过程中均不得有跑偏现象。

【任务检测】

一、填空题

1. 汽车上采用的车轮制动器是利用_____来产生制动的,它的结构分为_____和_____两种。
2. 制动器按其安装位置分为_____和_____两种。
3. 盘式制动器按其结构不同可以分为_____和_____两种。
4. 制动时原期望汽车能按直线方向减速停车,但有时却自动向右或向左偏驶,这一现象称为_____。
5. 钳盘式制动器结构有许多变形,但都可归纳为两个主要类型:_____和_____。
6. 鼓式制动器根据控制元件可分为_____、_____。
7. 盘式制动系统的基本零件是_____、_____和_____组件。
8. 盘式制动器优于鼓式制动器的主要优点是_____和_____。
9. 测量制动盘的端面跳动时,应使用的量具是_____。
10. 更换新的制动块时,如制动钳无法正常复位,应_____。

二、判断题

1. 车辆在前进、后退制动时,如两制动蹄都是助势蹄时,则该制动器是双向平衡式制动器。（   ）
2. 两制动蹄通过机械杠杆连接,使两蹄片在制动时张力自增,称为自增力式制动器。（   ）
3. 鼓式驻车制动系统可安装在变速器后边,也可以安装在主减速器输入轴的前端。（   ）
4. 盘式制动器制动效能比鼓式制动器好,是因为盘式制动器有自增力作用。（   ）
5. 盘式制动器的自动回位,多数是通过活塞后部的油封来实现的。（   ）
6. 制动盘径向跳动量过大,会造成制动时踏板跳动。（   ）
7. 蹄式制动器中,一个蹄是增势蹄时,另一个蹄就必然是减势蹄。（   ）
8. 领从蹄式的鼓式制动器的制动效果优于双领蹄式,所以最为常见。（   ）
9. 盘式制动器检修时,为避免拉坏制动软管,应将制动钳与制动软管进行分离。（   ）

#【评价与反馈】

班级：_____　姓名：_____　指导教师：_____

序号	考核项目	配分	考核内容	配分	考核标准	得分
1	出勤、纪律	5	出勤	2	违规一次不得分	
			行为规范	3	违规一次不得分	
2	安全、防护、环保	20	着装	4	违规一次不得分	
			个人防护	4	违规一次不得分	
			"5S"、"EHS"	4	违规一次不得分	
			设备使用安全	4	违规一次不得分	
			操作安全	4	违规一次不得分	
3	知识水平	20	知识测验成绩	20	按测验成绩的20%计	
4	技能考核	40	技能测验成绩	40	按测验成绩的40%计	
5	学习能力	10	工单填写，工艺计划制订	4	未做不得分	
			组内活动情况	4	根据未完成情况酌情扣1~4分	
			资料的查阅和收集	2	未做不得分	
6	任务拓展	5	知识拓展	2	未做不得分	
			技能拓展	3	未做不得分	
7	总分	100				

#【教师评估】

序号	优点	存在的问题	解决方案

教师签字：

任务三　制动系统的检查与修理

【任务目标】

目标类型	目标要求
1.认知目标	(1)能描述液压助力制动系统的工作过程 (2)能认识制动总泵的结构 (3)能认识真空助力器的结构 (4)能描述真空助力器的工作过程
2.技能目标	达到汽车维修中级工的如下技能要求： (1)能完成制动总泵的检修 (2)能完成制动总泵的更换 (3)能更换真空助力器
3.情感目标	(1)养成细致的作业习惯 (2)培养严密的逻辑思维能力 (3)养成交车前复查的习惯

【任务描述】

在行车过程中,驾驶人员经常需要通过制动系统来控制车辆行驶的速度,因而制动系统在车辆的运行过程中使用的频率非常高,容易发生磨损和失效。然而,制动系统的安全和有效又是保证驾乘人员安全的重要保障措施,对各部件的工作性能要求又相对较高。故制动系统的检测和维修都是非常必要和常见的作业项目。

【知识准备】

一、液压助力制动系统的组成

液压助力制动是利用制动系统和制动液将踏板力放大后传递给制动器。液压助力制动系统的组成如图 3-3-1 所示,主要由 1 盘式制动器、2＿＿＿＿、3＿＿＿＿、4＿＿＿＿、5＿＿＿＿、6＿＿＿＿和 7 鼓式制动器等组成。

二、制动主缸的作用、组成和工作过程

1.制动主缸的作用和分类

制动主缸是汽车液压制动系统的核心,将驾驶员作用在制动踏板上的机械力转变成液压力,制动主缸利用液压原理增加驾驶员所施加的踏板力。液压传动原理如图 3-3-2 所示。

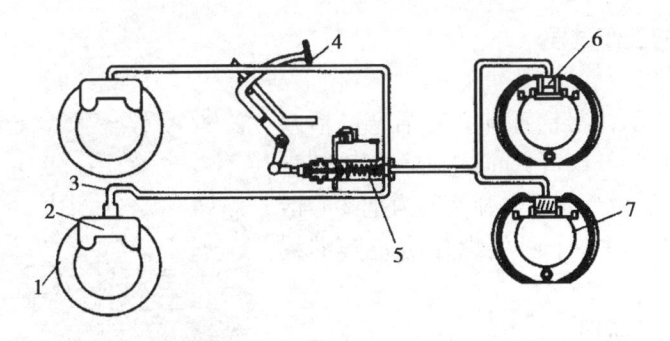

图 3-3-1 液压助力制动系统的组成

制动主缸按活塞数分为单活塞制动主缸与串联双活塞制动主缸。由于单活塞制动主缸对应的单管路制动系统安全性较差，现在，在双管路制动系统中常用串联双活塞制动主缸。

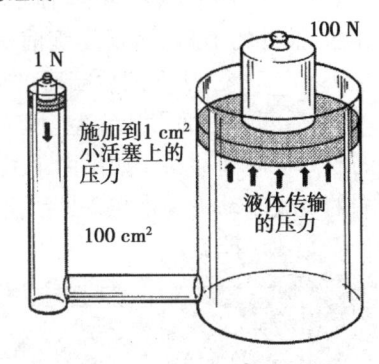

制动主缸按传动介质分为_____和_____两类。气压式刹车总泵主要用在载重汽车(如重型货车、大型客车、工程车)及部分农用车上；油压式刹车总泵主要用在小型汽车(如轿车、面包车、小型货车、小型客车)及部分农用车上。

图 3-3-2 液压传动的原理

2.制动主缸的组成

如图 3-3-3 所示，为最常见的串联双腔制动主缸。该主缸相当于两个单腔制动主缸串联在一起而构成。储液罐中的油液经每一腔的旁通孔、补偿孔流入主缸前、后腔。在主缸前、后工作腔内产生的液压分别经各自的出油阀和各自的管路传到前、后轮制动器的轮缸或者制动力调节阀的两个油口上。

串联双腔制动主缸主要由主缸体、1号活塞、2号活塞、1号复位弹簧、2号复位弹簧、弹簧卡环、限位螺栓、皮碗、活塞导块、卡环、O形环等组成。

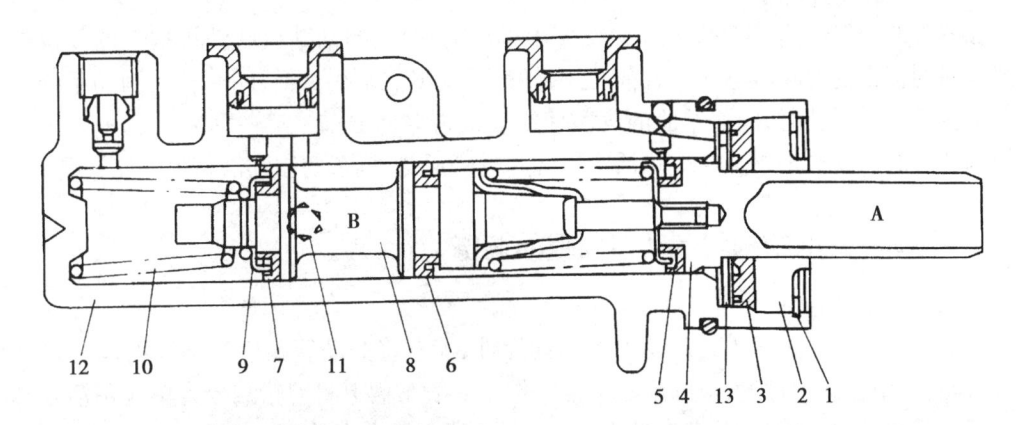

1—活塞挡簧环；2—活塞挡圈；3—缸体罩；4—第一活塞；5—活塞密封环；6—第二活塞密封环；
7—活塞密封环；8—第二活塞；9—回位弹簧座；10—第二活塞回位弹簧；
11—第二活塞定位螺栓；12—主缸缸体；13—底板；A—第一活塞；B—第二活塞

图 3-3-3 串联双活塞制动主缸

3.制动主缸的工作过程

(1)不制动时

如图3-3-4所示,1号活塞和2号活塞的活塞皮碗定位在进油口与补偿口之间,主缸与制动油壶之间形成一个通道,由2号复位弹簧的力把2号活塞推到右边,但是,用一个限位螺栓防止其继续移动。

(2)踩下制动踏板时

如图3-3-5所示,活塞向前移动,旁通孔被关闭,随着推杆的前移,活塞皮碗前端封闭的工作腔液压_____,活塞的后端通过补偿孔填充制动液,避免活塞的后部形成真空。2号活塞在1号活塞的压力下向前移动。如果由于某种原因如发生泄漏,1号活塞将不能产生压力,1号活塞前端的机械联动机构将与2号活塞接触,将其往前推进并产生液压,保证车辆仍然具有一半的_____能力。

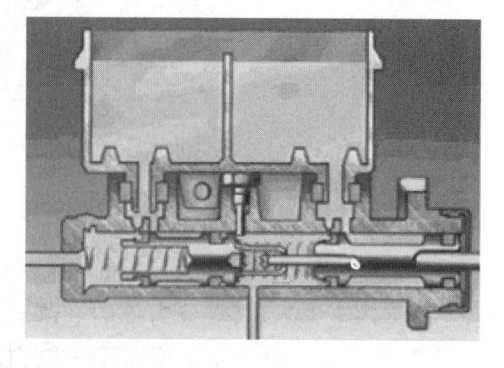

图3-3-4　制动主缸不制动时

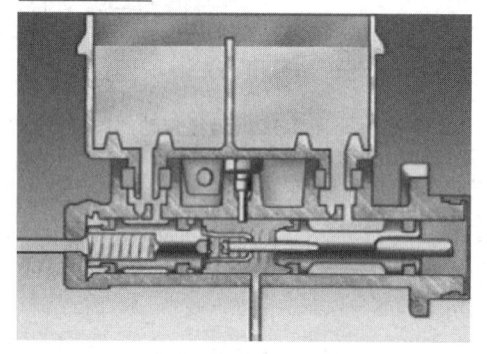

图3-3-5　制动主缸制动时

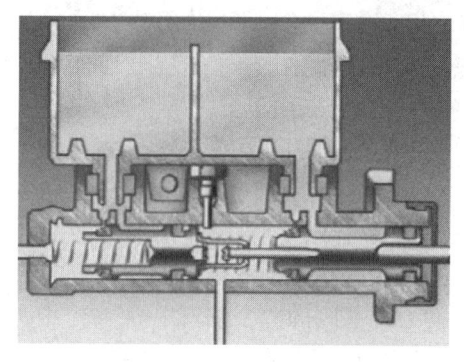

图3-3-6　制动主缸复位时

(3)松开制动踏板时

如图3-3-6所示,推杆和制动主缸活塞上的压力解除,制动踏板联动机构上的复位弹簧使踏板回到正常的静止状态。主缸前端的弹簧张开,将活塞往后推,同时整个制动系统压力释放。在活塞向后移时,向前卷曲的皮碗使制动液流向活塞前。有些活塞上有一些小孔可以使制动液的流动更加迅速。一旦活塞皮碗越过旁通孔,剩余的制动液将流回储液罐。

三、制动轮缸的结构和制动器间隙的调整

1.制动轮缸的结构

鼓式制动器中轮缸作为其制动力的驱动元件,能够将制动管路中制动液的压力能转化为机械能,作用在制动蹄上,使制动器正常工作。一般车辆中制动轮缸分为单作用活塞和双作用活塞两种类型,其结构原理都基本相同,不同处主要在于轮缸中有一个还是两个活塞。双作用制动轮缸的结构,如图3-3-7所示,制动轮缸的缸体通过螺钉固定在制动底板上,制动软管直接连接在制动轮缸的_____部位,将制动主缸的压力油接入轮缸中。轮缸内部两端的结构相同,由内到外分别由起密封作用的皮碗、承受油液压力的活塞、防止灰尘和污垢进入的防尘套组成,其中间用弹簧分割开,保证制动软管接入的入口不会被活塞堵塞。

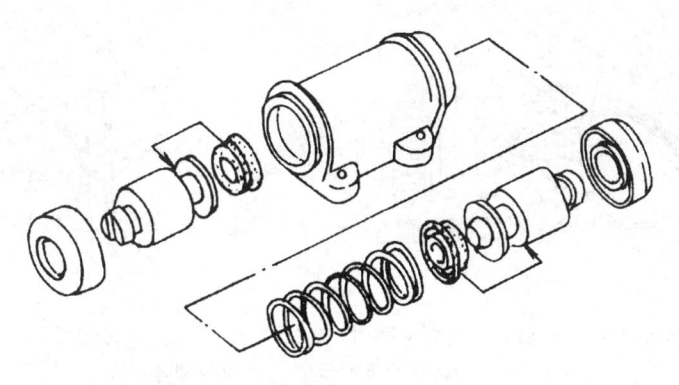

图 3-3-7　双作用制动轮缸的结构

2.制动器间隙的调整

制动蹄在不工作的原始位置时,其摩擦片与制动鼓之间应该保持合适的间隙,其设定值由汽车制造厂规定,一般在 0.25~0.50 mm 之间。任何制动器摩擦副中的这一间隙(以下简称制动器间隙)如果过小,就不易保证彻底解除制动,造成制动器的拖磨;过大又将使制动踏板行程太长,以致驾驶员操作不便,同时也会推迟制动器开始起作用的时刻。在制动器工作过程中摩擦片的不断磨损必将导致制动器间隙逐渐_____。此情况严重时,即使将制动踏板踩下到极限位置,也产生不了足够的制动力矩。因此,要求任何形式的制动器在结构上必须保证有检查调整其间隙的可能。

制动器间隙的调整有手动调整和自动调整两种方法。

(1)手动调整装置

一般在制动鼓腹板外边开有一个检查孔,以便使用塞尺检查摩擦片与制动鼓之间的间隙(制动器间隙)是否符合规定值,否则要对其进行调整。

①转动调整凸轮和带偏心轴颈的支承销,如图 3-3-8 所示。若发现制动器间隙已增大到使制动器效能明显降低时,可按一定方向转动调整凸轮,进行局部调整。这样沿摩擦片周向各处的间隙即减小。当制动鼓磨损到一定程度时,需要重新加工修整其内圆面。在进行修理作业后重新装配制动器时,为保证蹄鼓的正确接触状态和间隙值,应当全面调整制动器间隙。全面调整除靠转动调整凸轮以外,还要转动制动蹄下端的支承销。

②转动调整螺母,如图 3-3-9 所示。有些制动器的轮缸两端的端盖制成调整螺母,用一字旋具 5 拨动调整螺母 1 的齿槽 4,使螺母转动,带动螺杆的

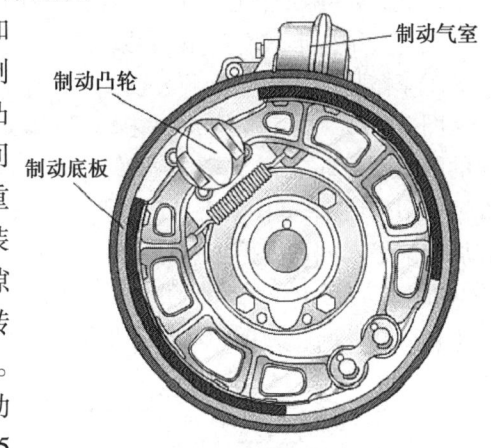

图 3-3-8　凸轮式制动间隙调整机构

可调支座 3 向内或向外做轴向移动。因此可使制动蹄上端靠近或远离制动鼓,则制动间隙便减小或增大。间隙调整好以后,用锁片插入调整螺母的齿槽中,使螺母的角位置固定。

③调整可调顶杆长度,如图 3-3-10 所示。在自增力式制动器中,两制动蹄下端支承在可调顶杆上,可调顶杆由顶杆体 3、调整螺钉 1 和顶杆套 2 组成。顶杆套一端具有带齿的凸缘,套内制有螺纹,调整螺钉借螺纹旋入顶杆套内;顶杆套与顶杆体作动配合。当拨动顶杆套带齿的凸缘,可使调整螺钉沿轴向移动,因此就改变了可调顶杆的总长度,从而就调整了制动器间隙。

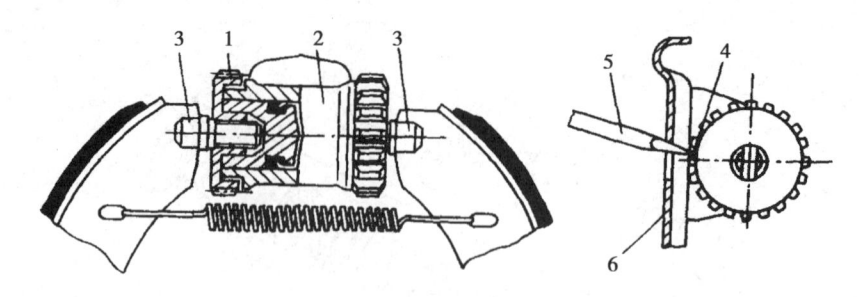

1-调整螺母;2-制动轮缸;3-可调支座;4-齿槽;5--字旋具(螺丝刀);6-制动底板

图 3-3-9 用调整螺母调整制动器间隙调整机构

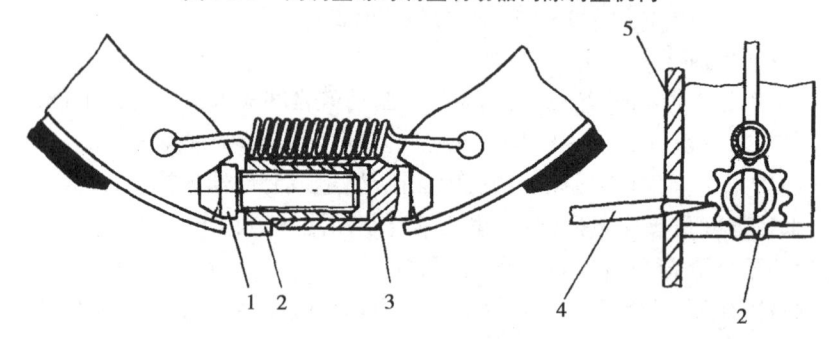

1-调整螺钉;2-顶杆套;3-顶杆体;4--字旋具(螺丝刀);5-制动底板

图 3-3-10 可调顶杆式制动间隙调整机构

(2) 自动调整装置

制动器间隙调整是汽车维护和修理作业中必不可少的重要作业项目。为了减少保修工作量,制动器间隙的自动调整装置(以下简称间隙自调装置)在 20 世纪 70 年代以后得到迅速发展。其结构形式有如下几种。

① 摩擦限位式间隙自调装置

图 3-3-11 所示为一种摩擦限位式间隙自调装置。用以限定不制动时制动蹄的内极限位置的限位摩擦环 2,装在轮缸活塞 3 内端的环槽中,如图 3-3-11(a)所示;或借矩形断面螺纹旋装在活塞内端,如图 3-3-11(b)所示。限位摩擦环是一个有切口的弹性金属环,压装入轮缸后与缸壁之间的摩擦力可达 400~550 N。活塞上的环槽或螺旋槽的宽度 B 大于限位摩擦环厚度 b。活塞相对于摩擦环的最大轴向位移量即为二者之间的间隙 $\Delta = B - b$。间隙 Δ 应等于在制动器间隙为设定的标准值时施行完全制动所需的轮缸活塞行程。

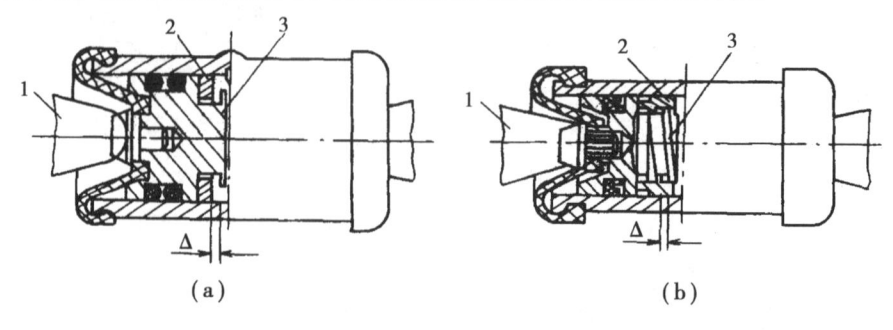

1-制动蹄　2-摩擦环　3-活塞

图 3-3-11 带摩擦限位环的轮缸

不制动时,制动蹄复位弹簧只能将制动蹄向内拉到轮缸活塞与摩擦环外端面接触为止,因为复位弹簧力远远不足以克服摩擦环与缸壁间的摩擦力。此时如图所示,间隙 Δ 存在于活塞与摩擦环内端面之间。

制动时,轮缸活塞外移。若制动器间隙正好等于设定值,则当活塞移动到与摩擦环内端面接触(即间隙 Δ 消失)时,制动器间隙应已消失,并且蹄鼓已压紧到足以产生最大制动力矩的程度。若制动器间隙由于种种原因增大到超过设定值,则活塞外移到 Δ＝0 时,仍不能实现完全制动。但只要轮缸液压达到 0.8～1.1 MPa,即能将活塞连同摩擦环继续推出,直到实现完全制动。这样,在解除制动时,制动蹄只能回复到活塞与处于新位置的限位摩擦环接触为止,即制动器间隙恢复到设定值。由此可见,正是摩擦环与缸壁之间的这一不可逆转的轴向相对位移补偿了制动器的过量间隙。这也是一切摩擦限位式间隙自调装置的共同原理。

具有摩擦限位式间隙自调装置的制动器在装配时不需要调校间隙,只要在安装到汽车上以后,经过一次完全制动,即可以自动调整间隙到设定值。因此,这种自调装置属于一次调准式。

②楔块式间隙自调装置

上海桑塔纳就是采用楔块式间隙自调装置。间隙自调装置的楔形调节块夹在前制动蹄和驻车制动推杆之间形成的切槽中。在正常的制动间隙(0.2～0.3 mm)下制动时,外弹簧被拉伸,两制动蹄靠到制动鼓上,施以制动。此时,由于内弹簧的刚度大于外弹簧的刚度,故不被拉伸,内弹簧连同驻车制动推杆与前制动蹄一起左移靠到制动鼓上。当制动蹄磨损后制动器间隙过大,进行制动时,外弹簧首先被拉伸到一定程度后,内弹簧也被拉伸,使驻车制动推杆与前制动蹄间形成的切槽宽度增大,则切槽与楔形调节块之间的间隙也就增大了,于是楔形调节块在弹簧 3 的拉力作用下,向下移动填补了上述间隙增量。从而使制动蹄与制动鼓又恢复到正常制动器间隙量。这种制动器间隙自调装置也属一次调准式。

四、真空助力器的作用、类型和工作过程

1.真空助力器的作用

现在许多车辆都用到了助力制动系统,因为助力制动系统能够减轻驾驶人员作用于制动的力量,有效缓解驾驶疲劳,延长驾驶时间,减少道路交通事故发生的可能性。

2.真空助力器的类型

真空助力器分为单膜片和双膜片两种,双膜片真空助力器用两个较小的膜片进行串联,因此壳体较小。

3.真空助力器的工作过程

真空制动助力器安装在制动踏板和制动主缸之间,利用发动机进气歧管真空或辅助真空泵产生的真空帮助驾驶员减轻用于制动的力。在图 3-3-12 中标注出真空助力器位置。

如图 3-3-13 所示,当制动系统不工作时,空气阀连接在阀操纵杆上,并由空气阀复位弹簧将其向右拉动,控制阀由控制阀弹簧向左推动,这样使空气阀接触到控制阀。因此,防止通过空气滤清器滤芯的大气进入可变力室。在这种情况下,阀体的真空阀是与控制阀分开的,在通道 A 与通道 B 之间形成一个开口,由于在恒压室里始终与压力室相通,也具有一定真空,结果是由膜片弹簧将活塞向右推动。

当制动系统工作时,当踩下制动踏板时,阀操纵杆推动空气阀,使它向左移动。由控制

阀弹簧推到顶住空气阀的控制阀也向左移动,直到它接触到真空阀为止,这样来阻塞通道 A 与通道 B 之间的开口。当空气阀向左移动更远时,它将移动离开控制阀,这样让大气通过通道 B(通过空气滤清器滤芯后)进入可变力室,恒压室与可变力室之间的压力差使得活塞向左移动。这样又依次使反作用盘向左移动助力器推杆并增加制动力。

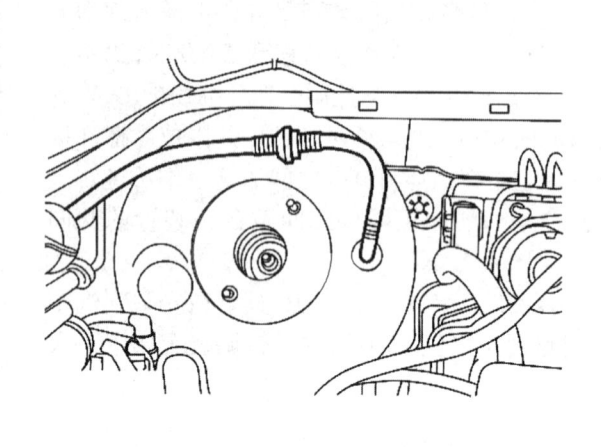

图 3-3-12　真空助力器及真空管的安装位置

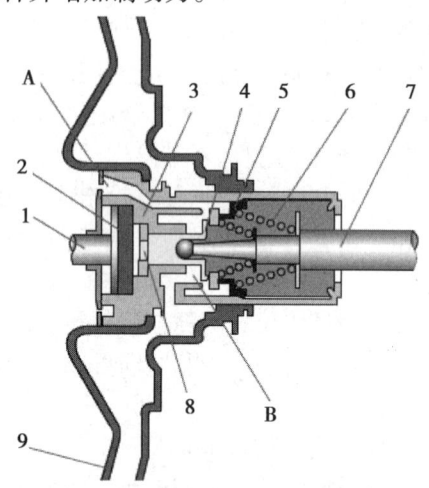

1－制动主缸推杆;2－橡胶反作用盘;
3－膜片座;4－空气阀座;5－橡胶阀门;
6－弹簧;7－控制阀推杆;
8－控制阀柱塞;9－膜片

图 3-3-13　真空助力器的工作过程

【任务实施】

一、准备工作

1. 工具和材料

常用工具、实训车辆、举升机、钢尺、千分尺、维修手册、干净的抹布。

2. 安全防护用品

标准作业装、安全鞋、线手套。

3. 汽车信息收集

车牌号码:＿＿＿＿＿＿＿＿＿＿,车辆型号:＿＿＿＿＿＿＿＿＿＿,
VIN 码:＿＿＿＿＿＿＿＿＿＿,行驶里程:＿＿＿＿＿＿＿＿＿＿。

二、制动主缸的检测与维修

如果车辆因为制动压力下降而造成制动力不足,则需对制动主缸进行检测与维修。

(1)环绕车身相检,对严重伤痕进行记录。　　　　　　　　□任务完成

(2)检查设备、工具和量具是否齐备和完好,新固定环型号是否正确。

　　　　　　　　　　　　　　　　　　　　　　　　□正常　　□不正常

(3)采用废油回收机抽出制动油罐中的制动液。　　　　　□任务完成

(4)从车上拆下制动主缸。　　　　　　　　　　　　　　□任务完成

小提示: 拆卸主缸前应将主缸上的制动油管拆掉,如图 3-3-14 所示。

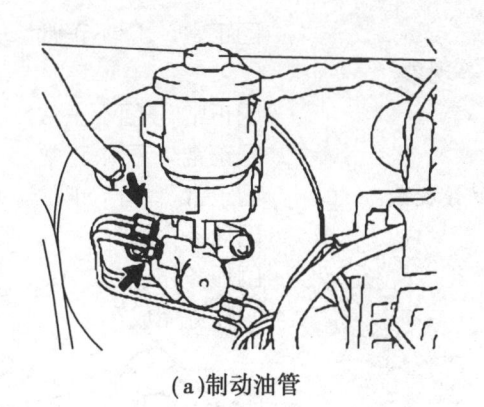

(a)制动油管　　　　　　　　(b)专用工具拆卸制动油管

图 3-3-14　拆卸制动油管

想一想： 如何避免制动液腐蚀设备或漆面？

(5)拆下储液罐。　　　　　　　　　　　　　　　□任务完成
(6)用合适的螺丝刀从制动主缸上拆卸固定环并报废。　□任务完成
(7)从主缸油缸中小心拆卸1、2号活塞总成(包括弹簧)，如图3-3-15所示。
　　　　　　　　　　　　　　　　　　　　　　　□任务完成

小提示： 如活塞与缸壁摩擦较大，可用木块从两侧垫起主缸后，向下敲击，使活塞自行掉落出来。

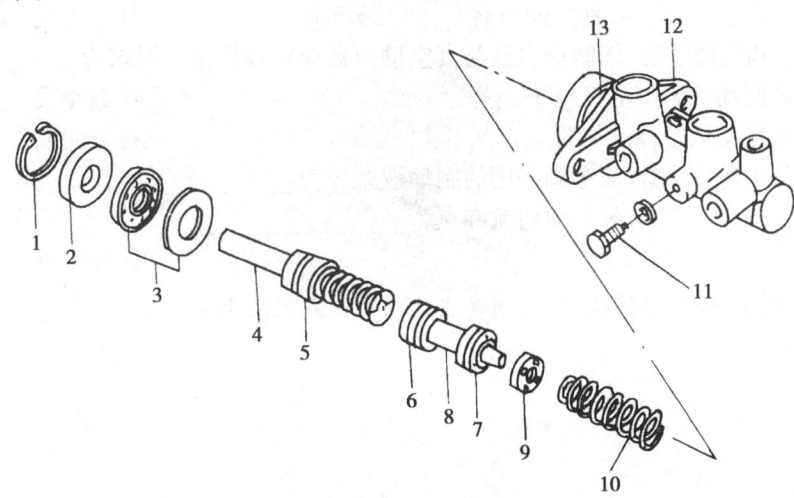

1—活塞限位环；2—活塞挡块；3—主缸的护罩与护盘；4—一级活塞；5—活塞罩；
6—二级活塞压力罩；7—活塞罩；8—二级活塞；9—回位弹簧副座；10—二级活塞回位弹簧；
11—二级活塞限位螺栓；12—主缸体；13—密封体

图 3-3-15　制动主缸的拆卸和装配顺序

(8)清洗制动主缸。　　　　　　　　　　　　　　□任务完成
清洗制动主缸时应采用_____作为清洗剂。

(9) 检查缸壁是否有磨损。　　　　　　　　　　　□正常　□不正常
(10) 检查皮碗是否有严重老化、磨损、破裂等现象。
①一级活塞皮碗：　　　　　　　　　　　　　　□正常　□不正常
②二级活塞皮碗：　　　　　　　　　　　　　　□正常　□不正常
(11) 检查弹簧是否有弯曲、变形、生锈、断裂等现象。□正常　□不正常
(12) 用清洁的制动液润滑缸体内壁。　　　　　　□任务完成
(13) 装入活塞。　　　　　　　　　　　　　　　□任务完成
(14) 安装定位销,如图3-3-16所示。　　　　　　□任务完成

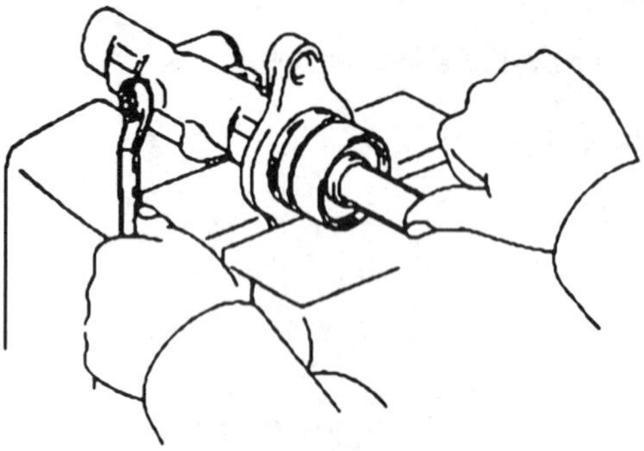

图3-3-16　安装定位销 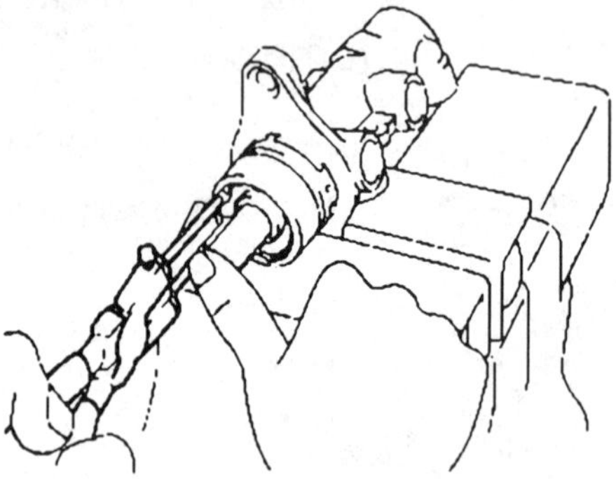　　　　　　图3-3-17　安装固定环

(15) 使用木制或塑料冲子将活塞压入缸体。　　　□任务完成
(16) 将新固定环插入缸径槽,如图3-3-17所示。 □任务完成
(17) 前后移动活塞检查是否能自由移动。　　　　□正常　□不正常
(18) 装上储液罐。　　　　　　　　　　　　　　□任务完成
(19) 将制动主缸安装在真空助力器上,如图3-3-18。□任务完成
查阅资料和维修手册,该制动主缸与真空助力器连接螺栓扭力要求为_____N·m。
(20) 安装制动油管与电气电路。　　　　　　　　□任务完成
(21) 添加制动液至标准位置。　　　　　　　　　□任务完成
查阅资料和维修手册,该车辆采用的制动液型号为_____,干平衡回流沸点为_____,湿平衡回流沸点为_____。
(22) 清洁复位。　　　　　　　　　　　　　　　□任务完成

想一想： 如在维修过程中,制动液沾在皮肤或衣服上应该如何处理？

三、真空助力器的更换

当车辆出现制动踏板发硬,踏板阻力明显增大的情况时,经检测后,发现真空助力器不能正常工作,我们需要对真空助力器进行更换。

(1) 环绕车身,对严重伤痕进行记录。　　　　　□任务完成
(2) 检查设备、工具和量具是否齐备和完好,新真空助力器是否完好,型号是否正确。
　　　　　　　　　　　　　　　　　　　　　　□正常　□不正常

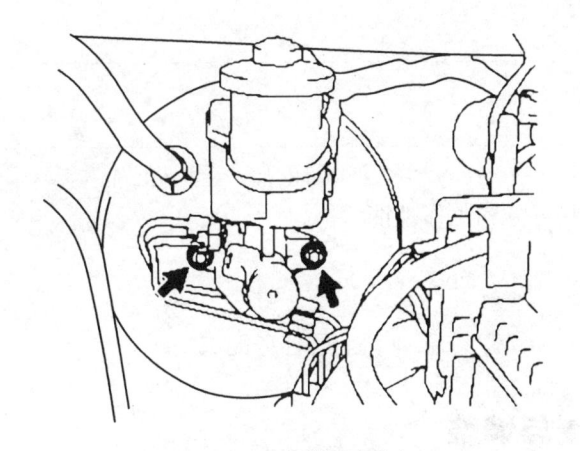

图 3-3-18　安装制动主缸 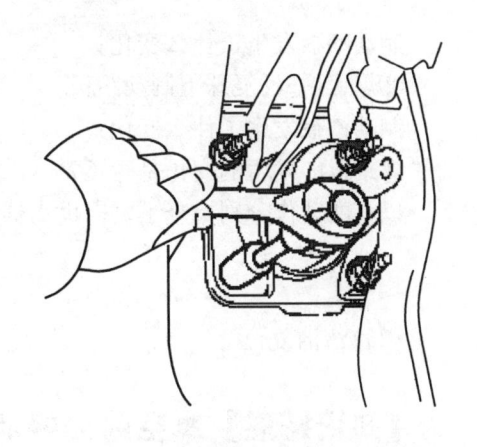　　　　　　　　图 3-3-19　拆卸真空助力器安装螺母

(3) 采用废油回收机抽出制动油罐中的制动液。　　□任务完成
(4) 从车上拆下制动主缸。　　□任务完成
(5) 拆卸轴和 O 型密封圈。　　□任务完成
(6) 拆卸助力器真空管。　　□任务完成
(7) 断开制动灯开关。　　□任务完成
(8) 拆卸制动踏板弹簧。　　□任务完成
(9) 从制动踏板托架总成上断开卡夹和推杆销。　　□任务完成
(10) 从仪表板中伸出的双头螺栓上拆卸助力器安装螺母,如图 3-3-19 所示。
　　　　　　　　　　　　　　　　　　　　　　　□任务完成
(11) 取下真空助力器。　　□任务完成
(12) 从推杆上拆下 U 型钩和六角螺母。　　□任务完成
(13) 检查推杆及推杆上的 U 型钩有无损坏。　　□正常　　□不正常
(14) 将六角螺母和 U 型钩安装在助力器轴上。　　□任务完成
(15) 调整真空助力器拨叉销孔中心至真空助力器的距离至 120 mm。
　　　　　　　　　　　　　　　　　　　　　　　□任务完成
(16) 用安装螺母从仪表板中固定真空助力器。　　□任务完成
(17) 安装制动踏板托架总成。　　□任务完成
(18) 安装制动踏板复位弹簧。　　□任务完成
(19) 连接制动灯开关。　　□任务完成
(20) 安装真空助力器真空管。　　□任务完成

小提示：安装前应对真空助力器的密封性和连接状态进行检查。

(21) 安装制动主缸推杆和 O 型密封圈。　　□任务完成
(22) 安装制动主缸。　　□任务完成
(23) 安装制动油管与电气电路。　　□任务完成
(24) 添加制动液至标准位置。　　□任务完成

查阅资料和维修手册,该车辆采用的制动液型号为_____,干平衡回流沸点为_____,湿平衡回流沸点为_____。

(25) 对真空助力器的工作情况进行检查：

①踩下制动踏板,然后点火。

制动踏板发生了什么变化：_____
②熄火后，反复踩下制动踏板。
制动踏板发生了什么变化：_____
③踏板的发生的变化是否正常。　　　　　　　　　□正常　　□不正常
以上两动作分别检查了真空助力器的哪些部分和工作性能？

(26)清洁复位 。　　　　　　　　　　　　　　　□任务完成

【知识拓展】真空助力器的检查与调整

一、真空助力器的检查

进气歧管真空不足、真空管路泄漏或破损、膜片漏气、空气阀关闭不严，都将导致真空助力器工作不良。而制动踏板费力通常是真空助力器完全损坏的重要信号。真空助力器是否正常工作，可用下列方法进行检查。

1.密封性能的检查

密封性能的检查方法有两种：

(1)起动发动机，在怠速运转 1~2 min 后关闭发动机。以常用制动踏板力踩制动踏板若干次，每次踩踏板的间隔时间应在 5 s 以上，其制动踏板高度若一次比一次逐渐提高，则表明真空助力器密封性能良好。否则，应检查发动机的真空供给情况，若发动机运转时提供的真空度正常，则表明真空助力器密封不良，应检修。

(2)起动发动机，使发动机在怠速运转 1~2 min 后，踏下制动踏板数次，并在踏板处于最低位置、保持踏板力不变的情况下，停止发动机运转。若发动机提供的真空度正常，且踏板高度在 30 s 内无变化，则说明真空助力器密封性能良好。如制动踏板有明显的回升现象，则真空助力器有漏气故障。

2.助力功能的检查

在发动机熄火时，以相同的踏板力踏制动踏板若干次，以消除真空助力器的全部残余真空，并确认踏板高度无变化后，踏住踏板不动，然后起动发动机。此时若制动踏板略为下沉，则说明真空助力器助力功能正常；如踏板不动，则助力器无助力作用，应首先检查真空源是否提供了一定的真空度，然后检查真空管路、单向阀及真空助力器。

3.真空供给的检查

如果制动时真空助力器的助力功能丧失或助力作用微弱，除需检查真空助力器外，更应重点检查给助力器提供真空的真空源及其真空管路。检查时，拔下真空助力器的真空接头，起动发动机使其怠速运转，用拇指迅速将真空管口堵住。此时若感到有强烈的吸力，则表明发动机提供的真空度足够及真空管路正常；若无强烈的吸力或根本无吸力，则应关掉发动机，检查真空管路是否损坏、卷曲、松动或堵塞。若真空管路损坏，则应予以更换；若真空管路正常，则应用真空表检查发动机怠速时进气歧管的真空度，发动机正常时，其真空表读数应在 40~67 kPa 范围内。

若真空度小，表明提供真空源的发动机有问题。真空源提供真空度小的故障往往容易被人忽视，导致对真空助力器的错误诊断，甚至导致更换真空助力器，这应引起注意。

4. 真空单向阀的检查

真空单向阀位于发动机进气歧管和真空助力器之间。发动机进气歧管的真空通过真空单向阀到达真空助力器，但真空助力器的真空不能通过该阀回流。因此，真空单向阀的作用是保证发动机停转后，真空助力器内的真空能维持一定的时间，保持一次有效的助力制动。检查时，先将发动机怠速，然后关闭发动机并等待 5 min，再踩踏板施加制动，至少在一个踏板行程中应有助力作用。如果在第一次踩踏板时没有助力作用，则单向阀存在泄漏故障。进一步检查，将单向阀拆下，用嘴向单向阀进气歧管一端吹气，气流应一点都不能通过。真空单向阀反向泄漏时，应予以更换。另外，真空单向阀有开闭受阻或卡住的现象也应予以更换。

5. 真空助力器空气阀的检查

真空助力器空气阀若存在漏气故障，汽车无制动行驶时，部分空气进入 B 腔而使膜片两侧 B、A 腔产生压差，导致助力器自动工作，使车轮行驶阻滞力较大。这种故障具有很大的隐蔽性，导致汽车的动力性、经济性严重下降。据调查，许多轿车发生这种故障时，驾驶员竟然不知道，有的虽知道车轮行驶阻滞力过大，轮毂发热严重，但找故障原因时往往以为是制动器调整不当，很少怀疑是真空助力器的问题。可用下面两种方法进行检查。

（1）通过进行制动器阻滞试验来检查真空助力器空气阀，方法如下：

① 把从动轴车轮升离地面悬空；

② 踩制动踏板数次，以便清除真空助力器内的残余真空；

③ 松开制动踏板，用手转动车轮，注意其阻力的大小；

④ 起动发动机，并怠速运转 1 min，然后关闭发动机；

⑤ 再次用手转动其车轮，如果阻力增加，则说明真空助力器空气阀存在漏气故障，其原因是真空助力器解除制动后，空气进入了真空助力器 B 腔。

（2）直接检查空气阀的密封性能。

方法是：放松制动踏板，发动机怠速运转时，悬一小束棉纱或纸条于空气阀进气口前面。如被吸入，说明空气阀密封不良，有漏气故障；如此时未被吸入，而当制动踏板刚一踏下时它便被吸入，则说明空气阀良好，无漏气故障。

上述真空助力器的检查方法，也适应于其他未装备真空储能器的轿车真空助力器。

二、真空助力器的调整

当真空助力器出现壳体破损或有裂纹、推杆损坏、漏气、失去助力功能时，应更换真空助力器。在更换或调试真空助力器时，要检查推杆左端头至制动总泵安装面的尺寸。若该尺寸过大，则制动反应迟缓；若该尺寸过小，则易将制动总泵活塞顶死，产生制动发咬现象。真空助力器推杆与制动总泵活塞间有 2～3 mm 的自由间隙。这样在制动踏板力消失时，可以使制动总泵活塞完全回位，彻底解除制动。因此当该尺寸不符合要求时，应进行调整。

【任务检测】

一、判断题

1. 制动主缸的油封为耐油橡胶，故无论采用什么制动液油封均能正常使用。（　　）

2. 制动踏板的自由行程是由真空助力器中推杆的间隙决定的，故制动蹄的磨损不影响自由行程的大小。（　　）

3. 真空助力器的助力来自于发动机的进气道。（   ）
4. 现代车辆的制动主缸上至少有两条油路,以增大轮缸上的作用力。（   ）
5. 为保证制动系统的稳定性,检查时应开启制动油壶确认制动液的具体液位。（   ）
6. 如制动主缸中的弹簧断裂,车辆在行驶时易出现拖滞现象。（   ）
7. 如真空助力器中的弹簧断裂,制动踏板将无法正常复位。（   ）
8. 拆卸真空助力器时,可以不将制动液从油壶中吸出。（   ）
9. 如真空助力器不能正常工作,应及时拆卸真空助力器进行维修。（   ）
10. 如制动主缸的内壁上出现严重划痕,则必须更换整个制动主缸。（   ）

二、选择题

1. 现在的轿车普遍所采用的制动主缸是(   )。
   A. 单腔式　　　　　　　　　　　B. 串联双腔活塞式
   C. 并联双腔活塞式　　　　　　　D. 往复式
2. 真空助力器安装在制动主缸(   ),制动踏板之前。
   A. 之后　　　B. 之前　　　C. 左面　　　D. 右面
3. 制动主缸装配前,应先用(   )清洗缸壁。
   A. 制动液　　B. 汽油　　　C. 柴油　　　D. 防冻液
4. 制动器缓慢拖滞转动的原因可能是(   )。
   A. 系统内空气过量　　　　　　　B. 制动轮缸或制动钳活塞被卡住
   C. 制动踏板回位弹簧拉力过大　　D. 制动蹄片磨损量过大
5. 顾客抱怨说,用平稳的力踩制动踏板时,制动踏板只是缓慢地移向地板,没有制动液泄漏的迹象。下列四项中(   )最有可能是该故障的原因。
   A. 溢流阀工作不正常　　　　　　B. 主皮碗过量磨损
   C. 副皮碗过量磨损　　　　　　　D. 活塞弹簧变软
6. 制动液压系统进行必需的修理后,以下(   )不要求对制动液压系统进行冲洗。
   A. 制动液含有水分　　　　　　　B. 系统内渗有空气
   C. 制动液内有细小脏微粒　　　　D. 制动液用错型号
7. 在讨论主液压系统泄漏造成的影响时,甲说,制动主缸内的主压力腔内将不会产生压力;乙说,由主压力腔伺服的制动器将不能制动。(   )正确。
   A. 只有甲正确　B. 只有乙正确　C. 两人均正确　D. 两人均不正确
8. 一辆装有真空助力制动器的汽车,进行制动时踏板力量不正常。下列(   )可能是故障原因。
   A. 制动主缸内泄漏　　　　　　　B. 助力器内的真空度过大
   C. 助力器真空管路堵塞　　　　　D. 制动液液面太低
9. 在分析装有真空助力制动系统的汽车的制动故障原因时,甲说,踏板行程过大可能是由存在泄漏的单向阀造成的;乙说,踏板行程过大可能是由制动主缸内的推杆调节不正确造成的。(   )正确。
   A. 只有甲正确　B. 只有乙正确　C. 两人均正确　D. 两人均不正确
10. 仪表板上的制动报警灯始终亮着,造成这种问题的可能原因是(   )。
    A. 制动灯开关未调整好　　　　　B. 电路中的保险丝熔断
    C. 液压回路有问题　　　　　　　D. 制动灯开关短路

【评价与反馈】

班级：_____　　姓名：_____　　指导教师：_____

序号	考核项目	配分	考核内容	配分	考核标准	得分
1	出勤、纪律	5	出勤	2	违规一次不得分	
			行为规范	3	违规一次不得分	
2	安全、防护、环保	20	着装	4	违规一次不得分	
			个人防护	4	违规一次不得分	
			"5S"、"EHS"	4	违规一次不得分	
			设备使用安全	4	违规一次不得分	
			操作安全	4	违规一次不得分	
3	知识水平	20	知识测验成绩	20	按测验成绩的20%计	
4	技能考核	40	技能测验成绩	40	按测验成绩的40%计	
5	学习能力	10	工单填写,工艺计划制订	4	未做不得分	
			组内活动情况	4	根据未完成情况酌情扣1~4分	
			资料的查阅和收集	2	未做不得分	
6	任务拓展	5	知识拓展	2	未做不得分	
			技能拓展	3	未做不得分	
7	总分	100				

【教师评估】

序号	优点	存在的问题	解决方案

教师签字：

任务四　驻车制动系统的检查与调整

【任务目标】

目标类型	目标要求
1.认知目标	(1)描述驻车制动系统的组成和工作过程 (2)认识鼓式驻车制动系统的结构 (3)认识盘式驻车制动系统的结构
2.技能目标	达到汽车维修中级工的如下技能要求： (1)完成驻车制动系统松紧的调整 (2)完成鼓式驻车制动系统制动力的调整
3.情感目标	(1)养成细致的作业习惯 (2)养成交车前复查的习惯 (3)养成维修完成后及时清洁工具、工位的习惯

【任务描述】

当车辆停止或处在空挡状态时，为了保证车辆不会因外界原因或道路状况发生滑移，引发安全事故，必须对车辆进行限制。驻车制动系统与行车制动系统一样也是汽车制动系统的重要组成部分。它通过对车辆的制动，可以有效地保证在上述情况下，车辆不会产生滑动，影响道路安全和他人安全。

【知识准备】

一、驻车制动系统的作用和类型

1.驻车制动系统的作用

驻车制动系统的作用是在车辆停止后防止滑溜，使车辆在坡道上能够顺利_____，行车制动系统失效后临时使用或配合行车制动器进行紧急制动。

2.驻车制动系统的类型

(1)按驻车制动系统的位置分类。

按驻车制动器的位置不同，可分为车轮制动式和_____两种。大多数驻车制动装置与车轮制动器共用一个制动器总成，只是传动机构是相互独立的，称为车轮制动式或整体_____式。有的驻车制动器安装在变速器后面，制动力矩作用在传动轴上，称为中央制动式。驻车制动系统的制动器可能是盘式或鼓式。

(2)按操纵方式分类。

按操纵方式的不同，驻车制动系统可分为脚踩式、把柄式和按钮式三种。如图3-4-1所

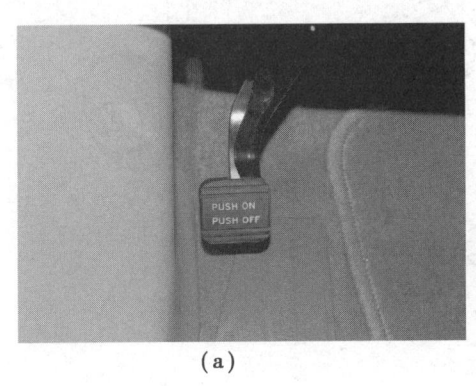

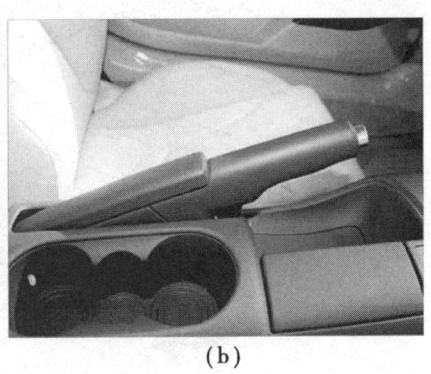

示,两种都是利用拉索式机械操纵机构使后制动器的制动蹄压紧制动鼓(或制动片压紧在制动盘上)。手柄式驻车制动系统通过_____实现锁止,当棘轮齿轮与锁止钩脱开时,驻车制动解除。对于脚踩式,再踩一次驻车制动踏板驻车制动即解除。按钮式是通过按钮开关控制电气回路带动驻车制动电机工作,实现车辆的驻车制动,如图3-4-2所示。驻车制动系统只在汽车停止后才能工作,它不能让行驶中的汽车停止。

图 3-4-1 机械式驻车制动系统

图 3-4-2 按钮式驻车制动系统

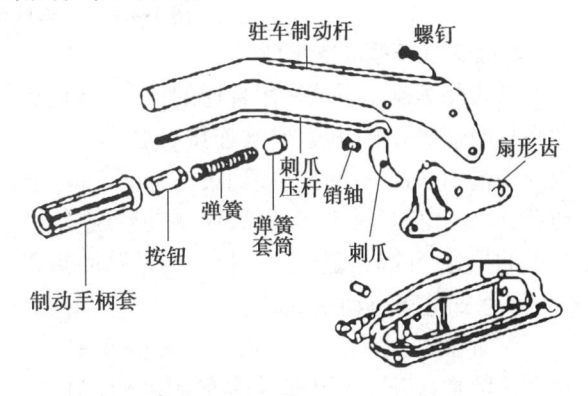

图 3-4-3 驻车制动操纵杆

二、驻车制动系统的组成部分

1.把柄式操纵机构

现代驻车系统多用_____操纵机构,其结构如图3-4-3所示,操纵柄由一个杠杆机构构成,一端牵引拉索,一端由驾驶人员手动控制。在杠杆机构的支点旁有一个锁止弹簧拉紧的锁止钩,在弹力的作用下锁止钩与一固定位置的棘轮相啮合,当拉动操纵柄时,锁止钩在棘轮上滑动,能听到清脆的响声,这一响声是判定拉索松紧程度的重要标志。在操纵柄的顶端有一带有复位弹簧的顶杆,按下操纵柄顶部的按钮,顶杆顶向锁止钩的末端,带动锁止钩旋转,从棘轮上脱离,手柄可自由地上下旋转,松脱顶部的按钮,在复位弹簧的作用下按钮复位,顶杆从锁止钩的末端脱离,在锁止弹簧的作用下锁止钩重新与棘轮啮合。

2.拉索

大多数驻车制动系统使用拉索,它将驻车制动操纵杆或踏板与制动总成连接起来,拉索由多股高抗拉强度的钢丝紧紧扭在一起组成。有些平衡器被连接到一些杠杆上,驻车制动时,将驾驶员施加的力放大。拉索每一端都连接到各自一侧的制动器上,如果拉索一边的拉力大于另一边,可以通过平衡器上的导向装置滑动,平衡拉索两侧的拉力。常用的平衡器总成如图3-4-4所示。

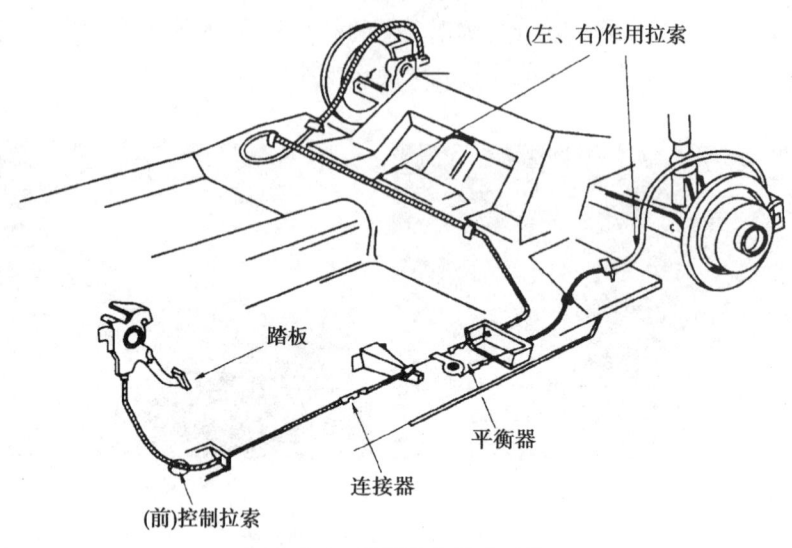

图 3-4-4 拉索驻车制动系统

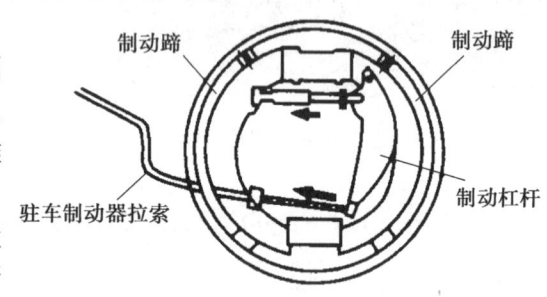

3.鼓式驻车制动器总成

鼓式驻车制动系统采用普通的_____(前或后)鼓式制动器。制动拉索穿过一个通过制动底板的金属导管,拉索端被连接到驻车制动杠杆的下端。驻车制动杠杆铰接在第二蹄腹板的顶端和通过一撑杆连接到第一蹄上。鼓式驻车制动系统的结构如图3-4-5所示。当制动后,杠杆和撑杆移动制动蹄,使制动蹄绕支承销轴旋转离开轮缸、并与制动鼓接触。当拉索上的拉力解除时,复位弹簧拉动制动蹄回到它未施力的位置。

4.盘式驻车制动系统总成

浮钳盘式制动器在兼充行车和驻车制动系统的情况下,不用加设驻车制动钳,只需在行车制动钳油缸附近加装一些用以推动油缸活塞的驻车制动机械传动零件即可。

用于汽车后轮的,带驻车制动传动装置的盘式制动器的浮式制动钳如图3-4-6所示。自调螺杆穿过制动钳体的孔。膜片弹簧使螺杆右端斜面与驻车制动杠杆的凸轮斜面始终贴合。螺杆左端切有粗牙螺纹的部分旋转着自调螺母。螺母的凸缘左边部分被扭簧紧箍着。扭簧的一端固定在活塞上,而另一端则自由地抵靠螺母凸缘。推力球轴承固定在螺母凸缘的右侧,并被固定在活塞上的挡片封闭。轴承与挡片之间的装配间隙,即等于制动器间隙为设定值时完全制动所需的活塞行程。

图 3-4-5 鼓式驻车制动系统

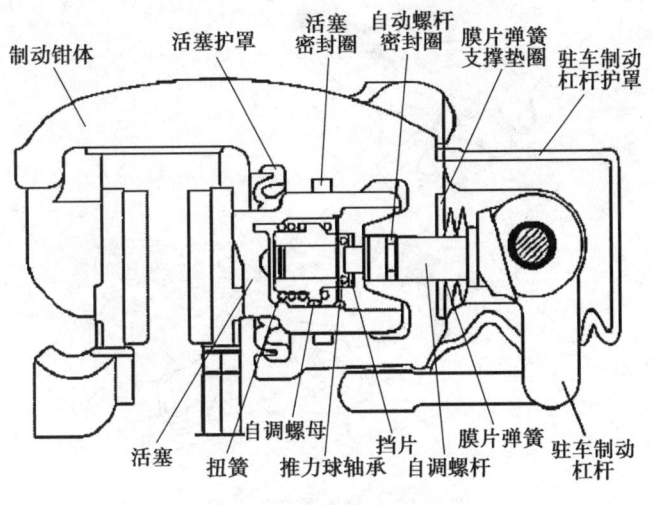

图 3-4-6　盘式驻车制动系统

【任务实施】

一、准备工作

1.工具和材料

常用工具、实训车辆、举升机、钢尺、千分尺、维修手册、干净的抹布。

2.安全防护用品

标准作业装、安全鞋、线手套。

3.汽车信息收集

车牌号码：＿＿＿＿＿＿＿＿＿＿＿＿，车辆型号：＿＿＿＿＿＿＿＿＿＿＿＿＿，

VIN 码：＿＿＿＿＿＿＿＿＿＿＿＿，行驶里程：＿＿＿＿＿＿＿＿＿＿＿＿。

4.技术要求(作业标准)

二、检测驻车制动系统，并针对驻车制动力不够的情况进行调节

维护步骤：

(1)环绕车身目检，对严重伤痕进行记录。　　　　　　　　□任务完成

(2)检查设备、工具和量具是否齐备和完好，检查备用的摩擦块型号是否匹配。

□正常　　□不正常

(3)安装车轮挡块。　　　　　　　　　　　　　　　　　　□任务完成

(4)检查挡杆是否处于空挡位置。　　　　　　　　　□正常　　□不正常

(5)起动车辆。　　　　　　　　　　　　　　　　　　　　□任务完成

(6)拉起驻车制动杆，检查制动杆齿数是否正常，如图 3-4-7 所示。

□任务完成

(7)检查仪表盘制动灯是否正常点亮。　　　　　　□正常　　□不正常

(8)松脱驻车制动杆，检查制动杆能否正常复位，仪表盘制动灯能否正常熄灭。

□任务完成

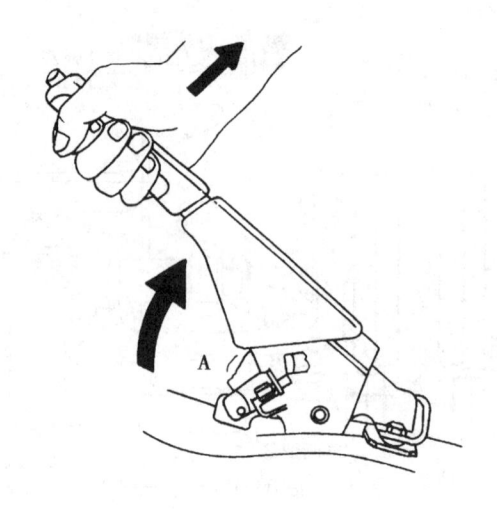

图 3-4-7　拉起驻车制动杆

(9) 拉紧驻车制动杆。　　　　　　　　　　　　□任务完成
(10) 举升车辆。　　　　　　　　　　　　　　　□任务完成
(11) 检查驻车制动拉索支架有无松脱。　　　　　□正常　　□不正常
(12) 检查拉索保护套有无破损,有无伤痕。　　　□正常　　□不正常
(13) 用开口扳手旋转拉索调整接头,至制动杆齿数与要求相吻合为止,如图 3-4-8 所示。　　　　　　　　　　　　　　　　　　　　　□任务完成

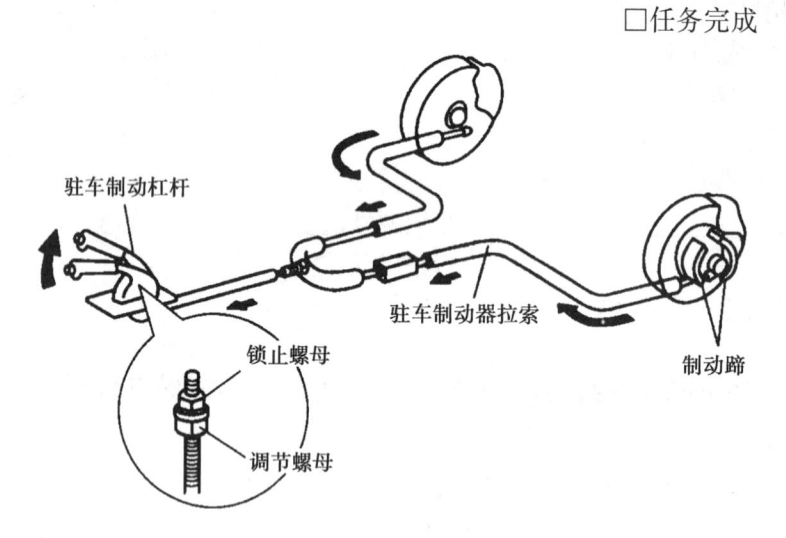

图 3-4-8　驻车制动系统的调整

(14) 轻拽拉索,检查连接是否紧固,拉索保护套是否处于松弛状态。
　　　　　　　　　　　　　　　　　　　　　　□正常　　□不正常
(15) 下降车辆,安装车轮挡块,拉起手刹。　　　□任务完成
(16) 清洁、整理工具。　　　　　　　　　　　　□任务完成
(17) 清洁工位。　　　　　　　　　　　　　　　□任务完成

【任务检测】

一、判断题

1. 驻车制动系统是以机械传动作为其动力传动方式的。（ ）
2. 驻车制动系统分为中央制动和车轮制动两种形式。（ ）
3. 轿车中通常采用中央制动作为驻车制动的制动形式。（ ）
4. 制动警示灯不能反映出驻车制动系统是否正在工作。（ ）
5. 驻车制动时,拉动制动杆的齿数越多越好。（ ）
6. 拉索护套在未被完全磨穿前都可以正常使用。（ ）
7. 拉索平衡块的作用是为了保证制动时,左右两侧的制动力大小一致。（ ）
8. 如果制动杆不能正常锁止,可能是弹簧断裂造成的。（ ）
9. 如果车辆停在平整的路面上,可以不用驻车制动系统对车辆进行制动。（ ）
10. 因为拉索工作时长期处于拉伸状态,所以需要定期对拉索的长度进行测量,保证拉索的正常工作。（ ）

二、简答题

1. 驻车制动系统的类型和作用是什么？
2. 驻车制动系统的组成部分是哪些？

【评价与反馈】

班级：_____ 姓名：_____ 指导教师：_____

序号	考核项目	配分	考核内容	配分	考核标准	得分
1	出勤、纪律	5	出勤	2	违规一次不得分	
			行为规范	3	违规一次不得分	
2	安全、防护、环保	20	着装	4	违规一次不得分	
			个人防护	4	违规一次不得分	
			"5S"、"EHS"	4	违规一次不得分	
			设备使用安全	4	违规一次不得分	
			操作安全	4	违规一次不得分	
3	知识水平	20	知识测验成绩	20	按测验成绩的20%计	
4	技能考核	40	技能测验成绩	40	按测验成绩的40%计	
5	学习能力	10	工单填写,工艺计划制订	4	未做不得分	
			组内活动情况	4	根据未完成情况酌情扣1~4分	
			资料的查阅和收集	2	未做不得分	
6	任务拓展	5	知识拓展	2	未做不得分	
			技能拓展	3	未做不得分	
7	总分	100				

【教师评估】

序号	优点	存在的问题	解决方案

教师签字：

项目四
汽车转向与操纵系统的维修

任务一　悬架与转向系统的维护

【任务目标】

目标类型	目标要求
1. 认知目标	(1)描述汽车悬架与转向系统及各部件的作用 (2)描述汽车悬架与转向系统的类型 (3)认识汽车悬架与转向系统的主要零件
2. 技能目标	达到汽车维修中级工的如下技能要求： (1)对悬架与转向系统进行维护作业 (2)查询维修资料,获取所需要的紧固力矩
3. 情感目标	(1)培养"5S"、"EHS"意识 (2)养成良好的学习和工作习惯

【任务描述】

汽车悬架的基本功用是连接车身与车轮,汽车悬架往往被列为重要部件编入轿车的技术规格表,作为衡量轿车质量的指标之一。汽车转向系统的基本功用是改变汽车的行驶方向,是保证汽车安全行驶的重要条件之一。

汽车的悬架系统和转向系统是汽车重要的总成,合称为汽车悬架与转向系统,其性能的好坏会直接影响到舒适性和行驶的安全性。因此在进行汽车定期维护的过程中,汽车悬架与转向系统是常见的维护项目。

【知识准备】

一、汽车悬架的作用、类型和组成

汽车悬架系统是连接_____（或非承载式车身的车架）与_____（或车桥）之间所有传力连接装置的总称，用笔将图4-1-1中的悬架系统标示出来。

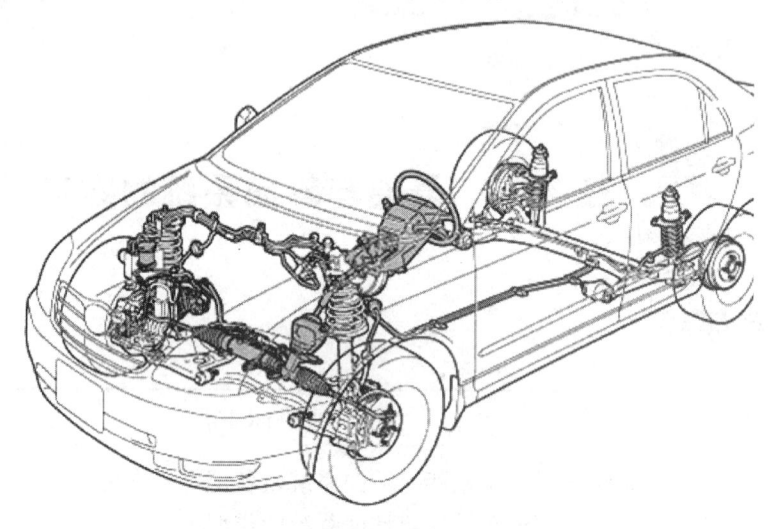

图4-1-1 悬架在车辆上的安装位置

1.悬架系统的作用

汽车悬架系统的首要任务是传递车架与车轮间的力，以保证汽车在各种行驶条件下的乘坐舒适性与安全性。为此，悬架系统应具备如下作用：

（1）连接车身与车轮，以适当的刚性支承车轮；
（2）吸收来自路面的冲击，改善乘坐舒适性；
（3）稳定行驶中的车身姿势，改善操纵稳定性。

2.悬架系统的分类

按结构的不同，可分为独立悬架和非独立悬架两种，如图4-1-2。

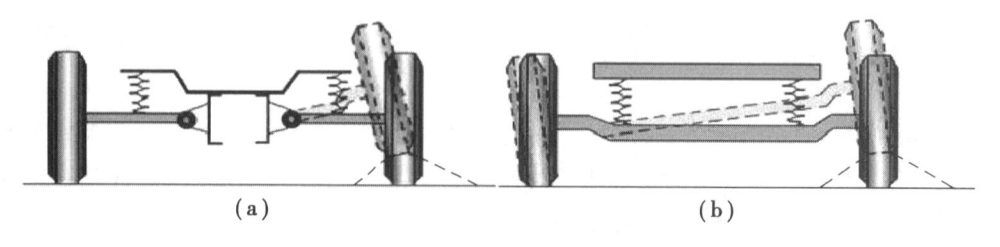

图4-1-2 独立悬架和非独立悬架

（1）独立悬架：独立悬架的车桥分成两段，每只车轮用螺旋弹簧独立地安装在车架（或车身）下面，当一边车轮发生跳动时，另一边车轮不受波及，汽车的平稳性和舒适性好。这种悬架构造较_____（复杂或简单），承载力小，如图4-1-2（　）。现代轿车前后悬架大都采用了独立悬架，并已成为一种发展趋势。

（2）非独立悬架：结构特点是两侧车轮由一根整体式车桥相连，车轮连同车桥一起通过弹性悬架悬挂在车架或车身的下面，如图 4-1-2（　　）。非独立悬架具有结构_____（复杂或简单）、成本低、强度高、保养容易、行车中前轮定位变化小的优点，但由于其舒适性及操纵稳定性都较差，在现代轿车中基本上已不再使用，多用在货车和大客车上。

3.悬架系统的组成

悬架系统包括弹性元件、减振器、导向机构和横向稳定器。在图 4-1-3 中标注出它们。

（1）根据图 4-1-3，参考相关资料，将表 4-1-1 补充完整。

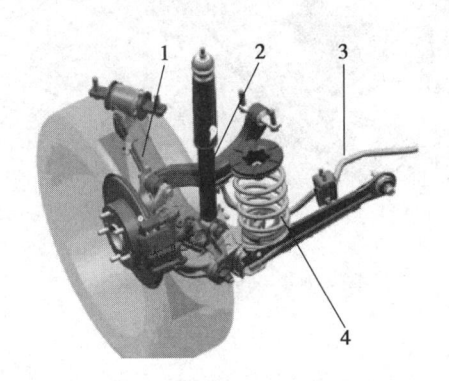

图 4-1-3　悬架系统的组成示意图

表 4-1-1　悬架系统各总成的作用

序号	名　称	作　用
1	导向机构	
2		
3	横向稳定器	
4		

二、汽车转向系统的作用和类型

1.转向系统的作用

用来改变或保持汽车行驶或倒退方向的一系列装置称为汽车转向系统。汽车转向系统的功能就是按照驾驶员的意愿控制汽车的行驶方向，即驾驶员通过_____来控制汽车的行驶方向，通过转向盘和一系列的杆件将转向力传递到车轮，从而实现驾驶员的驾驶意愿。在图 4-1-4 上用箭头标注出驾驶员控制转向系统的传力示意。

2.转向系统的分类

汽车转向系统按照转向的动力来源来区分，分为两大类：机械转向系统和动力转向系统。

其中，常见的转向器有齿轮齿条式、循环球式、蜗杆直销式和蜗杆滚轮式四种类型。

（1）机械转向系统：完全靠驾驶员手力操纵的转向系统称为_____，主要组成部件有：转向盘，转向管柱，转向传动机构和_____，如图 4-1-5 所示。

缺点：无法同时满足转向轻便和转向灵敏。

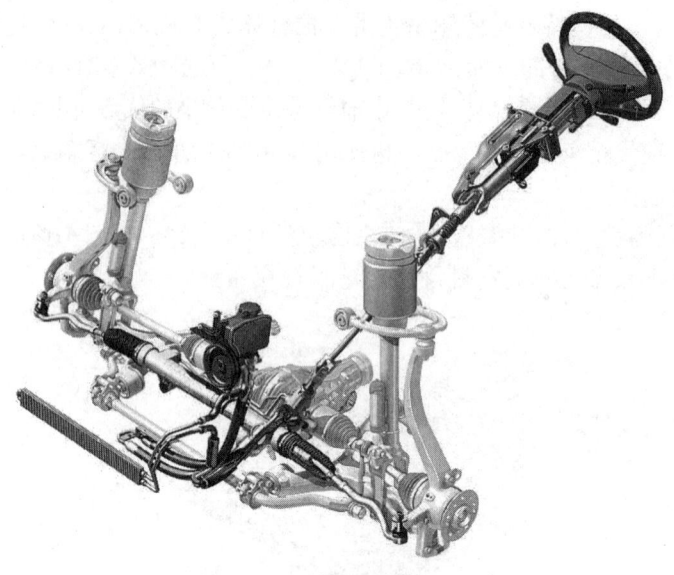

图 4-1-4　转向系统示意图

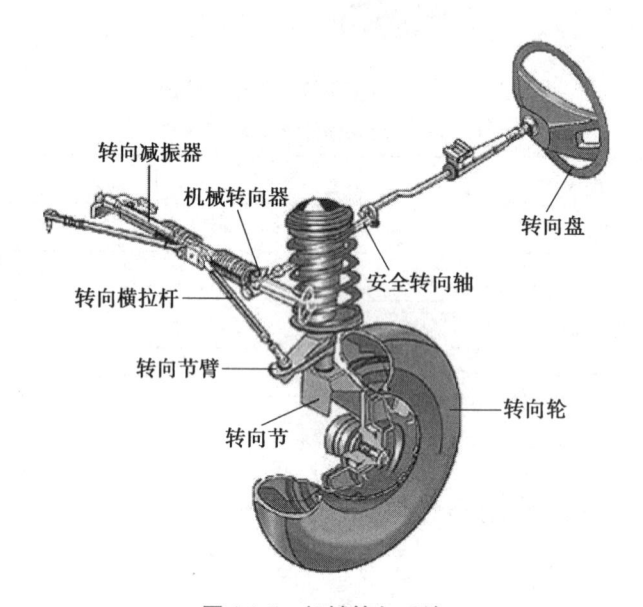

图 4-1-5　机械转向系统

（2）动力转向系统：借助动力来操纵的转向系统称为_____。动力转向系统是在机械转向系统的基础上增加一套转向加力装置。

动力转向系统又可分为液压动力转向系统和电动助力动力转向系统。

①液压动力转向系统：转向加力装置的部件包括_____、转向油管、转向油罐以及位于整体式转向器内部的_____和转向动力缸等，如图4-1-6所示。

②电动助力动力转向系统：简称电动式 EPS（Electronic Power Steering system），是在机械转向机构的基础上，增加信号传感器、电子控制单元和转向助力机构，如图4-1-7所示。

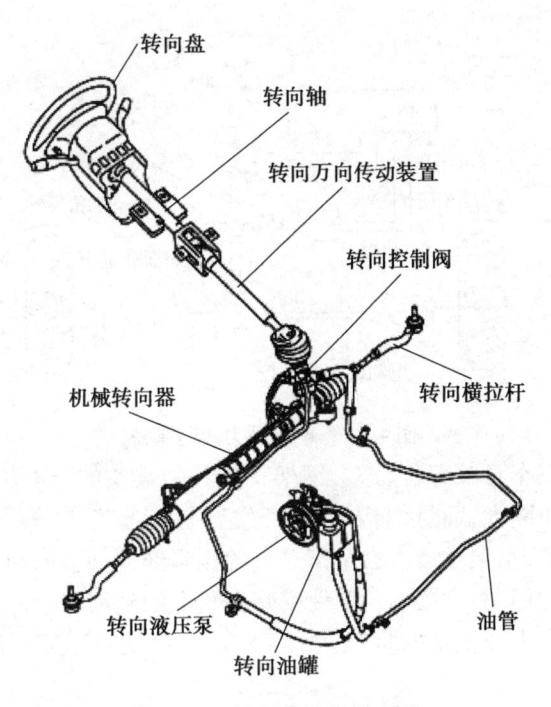

图 4-1-6 液压动力转向系统

3. 查询资料,比较不同转向系统的优缺点,完善表 4-1-2

表 4-1-2 不同转向系统的优缺点

动力源类型		优 点	缺 点
机械转向系统			
动力转向系统	液压动力转向系统	机械液压助力的方向盘与转向轮之间全部是机械部件连接,操控精准、路感直接、信息反馈丰富;液压泵由发动机驱动,转向动力充沛,大小车辆都适用;技术成熟、可靠性高、平均制造成本低	液压系统的管路结构非常复杂,功率消耗大,容易产生泄漏,转向力不易有效控制;各种控制油液的阀门数量繁多,后期的保养维护需要成本;整套油路经常保持高压状态,使用寿命也会受到影响
	电动助力动力转向系统	省去了液压动力转向系统所必需的动力转向油泵、软管、液压油、传送带和装于发动机上的皮带轮,既节省能量,又保护了环境。另外,还具有调整简单、装配灵活以及在多种状况下都能提供转向助力的特点	降低成本和重量、系统小型化、轻量化、易于布置、零件数量少、无泄漏、故障率低;能满足在不同行驶工况下都有最佳助力作用的要求,低速轻便、高速稳定,低速助力多、高速助力小

【知识拓展】

按车身的结构分类,现代汽车主要分成承载式车身和非承载式车身两大类。其中_____车身,如图 4-1-8(　　)就是将粗壮的钢梁焊接或铆合起来成为一个钢架,然后在这个

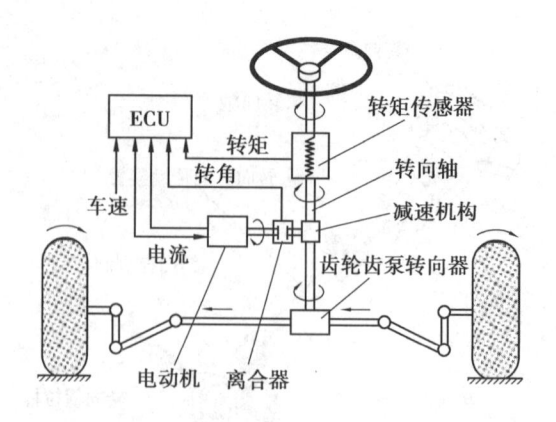

图 4-1-7　电动助力转向系统

钢架上安装引擎、悬架、车身等部件,这个钢架就是名副其实的"车架"。其优点是钢梁提供很强的承载能力和抗扭刚度,而且结构简单,开发容易,生产工艺的要求也较低。致命的缺点是钢制大梁质量沉重,车架重量占去全车总重的相当部分;此外,粗壮的大梁纵贯全车,影响整车的布局和空间利用率,大梁的厚度使安装在其上的坐厢和货厢的地台升高,使整车重心偏高。适用于要求有大载重量的货车、中大型客车,以及对车架刚度要求很高的车辆,如越野车。

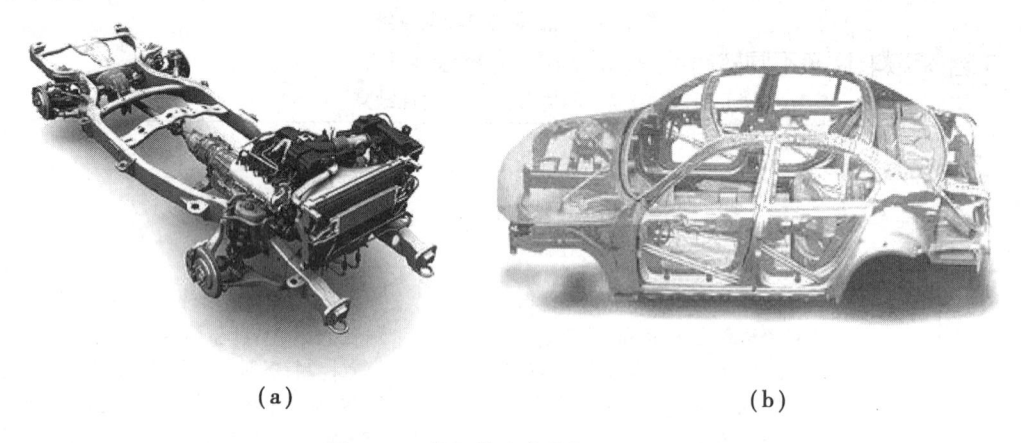

(a)　　　　　　　　　　(b)

图 4-1-8　非承载式车身与承载式车身

承载式车身也称作整体式或单体式车架,如图 4-1-8(　　),针对大梁式车架质量重、体积大、重心高的问题,承载式车架的意念是用金属制成坚固的车身,再将发动机、悬架等机械零件直接安装在车身上。这个车身承受所有的载荷,充当车架,所以准确称呼应为"无车架结构的承载式车身"。承载式车架由钢(较先进的是铝)经冲压、焊接而成,对设计和生产工艺的要求都很高,这也是中国车身设计开发难以突破的大难点。成型的车架是个带有驾乘舱、发动机舱和底板的骨架,我们所能看到的光滑的汽车车身则是嵌在骨架上的覆盖件。

轿车一般采用_____车身,因为这种结构将车架和车身合二为一,重量轻,可利用空间大,重心低,而且冲压成型的制造方式十分适合现代化的大批量生产。但是除了开发制造难度高外,刚度(尤其是抗扭刚度)不足也是承载式车身的一大缺陷,为了弥补这一缺陷,常对承载式车身的部分构件进行加粗加厚,作为抵抗扭力和承受撞击力的主要部件,其中最为常见的就是横梁和纵梁。这样在日常用车上抗扭刚度差还不明显,但对于大马力、大扭力的高性能跑车,要求有很高的车架刚度,普通承载式车身就显得刚度不足。因此高性能汽车,除了马力不断提升外,各车厂也不断致力于提高车身的刚度,主要采取的办法是优化车架的几何形状和采用局部增粗或补焊以加强抗扭能力。

由于承载式车架将全车所有部件,包括悬架、车身和乘员连成一体,具有很好的操控反应,而且传递的震动、噪音都较少,这是非承载式车身不可比拟的。因此不仅是轿车,就连一些针对良好道路环境设计的越野车也有弃大梁车架而改用承载式车身的趋势,这就是所谓的"城市化越野车"。另外针对大梁式车架地台高的弊病,出现了采用承载式车身的大型客车(称为"无大梁车身"),由于取消了大梁,旅游大巴可以在车底腾出巨大且左右贯通的行李空间,用于市区的公共汽车则可以将地台降至与人行道等高以便于上下车(要配合特殊的低置车桥)。低地台是客车的一个重要发展方向。

【任务实施】

一、准备工作

1. 工具和材料

常用工具、实训车辆、举升机、钢尺、维修手册、干净的抹布等。

2. 安全防护用品

标准作业装、安全鞋、线手套。

3. 汽车信息收集

车牌号码:_____,车辆型号:_____,
VIN 码:_____,行驶里程:_____。

二、汽车转向系统的维护

1. 转向助力油的检查

(1) 检查转向液压油液位是否正常。　　　　　　　　　　□正常　　□不正常
(2) 检查转向助力油质量是否正常。　　　　　　　　　　□正常　　□不正常

小提示:缺少油液应及时补加,但是所添加的油液的品质要与原油液相同。液压动力转向系统所使用的油液牌号,应符合原厂的要求,油液应具有良好的黏温特性、耐磨性、抗氧化性、润滑性、无杂质和沉淀物,同时,定期清洗液压油杯及滤芯,防止液压油过脏或变质,建议每行驶 30 000 km 更换一次液压油。

2. 转向系统外观的检查

(1) 检查转向助力泵皮带的松紧度是否符合要求。　　　　□正常　　□不正常
(2) 检查转向助力泵皮带有无磨损、裂纹、脱层或其他损坏。□正常　　□不正常

小提示:松紧度应以手指按下 10 mm 左右为宜。

(3) 检查液压系统的管接头是否有漏油现象。　　　　　　□正常　　□不正常
(4) 液压油管是否与其他部件摩擦导致破损漏油。　　　　□正常　　□不正常
(5) 转向器是否泄漏。　　　　　　　　　　　　　　　　□正常　　□不正常
(6) 检查动力转向助力泵是否泄漏。　　　　　　　　　　□正常　　□不正常

小提示:液压胶管应定期更换,防止胶管内脱皮堵塞管道。

3.横拉杆及球头检查

(1)检查横拉杆球头是否松动,如图4-1-9所示。　　　　□正常　□不正常

(2)检查横拉杆有无弯曲和损坏。　　　　　　　　　　　□正常　□不正常

(3)检查防尘套是否开裂及损坏,如图4-1-10所示。　　　□正常　□不正常

(4)检查下摆臂球头是否有滑动间隙及垂直游隙,如图4-1-11所示。

　　　　　　　　　　　　　　　　　　　　　　　　　　□正常　□不正常

(5)检查下摆臂球头防尘套是否损坏。　　　　　　　　　□正常　□不正常

4.检查转向节是否损坏　　　　　　　　　　　　　　　□正常　□不正常

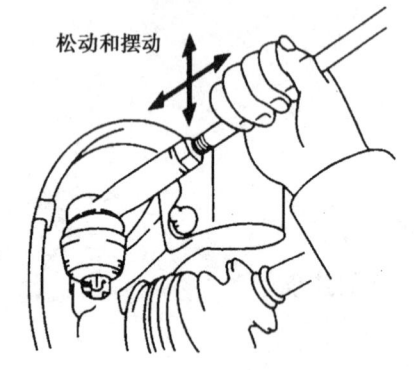

图4-1-9　检查横拉杆球头是否松动 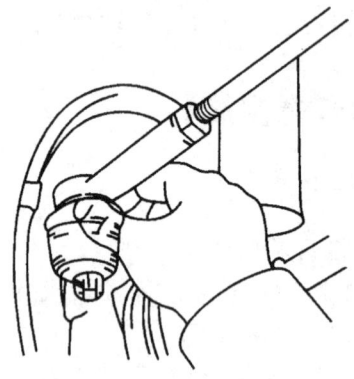　　　图4-1-10　检查防尘套是否开裂及损坏

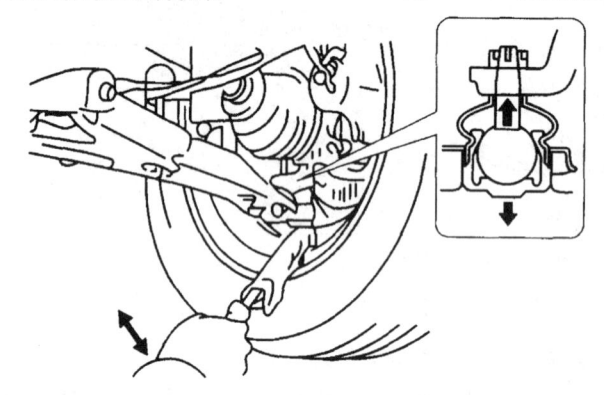

图4-1-11　检查下摆臂球头

5.检查驱动轴护套,如图4-1-12所示

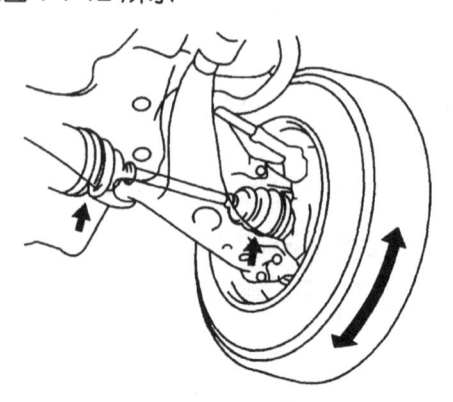

图4-1-12　检查驱动轴护套

(1)检查内、外侧驱动轴护套是否有裂纹和其他损坏。　　□正常　　□不正常
(2)检查内、外侧驱动轴润滑脂是否渗漏。　　　　　　　□正常　　□不正常

6.检查车轮轴承

(1)检查车轮轴承有无松动,如图4-1-13(a)所示。　　　□正常　　□不正常
(2)检查车轮轴承转动状况是否良好,是否有异响,如图4-1-13(b)所示。
　　　　　　　　　　　　　　　　　　　　　　　　　　□正常　　□不正常

图4-1-13　车轮轴承检查

三、汽车悬架系统的维护

1.目测检查车辆倾斜状况,如图4-1-14所示　　　　　□正常　　□不正常

小提示：目视观察车辆是否倾斜。如果车辆倾斜还需检查轮胎气压、左右车轮的尺寸及车辆承载是否均匀。

2.减振器检查

(1)检查减振器的阻尼状态,如图4-1-15所示。　　　　□正常　　□不正常

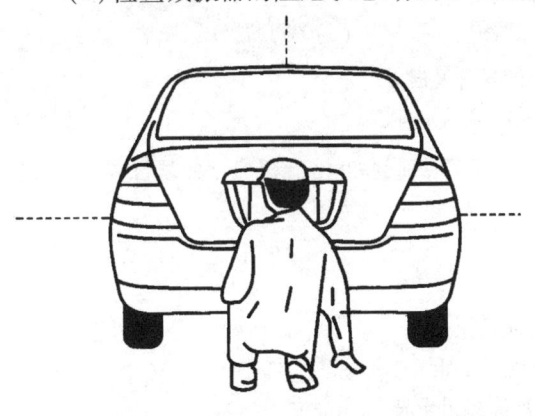

图4-1-14　目测检查车辆的倾斜状况　　　图4-1-15　检查减振器的阻尼状态

小提示：在车前、车后通过上下晃动车身确定减振器阻尼大小,并且检查车身停止晃动的时间长短。

(2)目测检查减振器是否损坏。　　　　　　　　　　　　□正常　　□不正常
(3)目测减振器是否漏油。　　　　　　　　　　　　　　　□正常　　□不正常
(4)检查防尘套是否有裂纹或损坏。　　　　　　　　　　□正常　　□不正常

3.检查钢板弹簧或螺旋弹簧、扭杆弹簧等是否有裂纹或损坏　□正常　　□不正常

4.检查悬架的其他部位,如摆臂、稳定杆、推力杆等是否损坏　　□正常　□不正常

5.车轮检查

(1)检查轮胎是否有裂纹和损坏。　　　　　　　　　　　□正常　□不正常

(2)检查和清洁轮胎嵌入的金属碎片和异物。　　　　　　□任务完成

(3)检测轮胎花纹深度是否低于1.6 mm(以轮胎花纹最浅位置为准),如图4-1-16所示。　　　　　　　　　　　　　　　　　　　　　　　　　　　□正常　□不正常

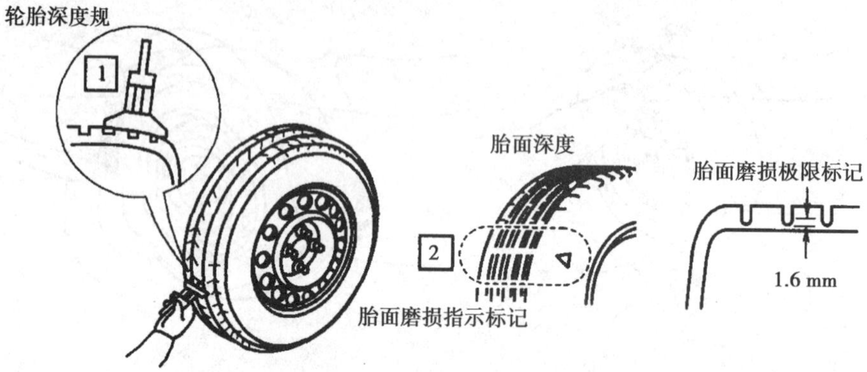

图4-1-16　检测轮胎花纹深度

(4)检查轮胎花纹是否有异常磨损。　　　　　　　　　　□正常　□不正常

轮胎常见异常磨损形式如图4-1-17。

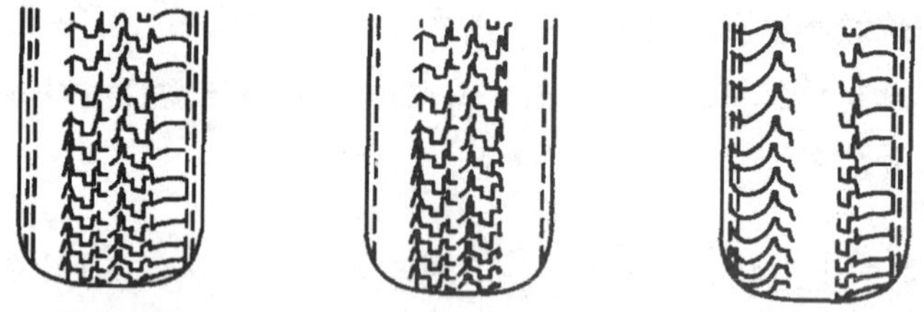

(a)单边磨损　　　(b)双边磨损　　　(c)中间磨损

图4-1-17　轮胎的异常磨损

(5)检查轮胎气压及漏气,记录测量值并判断,见表4-1-3。

小提示：轮胎漏气检查方法:若轮胎压力不足,则说明轮胎漏气,应该检查并确定轮胎的漏气位置。

(6)检查检车钢圈是否有损坏或腐蚀。　　　　　　　　　□正常　□不正常

6.检查连接情况

(1)用手晃动悬架的主要元件,检查是否磨损或松动。　　□正常　□不正常

(2)最后用扭力扳手将螺母或螺栓按规定力矩紧固。　　　□任务完成

表4-1-3　轮胎气压测量记录表

	前轮气压	后轮气压	备胎气压
标准值			
测量值			
判断结果	□正常　□不正常	□正常　□不正常	□正常　□不正常
漏气	□正常　□不正常	□正常　□不正常	□正常　□不正常

【任务检测】

一、填空题

1. 汽车悬架系统的作用是使汽车平顺、安全地行驶,并具有_____和_____。
2. 在进行汽车悬架系统外观检查时,要检查弹簧_____、衬套_____、减振器_____、稳定杆或衬套是否有故障,以及控制臂或支柱_____。
3. 转向系统可按转向能源的不同分为_____和_____两大类。
4. 机械式转向系统由_____、_____和_____三大部分组成。
5. 转向系统的作用是_____。
6. 液压式动力转向系统中,转向加力装置由_____、_____、_____和_____组成。
7. 与非独立悬架配用的转向传动机构主要包括_____、_____、_____和_____。

二、选择题

1. 在动力转向系统中,转向所需的能源来源于(　　)。
   A. 驾驶员的体能　　B. 发动机动力　　C. A、B均有　　D. A、B均没有
2. 转弯半径是指由转向中心到(　　)。
   A. 内转向轮与地面接触点间的距离　　B. 外转向轮与地面接触点间的距离
   C. 内转向轮之间的距离　　D. 外转向轮之间的距离
3. 汽车的装配体是(　　)。
   A. 车架　　B. 发动机　　C. 车身　　D. 车轮

三、判断题

1. 转向系统的作用是按驾驶员意愿控制汽车的行驶方向。　　(　　)
2. 汽车的转弯半径越小,则汽车的转向机动性能越好。　　(　　)
3. 汽车的轴距越小,则转向机动性能越好。　　(　　)
4. 转向系统的角传动比越大,则转向越轻便,越灵敏。　　(　　)
5. 所有汽车的悬架组成都包含有弹性元件。　　(　　)

【评价与反馈】

班级：_____ 姓名：_____ 指导教师：_____

序号	考核项目	配分	考核内容	配分	考核标准	得分
1	出勤、纪律	5	出勤	2	违规一次不得分	
			行为规范	3	违规一次不得分	
2	安全、防护、环保	20	着装	4	违规一次不得分	
			个人防护	4	违规一次不得分	
			"5S"、"EHS"	4	违规一次不得分	
			设备使用安全	4	违规一次不得分	
			操作安全	4	违规一次不得分	
3	知识水平	20	知识测验成绩	20	按测验成绩的20%计	
4	技能考核	40	技能测验成绩	40	按测验成绩的40%计	
5	学习能力	10	工单填写,工艺计划制订	4	未做不得分	
			组内活动情况	4	根据未完成情况酌情扣1~4分	
			资料的查阅和收集	2	未做不得分	
6	任务拓展	5	知识拓展	2	未做不得分	
			技能拓展	3	未做不得分	
7	总分	100				

【教师评估】

序号	优点	存在的问题	解决方案

教师签字：

任务二　车轮的检修与换位

【任务目标】

目标类型	目标要求
1.认知目标	(1)描述汽车车轮及轮胎的作用 (2)认识车轮及轮胎的结构及类型
2.技能目标	达到汽车维修中级工的如下技能要求： (1)正确维护汽车车轮及轮胎 (2)能对轮胎进行检修和更换 (3)能合理选择轮胎
3.情感目标	(1)遵守汽车维修职场管理规定 (2)养成良好的作业习惯

【任务描述】

车轮是汽车上大多数操作指令的最终执行者，既要承受重量，又要传递动力，其性能的好坏影响到汽车能否安全、正常运行，车轮中的轮胎出现裂口、爆裂、漏气会严重影响汽车行驶安全。为了减少安全隐患，延长车轮的使用寿命，必须及时发现轮胎中存在的问题，按照技术要求定期检查与维护车轮。

【知识准备】

车轮与轮胎又称车轮总成，车轮是外侧安装_____，中心装车轴，并承受负荷的旋转部件，主要由轮胎、轮毂、轮辋和轮辐等组成，如图 4-2-1 所示，请在图上用彩色笔标示出轮毂的位置。

一、汽车轮胎的作用

轮胎是在各种车辆装配的接地滚动的圆环形弹性橡胶制品，是汽车正常、安全行驶的重要部件，轮胎应具备如下作用：

1.支撑负载，如图 4-2-2 所示

此负载是指车辆本身负载和车辆在运动中的负载。当车辆加速制动转向时，作用于轮胎上的负载_____(发生或不发生)变化，因此在不同情况下，轮胎都必须具有支撑负载的能力。

2.保持操纵稳定性，如图 4-2-3 所示

汽车转向时，产生回正力矩，使车辆做圆周直线运动。

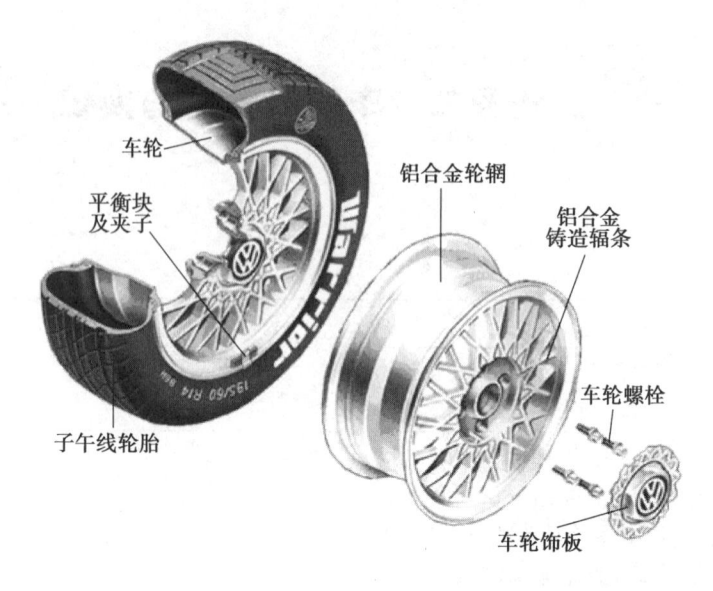

图 4-2-1　车轮总成结构

图 4-2-2　支撑负载示意图 　　　　图 4-2-3　保持操纵稳定性

3.产生驱动力、制动力和侧向力,如图 4-2-4 所示

轮胎必须将发动机扭力从轮毂有效地传递到轮胎接地面,然后轮胎必须附着在地面,将发动机扭力换成_____。同理,制动时换成制动力,转弯时产生侧向力。

4.缓和来自路面的冲击力,如图 4-2-5 所示

轮胎可以通过在负载情况下垂直变形,从而很大程度上吸收振动,不仅对车辆有保护作用,而且能够提高车辆_____。

图 4-2-4　产生驱动力、制动力和侧向力示意图 　　　　图 4-2-5　缓和冲击力提高舒适性示意图

二、轮胎的制作材料、结构和分类

1.轮胎的材料

轮胎常在复杂和苛刻的条件下使用,它在行驶时承受着各种变形、负荷、力以及高低温作用,因此必须具有较高的承载性能、牵引性能、缓冲性能。同时,还要求具备高耐磨性和耐曲挠性,以及低的滚动阻力与生热性。世界耗用橡胶量的一半用于轮胎生产。轮胎的材料组成常有以下几种:

(1)_____(48%);

(2)纤维骨架材料(3%);

(3)配合剂(8%);

(4)炭黑(23%);

(5)钢丝(18%)。

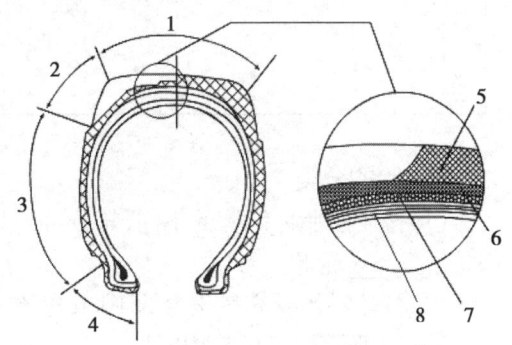

图 4-2-6 汽车轮胎的结构断面图

2.汽车轮胎的结构,如图 4-2-6 所示,查询资料,完善表 4-2-1

表 4-2-1 汽车轮胎的结构名称及作用

序号	名称	位置	作用
1		直接和路面接触的部分	厚橡胶层为胎面与路面间提供了界面。耐磨橡胶可以保护胎体和带束层防止断裂和其他影响,延长行驶寿命
2	胎肩	轮胎肩状突出部位	胎肩位于胎面与胎侧之间,肩部橡胶最厚,因此,该设计必须允许轮胎在行驶过程中产生的热量容易扩散
3		轮胎的侧面	这部分位于肩部和胎圈之间,具有良好弹性的胎侧保护着胎体,并提升驾驶体验。轮胎的型号、尺寸、结构、模型、生产公司、产品名及各种特征都将在此进行说明
4	胎圈	直接和轮辋接触的部分	胎圈把轮胎附在轮辋上,在接口处包覆帘布。胎圈由胎圈钢丝、胎圈、胎圈包布和其他零件组成。胎圈的设计一般是能够使胎圈紧凑地绕着轮辋,并保证万一气压突然膨胀时,轮胎也不会脱离轮辋
5	胎体	轮胎结构	胎体的主要作用是维持气压,垂直负荷,同时吸收震动
6	缓冲层	胎面与胎体之间	缓冲层是位于胎面与胎体之间的一个帘布层,用以保护斜交轮胎的胎体。缓冲层可减少震动,防止断裂或防止直接来自于胎体对胎面的伤害,同时也能防止橡胶层与胎体之间的断裂
7	带束层	胎面与胎体之间	带束层是子午线轮胎或带束斜交轮胎的胎面与胎体之间的一个强化层。它的功能与缓冲层相似,通过紧紧包裹胎体来增加胎面的刚性

续表

序 号	名 称	位 置	作 用
8	内部衬里		内部衬里是由一层橡胶组成的,它可以防止气体扩散并代替轮胎内部的内胎。内部衬里一般由一种被称为丁基橡胶的合成橡胶或聚异戊二烯的各种橡胶组成,内部衬里可保持轮胎内部的气体

3.轮胎的分类

(1)按轮胎胎体结构的不同,轮胎可分为充气轮胎和实心轮胎,目前轿车用的轮胎几乎都是_____轮胎。

(2)按轮胎承受充气压力的不同,轮胎可分为高压轮胎、低压轮胎和超低压轮胎。

①高压胎(0.5~0.7 MPa);

②低压胎(0.15~0.45 MPa);

③超低压胎(0.15 MPa以下)。

汽车上几乎全部使用_____或超低压胎。因为它们弹性好、断面宽、接地面积大、壁薄、散热好、平顺性、稳定性好。

(3)按密封空气的不同,轮胎可分为有内胎轮胎和_____,目前轿车用的轮胎几乎都是_____轮胎。

(4)根据胎体帘线层的不同,轮胎可分为如图4-2-7(a)所示的斜交轮胎和如图4-2-7(b)所示的子午线轮胎,目前轿车用轮胎几乎都是_____轮胎。

①普通斜交胎:普通斜交轮胎的特点是帘布层和缓冲层各相邻层帘线交叉排列,各层帘线与胎冠中心线成35°~40°的交角,因而叫斜交轮胎。

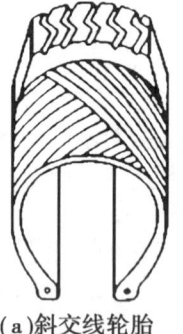

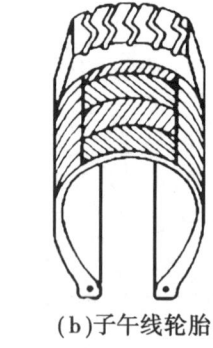

(a)斜交线轮胎　　(b)子午线轮胎

图4-2-7　斜交线轮胎与子午线轮胎

②子午线轮胎:子午线轮胎的帘线与胎面中心夹角接近90°,并从一侧胎边穿过胎面到另一侧胎边,帘线分布像地球子午线,故得名。缺点:因胎侧较薄,胎冠较厚,在其与胎侧的过渡区易产生裂口;侧面变形大,导致汽车的侧向稳定性差;制造技术要求高,成本也高。

子午线轮胎与斜交轮胎相比,有以下优点:操作性和稳定性优越、耐磨性好、发热少、滚动阻力小、节省燃料、滑动少、牵引力大和高速行驶时舒适。

(5)按轮胎的胎面花纹不同分为普通花纹轮胎、混合花纹轮胎和越野花纹轮胎等,如图4-2-8所示,查阅相关资料完成表4-2-2。

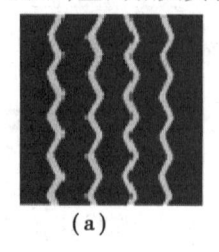

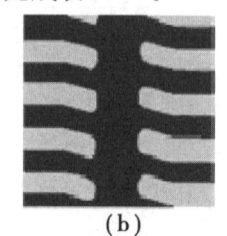

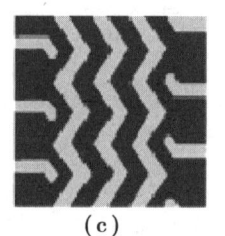

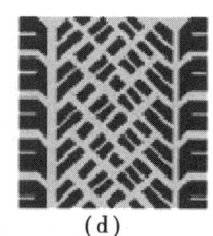

(a)　　(b)　　(c)　　(d)

图4-2-8　轮胎的胎面花纹

表 4-2-2　花纹特点及适用车型

轮胎花纹		花纹特点及适用车型
普通花纹	横向花纹,如图 4-2-8（　）	这种花纹细而浅,花纹接地面积大,耐磨性和附着性都较好,适用于比较好的硬路面。这种花纹适合于在一般硬路面上行驶、牵引力比较大的中型或重型货车使用
	纵向花纹,如图 4-2-8（　）	这种花纹细而浅,花纹接地面积大,耐磨性和附着性都较好,适用于比较好的硬路面。纵向花纹轿车、货车都可选用。
混合花纹,如图 4-2-8（　）		它介于普通花纹和越野花纹之间,兼顾了两者的使用要求,中部为菱形,纵向锯齿形或烟斗形花纹,两边为横向越野花纹,适用于城市与乡村之间的路面行驶的汽车。现代货车驱动轮也采用这种花纹的轮胎
越野花纹,如图 4-2-8（　）		这种花纹凹部深而且粗,在软路面上与地面附着性好,越野能力强,适用于矿山、建筑工地,适于越野车轮胎。安装人字形越野花纹,驱动轮胎花纹的尖端与旋转方向一致,不致使花纹被泥水阻塞。越野花纹不宜在好路上使用,否则会加大花纹磨损

三、汽车车轮与轮胎的识别

1.车轮的识别

（1）车轮的组成及功用。

车轮是由_____、_____、_____组成,如图 4-2-9 所示。其功用是：安装轮胎,承受轮胎与车桥之间的各种载荷。查阅相关资料完善表 4-2-3。

（2）车轮轮辐的识别。

按轮辐的构造可分为辐板式车轮和辐条式车轮,如图 4-2-10 所示。

图 4-2-9　车轮的结构

表格 4-2-3　车轮的结构及作用

序号	名　称	作　用
1	轮毂	
2	轮辋	安装和固定轮胎
3	轮辐	连接轮毂和轮辋

现代汽车的轮辐多种多样,与汽车造型融为一个整体,对整车起到了很好的装饰作用。采用少辐板的轮辐,也有利于制动器的散热,如图 4-2-11 所示。

（3）轮辋规格：一般用轮辋直径轮和宽度来表示。

①轮辋直径：指轮辋外缘外侧轮圈的直径。

②轮辋宽度：指轮辋外缘两边内侧之间的距离。

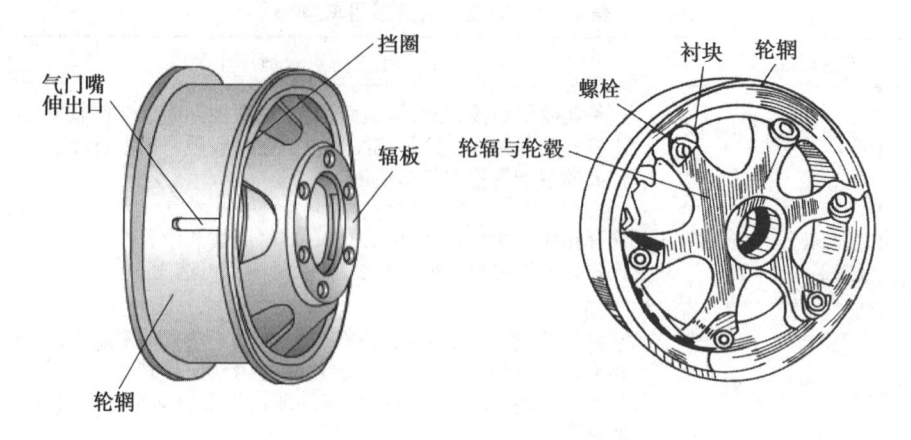

图 4-2-10　车轮轮辐的结构

图 4-2-11　奔驰轿车五辐车轮

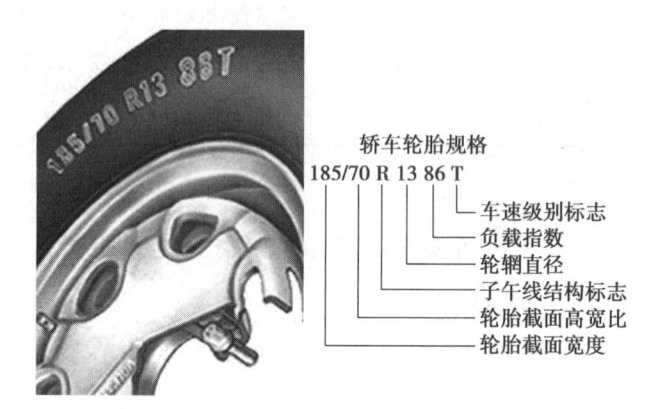

图 4-2-12　轿车轮胎参数

2.轮胎型号识别

（1）轿车轮胎的主要参数，如图 4-2-12 所示，查询表 4-2-5、表 4-2-6，完善表 4-2-4。

表格 4-2-4　轮胎的参数及规格

轮胎胎侧标示参数	参数含义及规格
185	轮胎宽度_____mm
60	扁平比为 60%：扁平比为轮胎高度 H 与宽度 B 之比，扁平比有 60、65、70、75、80 五个级别
R	子午线轮胎，即"Radial"的第一个字母
14	轮胎内径_____英寸(inch)
86	荷重等级，即最大载荷质量。荷重等级为 86 的轮胎的最大载荷质量为_____kg
T	速度等级，表明轮胎能行驶的最高车速。T 的最高车速为_____km/h

表 4-2-5　轮胎的承载等级与轮胎的最大承载能力

等级代码	最大承载能力（kg）	等级代码	最大承载能力（kg）	等级代码	最大承载能力（kg）
62	265	78	425	94	670
63	272	79	437	95	690
64	280	80	450	96	710
65	290	81	462	97	730
66	300	82	475	98	750
67	307	83	487	99	775
68	315	84	500	100	800
69	325	85	515	101	825
70	335	86	530	102	850
71	345	87	545	103	875
72	355	88	560	104	900
73	365	89	580	105	925
74	375	90	600	106	950
75	387	91	615	107	975
76	400	92	630	108	1000
77	412	93	650	109	1030

表 4-2-6　轮胎的车速代码与最高车速

车速代码	最高车速（km/h）	车速代码	最高车速（km/h）	车速代码	最高车速（km/h）
L	120	R	170	V	240
M	130	S	180	W	270
N	140	T	190	VR	210
P	150	U	200	ZR	240
Q	160	H	210		

另外，P 代表轿车轮胎；Reinforced 表示经强化处理；Radial 表示子午线胎；"Tubeless"（或 TL）表示无内胎（真空胎）；"M + S"（Mud and Snow）表示适于泥地和雪地；"→"表示轮胎旋向，不可装反。

3. 斜交轮胎的规格

表示方法：$B - d$，单位 in（英寸），B 为轮胎断面宽度，d 为轮辋名义直径代号，如图 4-2-13。

例:

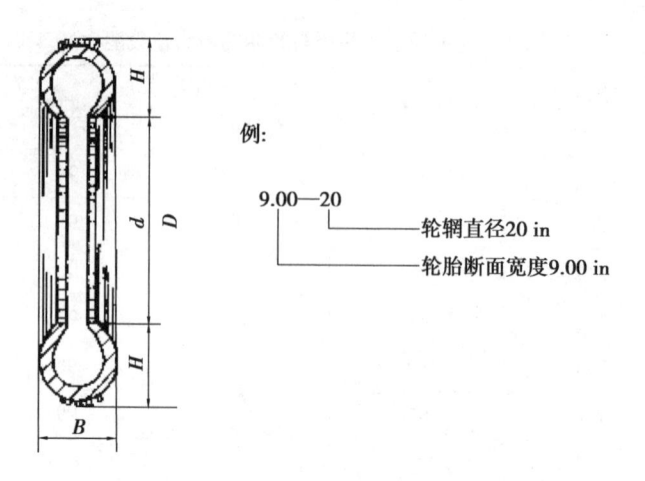

9.00—20 ——— 轮辋直径20 in
——— 轮胎断面宽度9.00 in

B－轮胎断面宽度 d－轮辋直径 D－轮胎外径

图 4-2-13 轮胎尺寸的标记

【知识拓展】汽车备胎

多数汽车装备备胎,通常备胎要比汽车上原装的轮胎小,由于备胎尺寸小,可以减少整车的尺寸和质量,减少汽车的燃油量,但也有车辆的备胎和车上轮胎的规格和大小一致。备胎的类型和风格相差很大,不同的汽车用不同类型的备胎。备胎的气压通常是 414 kPa,要比一般轮胎的气压高。汽车正常行驶时,虽然备胎与原装胎相比,结构、尺寸、直径和宽度方面不同,但是不会影响汽车的操纵性能。由于备胎不如原装轮胎耐磨,应注意及时更换使用过的备用轮胎。

在使用备胎之前,需要阅读使用注意事项。有些备胎的设计要求车速不超过 80 km/h。另外,要定期检查备胎的气压,以免气压不足造成轮胎异常磨损,留下安全隐患。

【任务实施】

一、准备工作

1.工具和材料

常用工具、举升机、钢尺、维修手册、干净的抹布、橡胶条、轮胎拆装机、动平衡机等。

2.安全防护用品

标准作业装、安全鞋、线手套。

3.汽车信息收集

车牌号码:＿＿＿＿＿＿＿＿,车辆型号:＿＿＿＿＿＿＿＿,
VIN 码:＿＿＿＿＿＿＿＿,行驶里程:＿＿＿＿＿＿＿＿。

二、车轮的维护与换位

1.车轮的维护

(1)检查轮胎是否有裂纹、起鼓、变形其他损坏。　　□正常　□不正常

(2)检查轮胎的磨损情况。　　　　　　　　　　　□正常　□不正常

小提示： 常见的异常磨损有胎肩磨损、_____磨损、单侧磨损和_____磨损。

①胎肩磨损：如图4-2-14所示，当轮胎内部的压力过低时，轮胎的中间出现凹陷，将载荷转移到胎肩上，因此胎肩的磨损比胎面中间磨损严重。

充气不足　　　胎肩磨损　　　　　　充气过量　　　胎面中间磨损

图4-2-14　胎肩磨损　　　　　　　图4-2-15　胎面中间磨损

②胎面中间磨损：如图4-2-15所示，轮胎充气压力过高时，中间会凸出，承受较大载荷，导致轮胎中间磨损比胎肩的磨损严重。

③单侧磨损：车轮外倾角不正确，则会导致胎面的两侧磨损不均匀；另外在过高的车速下转弯，会造成转弯时轮胎滑动，产生斜形磨损；若悬架部件变形或间隙过大，会影响前轮定位，造成轮胎磨损异常。

④羽状磨损：主要是由于车轮前束调节不当或过量的车轮后束所致。

(3)挖出轮胎夹石和花纹中的石子、杂物。　　　　　□任务完成

(4)检查钢圈有无变形、锈蚀和其他损坏。　　　　　□正常　□不正常

(5)检查轮胎(包括备胎)气压，并按标准补足。　　　□任务完成

注意： 备胎气压应高于使用中轮胎的气压。

小提示： 厂家一般推荐至少每月或每次长途旅行前检查一次胎压，包括备胎。

(6)检查气门嘴是否漏气、气门帽是否齐全。　　　　□正常　□不正常

(7)检查备胎固定是否完好、紧固。　　　　　　　　□任务完成

(8)测量胎面花纹深度。

①查询维修手册，胎面花纹深度：_____，极限值为_____。

小提示： 轮胎严重磨损导致花纹过浅，会严重影响汽车的行驶安全。根据统计，出现轮胎问题的90%是发生在它的寿命最后的10%时间内。我国国家标准规定轿车用的子午线轮胎花纹磨损极限为1.6 mm，货车和客车用的子午线轮胎花纹磨损极限为2.0 mm。轮胎花纹深度可用深度尺进行测量也可以观察胎面磨损标志，胎面磨损标志位于胎面花纹沟底部，当胎面磨损到磨损标志处时，花纹沟断开，该轮胎必须停止使用。按国家标准规定每个轮胎应沿周向等距离地设置不少于4个磨损标志。如图4-2-16所示为带有6个磨损标记的轮胎，为便于用户找到磨损标志所在的位置，通常在磨损标志对应的胎肩处标出"TWI"或者"△"等符号。

②找到轮胎上的胎面磨损标志，检查磨损是否正常。　□正常　□不正常

(9)按规定力矩紧固轮胎螺。　　　　　　　　　　　□任务完成

查询维修手册,车轮螺栓扭紧力矩:_____。

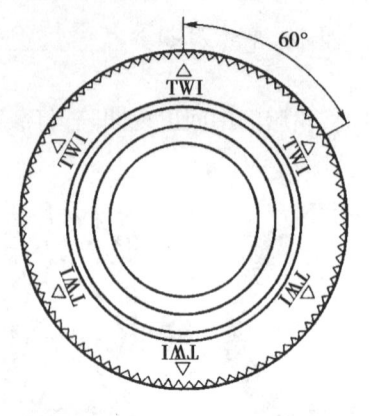

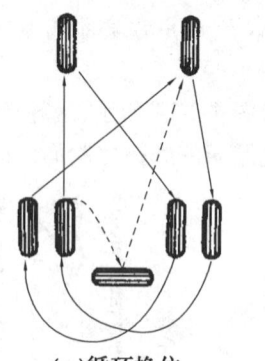

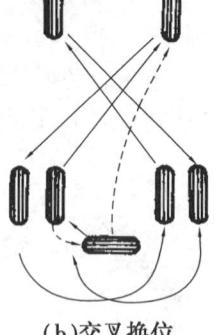

图 4-2-16 轮胎磨损标记的位置

图 4-2-17 六轮二桥汽车的轮胎换位法

(a)循环换位　　(b)交叉换位

2.轮胎的换位

按时换位可使轮胎磨损均匀,约可延长20%的使用寿命,应结合车辆二级维护定期换位。在路面拱度较大的地区或夏季,轮胎磨损差别较大,可适当增加换位次数。厂家一般推荐 5 000～10 000 km 应将轮胎换位一次。轮胎换位方法常用的有交叉换位法、循环换位法和单边换位法。

(1)六轮二桥汽车的轮胎换位法。

①循环换位法,如图 4-2-17(a)　　　　　　　　　□任务完成

②交叉换位法,如图 4-2-17(b)　　　　　　　　　□任务完成

左右两交叉:主胎(后内)换前胎、前胎换帮胎(后外)、帮胎换主胎。

(2)四轮二桥汽车的轮胎换位法。

①交叉换位:斜交胎,如图 4-2-18(a)所示。　　　□任务完成

②单边换位:子午线胎,如图 4-2-18(b)所示。　　□任务完成

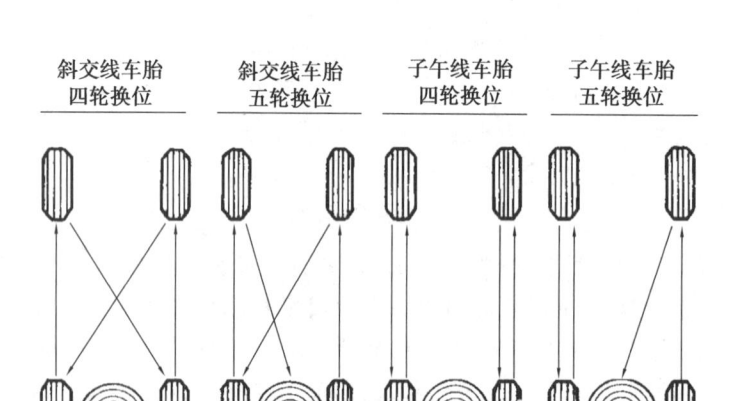

(a)交叉换位　　(b)单边换位

图 4-2-18 四轮二桥汽车轮胎换位法

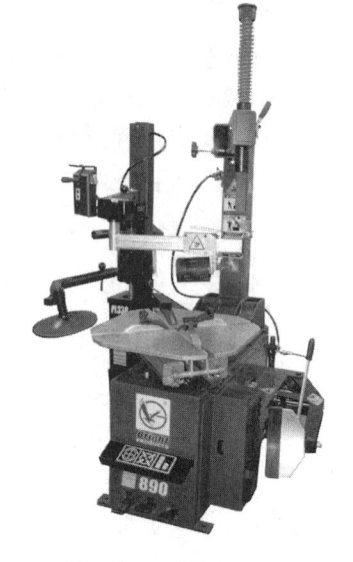

图 4-2-19 轮胎拆装机

三、轮胎的拆卸、修补和动平衡调整

正确进行轮胎的修补、轮胎拆卸和轮胎动平衡调整,能大大提高轮胎的寿命。

1.轮胎的拆卸

想一想: 你知道图 4-2-19 所示的轮胎拆装机各部分零件的名称及作用吗?

(1)释放轮胎内的空气。　　　　　　　　　　　　　□任务完成

小提示: 可以用轮胎气体压力表进行放气,放完气后,使用专用工具拆下气门芯。

(2)去掉轮辋上所有的配重块。　　　　　　　　　　□任务完成
(3)用轮胎挤压板挤压轮胎,使轮胎和轮辋分离。　　□任务完成

小提示: 轮胎挤压板要靠近轮圈边缘,远离气门芯位置。

(4)将轮辋放在卡盘上,踩下踏板,锁住轮辋。　　　□任务完成
(5)在轮胎内圈抹上润滑油脂。　　　　　　　　　　□任务完成
(6)将拆装臂拉下,使卡头内滚轮与轮辋边缘贴住,并将拆装臂位置锁紧。
　　　　　　　　　　　　　　　　　　　　　　　　□任务完成
(7)用撬棍将轮胎挑到扒胎鸟头,踩下踏板使机器卡盘旋转,扒出一侧轮胎。
　　　　　　　　　　　　　　　　　　　　　　　　□任务完成
(8)用同样的方法扒出另一侧轮胎。　　　　　　　　□任务完成

注意: 也可用撬棍将轮胎整个都挑到扒胎鸟头,踩下踏板,扒出另一侧轮胎。

2.轮胎修补

轮胎创口有大有小,如果被刺、钉或者割开 2.6 mm 以内的口,都可以进行修补。如果超过这个数值的,则需要更换新轮胎。下面就探讨一下轮胎修补的常用的两种方法。

(1)从轮胎内部修理。
①标记轮胎创口位置。　　　　　　　　　　　　　　□任务完成
②拆下轮胎。　　　　　　　　　　　　　　　　　　□任务完成
③清洁创口区域。　　　　　　　　　　　　　　　　□任务完成
④打磨轮胎受损区域。　　　　　　　　　　　　　　□任务完成

小提示: 可用砂纸或专用打磨工具,直到有平滑绒状摩擦面产生为止。

⑤修整创口。　　　　　　　　　　　　　　　　　　□任务完成

小提示: 用锥子修整,切下或拆下钢束带层上任何可松动的钢丝材料。

⑥贴补丁,并切除多余补丁。　　　　　　　　　　　□任务完成
⑦在补丁和创口区域涂上化学硫化剂粘胶并使其变干。　□任务完成
⑧使用挤压工具从中心往四周在补丁上施加作用力,排除所有留存在补丁和轮胎之间的气体。　　　　　　　　　　　　　　　　　　　　□任务完成
⑨重新把轮胎固定在轮辋上,并与第①步所做的标记对齐,按照标准为轮胎充气,再次检查轮胎是否漏气。　　　　　　　　　　　　　　　　□任务完成

(2)用橡胶塞杆修补轮胎。
①检查轮胎并清洁受损区域。　　　　　　　　　□任务完成
②选择恰当的专用橡胶塞杆。　　　　　　　　　□任务完成
③用专用工具由外到内对橡胶塞杆进行穿刺。　　□任务完成
④再用专用工具从轮胎的里面往外面用力拔出橡胶塞杆并固定。
　　　　　　　　　　　　　　　　　　　　　　□任务完成
⑤清理突出轮胎的多余塞杆。　　　　　　　　　□任务完成

3.安装轮胎

(1)在轮胎内侧边缘涂抹润滑脂。　　　　　　　□任务完成
(2)用如扒胎同样的方法将钢圈固定在卡盘上,将轮胎放在钢圈上沿,确定气门芯位置。
　　　　　　　　　　　　　　　　　　　　　　□任务完成
(3)移动拆装臂压住轮胎边缘,踩下踏板,逐渐将轮胎压入钢圈内。
　　　　　　　　　　　　　　　　　　　　　　□任务完成
(4)用同样的方法将上侧轮胎压入钢圈,完成轮胎安装。□任务完成
(5)轮胎充气。
①查找该车型的使用说明,找出轮胎气压(车轮冷态)标准,前轮气压_____,后轮气压_____。

小提示：轮胎充气压力标准值常见位置油箱盖、左侧B柱。

②将轮胎充气机的管嘴直接压在轮胎气门,然后再对轮胎进行充气。
　　　　　　　　　　　　　　　　　　　　　　□任务完成
③安装气门芯,继续充气直到空气压力符合标准。□任务完成
④检查轮胎是否漏气。　　　　　　　　　　　　□正常　□不正常
检查漏气方法：□用耳朵听　　□用手摸　　□在轮胎气门嘴涂抹肥皂水

4.轮胎动平衡检测

(1)清除轮胎表面的污泥、沙石、金属碎片等。　□任务完成
(2)检查轮胎是否有破损、变形。　　　　　　　□任务完成
(3)调节轮胎压力使其符合标准。　　　　　　　□任务完成

小提示：轮胎气压应该在轮胎冷却后再进行检查和调整。

(4)拆掉车轮上旧的平衡块。　　　　　　　　　□任务完成

小提示：注意不要弄花轮辋表面。

(5)把车轮安装在轮胎平衡机上。　□任务完成

小提示：要注意区分车轮的内、外侧,安装轮胎平衡机时如图4-2-20所示进行安装,切不可装反了。

(6)在控制面板上输入车轮数据。　□任务完成

小提示：轮辋宽度是b,轮辋直径为d,动平衡仪上拉尺测量平衡仪到轮辋边缘的距离为a。

(7)按下"开始"按钮,开始测量动平衡。
　　　　　　　　　　□任务完成　　图4-2-20　车轮安装在轮胎平衡机上

注意：测量过程中轮胎会旋转，注意保持安全距离。

(8) 根据控制面板上显示的数据调整轮胎内侧的动平衡。
　①慢慢转动轮胎，直到内侧的指示灯全亮。　　　　　　□任务完成
　②在内侧的12点钟方向按照面板显示的数据加平衡块。　□任务完成
(9) 根据控制面板上显示的数据调整轮胎外侧的动平衡。
　①慢慢转动轮胎，直到外侧的指示灯全亮。　　　　　　□任务完成
　②在外侧的12点钟方向按照面板显示的数据加平衡块。　□任务完成

小提示：平衡块规格一般是5g递增，加平衡块时选择相近的一个规格。

(10) 重新按下开始按钮，检测动平衡，如内外两侧动平衡不同时为零，则重复步骤(8)(9)，直到不均衡量为0。　　　　　　　　　　　　　　　　　□任务完成

【任务检测】

一、填空题

1. 按胎体帘布层的结构不同，轮胎可分为普通斜交胎和_____。
2. 轮胎的维护作业主要有：_____、_____、_____。
3. 轮胎的换位作业有：_____和_____换位法。
4. 轮胎规格型号 195/60 R 14 85 H 中的"14"指的是_____。
5. 轮胎的组成有_____、胎面、缓冲层、和_____。

二、选择题

1. 胎面对轮胎有（　　）作用。
   A. 保护胎体　　　B. 承受压力　　　C. 传导外力　　　D. 增强抓地力
2. 轮胎气压过高，容易产生（　　）。
   A. 附着力减小　　B. 驾驶疲劳　　　C. 圆周龟裂　　　D. 保护胎体
3. 轮胎平衡所检测的是（　　）。
   A. 动平衡　　　　　　　　　　　　B. 静平衡
   C. 动平衡和静平衡　　　　　　　　D. 共振
4. 轮胎的扁平比是指（　　）。
   A. 胎高/胎宽　　　　　　　　　　B. 胎高×胎宽
   C. 胎宽/胎面　　　　　　　　　　D. 以上皆是
5. 世界三大品牌轮胎是（　　）。
   A. 石桥、东洋、米其林　　　　　　B. 米其林、固特异、倍耐力
   C. 石桥、横滨、固特异　　　　　　D. 倍耐力、东洋、米其林
6. 斜交轮胎与子午线轮胎（　　）装在同一轴上。
   A. 能　　　　　　　　　　　　　　B. 不能
   C. 可装在前轮　　　　　　　　　　D. 可装在后轮
7. 子午线轮胎的胎面，可修补的钉孔直径不得大于（　　）mm。
   A. 10　　　　　B. 8　　　　　C. 6　　　　　D. 5

三、汽车轮胎的型号识别，根据图 4-2-21 完善空白处，轮胎的品牌是_____

MICHELIN ＝ 轮胎品牌
ENERGY XM1＝ 轮胎花纹
195 ＝ 横截面宽度_____
65 ＝ _____65%
R ＝_____
15 ＝ 轮胎内径_____
TL ＝_____

图 4-2-21

【评价与反馈】

班级：_____　姓名：_____　指导教师：_____

序号	考核项目	配分	考核内容	配分	考核标准	得分
1	出勤、纪律	5	出勤	2	违规一次不得分	
			行为规范	3	违规一次不得分	
2	安全、防护、环保	20	着装	4	违规一次不得分	
			个人防护	4	违规一次不得分	
			"5S"、"EHS"	4	违规一次不得分	
			设备使用安全	4	违规一次不得分	
			操作安全	4	违规一次不得分	
3	知识水平	20	知识测验成绩	20	按测验成绩的20%计	
4	技能考核	40	技能测验成绩	40	按测验成绩的40%计	
5	学习能力	10	工单填写,工艺计划制订	4	未做不得分	
			组内活动情况	4	根据未完成情况酌情扣1~4分	
			资料的查阅和收集	2	未做不得分	
6	任务拓展	5	知识拓展	2	未做不得分	
			技能拓展	3	未做不得分	
7	总分	100				

【教师评估】

序号	优点	存在的问题	解决方案

教师签字：

任务三　机械转向系统的检查与维修

【任务目标】

目标类型	目标要求
1. 认知目标	（1）描述汽车机械转向系统的主要零件及作用 （2）描述汽车转向器的类型 （3）认识汽车机械转向系统的工作过程
2. 技能目标	达到汽车维修中级工的如下技能要求： （1）对转向系统进行维护作业 （2）更换机械转向系统的部件
3. 情感目标	（1）培养"5S"、"EHS"意识 （2）养成严谨的工作习惯

【任务描述】

无论是机械转向系统还是动力转向系统，都包含机械转向系统，当机械转向系统发生故障后，汽车在行驶时会出现转向沉重、车身不稳、不能自动回正、汽车高速或低速摆振及转向盘自由行程过大等现象。当出现这种故障后，则需检查转向系统，并调整或更换故障零件。

【知识准备】

用来改变或保持汽车行驶或倒退方向的一系列装置称为汽车转向系统，汽车转向系统的功能就是按照驾驶员的意愿控制汽车的行驶方向。

在汽车的发展历程中，转向系统经历了四个发展阶段：

从最初的机械式转向系统（Manual Steering，简称 MS）发展为液压助力转向系统（Hydraulic Power Steering，简称 HPS），然后又出现了电控液压助力转向系统（Electro Hydraulic Power Steering，简称 EHPS）和电动助力转向系统（Electric Power Steering，简称 EPS）。

一、机械转向系统的组成及其作用

1. 汽车转向系统的组成

机械转向系统由转向操纵机构、转向器和转向传动机构三大部分组成，如图 4-3-1 所示。

2. 转向系统各个部分的作用

根据图 4-3-1 查询资料，完善表 4-3-1。

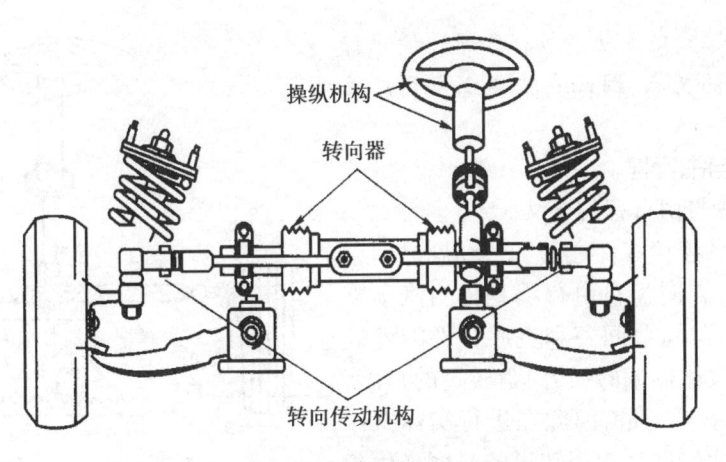

图 4-3-1　机械转向系统的结构

表 4-3-1　转向系统结构的组成及作用

序号	名称	零件名称	组成及作用
1	转向操纵机构		由一个轮圈和辐条组成，转向盘的中心和转向轴上端装配在一起，多数转向盘的轮毂内由内花键与转向轴的外花键装配，中心轮毂的螺母将内外花键固定在转向轴上。驾驶员通过转向盘控制车辆转向
			由转向轴、中间轴和万向节等零部件组成，通过转向柱可以把转向盘的旋转运动传递到转向器上
2	转向器	转向器	一是将转向盘的回转运动转换为传动机构的往复运动；二是_____
3	转向传动机构	转向横拉杆	是将转向器（或摇臂）传来的力和运动传给转向梯形臂（或转向节臂）
		球头	活动铰接转向横拉杆与转向节
		转向节	接受转向横拉杆推力使车轮偏转

二、机械转向系统的类型和工作过程

1.机械转向系统的类型

转向器是转向系统中的减速增扭装置，能改变转向扭矩的传动方向。机械式转向器有齿轮齿条式、循环球式、曲柄指销式和蜗杆滚轮式等四种形式。图 4-3-2 所示为两端输出扭矩的齿轮齿条式转向器。齿轮齿条式转向器是一种常见的转向器，基本结构是由一对相互啮合的_____齿条和一些附件构成。

2.齿轮齿条式转向器的工作过程

转向盘的_____（旋转或直线）运动传递到转向器上，经转向器放大后的力和减速后的运动传到_____，再传给固定于转向节上的转向节臂，使转向节和它所支承的转向轮偏转，从而改变了汽车的行驶方向。

小提示：齿轮齿条式转向器具有结构简单、成本低廉、转向灵敏和体积小等优点，同时还具有能够直接带动横拉杆和通过横拉杆来转动转向轮的特点,因此在轿车上得到广泛应用。

3.转向盘自由行程

(1)转向盘自由行程的含义。

转向系统各连接零件之间和传动副之间存在着装配间隙,转向盘自由行程是指当汽车直线行驶时,为消除这些间隙和克服机件的弹性形变使汽车所发生的偏转,转向盘转过的角度。但是由于角度不易测量,因此在进行实际操作的过程中常使用转向盘圆周转过的长度来代替角度自由行程,单位为毫米(mm)。

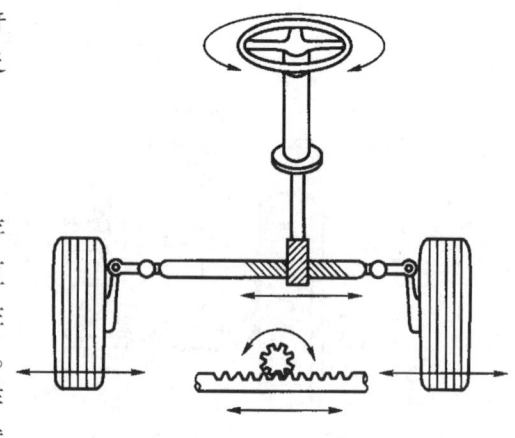

图 4-3-2　齿轮齿条式转向器的工作示意图

(2)转向盘自由行程的检查调整。

汽车停好后,前轮处于正直行驶位置的状态,用手指压力轻轻地前后转动转向盘,检查转向盘自由行程。如果不符合要求,先检查转向系统各零部件的连接是否松动,再对转向器进行检查和调整。

不同车辆规定有不同的自由行程最大值,通常转向盘从直行中间位置向任一方向转动的自由行程不超过 10~15 mm。当转向盘的自由行程超过 15 mm,需要调整或换件,有些车型的转向盘自由行程最大为 25 mm。

三、汽车机械转向系统的主要零部件

要对汽车转向系统进行检修,首先要能识别转向系统的零部件,汽车机械转向系统的主要零部件有哪些?

1.转向盘,如图 4-3-3 所示

为了司机有很好的视野,方向盘上部的空间一般较大。转向盘一般通过花键与_____相连。转向盘由驾驶员灵活操作,转向系统很好地隔绝了来自道路的剧烈振动。不仅如此,好的转向系统还能为驾驶者带来一种与道路亲密无间的感受。

2.转向柱,如图 4-3-4 所示

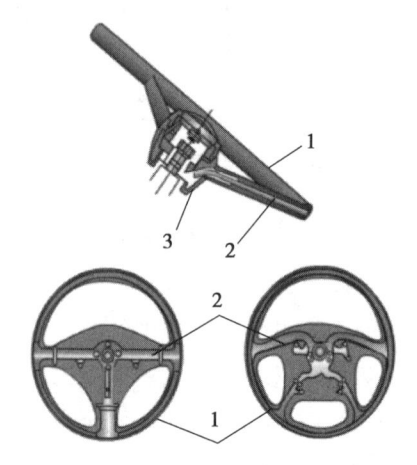

转向柱主要由转向轴、中间轴和万向节等部件组成。通过转向柱可以把转向盘的旋转运动传递到转向器上。转向轴是将驾驶员作用于转向盘的转向操纵力矩传给转向器的传力轴,它的上部与_____固定连接,下部装有_____。现代汽车的转向柱除装有柔性万向节外,有的还装有能改变转向盘的工作角度(转向轴的传动方向)和转向盘的高度(转向轴的轴向长度)的机构,以方便不同体型的驾驶员操纵。

1－轮圈;2－轮辐;3－轮毂

图 4-3-3　转向盘

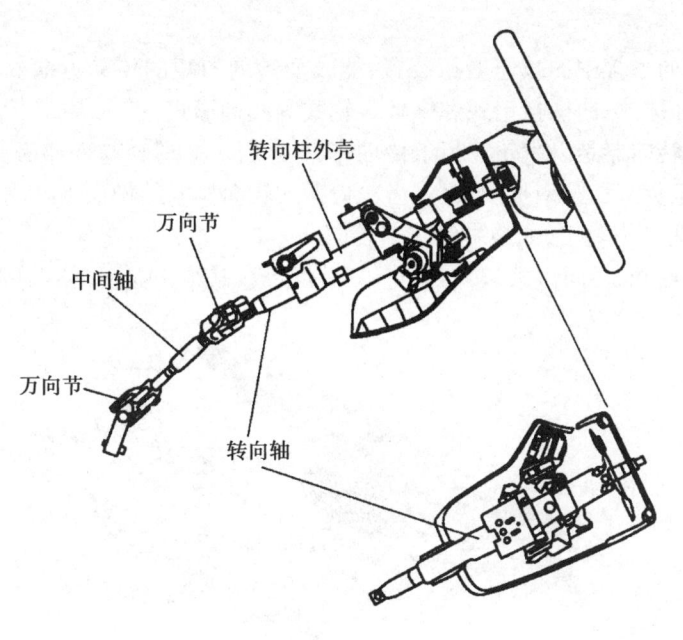

图 4-3-4　转向柱

3.转向摇臂，如图 4-3-5 所示

转向摇臂的作用是把转向器输出的力和运动传给_____或横拉杆，进而推动转向轮偏转。

4.转向直拉杆

转向直拉杆的作用是将转向摇臂传来的力和运动传给转向梯形臂（或转向节臂）。它所受的力既有拉力，也有压力，因此直拉杆都是采用优质特种钢材制造的，以保证工作可靠。直拉杆的典型结构如图 4-3-6 所示。在转向轮偏转或因悬架弹性变形而相对于车架跳动时，转向直拉杆与转向摇臂及转向节臂的相对运动都是空间运动，为了不发生运动干涉，上述三者间的连接都采用球头连接。

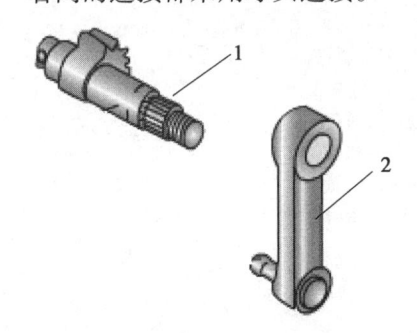

1－摇臂轴；2－转向摇臂
图 4-3-5　转向摇臂与摇臂轴

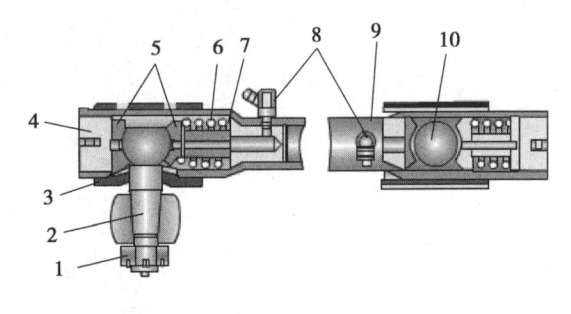

1－螺母；2－球头；3－橡胶防尘垫；4－螺塞；
5－球头座；6－压缩弹簧；7－弹簧座；
8－油嘴；9－直拉杆体；10－转向摇臂球头
图 4-3-6　转向直拉杆

5.转向横拉杆

转向横拉杆是联系左、右梯形臂并使其协调工作的连接杆，它在汽车行驶过程中反复承受拉力和压力，因此多用高强度冷拉钢管制造。

6.转向器

转向器是转向系统中的减速增扭装置,能改变转向扭矩的传动方向。机械式转向器有齿轮齿条式、循环球式、曲柄指销式和蜗杆滚轮式等四种形式。

齿轮齿条式转向器是以齿轮和齿条传动作为传动机构,适合与麦弗逊式独立悬架配用,常用于轿车、微型货车和轻型货车,常见齿轮齿条式转向器的结构如下:

(1)一侧作为动力输出,如桑塔纳轿车转向器。

主要由转向器壳、转向齿条、转向齿轮等部件组成,其结构如图4-3-7所示。

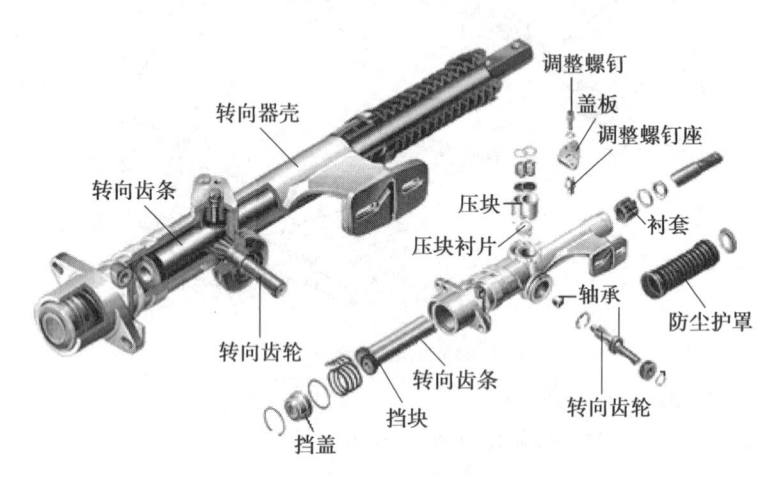

图4-3-7 桑塔纳轿车齿轮齿条式转向器的结构

(2)转向器两端作为动力输出,如捷达轿车。结构如图4-3-8所示。

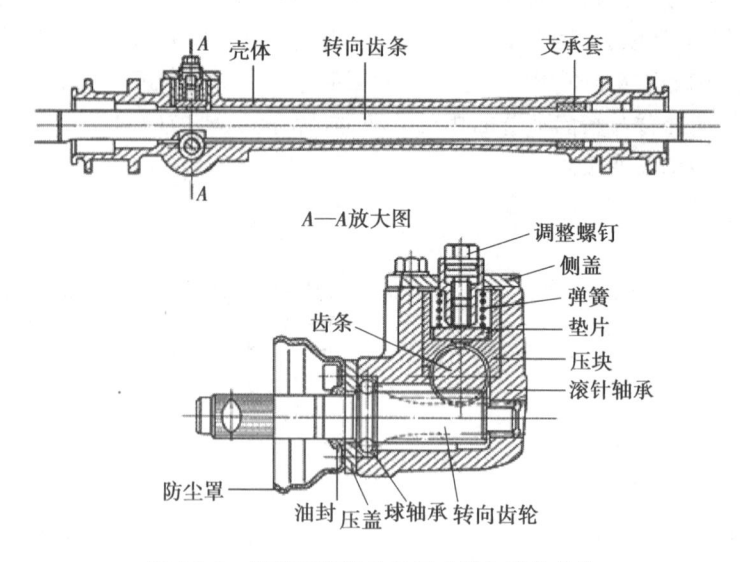

图4-3-8 捷达轿车齿轮齿条式转向器的结构

捷达轿车转向器的安装及布置如图4-3-9所示,其转向器通过两个U形支架和橡胶管支承并固定在副车架上,两个转向横拉杆分别通过球头销与转向齿条的两端相连。

(3)有些轿车转向齿条的动力不是两端输出,而是中间输出,如图4-3-10所示。

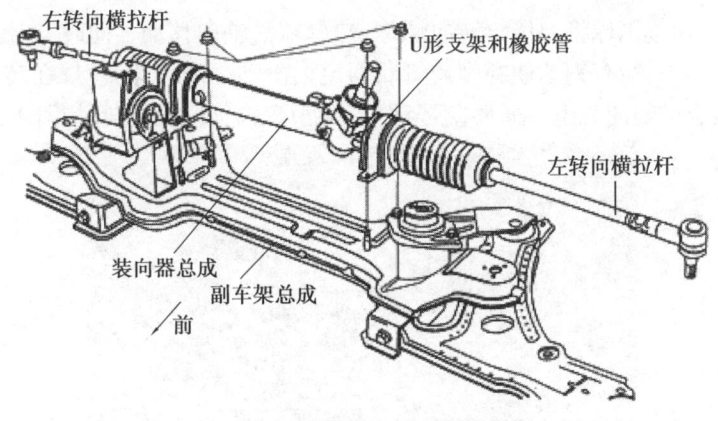

图 4-3-9 捷达轿车转向器的布置

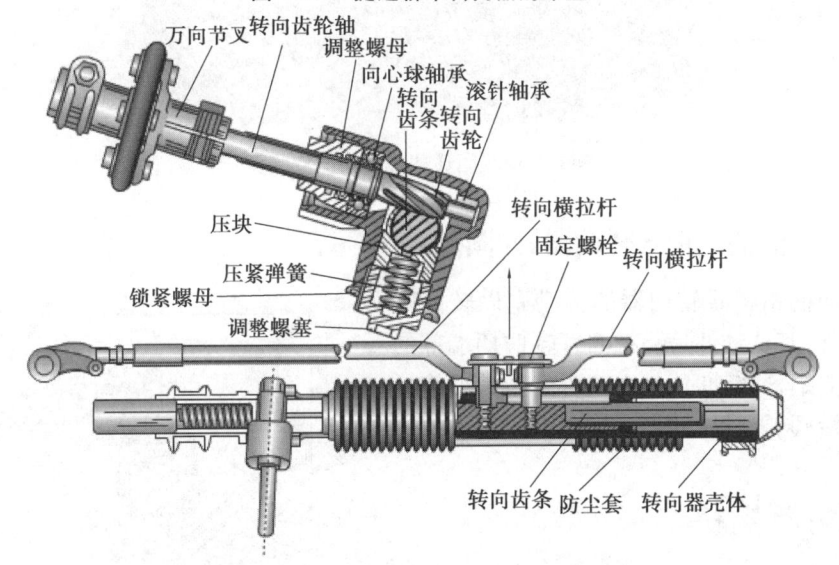

图 4-3-10 中间输出的齿轮齿条式转向器

【知识拓展】转向器结构

一、循环球式转向器，如图 4-3-11 所示

循环球式转向器是目前国内外应用最广泛的结构形式之一，一般有两级传动副，第一级是螺杆螺母传动副，第二级是齿条齿扇传动副。为了减少转向螺杆与转向螺母之间的摩擦，二者的螺纹并不直接接触，其间装有多个钢球，以实现滚动摩擦。转向螺杆和螺母上都加工出断面轮廓为两段或三段不同心圆弧组成的近似半圆的螺旋槽。二者的螺旋槽能配合形成近似圆形断面的螺旋管状通道。螺母侧面有两对通孔，可将钢球从此孔塞入螺旋形通道内。转向螺母外有两根钢球导管，每根导管的两端分别插入螺母侧面的一对通孔中。导管内也装满了钢球。这样，两根导管和螺母内的螺旋管状通道组合成两条各自独立的封闭的钢球"流道"。

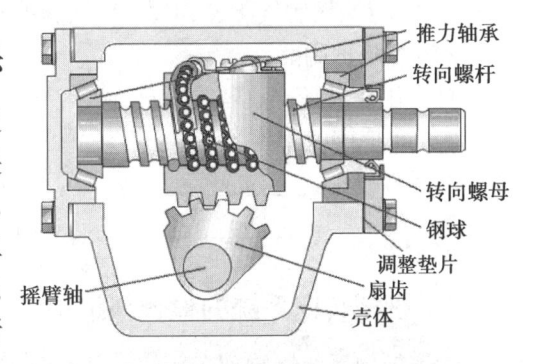

图 4-3-11 循环球式转向器

转向螺杆转动时,通过钢球将力传给转向螺母,螺母即沿轴向移动。同时,在螺杆及螺母与钢球间的摩擦力作用下,所有钢球便在螺旋管状通道内滚动,形成"球流"。在转向器工作时,两列钢球只是在各自的封闭流道内循环,不会脱出。循环球式转向器实物如图 4-3-12 所示。

图 4-3-12　循环球式转向器实物图

二、蜗杆曲柄指销式转向器,如图 4-3-13 所示

蜗杆曲柄指销式转向器的传动副以转向蜗杆为主动件,其从动件是装在摇臂轴曲柄端部的指销。转向蜗杆转动时,与之啮合的指销即绕摇臂轴轴线沿圆弧运动,并带动摇臂轴转动

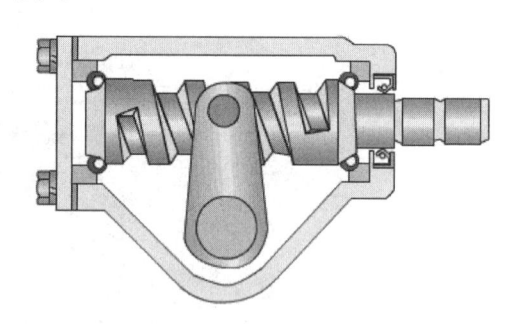

图 4-3-13　蜗杆曲柄指销式转向器

【任务实施】

一、准备工作

1.工具和材料

常用工具、轮胎气压表、钢直尺、维修手册、抹布若干等。

2.安全防护用品

标准作业装、安全鞋、线手套。

3.汽车信息收集

车牌号码:＿＿＿＿＿＿＿＿,车辆型号:＿＿＿＿＿＿＿＿,

VIN 码:＿＿＿＿＿＿＿＿,行驶里程:＿＿＿＿＿＿＿＿。

二、机械转向系统的检查与维护

汽车转向系统影响到车辆的行驶安全,怎样检查与维护机械转向系统?

1.机械转向系统的检查

(1)让汽车保持直线行驶状态,检查方向盘的自由间隙是否恰当,如图 4-3-14 所示。查询转向盘自由行程标准值＿＿＿＿＿＿＿＿,测量转向盘自由行程＿＿＿＿＿＿＿＿。

□正常　　□不正常

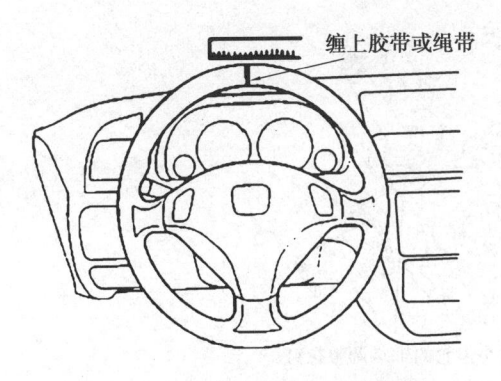

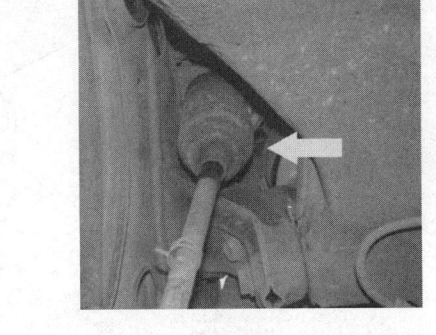

图 4-3-14　方向盘自由间隙的测量　　　　　　图 4-3-15　转向横拉杆保护罩的检查

(2)让汽车保持直线行驶状态,检查方向是否对正。　　　□正常　　□不正常

(3)检查方向盘是否能左右转向自如,是否有"咔嗒"声。　□正常　　□不正常

(4)左右转动转向盘到极限,检查是否对称,转向开关能否自动回位。

　　　　　　　　　　　　　　　　　　　　　　　　　　□正常　　□不正常

(5)检查转向横拉杆保护罩是否有泄漏及损坏,如图 4-3-15 所示。

　　　　　　　　　　　　　　　　　　　　　　　　　　□正常　　□不正常

(6)检查螺栓和螺母是否拧紧,必要时,应重新拧紧。　　□正常　　□不正常

2.当机械转向系统的转向盘自由行程过大时,主要进行如下检查和调整

(1)检查转向轴、万向节是否有松动。　　　　　　　　　□正常　　□不正常

若正常,则进行下一步检查。

(2)转向节球头的检修,如图 4-3-16 所示,将前桥车轮支起,检查转向是否松弛和摆动。

　　　　　　　　　　　　　　　　　　　　　　　　　　□正常　　□不正常

支撑起前桥车轮,来回摆动车轮。

图 4-3-16　转向节球头的检修

若正常,则进行下一步检查。

(3)检查横拉杆球头是否有松动。　　　　　　　　　　　□正常　　□不正常

若正常,则进行下一步检查。

(4)转向器的调整。

转向器的调整包含两个调整,分别是转向小齿轮的轴承预紧力的调整和转向小齿轮与齿条的啮合间隙的调整。

①用扳手调整小齿轮轴承的调整螺钉,并锁紧,如图 4-3-17 所示。

　　　　　　　　　　　　　　　　　　　　　　　　　　□任务完成

扳手

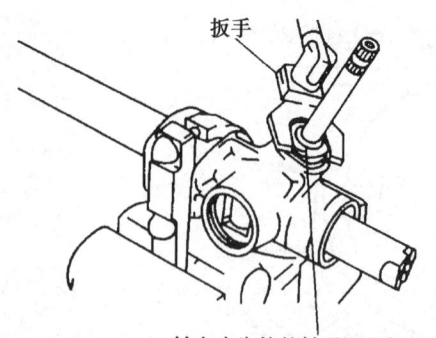

转向小齿轮的轴承调整螺钉

图 4-3-17 小齿轮轴承的调整

小提示： 使用扭力扳手在 2 个方向上测量轴承的预紧扭矩。转动时的预紧扭矩为 0.1~0.2 N·m，调整完后将轴承调整螺钉上的锁紧螺母拧紧。

②转向小齿轮与齿条的间隙调整齿轮啮合间隙的调整可以通过改变齿条导套中的调整弹簧预紧力的方式来进行。调整弹簧的位置，如图 4-3-18 所示。　　□任务完成

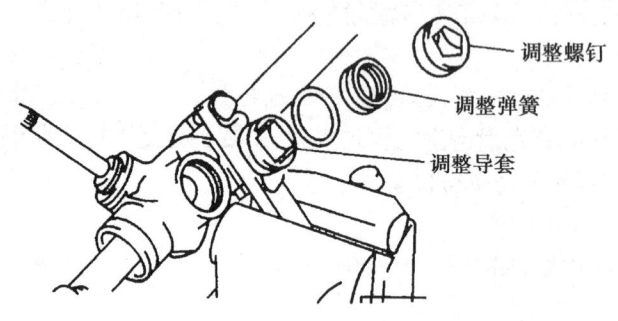

调整螺钉
调整弹簧
调整导套

图 4-3-18 调整弹簧的位置

以 25 N·m 的扭矩拧紧调整螺钉，再将调整螺钉往松开的方向回转 25°，如图 4-3-19 所示。　　□任务完成

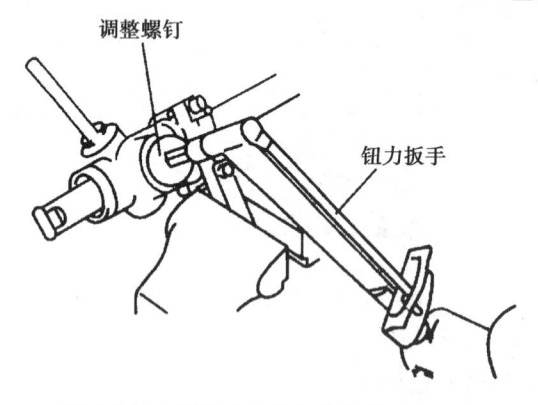

调整螺钉
扭力扳手

图 4-3-19 调整小齿轮与齿条的啮合间隙

③使用专用维修工具和扭力扳手在两个方向测量从中间位置开始一圈之内的总预紧扭矩，转动时的预紧扭矩为 0.7~1.7 N·m，调整后将调整螺钉上的锁紧螺母拧紧。

　　□任务完成

（5）检查转向盘自由行程。　　□正常　□不正常

三、转向横拉杆球头的更换

当转向横拉杆球头松动时,需要更换拉杆球头,如何更换转向横拉杆球头?

1. 横拉杆球头在车辆上的安装位置,如图4-3-20所示。转向横拉杆球头分内外球头。

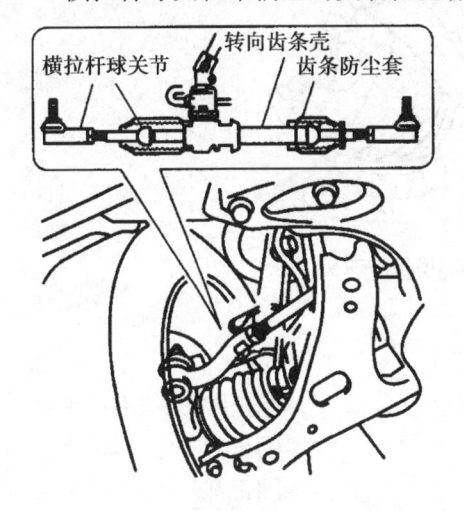

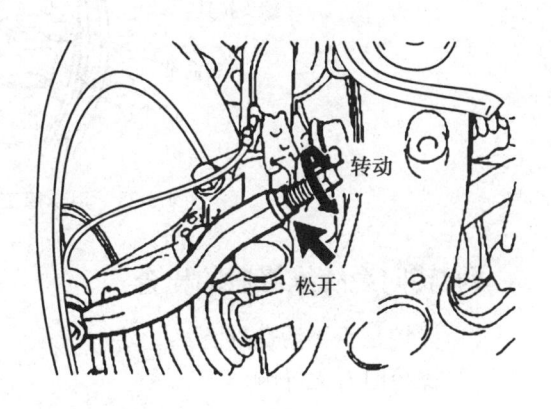

图 4-3-20　横拉杆球头在车辆上的安装位置　　图 4-3-21　松开横拉杆前束调整端头锁止螺母

2. 更换横拉杆球头(以左前外球头为例)。

(1)让汽车保持直线行驶状态,拆卸左前轮。　　　　　　□任务完成
(2)松开横拉杆前束调整端头锁止螺母,如图4-3-21所示。　□任务完成
(3)拆卸横拉杆外端螺母的开口销及螺母,如图4-3-22所示。
　　　　　　　　　　　　　　　　　　　　　　　　　　□任务完成

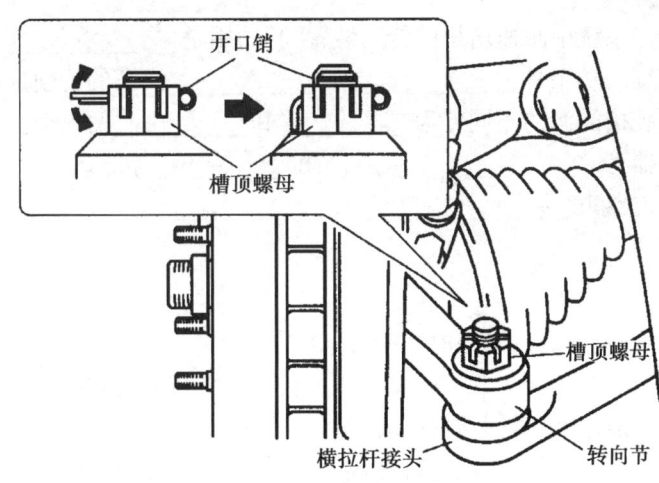

图 4-3-22　拆卸横拉杆外端螺母

(4)使用专用工具分离横拉杆球头与转向节,如图4-3-23所示。
　　　　　　　　　　　　　　　　　　　　　　　　　　□任务完成
(5)拆卸横拉杆球头。　　　　　　　　　　　　　　　　□任务完成
(6)更换新横拉杆球头,按照拆卸相反的步骤装复。　　　□任务完成
(7)调整前束,确保方向盘处于正直方向。　　　　　　　□任务完成

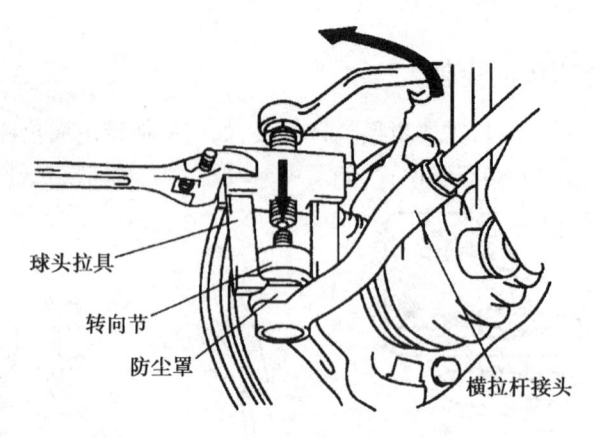

图 4-3-23　用专用工具拆卸横拉杆球头

四、转向系统维修后的检查

(1) 操控是否灵活良好。　　　　　　　　　　　□正常　　□不正常
(2) 操控时有无异响。　　　　　　　　　　　　□正常　　□不正常
(3) 转向盘位置是否对正。　　　　　　　　　　□正常　　□不正常
(4) 转向操作力适当、复位平稳。　　　　　　　□正常　　□不正常

【任务检测】

一、填空题

1. 机械转向系统由_____、_____和_____三大部分组成。
2. 转向器是转向系统中减速增扭的传动装置,其功用是_____。
3. 汽车转向系统的功用是_____和_____汽车的行驶方向。
4. 汽车转向系统按能源的不同分为_____和_____两大类。
5. 常用的转向器有_____、_____和_____等形式。
6. 循环球式转向器由_____、_____、_____、_____四个主要零件组成。

二、选择题

1. 转向系统角传动比越大,转向时驾驶员越(　　)。
   A. 省力　　　　　　　　B. 费力　　　　　　　　C. 无影响
2. 转向盘自由间隙越大,路面传递的力(　　)。
   A. 越明显　　　　　　　D. 越不明显　　　　　　C. 变化不大
3. 循环球式转向器是(　　)转向器。
   A. 单传动比　　　　　　B. 双传动比　　　　　　C. 三传动比
4. 横拉杆两端螺纹旋向(　　)。
   A. 都是左旋　　　　　　B. 都是右旋　　　　　　C. 一个左旋,一个右旋
5. 转向盘出现"打手"现象,主要是(　　)。
   A. 方向盘自由行程小　　B. 方向盘自由行程大　　C. 车速太高

【评价与反馈】

班级：_____　　　姓名：_____　　　指导教师：_____

序号	考核项目	配分	考核内容	配分	考核标准	得分
1	出勤、纪律	5	出勤	2	违规一次不得分	
			行为规范	3	违规一次不得分	
2	安全、防护、环保	20	着装	4	违规一次不得分	
			个人防护	4	违规一次不得分	
			"5S"、"EHS"	4	违规一次不得分	
			设备使用安全	4	违规一次不得分	
			操作安全	4	违规一次不得分	
3	知识水平	20	知识测验成绩	20	按测验成绩的20%计	
4	技能考核	40	技能测验成绩	40	按测验成绩的40%计	
5	学习能力	10	工单填写,工艺计划制订	4	未做不得分	
			组内活动情况	4	根据未完成情况酌情扣1~4分	
			资料的查阅和收集	2	未做不得分	
6	任务拓展	5	知识拓展	2	未做不得分	
			技能拓展	3	未做不得分	
7	总分	100				

【教师评估】

序号	优点	存在的问题	解决方案

教师签字：

任务四　助力转向系统的检查与维修

【任务目标】

目标类型	目标要求
1. 认知目标	(1) 描述汽车助力转向系统及各部件的作用 (2) 描述助力转向系统的类型 (3) 认识助力转向系统的主要零件
2. 技能目标	达到汽车维修中级工的如下技能要求： (1) 能进行转向助力系统的维护 (2) 能更换转向助力系统部件
3. 情感目标	(1) 培养"5S"、"EHS"意识 (2) 养成严谨的作业习惯

【任务描述】

由于助力转向系统具有轻便灵活的特点，因此现在大部分汽车都装备助力转向系统。当汽车转向系统出现故障时，除了与机械转向的相关零件有关外，还与助力系统有关，检修过程中需要能判别是机械零件故障还是助力系统故障。因此可以通过对助力系统和相关机械零件的检查或更换来排除故障。

【知识准备】

助力转向系统是兼用驾驶员体力和发动机动力为转向能源的转向系统，在正常情况下，汽车转向所需能量只有一小部分由驾驶员提供，大部分由发动机通过转向加力装置提供。

一、汽车助力转向系统的作用和类别

1. 汽车助力转向系统的作用

助力转向系统是将发动机输出的部分机械能转化为压力能（或电能），并在驾驶员控制下，对转向传动机构或转向器中某一传动件施加辅助作用力，使转向轮偏摆，以实现汽车转向的一系列装置。采用助力转向系统可以减轻驾驶员的转向操纵力。

2. 汽车助力转向系统的分类

(1) 按传动介质不同可分为气压式、_____ 和电动式三种。

① 气压动力转向系统：气压系统的工作压力较 _____（高或低）(一般不高于 0.7 MPa)，部件尺寸较 _____（大或小）。

②液压助力转向系统:液压助力转向器的工作压力_____(高或低)(可高达 10 MPa 以上),部件尺寸_____(大或小),其结构如图 4-1-1( )所示。液压助力转向系统的优点是系统工作时无噪声,工作滞后时间短,而且能吸收来自不平路面的冲击。

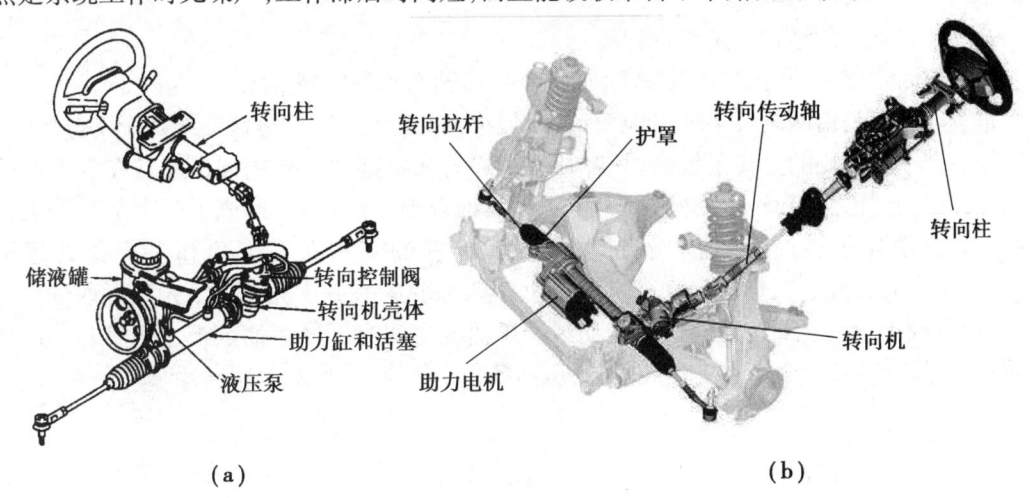

图 4-4-1　液压与电动助力转向系统

③电动助力转向系统:其结构如图 4-1-1( )所示。优点:只在转向时电机才提供助力,可以显著降低燃油消耗;能够兼顾低速时的转向轻便性和高速时的操纵稳定性,回正性能好;结构紧凑、质量轻、生产线装配好、易于维护和保养。
　　_____转向器已在各类各级汽车上获得广泛应用。
（2）根据机械式转向器、转向助力缸和油量控制阀三者在转向装置中的布置和连接关系的不同,液压助力转向装置分为:
①整体式:即将机械式转向器、转向助力缸和油量控制阀三者设计为一体;
②组合式:即把机械式转向器和油量控制阀设计为一体,转向助力缸独立;
③分离式:即机械式转向器独立,把油量控制阀和转向助力缸设计为一体。
本任务主要介绍整体式液压助力转向器。

二、汽车液压助力转向系统的组成及其作用

1.液压助力转向系统的组成
汽车液压助力转向系统是在机械转向系统的基础上加设一套_____而成,如图 4-4-1( )所示。液压助力系统主要由转向油罐、_____、_____、转向动力缸等组成。由转阀、齿轮齿条式转向器和转向动力缸组成的整体式动力转向器,转向动力缸的助力直接作用在齿条上。

2.液压助力转向系统主要元件的作用
（1）转向油罐。
转向油罐的作用是储存、滤清并冷却液压助力转向系统的工作油液。
（2）转向油泵。
①转向油泵的分类。
转向油泵是液压助力转向系统的供能装置,其作用是将输入的_____转换为液压能

输出。转向油泵的结构形式有齿轮式、叶片式、转子式、柱塞式等。

小提示：由于叶片式油泵具有工作压力较高和体积较小等优点,因此在汽车助力转向系统中应用最为广泛。

②叶片式油泵的结构及工作过程。

它主要由定子1、转子2、叶片3、配油盘4、传动轴5和泵体等组成。

定子内表面是由两段长半径R圆弧、两段短半径r圆弧和四段过渡曲线八个部分组成,且定子和转子是同心的。转子旋转时,叶片靠离心力和根部油压作用伸出紧贴在定子的内表面上,两两叶片之间和转子的圆柱面,定子内表面及前后配油盘,形成了一个个密封工作容积。如图中转子逆时针方向旋转时,密封工作腔的容积在右上角和左下角处逐渐_____(增大或减小),形成局部真空而吸油,为吸油区。在左上角和右下角处逐渐_____(增大或减小)而压油,为压油区。吸油区和压油区之间有一段封油区把它们隔开。这种泵的转子每转一周,每个密封工作腔吸油、压油各_____次,故称双作用叶片泵。

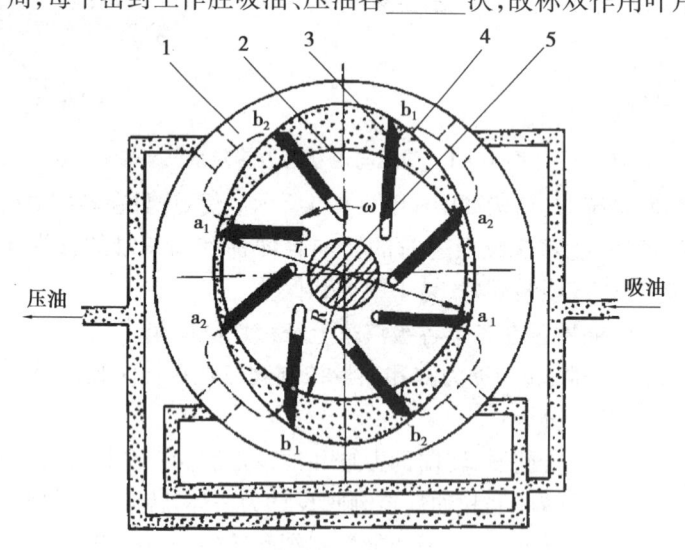

1-定子;2-转子;3-叶片;4-配油盘;5-传动轴

图4-4-2 叶片泵工作示意图

(3)转向控制阀。

转向控制阀分滑阀式转向控制阀和转阀式转向控制阀两种。

①滑阀式转向控制阀。

阀体沿轴向移动来控制油液流量的转向控制阀,称为滑阀式转向控制阀,简称滑阀。滑阀分为常流式和常压式,其结构及工作过程如图4-4-3所示。

②转阀式转向控制阀。

阀体绕其轴线转动来控制油液流量的转向控制阀,称为转阀式转向控制阀,简称转阀。

(4)转向动力缸。

转向动力缸是液压助力转向系统的输出装置,其作用是将输入的液压能转换为_____输出。

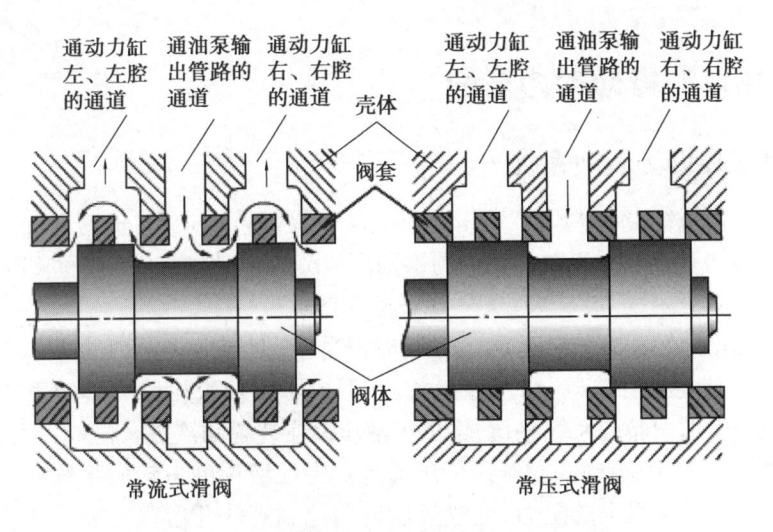

图 4-4-3 滑阀式转向控制阀的工作示意图

上方标注（从左至右）：
通动力缸左、左腔的通道　通油泵输出管路的通道　通动力缸右、右腔的通道　壳体　通动力缸左、左腔的通道　通油泵输出管路的通道　通动力缸右、右腔的通道

阀套　阀体

常流式滑阀　　　常压式滑阀

三、液压助力转向系统转向助力的实现及其工作过程

1.助力产生的原理

液压系统的作用力由压力产生，根据物理学中的帕斯卡定律：$P = F \div S$，既可以换算成 $F = P \times S$。

其中：P——压强，F——作用力，S——受力面积。

2.工作过程

（1）当转向盘处于正直方向车辆直行时，控制阀不动，助力油泵出来的油经过控制阀后回到油泵，动力缸活塞两端压力平衡，活塞不动，如图 4-4-4（　）所示。

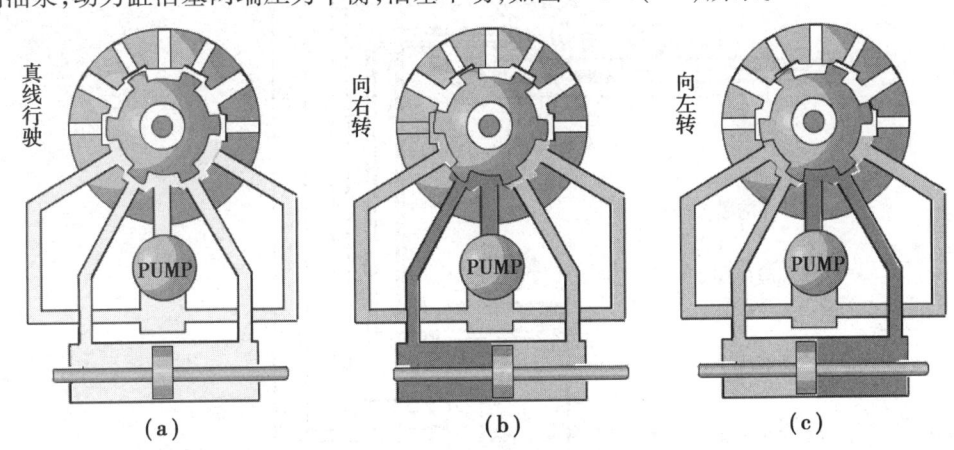

(a) 直线行驶　　(b) 向右转　　(c) 向左转

图 4-4-4　转阀式转向控制阀的工作示意图

（2）当转向盘向右转动时，在转向轴的带动下，控制阀也随之移动，将其中一条油路关闭，这时另一油路打开，在动力缸活塞两端产生压力差，于是活塞向低压方向运动，从而产生助力，如图 4-4-4（　）所示。用彩笔在图 4-4-4（　）中把高压液压管路涂成红色，低压管路涂成蓝色，并标注出油液流动方向。

（3）当转向盘处于左转弯时，用同样方法分析并用彩笔在图 4-4-4（　）中把高压液压管路涂成红色，低压管路涂成蓝色，并标注出油液流动方向。

【知识拓展】电动助力转向

一、电动液压助力转向系统

电动助力转向系统(简称EPS)利用直流电动机提供转向动力,辅助驾驶员进行转向操作。电动助力转向系统根据其助力机构的不同可以分为电动液压式(简称EPHS)和电动机直接助力式两种。

在传统液压助力转向系统的基础上加装电控系统,使辅助转向力的大小不仅与转向盘的转角增量(或角速度)有关,还与车速有关,就形成了电控液压助力转向系统,如图4-4-5所示。与传统液压助力转向系统相比,增加了液压反应装置和液流分配阀,而加设的电控系统则包括动力转向ECU、电磁阀和车速传感器等。电控液压助力转向系统利用电控单元根据车速调节作用在转向盘上的阻力,通过控制转向控制阀的开启程度以改变液压助力系统辅助力的大小,从而实现辅助转向力随车速而变化的助力特性。

电动液压助力转向系统的液压泵(齿轮泵)通过电动机驱动,与发动机在机械上毫无关系,助力效果只与转向盘角速度和行驶速度有关,是典型的可变助力转向系统。其特点是由ECU提供供油特性,汽车低速行驶时助力作用大,驾驶员操纵轻便灵活;在高速行驶时转向系统的助力作用减弱,驾驶员的操纵力增大,具有明显的"路感",既保证转向操纵的舒适性和灵活性,又提高了高速行驶中转向的稳定性和安全感。

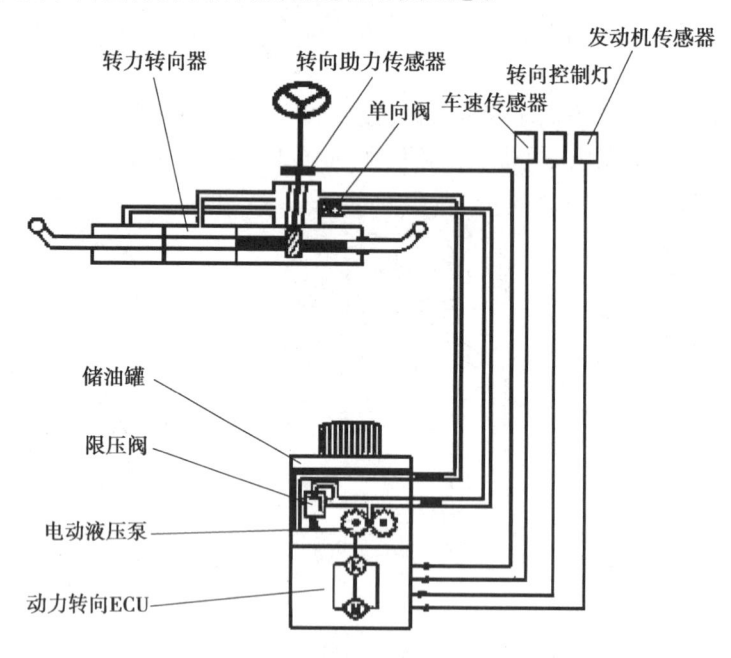

图4-4-5 波罗轿车电动液压助力转向系统示意图

二、电动助力转向系统

电动助力转向系统是汽车转向系统的发展方向。该系统在机械转向机构的基础上,增加信号传感器、电子控制单元和转向助力机构,如图4-4-6所示。由电动助力机直接提供转向助力,省去了液压动力转向系统所必需的动力转向油泵、软管、液压油、传送带和装于发动机上的皮带轮,既节省能量,又保护了环境。另外,还具有调整简单、装配灵活以及在多种状况下都能提供转向助力的特点。正是有了这些优点,电动助力转向系统作为一种新的转向技术,将挑战大家都非常熟知的、已具有 50 多年历史的液压转向系统。

查查相关资料,找找电动助力转向系统的优点有哪些?

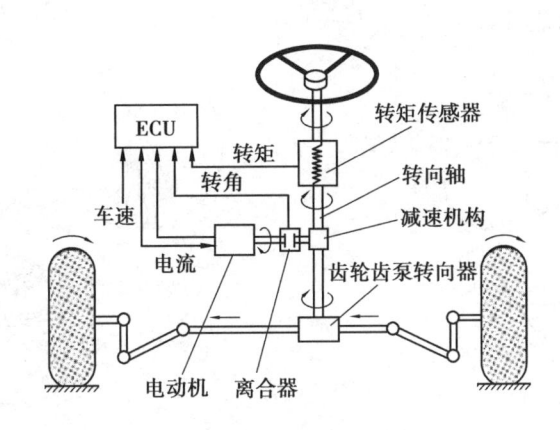

图 4-4-6 电动助力转向系统

【任务实施】

一、准备工作

1.工具和材料
常用工具、实训车辆、举升机、钢尺、维修手册、干净的抹布等。

2.安全防护用品
标准作业装、安全鞋、线手套。

3.汽车信息收集
车牌号码:_____,车辆型号:_____,
VIN 码:_____,行驶里程:_____。

助力转向系统是在机械转向系统的基础上增加了一套液压系统,机械部分结构基本一样,即导致转向系统故障不但有机械部分的原因,也有可能是液压系统的故障。在诊断助力转向系统故障时应先排除机械方面的原因,机械方面的诊断方法可参考上一任务,本任务只讨论液压系统的故障诊断。

二、液压助力转向系统的检查

1.基本检查
(1)外观检查。
①油管及接头是否漏油。　　　　　　　　□正常　　□不正常
②油管是否有断裂或弯折。　　　　　　　□正常　　□不正常
③转向器壳体是否有由裂纹所引起的漏油。　□正常　　□不正常

(2)皮带的检查如图 4-4-7 所示。
①压紧皮带扭矩： □50N·m □60 N·m □90 N·m
②松紧度应为： □10~15 mm □20~25 mm □30~35 mm

小提示：皮带的松紧度与助力系统的工作情况息息相关：皮带过松会导致助力过小甚至没有助力,皮带过紧会产生异响和皮带由于过载而被拉断等,因此需对皮带松紧度进行检查和调整。

(3)油量的检查如图 4-4-8 所示,液压油量过少或过多都可能会导致液压系统不能正常工作,需要保持液压油适量。

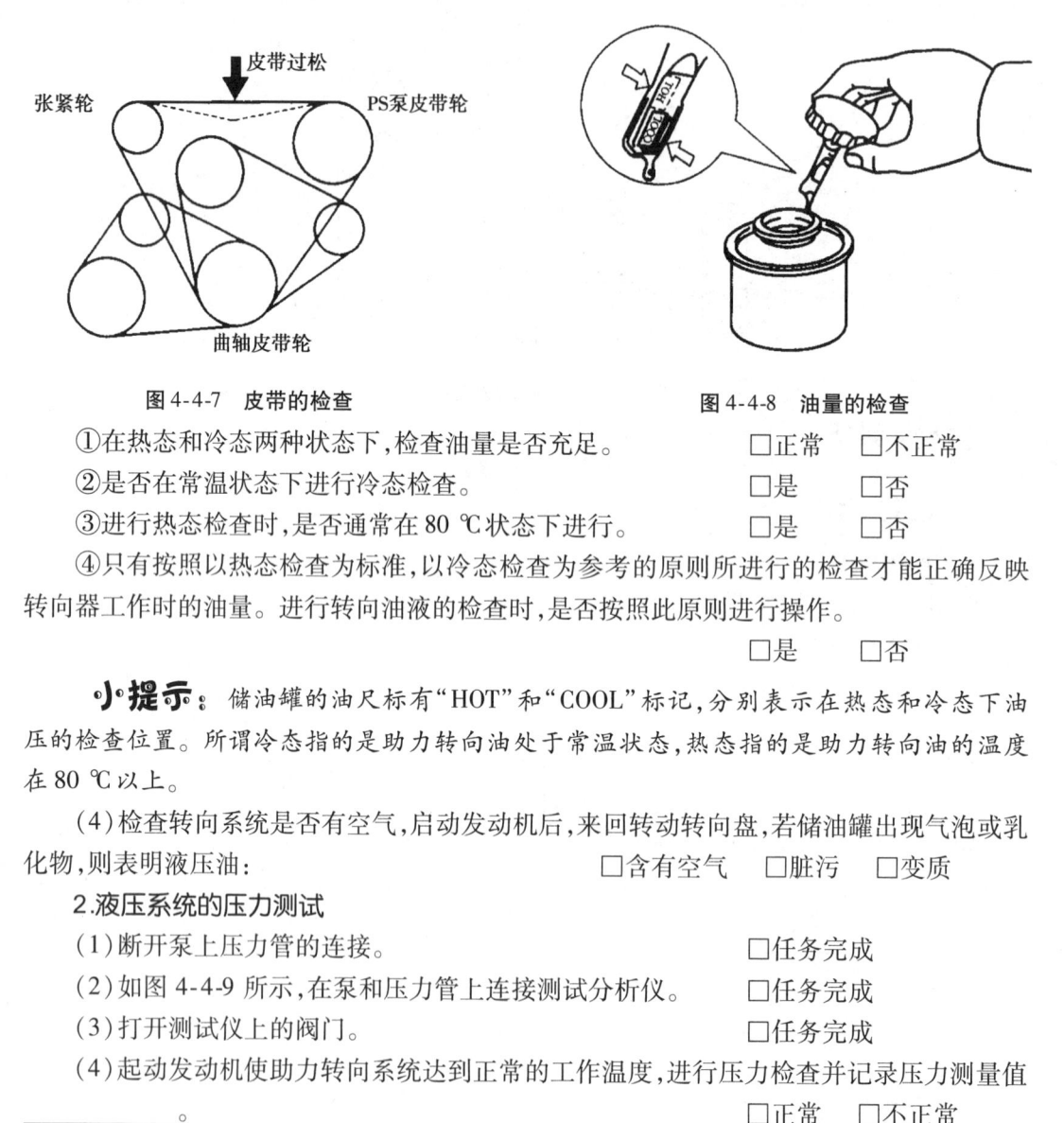

图 4-4-7 皮带的检查   图 4-4-8 油量的检查

①在热态和冷态两种状态下,检查油量是否充足。　　□正常　□不正常
②是否在常温状态下进行冷态检查。　　　　　　　　　□是　　□否
③进行热态检查时,是否通常在 80 ℃状态下进行。　　□是　　□否
④只有按照以热态检查为标准,以冷态检查为参考的原则所进行的检查才能正确反映转向器工作时的油量。进行转向油液的检查时,是否按照此原则进行操作。
　　　　　　　　　　　　　　　　　　　　　　　　　　　□是　　□否

小提示：储油罐的油尺标有"HOT"和"COOL"标记,分别表示在热态和冷态下油压的检查位置。所谓冷态指的是助力转向油处于常温状态,热态指的是助力转向油的温度在 80 ℃以上。

(4)检查转向系统是否有空气,启动发动机后,来回转动转向盘,若储油罐出现气泡或乳化物,则表明液压油：　　　　　　　　　□含有空气　□脏污　□变质

2.液压系统的压力测试

(1)断开泵上压力管的连接。　　　　　　　　　　　　□任务完成
(2)如图 4-4-9 所示,在泵和压力管上连接测试分析仪。　□任务完成
(3)打开测试仪上的阀门。　　　　　　　　　　　　　　□任务完成
(4)起动发动机使助力转向系统达到正常的工作温度,进行压力检查并记录压力测量值
_____。　　　　　　　　　　　　　　　　　　　□正常　□不正常

三、助力泵总成的更换

若通过压力测试,已经确定导致转向沉重的原因是助力泵损坏,需要对助力泵总成进行

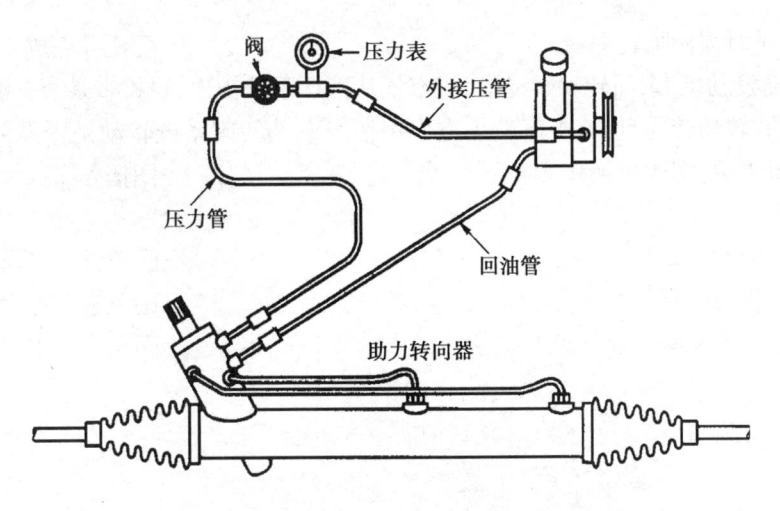

图 4-4-9　液压助力转向系统的压力测试图

更换，下面介绍更换的步骤及注意事项。

(1) 打开储油罐盖。　　　　　　　　　　　　　　　　□任务完成
(2) 拆卸助力泵皮带。　　　　　　　　　　　　　　　□任务完成
(3) 在车辆助力泵下方放置接油盆，拆卸助力泵低压油管，排放助力油。
　　　　　　　　　　　　　　　　　　　　　　　　　□任务完成

小提示：为便于把油排放完毕，可以在车轮离开地面的情况下，发动机熄火状态将转向盘从一侧转到另一侧，来回转动几次把大部分助力油排放干净。

(4) 拆卸助力泵高压油管。　　　　　　　　　　　　　□任务完成
(5) 拆卸助力泵。　　　　　　　　　　　　　　　　　□任务完成
(6) 安装新助力泵，按照与拆卸相反步骤安装其他部件，并拧紧到规定的扭矩。
　　　　　　　　　　　　　　　　　　　　　　　　　□任务完成
(7) 将助力转向液加注到储液罐中。　　　　　　　　　□任务完成
(8) 从助力转向系统中排出空气，在车轮离开地面的情况下，发动机熄火将转向盘从一侧转到另一侧，如图 4-4-10 所示。　　　　　　　　　　　　□任务完成

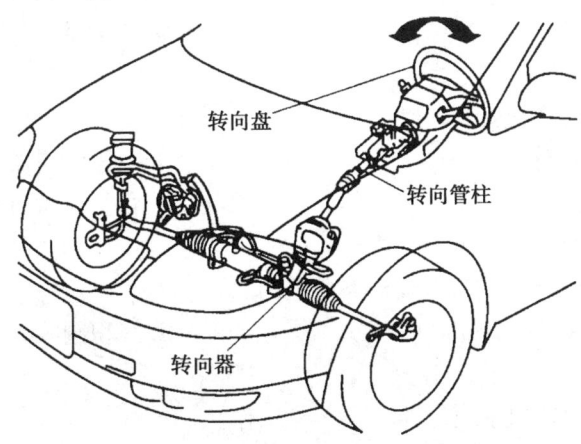

图 4-4-10　发动机静态下排空气

(9) 转动转向盘若干次后，使转向液充满整个转向助力系统，用油尺检查转向液的液面

高度,油量不足时需添加转向液。　　　　　　　　　　□任务完成

(10)起动发动机,来回转动转向盘,将空气从液压系统排出,再检查是否有泄漏或异响;降下汽车,左右转动转向盘,检查车轮承重作用情况下其转向系统转动是否灵活,经过各种工况的试验检查后,完成更换作业。　　　　　　　　　　□任务完成

(11)复检。
①操纵灵活性良好,无异响。　　　　　　　□正常　　□不正常
②转向操作力适当。　　　　　　　　　　　□正常　　□不正常
③液压系统无泄漏。　　　　　　　　　　　□正常　　□不正常

【任务检测】

一、填空题

1. 液压助力转向系统按传能介质分为_____和_____、_____三种。
2. 液压助力转向系统主要由_____、_____、_____、_____组成。
3. 转向油泵是液压助力转向系统的供能装置,其作用是将输入的_____转换为液压能输出。转向油泵的结构形式有_____、_____、_____、柱塞式等。
4. 现代轿车常用的助力转向系统为_____。
5. 电动助力转向系统分_____、_____两种。

二、选择题。

1. 助力转向(　　)。
   A. 只能在转向摇臂式转向系统　　　　B. 只能在齿轮齿条式转向系统
   C. A和B都可以　　　　　　　　　　D. A和B都不可以
   E. 只能用于轻型车辆

2. 转向油泵由(　　)驱动。
   A. 转向传动机构　　　　　　　　　　B. 曲轴带动的传动带
   C. 差速器　　　　　　　　　　　　　D. 传动轴
   E. 转向器

3. 助力转向中的控制阀安装在(　　)。
   A. 转向传动机构外面　　　　　　　　B. 整体转向器和转向摇臂总成里
   C. 转向盘里　　　　　　　　　　　　D. 齿轮齿条机构里
   E. 以上所有都是

4. 下列(　　)是通过转动来改变油路通道的。
   A. 滑阀　　　　　B. 转阀　　　　　C. 容积阀
   D. 连杆阀　　　　E. 叶片阀

5. 齿轮齿条式动力转向系统是推动(　　)工作。
   A. 转向摇臂　　　B. 齿条　　　　　C. 小齿轮
   D. 万向节　　　　E. 滑阀

【评价与反馈】

班级：_____ 姓名：_____ 指导教师：_____

序号	考核项目	配分	考核内容	配分	考核标准	得分
1	出勤、纪律	5	出勤	2	违规一次不得分	
			行为规范	3	违规一次不得分	
2	安全、防护、环保	20	着装	4	违规一次不得分	
			个人防护	4	违规一次不得分	
			"5S"、"EHS"	4	违规一次不得分	
			设备使用安全	4	违规一次不得分	
			操作安全	4	违规一次不得分	
3	知识水平	20	知识测验成绩	20	按测验成绩的20%计	
4	技能考核	40	技能测验成绩	40	按测验成绩的40%计	
5	学习能力	10	工单填写,工艺计划制订	4	未做不得分	
			组内活动情况	4	根据未完成情况酌情扣1~4分	
			资料的查阅和收集	2	未做不得分	
6	任务拓展	5	知识拓展	2	未做不得分	
			技能拓展	3	未做不得分	
7	总分	100				

【教师评估】

序号	优点	存在的问题	解决方案

教师签字：

任务五　悬架的检查与维修

【任务目标】

目标类型	目标要求
1. 认知目标	(1)能描述汽车悬架部件的作用 (2)能描述汽车悬架布置的类型 (3)能认识汽车悬架的主要零件
2. 技能目标	达到汽车维修中级工的如下技能要求： (1)能对悬架进行维护作业 (2)能更换减振器
3. 情感目标	(1)遵守汽车维修职场管理规定 (2)养成良好的作业习惯

【任务描述】

悬架是汽车中的一个重要总成，它把车架与车轮弹性地联系起来，从外表上看，轿车悬架仅是由一些杆、筒以及弹簧组成，但千万不要以为它很简单，相反轿车悬架是一个较难达到完美要求的汽车总成，这是因为悬架既要满足汽车的舒适性要求，又要满足其操纵稳定性的要求，而这两方面又是互相对立的。

车辆悬架性能的好坏，会直接影响到汽车行驶的安全性和舒适性。悬架常见的故障有减振器失效、悬架变形和异响等。汽车维修技术人员需根据这些故障的现象对悬架进行检查与修理。

【知识准备】

一、悬架的作用

悬架是汽车的车身(或车架)与车轮(或车桥)之间的一切传力连接装置的总称，悬架具体作用有哪些？

(1)悬架的安装位置，如图4-5-1所示，A为汽车_____，采用的是独立悬架，B为汽车后悬架，采用的是_____。

(2)无论独立悬架还是非独立悬架，其作用都有以下几点：

①连接_____和车轮，把路面作用于车轮上的垂直反力、纵向反力和侧向反力以及这些反力所造成的力矩传递到车架(或承载式车身)上，保证汽车的正常行驶，即起传力作用。

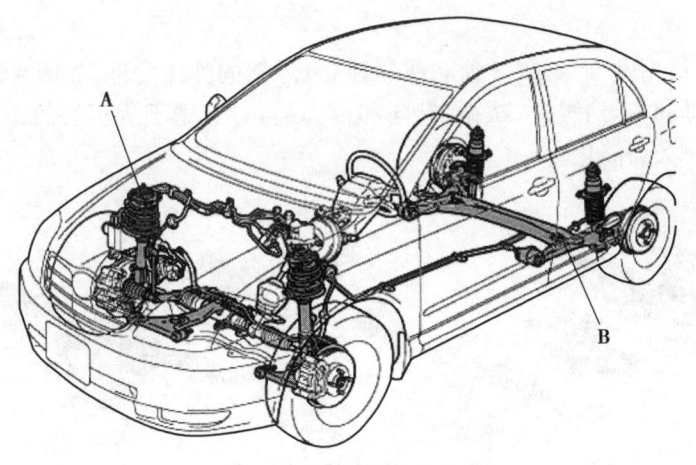

图 4-5-1 悬架的安装位置

②利用弹性元件和减振器起到缓冲减振的作用,改善乘坐_____性。
③利用悬架的某些传力构件使车轮按一定轨迹相对于车架或车身跳动,即起导向作用。
④利用悬架中的辅助弹性元件横向稳定器,防止车身在转向等行驶情况下发生过大的侧向倾斜。

二、汽车悬架的组成和工作过程

悬架主要有弹性元件、_____和导向装置三大装置构成,如图 4-5-2 所示悬架的组成。

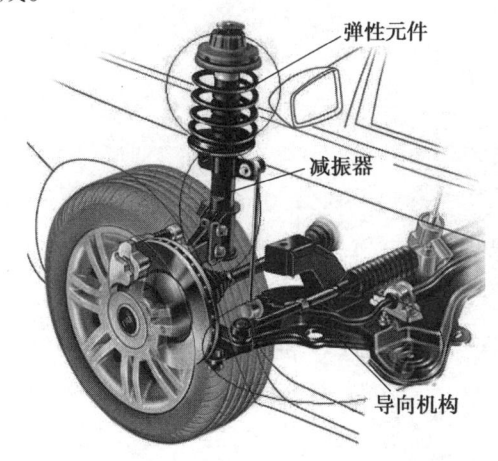

图 4-5-2 悬架的组成　　　　图 4-5-3 螺旋弹簧

1.弹性元件

弹性元件的作用是用来减缓来自路面的冲击,改善乘坐的_____性。按制作材料可划分为金属弹簧和非金属弹簧两种,其中金属弹簧包括_____、钢板弹簧和扭杆弹簧,非金属弹簧包括橡胶弹簧和空气弹簧。

（1）螺旋弹簧

螺旋弹簧用弹簧钢棒料卷制而成,常用于各种独立悬架,如图 4-5-3 所示。其特点是没有减振和导向功能,只能承受垂直载荷。在螺旋弹簧悬架中必须另装_____和_____,前者起减振作用,后者用以传递垂直力以外的各种力和力矩,并起导向作用。

(2)钢板弹簧

钢板弹簧常被用做_____（独立或非独立）悬架的弹性元件,如图 4-5-4 所示。多片式钢板弹簧可以同时起到缓冲、减振、导向和传力的作用,用于货车后悬架,可以不装减振器,使得悬架系统大为简化。

1－卷耳;2－弹簧夹;3－钢板弹簧;4－中心螺栓
图 4-5-4　钢板弹簧与非独立悬架

(3)扭杆弹簧

扭杆弹簧本身是一根由弹簧钢制成的杆,如图 4-5-5 所示。扭杆断面通常为圆形,少数为矩形或管形。其两端形状可以做成花键、方形、六角形或带平面的圆柱形等,以便一端固定在车架上,另一端固定在悬架的摆臂上。摆臂还与车轮相连。当车轮跳动时,摆臂便绕着扭杆轴线摆动,使扭杆产生扭转弹性变形,借以保证车轮与车架的弹性联系。

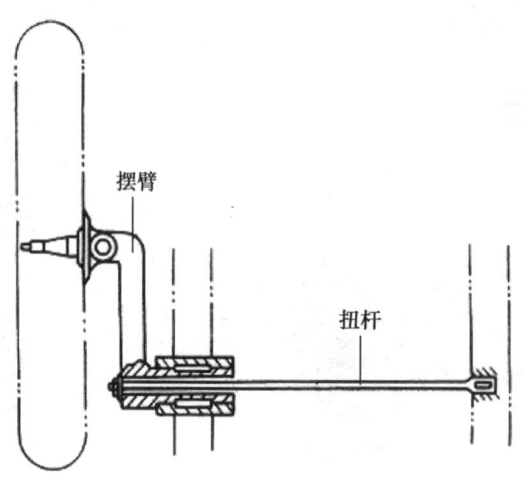

图 4-5-5　扭杆弹簧

(4)气体弹簧

气体弹簧是在一个密封的容器中充入压缩气体,利用气体的可压缩性实现弹簧的作用。气体弹簧的特点是,作用在弹簧上的载荷增加时,容器中气压升高,弹簧刚度_____（增大或减小）;反之,当载荷减小时,气压下降,刚度_____（增大或减小）。气体弹簧具有理想的变刚度特性。

气体弹簧分空气弹簧(如图 4-5-6 所示)和油气弹簧(如图 4-5-7 所示)两种。

(5)橡胶弹簧

橡胶弹簧利用橡胶本身的弹性起弹性元件的作用。它可以承受压缩载荷和扭转载荷,

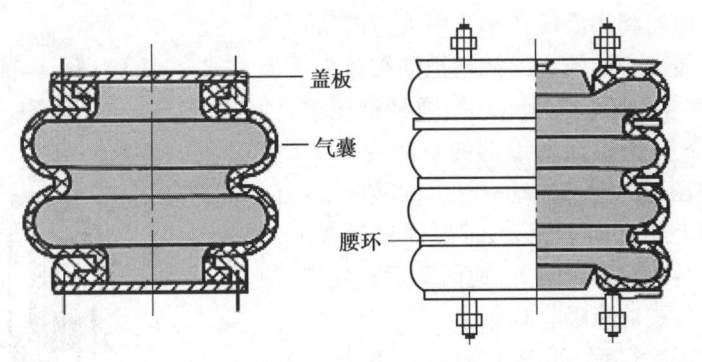

图 4-5-6 空气弹簧

如图 4-5-8 所示。由于橡胶的内摩擦较大,橡胶弹簧还具有一定的减振能力。橡胶弹簧多用作悬架的副簧和缓冲块。

2.减振器

弹簧虽然可以减轻道路对车身的冲击,但如果不让它的振动尽快停下来,汽车仍然会有振动。因此,要在弹簧运动的过程中加上一定的阻尼,使弹簧的振动迅速衰减。不带减振器的弹簧与带减振器的弹簧的工作情况:没有减振器时,振动所持续的时间会_____(较长或较短);有减振器时,在_____(较长或较短)的时间内减缓振动。

(1)减振器的作用。

①抑制行驶时传达给车身的大振动,延长车身寿命,以提高乘车舒适感。

②抑制行驶时车轮的快速振动,以防止轮胎离开路面,从而改善行使稳定性。

(2)减振器的结构,如图 4-5-9 所示。

(3)减振器的工作过程。

从产生阻尼材料的角度划分,减振器主要有液压和充气两种,还有一种可变阻尼的减振器。本任务只介绍液压减振器的工作过程。

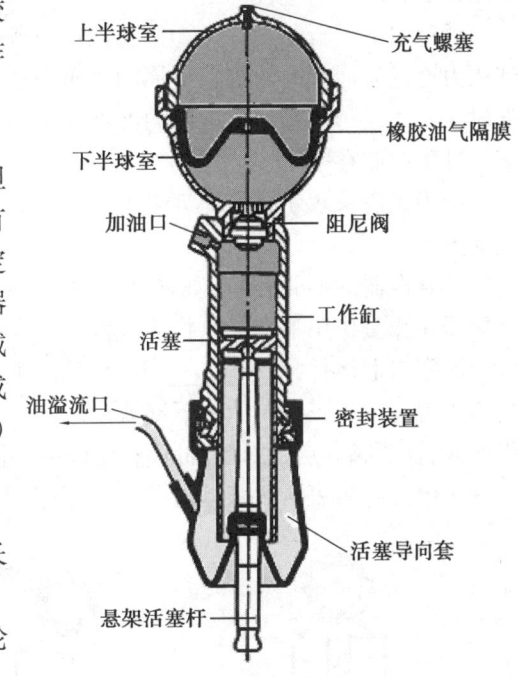

图 4-5-7 油气弹簧

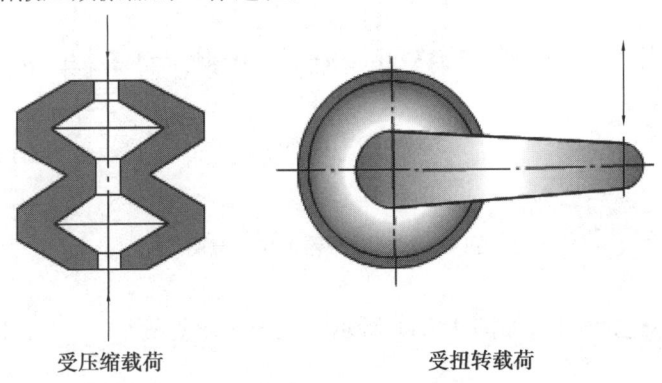

图 4-5-8 橡胶弹簧

液压阻尼减振器利用液体在小孔中流过时所产生的阻力来达到减缓冲击的效果。活塞把油缸分为了上下两个部分,如图4-5-10(a)所示。当弹簧被压缩,活塞向____(上或下)运行,活塞下部的空间变____(大或小),油液被挤压后向上部流动;反之,油液向下部流动。不管油液向上还是向下流动,都要通过活塞上的阀孔。油液通过阀孔时遇到阻力,使活塞运行变缓,冲击的力量有一部分被油液吸收减缓了。

①减振器的压缩行程,如图4-5-10(b)所示,表示减振器受力缩短的过程。

活塞向下运行,_____开启,油缸下部的油液受到压力通过流通阀向油缸上部流动。压力达到一定程度时,_____开启,油缸下部的油液通过压缩阀流向油缸外部的储存空间。

图中大箭头表示活塞运动方向,小箭头表示油液流动方向。

②减振器的伸张行程,如图4-5-10(c)所示,表示减振器在弹簧作用下恢复原状的过程。

活塞向上运行,_____开启,油缸上部的油液受到压力通过伸张阀向油缸下部流动。压力达到一定程度时,补偿阀开启,油缸外部储存空间的油液流回到油缸下部。

图中大箭头表示活塞运动方向,小箭头表示油液流动方向。

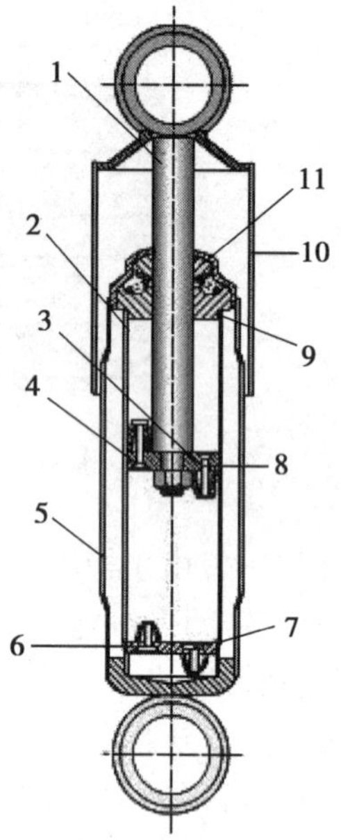

图4-5-9　筒式减振器的结构
1-活塞杆;2-工作缸筒;3-活塞;
4-伸张阀;5-储油缸筒;6-压缩阀;
7-补偿阀;8-流通阀;9-导向座;
10-防尘罩;11-油封

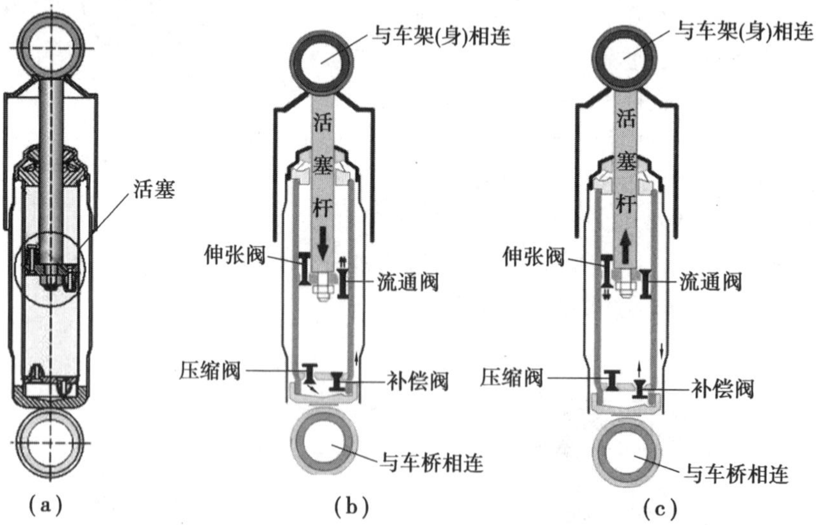

图4-5-10　减振器工作示意图

3.导向装置

导向装置也称连接机构,如图4-5-11所示。主要由上摆臂、_____、悬架臂和_____等连杆部件组成。

通过这些连杆部件可以将弹簧、减振器、稳定杆、车轮和车身等连接起来,起到承受车辆质量及车轮运动的作用。

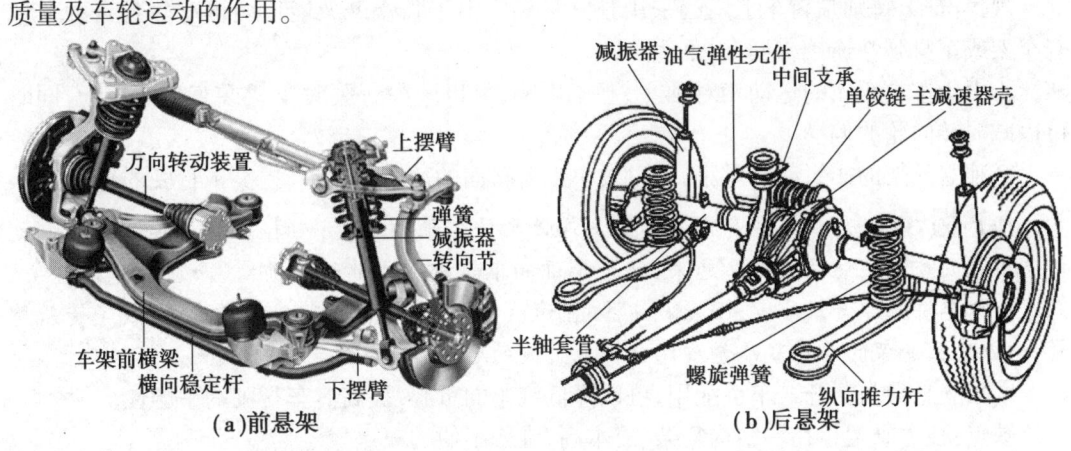

(a)前悬架　　　(b)后悬架

图4-5-11　导向装置示意图

(1)球头。

即连接前悬架的上臂与转向节也连接前悬架的下臂与转向节。球头短轴根部为埋入轮毂的球面,由于球头轴可以自由地进行前后左右倾斜或旋转,因此可避免部件之间的安装位置发生直接碰撞,使悬架工作柔顺。

(2)横向稳定杆。

稳定杆用以防止汽车的横向摆动。当车子倾斜且轮胎一侧下沉时,通过稳定杆扭曲,可将下沉一侧的车轮反向提升。

横向稳定杆由弹簧钢制成,呈扁形的_____形状,稳定杆可以_____(减小或增加)转弯时车身倾斜的程度,主要用于_____(前轮或后轮),有时也用于_____(前轮或后轮)。中间部位是通过橡胶(杆)产生的扭矩,可以阻碍悬架弹簧变形,从而减小车身的_____(横向或纵向)倾斜和_____(横向或纵向)振动。

三、悬架的类型、结构和工作过程

按汽车导向装置的不同,可分为独立悬架与非独立悬架,如图4-5-12。

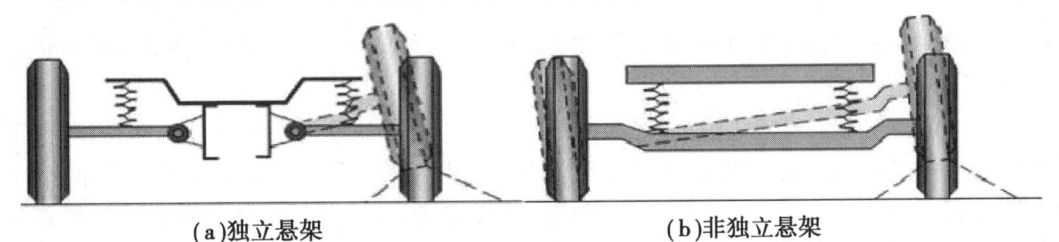

(a)独立悬架　　　(b)非独立悬架

图4-5-12　独立悬架与非独立悬架

1.独立悬架

(1)独立悬架的组成:独立悬架的车桥分成两段,每只车轮用螺旋弹簧独立地安装在车身(或车架)下面。

(2)独立悬架的工作过程:两侧车轮独立地与车架或车身弹性连接,当一侧车身受到冲击时,其运动不会直接影响到另一侧车轮,汽车的平稳性和舒适性好。

(3)独立悬架的特点

现代汽车,特别是轿车上广泛采用独立悬架。由于独立悬架能使两侧车轮各自独立地与车架或车身弹性连接,具有以下优点:

①由于左右车轮的运动相对独立、互不影响,可以减少行驶时车架或车身的振动,同时可以减弱转向轮的偏摆。

②独立悬架的非簧载质量小,可以减小来自路面的冲击和振动,提高了行驶的平顺性。

小提示:簧载质量是指汽车上由弹性元件支承的质量;而非簧载质量是指弹性元件下吊挂的质量。对于非独立悬架,整个车桥和车轮都属于非簧载质量,而对于独立悬架,只有部分车桥是非簧载质量,而主减速器、差速器、壳体等都装在车架或车身上,成了簧载质量,所以独立悬架的非簧载质量要比非独立悬架的小。

③独立悬架与断开式车桥配用,可以降低汽车的重心,提高汽车行驶的平顺性。

缺点:独立悬架存在着结构复杂、成本高、维修不便的缺点。

(4)独立式悬架的类型

现代轿车大都是采用独立式悬架,按其结构形式的不同,独立悬架又可分为横臂式、纵臂式、多连杆式、烛式以及麦弗逊式悬架等,如图4-5-13所示。其中麦弗逊悬架在中级以下轿车上应用较广泛。

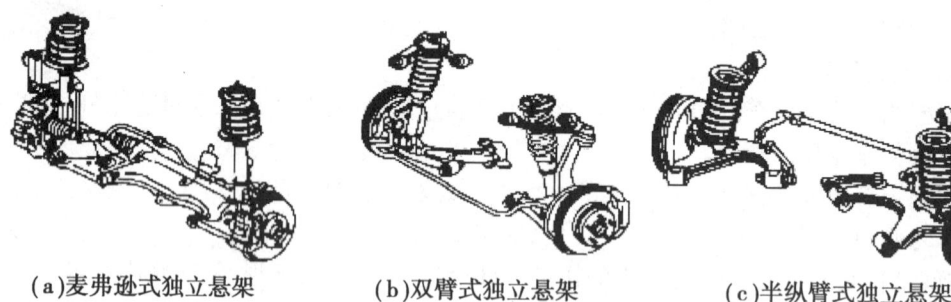

(a)麦弗逊式独立悬架　　(b)双臂式独立悬架　　(c)半纵臂式独立悬架

图4-5-13　独立悬架类型

2.非独立悬架

(1)非独立悬架的组成:两侧车轮通过整体式车桥相连,车桥通过悬架与车架或车身相连。

(2)非独立悬架的工作过程:如果行驶中路面不平,一侧车轮被抬高,整体式车桥将迫使另一侧车轮产生运动。

(3)非独立悬架的特点:非独立悬架的结构特点是两侧车轮由一根整体式车桥相连,车轮连同车桥一起通过弹性悬架悬挂在车架或车身的下面。非独立悬架具有结构简单、成本低、强度高、保养容易、行车中前轮定位变化小的优点,但由于其舒适性及操纵稳定性都较差,在现代轿车中基本上已不再使用,多用在货车和大客车上。

(4)非独立悬架的类别

非独立悬架可分为钢板弹簧非独立悬架、螺旋弹簧非独立悬架、空气弹簧非独立悬架。

【知识拓展】多轴汽车的平衡悬架

如果多轴车辆的全部车轮都是单独地刚性悬挂在车架上,在不平道路上行驶时将不能保证所有车轮同时接触地面,如图4-5-14(a)所示。当使用弹性悬架而道路不平度较小时,虽然不一定会出现车轮悬空现象,但各个车轮间垂直载荷的分配比例会有很大改变。当车轮垂直载荷变小甚至为零时,车轮对地面的附着力随之变小甚至为零。转向车轮遇此情况时将使汽车操纵能力大大降低以致失去操纵;驱动车轮遇此情况时将不能产生足够的驱动力。此外,还会使其他车桥及车轮有超载的危险。全部车轮采用独立悬架,可以保证所有车轮与地面的良好接触,但将使汽车结构变得复杂,对于全轮驱动的多轴汽车尤其是如此。

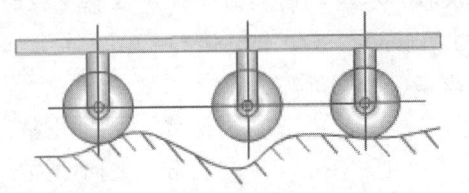

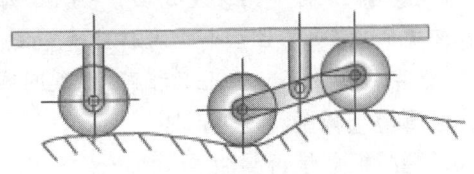

(a)各个车轮装刚性悬挂在车架上　　(b)车轮通过平衡悬架挂在车架上

图4-5-14　三轴汽车在不平道路上行驶的情况示意图

如果将两个车桥(如三轴汽车的中桥与后桥)装在平衡杆的两端,而将平衡杆的中部与车架作铰链式连接,一个车桥抬高将使另一车桥下降。由于平衡杆两臂等长,使两个车桥上的垂直载荷在任何情况下都相等,这种能保证中后桥车轮垂直载荷相等的悬架称为平衡悬架,如图4-5-14(b)所示。

【任务实施】

一、准备工作

1.工具和材料

常用工具、举升机、实训车辆、减振器拆卸专用工具、球头拆卸专用工具、维修手册、干净的抹布。

2.安全防护用品

标准作业装。

3.汽车信息收集

车牌号码:＿＿＿＿＿＿＿＿＿＿,车辆型号:＿＿＿＿＿＿＿＿＿＿,
VIN码:＿＿＿＿＿＿＿＿＿＿,行驶里程:＿＿＿＿＿＿＿＿＿＿。

二、汽车悬架异响的查找与维修

汽车悬架出现故障后表现突出的现象为异响,维修技术人员可通过路试和车辆静态检查,查找故障部位并维修。

1.路试检查

结合客户反映的情况,根据路况以及行驶状态确定发生噪声或故障的时间和位置。

小提示：结合道路测试，查看悬架部件之间的接触刮伤或生锈部位，初步确定损坏的零部件。

2. 基本检查

（1）减振器的检查。

①检查减振器的阻尼状态。　　　　　　　　　　　　　□正常　　□不正常

小提示：将车辆反复摇动3~4次，每次推力尽量相同。回弹时应注意支柱的阻力和车身回弹的次数，并且检查车身停止晃动的时间长短。若松手回弹1~2次，车身立即停止回弹，且左右两侧的回弹次数相同，则表明减振器（支柱）正常。

②目测检查减振器是否损坏。　　　　　　　　　　　　□正常　　□不正常
③目测减振器是否漏油。　　　　　　　　　　　　　　□正常　　□不正常
④检查防尘套和缓冲块是否有裂纹或损坏。　　　　　　□正常　　□不正常

（2）减振弹簧的检查。

①目测弹簧保护漆层是否有腐蚀、刮伤、划痕或麻点现象。　□正常　　□不正常
②弹簧座圈上的橡胶垫是否有老化变形或损坏。　　　　□正常　　□不正常

小提示：在维修过程中不要碰掉弹簧外部的保护漆层，以免引起硬裂增加，使弹簧失效。

（3）稳定杆铰接头和稳定杆衬套检查。

①目测稳定杆是否有变形及其他损坏。　　　　　　　　□正常　　□不正常
②检查稳定杆支承处拉杆是否移位和有无间隙。　　　　□正常　　□不正常
③检查衬套是否老化，有无裂痕和其他损坏。　　　　　□正常　　□不正常

（4）悬架固定螺栓的检查，查询维修手册，检查结果记录在表4-5-1。

表4-5-1　悬架固定螺栓检查记录表

检查紧固部位		紧固扭力	检查结果
车身前部			
①	检查悬架横梁与车身之间连接的螺栓是否松动		□正常　□不正常
②	检查悬架横梁与悬架臂之间连接的螺栓是否松动		□正常　□不正常
③	检查悬架臂与悬架臂球头之间连接的螺栓是否松动		□正常　□不正常
④	检查悬架臂球头与转向节之间连接的螺栓是否松动		□正常　□不正常
⑤	检查转向节与减振器之间连接的螺栓是否松动		□正常　□不正常
⑥	检查稳定杆与前横梁之间连接的螺栓是否松动		□正常　□不正常
⑦	检查减振器上的安装点是否有松动		□正常　□不正常
车身后部			
①	检查后桥支架与车身之间连接的螺栓是否松动		□正常　□不正常
②	检查后桥支架与后桥之间连接的螺栓是否松动		□正常　□不正常
③	检查后桥拖臂与减振器之间连接的螺栓是否松动		□正常　□不正常
④	检查减振器上的安装点是否有松动		□正常　□不正常

(5)下悬臂橡胶衬套与球头检查。
①检查悬架球头是否松动。　　　　　　　　　　　□正常　□不正常
②检查悬架臂有无裂纹、变形或损坏。　　　　　　□正常　□不正常
③检查悬臂衬套有无破损、变形和裂纹。　　　　　□正常　□不正常
④检查悬臂球头防尘罩有无损坏。　　　　　　　　□正常　□不正常

小提示： 若摇悬臂与球头不能分离,则两者之一有损坏的现象,则应更换悬臂总成。

(6)后悬架检查。
①检查后桥及拖臂是否有损坏。　　　　　　　　　□正常　□不正常
②检查后桥衬套有无破损、变形和裂纹。　　　　　□正常　□不正常

三、悬架部件的拆卸与检查

如何规范地进行悬架部件的拆卸与安装？对拆卸下来的部件如何进行检查？

1.拆卸前悬架减振器及弹簧总成

(1)拆下车轮。　　　　　　　　　　　　　　　　　□任务完成
(2)举升车辆。　　　　　　　　　　　　　　　　　□任务完成
(3)拆卸稳定器。　　　　　　　　　　　　　　　　□任务完成
(4)拆下固定制动软管的E形环,并从托架拆下制动软管。　□任务完成
(5)拆下减振器与车架固定螺栓。　　　　　　　　　□任务完成
(6)拆下减振器与转向节连接螺栓前要做好左、右标记,以免安装时装错位置,拆卸后为避免损伤驱动轴护套,需用布将其盖上。　　　　　　　□任务完成

小提示： 减振器和螺旋弹簧拆卸前,记下原来的位置,便于重新安装减振器时能将原部件恢复到原来位置,否则会导致车轮定位参数的变化。

(7)减振器及弹簧总成的拆卸。

小提示： 不可随意拆开减振器的任何部件,以免受压的螺旋弹簧张力迅速反弹,造成维修人员受伤。因此,一定要按维修手册规定的操作步骤进行规范操作。

①用维修专用工具压紧螺旋弹簧,如图4-5-15(a)所示。　□任务完成
②用专用工具夹紧弹簧座,使其不能转动,拆下螺母,如图4-5-15(b)所示。
　　　　　　　　　　　　　　　　　　　　　　　　□任务完成

(a)安装专用工具　　　(b)分解减振器及弹簧

图4-5-15　减振器及弹簧总成的拆卸

③拆下悬架支承、弹簧座、防尘密封圈、弹簧、隔振座和减振垫。拆解结构如图4-5-16所示。　　　　　　　　　　　　　　　　　　　　　　　　　　　　□任务完成

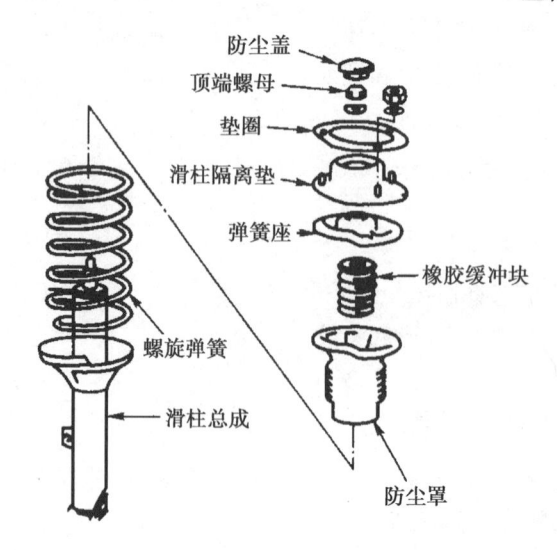

图4-5-16　前悬架减振器及弹簧总成分解图

(8)检查分解的减振器及弹簧总成,并把检查结果记录在表4-5-2中。

表4-5-2　减振器及弹簧总成的检查结果记录表

序号	检查部位	检查结果	判断能否继续使用
①	检查上弹簧座是否变形	□是　□否	□更换　□继续使用
②	检查缓冲块有无破裂	□有　□无	□更换　□继续使用
③	轴承转动时是否有异响	□是　□否	□更换　□继续使用
④	轴承径向或抽象拉动有无松动	□有　□无	□更换　□继续使用
⑤	检查减振器阻力效果	□大　□小	□更换　□继续使用
⑥	检查弹簧是否变形损坏	□是　□否	□更换　□继续使用

小提示：用台钳固定减振器的下端,上下快速拉动减振器,如果减振器正常,则阻力较大;如果阻力较小或没有,则必须更换减振器。

2.悬架臂与球头的拆卸

(1)拆下下悬架臂与前横梁的连接螺栓。　　　　　　　　□任务完成
(2)拆下转向节与下悬架臂的连接螺栓。　　　　　　　　□任务完成
(3)取下下悬架臂。　　　　　　　　　　　　　　　　　　□任务完成
(4)悬架臂和球头的检查。
①如图4-5-17所示,旋转检查下悬架球头。　　　　　　□正常　□不正常
②轴向拉动球头,检查是否有轴向间隙。　　　　　　　　□正常　□不正常

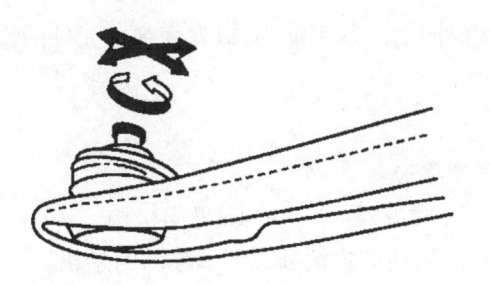

图 4-5-17　悬架臂和球头的检查示意图

四、悬架零件的装复与检查

拆卸悬架零件检查后如何装复？装复后如何检查？

(1) 根据拆卸悬架部件的检查结果,更换相应部件。　　□任务完成

(2) 按照拆卸相反的顺序进行对前悬架减振器及弹簧总成、悬架臂与球头的安装。
　　　　　　　　　　　　　　　　　　　　　　　　□任务完成

小提示：注意某些元件可能存在安装方向,各螺栓在安装后必须用扭力扳手紧固在规定扭矩。

(3) 装复后,该如何对悬架系统进行安全检查与测试呢？

①在维修并安装悬架部件后,需对车辆定位进行检测和调整,使悬架部件恢复正常,保持车辆的稳定行驶。　　　　　　　　　　　　□正常　　□不正常

②道路测试后,检查是否已解决车辆故障,并把测试结果记录下来。
　　　　　　　　　　　　　　　　　　　　　　□是　　□否

【任务检测】

一、填空题

1. 悬架一般由_____、_____和_____组成。
2. 减振器装在_____与_____之间。
3. 如果减振器发生故障,会导致_____困难,_____很容易撞击限位块。
4. 汽车悬架可以分为_____和_____。
5. 独立悬架与_____车桥配合。

二、判断题

1. 减振器的作用是减振或控制汽车的运动。　　　　　　　　　　　　　(　　)
2. 减振器必须成对更换。　　　　　　　　　　　　　　　　　　　　　(　　)
3. 常规减振器是速度传感的液压减振装置。　　　　　　　　　　　　　(　　)
4. 减振器的运动速度越快,其阻力越大。　　　　　　　　　　　　　　(　　)
5. 减振器以一定角度安装的目的是延长其使用寿命。　　　　　　　　　(　　)
6. 减振器与减振元件是串联安装的。　　　　　　　　　　　　　　　　(　　)
7. 减振器在汽车行驶中变热是不正常的。　　　　　　　　　　　　　　(　　)

8. 减振器在伸张行程时阻力应尽可能小，以发挥弹性元件的缓冲作用。　　　（　　）

三、选择题

1. 一般载货汽车的悬架未设(　　)。
    A. 弹性元件　　　B. 减震器　　　C. 导向机构
2. (　　)悬架是车轮沿摆动的主销轴线上下移动的悬架。
    A. 双横臂式　　　B. 双纵臂式　　　C. 烛式　　　D. 麦弗逊式
3. 轿车通常采用(　　)悬架。
    A. 独立　　　B. 非独立　　　C. 平衡　　　D. 非平衡

【评价与反馈】

班级：_____　　姓名：_____　　指导教师：_____

序号	考核项目	配分	考核内容	配分	考核标准	得分
1	出勤、纪律	5	出勤	2	违规一次不得分	
			行为规范	3	违规一次不得分	
2	安全、防护、环保	20	着装	4	违规一次不得分	
			个人防护	4	违规一次不得分	
			"5S"、"EHS"	4	违规一次不得分	
			设备使用安全	4	违规一次不得分	
			操作安全	4	违规一次不得分	
3	知识水平	20	知识测验成绩	20	按测验成绩的20%计	
4	技能考核	40	技能测验成绩	40	按测验成绩的40%计	
5	学习能力	10	工单填写,工艺计划制订	4	未做不得分	
			组内活动情况	4	根据未完成情况酌情扣1~4分	
			资料的查阅和收集	2	未做不得分	
6	任务拓展	5	知识拓展	2	未做不得分	
			技能拓展	3	未做不得分	
7	总分	100				

【教师评估】

序号	优点	存在的问题	解决方案

教师签字：

任务六　车轮定位的检测与调整

【任务目标】

目标类型	目标要求
1.认知目标	(1)能叙述车轮定位的作用 (2)能认识四轮定位仪各参数的含义
2.技能目标	达到汽车维修中级工的如下技能要求： (1)能使用四轮定位仪对车轮定位参数进行检测 (2)能正确记录分析结果、判定故障点 (3)能对不正确的参数进行调整
3.情感目标	(1)遵守汽车维修职场管理规定 (2)养成良好的作业习惯

【任务描述】

车轮定位角度是存在于悬架系统和各活动机件间的相对角度。保持正确的车轮定位角度可确保车辆直线行驶，改善车辆的转向性能，确保转向系统自动回正，减少轮胎的磨损等。车轮定位正确与否，将直接影响汽车的操纵稳定性、安全性、燃油经济性以及轮胎等有关机件的使用寿命及驾驶员的劳动强度等。因此，四轮定位检测调整已成为汽车维修作业的重要项目。

【知识准备】

一、车轮定位

什么叫车轮定位？汽车一般在哪些情况下需要四轮定位？

1.车轮定位

前轮定位和后轮定位统称为车轮定位。汽车车轮定位主要是前轮定位，其作用是使汽车保持稳定的直线行驶和转向轻便，并减少汽车在行驶中轮胎和转向机件的磨损。随着前轮驱动、独立悬架、承载式车身结构的出现，后轮定位问题产生，其作用是使前后轮胎的行驶轨迹重合，减少高速时轮胎的横向侧滑和轮胎的磨损。

前轮定位指的是汽车的_____、转向节和前轴三者之间的安装具有一定的相对位置，这种具有一定相对位置的安装也叫做转向轮定位。前轮定位包括主销后倾（角）、主销内倾（角）、_____和前轮前束四个内容。

后轮定位指的是对两个后轮来说也同样存在与后轴之间安装的相对位置，后轮定位包括后轮前束、后车轮外倾角和推进角、退缩角等。

2.当汽车出现以下情况下需要做车轮定位

(1)直行时需紧握方向盘,否则汽车会跑偏。
(2)轮胎出现异常磨损,如轮胎单侧磨损或出现凹凸状、羽毛状磨损。
(3)转向时方向盘太重、太轻以及快速行驶时发飘。
(4)车辆更换轮胎、车辆转向节以及减振器等悬挂系统配件后。
(5)车辆发生碰撞事故后。
(6)当新车行驶 3 000 km 或行驶 10 000 km 后。

二、车轮定位的参数

车轮定位包括哪些参数?每个参数又有何含义?

1.车轮定位的参数

车轮定位是为了保持汽车直线行驶的稳定性,保证汽车转弯时转向轻便,且使转向轮自动回正,四轮定位主要包括:前轮前束、前轮外倾、主销内倾、主销后倾以及后轮前束、后轮外倾角和推进角、退缩角等主要定位角度。车型不一,其实际的测试项目、技术数据也不相同。

2.车轮定位各参数的含义

(1)主销后倾角 γ

从汽车的侧面看,转向轴中心线与垂直线所成的夹角称为_____,主销后倾为正,主销前倾为负,如图4-6-1所示。现代汽车为了提高行驶速度,普遍采用扁平低压胎,轮胎变形增加,引起稳定性增加,因此注销后倾角可以减小甚至接近于零,有的更为负值。

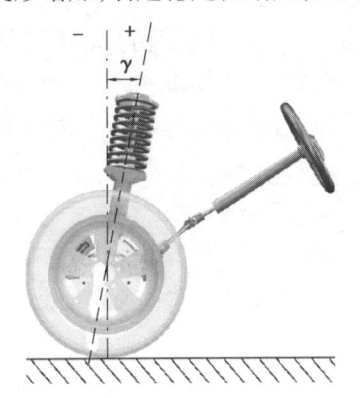

图 4-6-1 主销后倾角　　图 4-6-2 主销内倾角

主销后倾角的作用是:当汽车直线行驶偶然受外力作用而稍有偏转时,主销后倾将产生车轮转向反方向的力矩使车轮自动回正,可保证汽车直线行驶的稳定性。

主销后倾角过大的影响:_____。

主销后倾角过小的影响:转向后缺乏方向盘自动回正能力,引起前轮摆振,转向盘摇摆不定,驾驶员失去路感,车速高时发飘。

左右车轮主销后倾角不相等时:车辆会朝着主销后倾角_____(大或小)的一侧跑偏。驾驶员不敢放松转向盘,极易引起驾驶员疲劳。

(2)主销内倾角 β

从汽车的前面看,转向轴中心线与垂直线所成的夹角称为主销内倾角,向外为负,向内为正,如图4-6-2所示。

主销内倾角的作用是保护轴承不易受损,并使转向轻便,也是前轮转向后回正力矩的来源。主销后倾和主销内倾都有使汽车转向自动回正的作用,但主销后倾的回正作用随车速增大而增大,高速时起主导作用。主销内倾的回正作用与车速无关,低速起主要作用。

(3)车轮外倾角 α

从汽车前方看轮胎中心线与垂直线所成的角度称为外倾角,向外为正,向内为负,如图4-6-3所示。

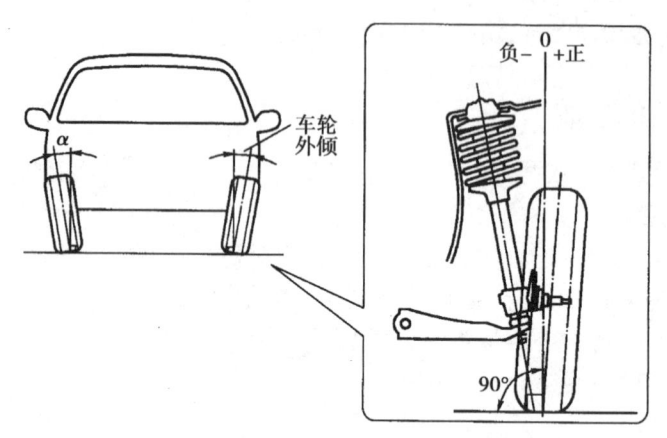

图 4-6-3 车轮外倾角的位置

外倾角的作用是:防止车辆满载时造成车轮内倾,消除跑偏,避免轮胎偏磨损。同时,可减少前轮纵向旋转平面接地点至主销中心线延长线与地面交点的距离,从而使转向轻便。

外倾角太大的影响:轮胎外侧单边磨损;悬架系统零件_____;车辆会朝着外倾角较_____的一侧跑偏。对于后轮,车辆朝后轮外倾角最_____的一侧跑偏。

负外倾角太大的影响:轮胎内侧单边磨损;悬架系统零件磨损加剧;车辆会朝着负外倾角较小的一侧跑偏。

(4)前束(或前束角)

车轮前束为汽车两个前轮的两个旋转平面不平行,前端出现略向内束的现象。左右两前轮间的后端距离 A 与前端距离 B 之差称为前束值。后缘大于前缘时,为_____(正或负)值,反之则为_____(正或负),如图4-6-4所示。

从汽车的正上方向下看,轮胎中心线与汽车纵向几何中心线之间的夹角称为前束角。规定两轮前边缘距离小于后边缘距离为正,反之为负。负前束也叫前张角。两个车轮的前束角之和,即两个轮胎中心线的夹角称为总前束角。

前束的作用是:消除车轮外倾造成的不良后果,减轻轮鼓外轴承的压力和轮胎的磨损。有些车辆采用正前束,有些车辆采用负前束。

前束太大的影响:轮胎的外侧产生_____磨损。

负前束太大的影响:轮胎内侧锯齿状磨损;转向不稳定,车轮发抖。

(5)其他定位参数

①推力角

由于车辆长期使用或发生碰撞事故造成车桥变形,引起前桥轴线和后桥轴线不平行,如图4-6-5(a),汽车后轮行进方向(即推力线,也称推进线)与汽车纵向几何中心线形成一个夹角,这个夹角称为推力角(也称推进角)。汽车纵向几何中心线是指通过汽车前桥和后桥

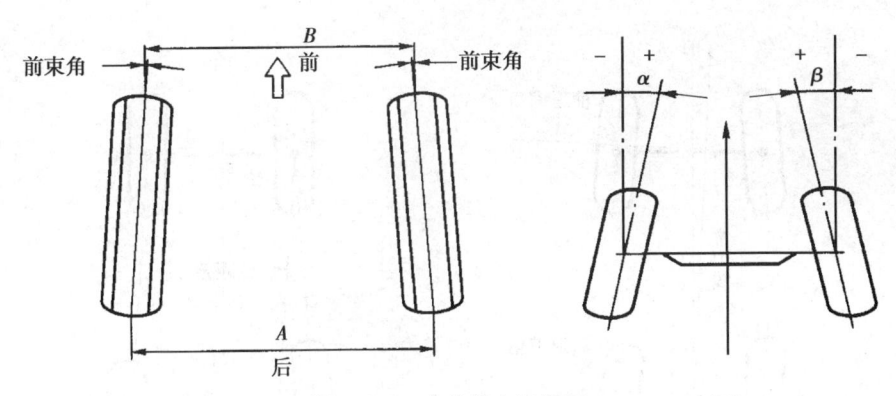

图 4-6-4　车轮前束示意图

中心的直线。推力角的正负号规定：推力线左偏时，推力角为正，反之为负。

不考虑车桥变形的影响，推力角一般是后轮单独前束角不等造成的，故将汽车后轮总前束夹角的平分线定义为推力线，可以证明：推力角等于后轮两轮单独前束之差的一半，如图4-6-5(b)所示。

推力角不是设计参数，而是一种故障状态参数。汽车行驶时，推力角会使后轮沿推力线给汽车一个纵向的偏转力矩，造成轮胎异常磨损、车辆跑偏，严重时将发生后轴侧滑、甩尾等危险情况。

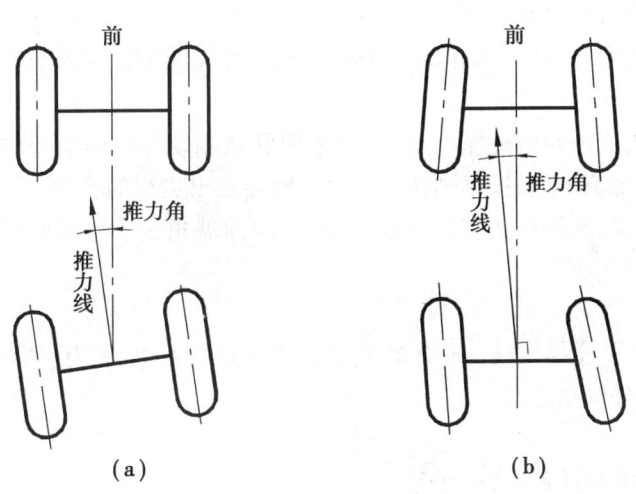

图 4-6-5　推力角

②退缩角和轴距差

退缩角分前退缩角和后退缩角。两前轮中心连线与推力线的垂线之间的夹角称为前退缩角。两后轮中心连线的垂线与推力线之间的夹角称为后退缩角，如图4-6-6(a)所示。规定右轮在左轮后面时退缩角为正，反之为负。

两前轮中心的连线与两后轮中心的连线之间的夹角称为汽车的轴距差，如图4-6-6(b)所示。规定当右侧车轮的距离比左侧车轮的距离大时，轴距差为正，反之为负。

根据定义，轴距差等于后退缩角与前退缩角的差。

轴距差也是一种故障状态参数，一般是由于车身撞击而形成，达到一定程度时，车辆将出现跑偏，跑偏方向朝向轴距较小的一侧。

③轮距差

左侧前后两轮中心的连线与右侧前后两轮中心的连线之间的夹角称为汽车的轮距差，

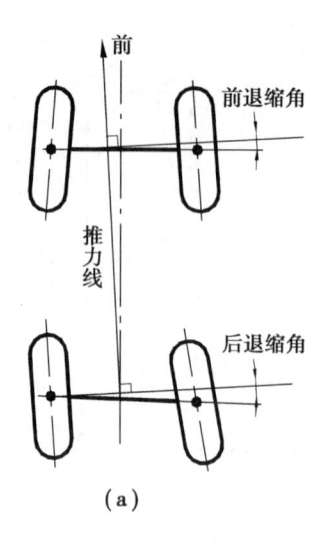

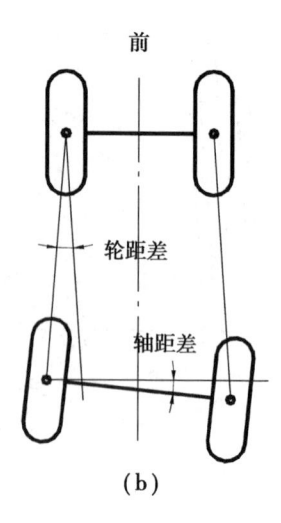

图 4-6-6 轴距差、轮距差和退缩角

如图 4-6-6(b)所示。规定后轮轮距比前轮轮距大时,轮距差为正,反之为负。

④转向前展角

车轮在转弯时两前轮的转角之差称为转向前展角(也称转向角、转向前张角)。通常将转向 20°的转向前展角作为测量值。

作用:为了在转弯时使汽车以后轴延伸线的瞬时中心为圆心顺利转弯,避免侧滑引起的轮胎过度磨损。

汽车使用时,由于前轮的碰撞冲击、经常采用紧急制动等原因引起转向梯形的变形,使转向前展角超过标准值。此时,车辆在转弯时轮胎会发出尖锐的噪声,造成汽车在转向行驶过程中前轮异常磨损、操纵性变差。一般来说,转向前展角是不可调整的,只能通过更换零件改正缺陷。

⑤包容角

从汽车的前面看,主销轴线与车轮轮胎中心线之间的夹角,称为包容角。在数值上等于主销内倾角和车轮外倾角之和。

三、四轮定位的故障分析

1.轮胎异常磨损(吃胎)

(1)前轮同时吃胎:前轮前束不正确。
(2)前轮单轮吃胎:外倾角不正确。
(3)后轮吃胎:外倾角、前束角不正确。

2.行驶跑偏

(1)前轮主销后倾角左右不对称,偏差超过 0.5°,车辆朝主销后倾角_____的一侧跑偏。
(2)前轮外倾角左右不对称,偏差超过 0.5°,车辆朝外倾角正值最大的一侧跑偏。
(3)后轮外倾角左右不对称,偏差超过 0.5°,车辆朝后轮外倾角最_____的一侧跑偏。
(4)车辆两侧轴距不相等,前后退缩角之和超过 0.2°,就会出现跑偏,偏向朝轴距_____的一侧。

3.车辆发飘

_____。

4.方向盘沉重

主销后倾角过大、内倾过小,外倾角不正确,前轮前束负值,悬挂零件变形。

【任务实施】

一、准备工作

1.工具和材料

四柱举升机带二次举升(或大剪举升机带二次举升)、车辆、四轮定位检测仪、常用工具、抹布。

2.汽车信息收集

车牌号码:_____,车辆型号:_____,
VIN码:_____,行驶里程:_____。

二、车辆的预检

为了保证车轮定位的准确性,车轮定位前要对车辆进行预检。

1.车辆停放位置

(1)车辆空载停放在专用检测平台(举升机)居中位置。　　□任务完成
(2)车轮保持直线行驶位置。　　□任务完成
(3)分别压车身的前部和后部,使悬架系统正确回位。　　□任务完成

小提示:不同汽车厂商对车轮定位的检测条件略有不同,通常欧美车型如奔驰、宝马和雪铁龙等要进行加载(模拟满座的驾驶员、乘客重量及货物)后进行检查,其他车型则是在空载状态下进行检测,具体请参阅相关车型维修手册。

2.车轮的检查

(1)检查所有车轮轮胎的花纹、尺寸是否相同。　　□是　　□否
(2)检查车轮钢圈有无变形和损伤。　　□正常　　□不正常
(3)检查轮胎充气压力是否符合标准。　　□是　　□否
(4)轮胎是否有明显的异常磨损。　　□是　　□否
(5)检查轮胎花纹深度,且各轮胎磨损基本一致。　　□是　　□否
(6)检查轮胎动平衡是否正常。　　□正常　　□不正常
(7)检查车轮轴承转动是否有偏摆、异响。　　□正常　　□不正常

3.悬架的检查

(1)车身高度左右偏差是否超过15 mm。　　□正常　　□不正常

小提示:不同车型车身高度的测量方法有所不同,具体请参考相关维修手册。

(2)螺旋弹簧是否损坏或明显变形。　　□正常　　□不正常
(3)减振器是否漏油或损坏。　　□正常　　□不正常
(4)转向横拉杆是否变形。　　□正常　　□不正常
(5)转向横拉杆球头节是否损坏或松动。　　□正常　　□不正常

（6）悬架臂是否明显变形。　　　　　　　　　　　　□正常　　□不正常
（7）悬架臂球头是否损坏或松动。　　　　　　　　　□正常　　□不正常
（8）悬架臂铰链处衬套是否损坏或松动。　　　　　　□正常　　□不正常
4. 检查转向盘的自由行程　　　　　　　　　　　　　□正常　　□不正常

小提示：如检查过程中有故障，必须排除以符合要求，否则将导致测量结果不准确。

三、车辆定位参数的检测

1. 车辆定位仪的使用方法

车辆定位仪的型号：_____。

2. 安装夹具、传感器

（1）安装制动锁。　　　　　　　　　　　　　　　　□任务完成
（2）装配轮胎夹具。　　　　　　　　　　　　　　　□任务完成

小提示：将夹具的四个爪子分别抓住轮辋的外侧，拧紧调节螺杆，使其固定，安装后仔细检查是否安装牢固。

（3）安装传感器，将传感器安装到轮胎夹具外侧，连接通讯电缆和转角盘电缆。（带有蓝牙动能的仪器无需此步）　　　　　　　　　　　□任务完成

小提示：观察传感器上的水平仪，将传感器调至水平位置，汽车的4个车轮都需要安装传感器，并调至水平。如果传感器的水平位置调不准，将直接影响测量数据的准确性。

3. 四轮定位的检测

（1）进入四轮定位的检测程序。　　　　　　　　　　□任务完成
（2）输入客户资料和车辆信息。　　　　　　　　　　□任务完成
（3）进行偏差补偿。　　　　　　　　　　　　　　　□任务完成
（3）根据定位仪提示完成调试前的检测，并记录相关数据于表4-6-1中。
　　　　　　　　　　　　　　　　　　　　　　　　□任务完成

小提示：各种定位仪不同，具体操作步骤有差别，根据定位仪提示完成操作即可。

表4-6-1　车轮定位数据检测记录表

车轮	项目	标准值	测量值	分析测量数据
前轮	左前轮外倾角			□正常 □不正常
	右前轮外倾角			□正常 □不正常
	外倾角差值			□正常 □不正常
	左轮主销后倾角			□正常 □不正常
	右轮主销后倾角			□正常 □不正常
	主销后倾角差值			□正常 □不正常
	左轮前束			□正常 □不正常
	右轮前束			□正常 □不正常
	总前束			□正常 □不正常
	左轮主销内倾角			□正常 □不正常
	右轮主销内倾角			□正常 □不正常
	主销内倾角差值			□正常 □不正常

续表

车轮	项目	标准值	测量值	分析测量数据
后轮	左后轮外倾角			□正常 □不正常
	右后轮外倾角			□正常 □不正常
	外倾角差值			□正常 □不正常
	左后轮前束			□正常 □不正常
	右后轮前束			□正常 □不正常
	总前束			□正常 □不正常
	推进线夹角			□正常 □不正常

四、不正确定位参数的调整

根据测量数据分析,查找故障原因,对不正确定位参数进行调整。

1.车轮定位调整顺序

调整顺序依次是:后轮外倾角、后轮前束、前轮外倾角、前轮前束。

查询维修手册,实验室车轮可调整参数有_____。

小提示：根据车型不同可调整参数不一样,调整方法可以根据定位仪提示完成。

2.调整前准备

(1)将转向盘锁定。　　　　　　　　　　　　　　　□任务完成

(2)用举升器将车辆举升到合适调整的高度并锁止。　□任务完成

(3)将4个传感器调整为水平状态。　　　　　　　　□任务完成

小提示：参照屏幕上所显示的数据进行。

3.车轮外倾角的调整

(1)查询维修手册,实验室车辆外倾角的调整位置_____。

根据车辆不同,外倾角调整位置也不一样,常见外倾角调整位置:减振器与转向节连接螺栓长孔调整,减振器上支座固定螺栓位置移动调整,悬架臂球头与悬架臂连接长孔螺栓调整,悬架臂与前横梁连接偏心螺栓调整,偏心垫片调整等。

(2)调整外倾角至标准值范围内。　　　　　　　　　□任务完成

(3)紧固调节螺钉。　　　　　　　　　　　　　　　□任务完成

4.前束调整

(1)转动转向盘居中并锁止。　　　　　　　　　　　□任务完成

(2)松开横拉杆,锁紧螺母与防尘套夹箍,如图4-6-7所示。　□任务完成

小提示：此处螺母一个正旋,一个反旋,操作时要特别注意。

(3)旋扭横拉杆,改变拉杆长度,直到调整到规定值。　□任务完成

小提示：如果转动不灵活,可用螺栓松动剂清洁。

(4)保证左右两侧横拉杆的调整长度一致。　　　　　□任务完成

(5)拧紧横拉杆,锁紧螺母及防尘套夹箍。　　　　　□任务完成

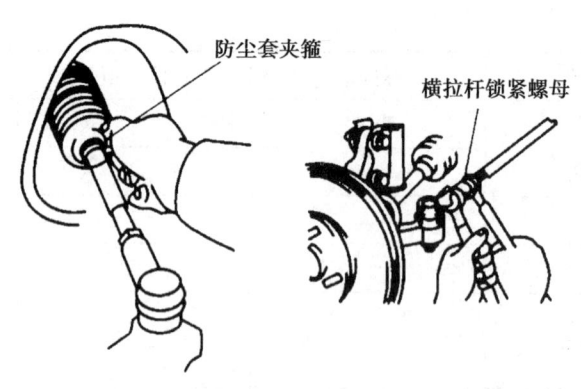

图 4-6-7　松开横拉杆,锁紧螺母与防尘套夹箍

(6)检查是否完成左右轮前束的调整。　　　　　　　　□是　　□否

五、调整后的检测及检验

(1)重新检测车轮定位,确保调整后定位角度正确。　　□正常　□不正常
(2)完成所有调整项目后,将车轮定位仪的传感器、信号线和夹具等仪器放回原位。
(3)调整车辆车轮定位后,进行道路检验。
①在车辆向前行驶时,转向盘是否处于居中位置。　　□是　　□否
②在平坦路面直行时是否有向左向右偏向。　　　　　□是　　□否
③是否发生过大的转向摆动或颤抖。　　　　　　　　□是　　□否
④转向时是否轻便。　　　　　　　　　　　　　　　□是　　□否
⑤放开转向盘是否可迅速而平稳地返回中间位置。　　□是　　□否
⑥转向盘打至极限位置时,转向和悬架零件是否与底盘或车身接触。
　　　　　　　　　　　　　　　　　　　　　　　　□是　　□否

【任务拓展】

根据车轮定位项目作业表完成车轮定位(2013 年重庆市汽车维修技能大赛)
姓名:_____　　学号:_____　　设备型号:_____
车型:_____　　VIN 号:_____　　生产日期:_____

	项目内容	标准说明	作业记录
[举升位置1]（举升器未升起,在最低位置）			
(001)	①检查车辆停放位置 ②目视检查车身前后、左右有无倾斜(是否水平)		
(002)	①检查车辆停放位置 ②检查车辆在举升机上前部停放是否周正		
(003)	①检查车辆停放位置 ②检查车辆在举升机上后部停放是否周正		
(004)	①检查车辆停放位置 ②检查左前轮中心是否基本正对转角盘中心		

续表

	项目内容	标准说明	作业记录
(005)	①检查车辆停放位置 ②检查右前轮中心是否基本正对转角盘中心		
(006)	①检查车辆停放位置 ②检查左后轮是否基本停在后滑板中间部位		
(007)	①检查车辆停放位置 ②检查右后轮是否基本停在后滑板中间部位		
(008)	①检查车辆停放位置 ②检查左前转角盘的销子是否在锁止状态		
(009)	①检查车辆停放位置 ②检查右前转角盘的销子是否在锁止状态		
(010)	①检查车辆停放位置 ②检查左后滑板的销子是否在锁止状态		
(011)	①检查车辆停放位置 ②检查右后滑板的销子是否在锁止状态		
(012)	①车辆识别 ②降下司机侧门窗玻璃		
(013)	①车辆识别 ②找到车辆VIN码并且记录在作业表上		
(014)	①车辆识别 ②找到车辆型号并且记录在作业表上		
(015)	①车辆识别 ②确定车辆生产年份及日期记录在作业表上		
(016)	①车辆识别 ②找到并记录原厂要求的前后车轮的标准胎压		
(017)	①车辆识别 ②找到并记录原厂要求的轮胎型号		
(018)	①准备工作 ②安装座椅套		
(019)	①准备工作 ②安装地板垫		
(020)	①准备工作 ②安装方向盘套		
(021)	①方向盘位置 ②方向盘解锁,检查方向盘是否在正中位置		

续表

	项目内容	标准说明	作业记录
(022)	①在定位仪程序中建立用户和车辆档案 ②进入"客户选择",在"当期维修单信息"处输入比赛信息(将任一位选手号数字部分录入到"用户编号"栏目,并在规定位置输入"汽车识别号"即车辆VIN号)		
(023)	①检查轮胎和轮辋 ②检查实车安装轮胎型号是否与车辆铭牌要求一致		
(024)	①检查轮胎和轮辋 ②检查同轴两侧车轮轮胎花纹是否一致		
(025)	①检查轮胎和轮辋 ②目视检查左前轮胎是否有裂纹、损坏、异常磨损,是否嵌入金属颗粒或异物		
(026)	①检查轮胎和轮辋 ②目视检查右前轮胎是否有裂纹、损坏、异常磨损,是否嵌入金属颗粒或异物		
(027)	①检查轮胎和轮辋 ②目视检查左后轮胎是否有裂纹、损坏、异常磨损,是否嵌入金属颗粒或异物		
(028)	①检查轮胎和轮辋 ②目视检查右后轮胎是否有裂纹、损坏、异常磨损,是否嵌入金属颗粒或异物		
(029)	①检查轮胎和轮辋 ②使用胎纹深度尺,测量左前轮胎面沟槽深度并记录	要求:每个车轮检查由单人独立完成。测量每个轮胎同一位置中间沟槽的深度,如有偶数沟槽任选中间一个,但四轮选择相同。沟槽之间深度差满足定位要求	
(030)	①检查轮胎和轮辋 ②使用胎纹深度尺,测量右前轮胎面沟槽深度并记录		
(031)	①检查轮胎和轮辋 ②使用胎纹深度尺,测量左后轮胎面沟槽深度并记录		
(032)	①检查轮胎和轮辋 ②使用胎纹深度尺,测量右后轮胎面沟槽深度并记录		
(033)	①检查轮胎和轮辋 ②使用胎压表检查或调整左前轮气压到达标准并记录		

续表

	项目内容	标准说明	作业记录
(034)	①检查轮胎和轮辋 ②使用胎压表检查或调整右前轮气压到达标准并记录		
(035)	①检查轮胎和轮辋 ②使用胎压表检查或调整左后轮气压到达标准并记录		
(036)	①检查轮胎和轮辋 ②使用胎压表检查或调整右后轮气压到达标准并记录		
(037)	①检查轮胎和轮辋 ②目视检查左前轮辋是否过度变形、损坏或腐蚀		
(038)	①检查轮胎和轮辋 ②目视检查右前轮辋是否过度变形、损坏或腐蚀		
(039)	①检查轮胎和轮辋 ②目视检查左后轮辋是否过度变形、损坏或腐蚀		
(040)	①检查轮胎和轮辋 ②目视检查右后轮辋是否过度变形、损坏或腐蚀		
(041)	①正确选择车型数据 ②在数据库中找到相对应的车型		
(042)	①检查车辆承载 ②检查备胎是否安放到位		
(043)	①检查车辆承载 ②检查驾驶室内是否空载		
(044)	①目视检查车身外观 ②检查车身前部是否有严重撞击变形		
(045)	①目视检查车身外观 ②检查车身后部是否有严重撞击变形		
(046)	①车辆状况输入 ②在车辆状况表中必须输入调整后的胎压值和胎纹深度	①将胎纹测量深度填写进车辆状况表里的对应每个轮胎纹深度中间的一栏 ②如发现车辆存在其他问题,此次比赛不做要求,可以不填写	
(047)	①车辆状况输入 ②在车辆状况表中输入轮胎型号		
[顶起位置2]升起大剪,安全锁到位,底盘检查位置			
(048)	①举升机操作 ②操作举升机,升高到较高合适位置并落安全锁		

续表

	项目内容	标准说明	作业记录
(049)	①检查转向连接机构 ②检查左前横拉杆球头是否松动		
(050)	①检查转向连接机构 ②检查右前横拉杆球头是否松动		
(051)	①检查转向连接机构 ②检查左前横拉杆有无弯曲和损坏		
(052)	①检查转向连接机构 ②检查右前横拉杆有无弯曲和损坏		
(053)	①检查转向连接机构 ②检查左前横拉杆防尘套是否开裂和撕破		
(054)	①检查转向连接机构 ②检查右前横拉杆防尘套是否开裂和撕破		
(055)	①检查转向连接机构 ②检查左转向节是否损坏		
(056)	①检查转向连接机构 ②检查右转向节是否损坏		
(057)	①检查前轴悬架 ②检查左前稳定杆连杆有无弯曲或损坏		
(058)	①检查前轴悬架 ②检查右前稳定杆连杆有无弯曲或损坏		
(059)	①检查前轴悬架 ②检查前稳定杆有无弯曲或损坏		
(060)	①检查前轴悬架 ②检查左下悬架臂是否损坏		
(061)	①检查前轴悬架 ②检查右下悬架臂是否损坏		
(062)	①检查前轴悬架 ②检查左前下球节是否损坏		
(063)	①检查前轴悬架 ②检查右前下球节是否损坏		
(064)	①检查后轴悬架 ②检查左后稳定杆连杆是否变形损坏		
(065)	①检查后轴悬架 ②检查右后稳定杆连杆是否变形损坏		
(066)	①检查后轴悬架 ②检查左后支撑杆是否变形损坏		
(067)	①检查后轴悬架 ②检查右后支撑杆是否变形损坏		

续表

	项目内容	标准说明	作业记录
(068)	①检查后轴悬架 ②检查后稳定杆是否变形损坏		
(069)	①检查后轴悬架 ②检查左后2号后悬架臂是否变形损坏		
(070)	①检查后轴悬架 ②检查右后2号后悬架臂是否变形损坏		
(071)	①检查后轴悬架 ②检查左后1号后悬架臂是否损坏		
(072)	①检查后轴悬架 ②检查右后1号后悬架臂是否损坏		
如发现底盘和悬架存在其他严重问题,还可以在"车辆状况"中输入,但此次比赛不计分数			
[举升位置3]操作举升机,大剪降至最低落锁位置,定位检测前准备			
(073)	①举升机操作 ②降低大剪举升平台到最低落锁位置落锁		
(074)	①定位仪定位准备 ②安装左前轮传感器卡具		
(075)	①定位仪定位准备 ②安装右前轮传感器卡具		
(076)	①定位仪定位准备 ②安装左后轮传感器卡具		
(077)	①定位仪定位准备 ②安装右后轮传感器卡具		
(078)	①定位仪定位准备 ②安装左前部传感器		
(079)	①定位仪定位准备 ②安装右前部传感器		
(080)	①定位仪定位准备 ②安装左后部传感器		
(081)	①定位仪定位准备 ②安装右后部传感器		
(082)	①定位仪定位准备 ②安装左前部传感器电缆并启动传感器		
(083)	①定位仪定位准备 ②安装右前部传感器电缆并启动传感器		
(084)	①定位仪定位准备 ②安装左后部传感器电缆并启动传感器		

续表

	项目内容	标准说明	作业记录
(085)	①定位仪定位准备 ②安装右后部传感器电缆并启动传感器		
(086)	①车辆变速箱挡位调整 ②放置左后部车轮挡块		
(087)	①车辆变速箱挡位调整 ②放置后右部车轮挡块		
(088)	①车辆变速箱挡位调整 ②将变速箱挡杆置于空挡位,并释放驻车制动		
[顶起位置4] 轮毂偏位补偿位置			
(089)	①补偿准备及举升机操作 ②放置二次举升左侧支撑垫块		
(090)	①补偿准备及举升机操作 ②放置二次举升右侧支撑垫块		
(091)	①补偿准备及举升机操作 ②升起举升机小剪,使车轮离开举升机10 cm左右,充分悬空,以便进行轮毂补偿		
(092)	①进行轮毂偏位补偿(四轮) ②完成左前轮轮毂补偿		
(093)	①进行轮毂偏位补偿(四轮) ②完成右前轮轮毂补偿		
(094)	①进行轮毂偏位补偿(四轮) ②完成前部车轮的补偿值计算		
(095)	①进行轮毂偏位补偿(四轮) ②完成左后轮轮毂补偿		
(096)	①进行轮毂偏位补偿(四轮) ②完成右后轮轮毂补偿		
(097)	①进行轮毂偏位补偿(四轮) ②完成后部车轮的补偿值计算		
[顶起位置5] 定位检测位置(调整前)			
(098)	①举升机操作:小剪回位 ②拔出左前轮转盘固定销并放好		
(099)	①举升机操作:小剪回位 ②拔出右前轮转盘固定销并放好		
(100)	①举升机操作:小剪回位 ②拔出左后轮后滑板固定销并放好		
(101)	①举升机操作:小剪回位 ②拔出右后轮后滑板固定销并放好		

续表

	项目内容	标准说明	作业记录
(102)	①举升机操作:小剪回位 ②举升机小剪缓慢回落到位		
(103)	①举升机操作:小剪回位 ②移开左后轮挡块		
(104)	①举升机操作:小剪回位 ②移开右后轮挡块		
(105)	①举升机操作:小剪回位 ②检查左前轮是否落在转盘中心	目测在转盘中心即可(必要时可稍微推动车辆)	
(106)	①举升机操作:小剪回位 ②检查右前轮是否落在转盘中心		
(107)	①举升机操作:小剪回位 ②检查左后轮是否落在后滑板上正确位置		
(108)	①举升机操作:小剪回位 ②检查右后轮是否落在后滑板上正确位置		
(109)	①调整前的检测准备工作 ②实施驻车制动		
(110)	①调整前的检测准备工作 ②按动车辆前部数次,使减振器复位		
(111)	①调整前的检测准备工作 ②按动车辆后部数次,使减振器复位		
(112)	①调整前的检测准备工作 ②使用刹车锁顶住脚刹车踏板		
(113)	①按照程序检测车辆 ②转动方向盘,车轮方向对中	屏幕指示箭头到达中心区域即可	
(114)	①按照程序检测车辆 ②如果需要,按照屏幕提示调节传感器水平	气泡屏幕显示都在绿色水平区域即可	
(115)	①按照程序检测车辆 ②按照程序引导,分别向左、右20°转向操作		
(116)	①按照程序检测车辆 ②当屏幕显示前轮前束值时,按"前进图标",直到进入定位调整。		
(117)	①按照程序对车辆进行定位调整 ②转动方向盘,车轮方向对中后,使用方向盘锁锁定方向盘位置		
(118)	①按照程序对车辆进行定位调整 ②如果需要,按照屏幕提示调节传感器水平		

续表

	项目内容	标准说明	作业记录
(119)	①按照程序对车辆进行定位调整 ②当屏幕显示后轮数据时,后退一步程序查看方向盘是否按照屏幕,是否对中,如偏出需要,再次调整方向盘,重新对中锁住方向盘		
\[顶起位置6\] 定位调整位置			
(120)	操作举升机,升高到较高适合调整位置并落安全锁		
(121)	当屏幕显示后轮前束值时,报后轴外倾角数据合格,前束需要调整		
(122)	将左侧拉杆调整管两端固定螺母,用扳手松开,使调整管有足够旋转空间	使用两个开口扳手完成,一个固定调整管,一个旋松固定螺母	
(123)	旋转调整管,调整后桥左侧单轮前束,使屏幕显示的检测数据合格	使用开口扳手旋转	
(124)	将左侧拉杆调整管两端固定螺母,用扳手初步拧紧后,使用扭力扳手按照规定力矩上紧	维修手册标准力矩是56 N·m,比赛中将此力矩调整为45 N·m	
(125)	将右侧拉杆调整管两端固定螺母,用扳手松开足够空间,使调整管有足够的旋转空间	使用两个开口扳手完成,一个固定调整管,一个旋松固定螺母	
(126)	旋转调整管,调整后桥右侧单轮前束,使屏幕显示的检测数据合格	使用开口扳手旋转	
(127)	将右侧拉杆调整管两端固定螺母,用扳手初步拧紧后,使用扭力扳手按照规定力矩上紧	维修手册标准力矩是56 N·m,比赛中将此力矩调整为45 N·m	
(128)	按"前进图标",直到屏幕显示前轴外倾角和前束数值画面		
(129)	报前轴数据合格		
\[顶起位置7\] 定位检测位置(调整后)			
(130)	①调整后的检测准备工作 ②降低大剪举升平台到最低落锁位置落锁		
(131)	①调整后的检测准备工作 ②取下方向盘锁		
(132)	①调整后的检测准备工作 ②检查刹车锁是否顶住脚刹车踏板,如果刹车锁松开或脱离,重新锁牢		
(133)	①按照程序检测车辆 ②按"前进图标"进入检测流程		

续表

项目内容	标准说明	作业记录
(134) ①按照程序检测车辆 ②转动方向盘,车轮方向对中	屏幕指示箭头到达中心区域即可	
(135) ①按照程序检测车辆 ②如果需要,按照屏幕提示调节传感器水平	气泡屏幕显示都在绿色水平区域即可	
(136) ①按照程序检测车辆 ②按照程序引导,分别向左、右20°转向操作		
(137) ①按照程序检测车辆 ②当屏幕显示前轮前束值时,按"前进图标",屏幕显示检测报告		
(138) ①打印检测报告 ②打印车辆状况和检测的报表(表格形式)		
(139) ①将传感器放回机柜,进行充电 ②取下左前部传感器电缆并放回初始位置		
(140) ①将传感器放回机柜,进行充电 ②取下右前部传感器电缆并放回初始位置		
(141) ①将传感器放回机柜,进行充电 ②取下左后部传感器电缆并放回初始位置		
(142) ①将传感器放回机柜,进行充电 ②取下右后部传感器电缆并放回初始位置		
(143) ①将传感器放回机柜,进行充电 ②取下左前部传感器,放回充电位置		
(144) ①将传感器放回机柜,进行充电 ②取下右前部传感器,放回充电位置		
(145) ①将传感器放回机柜,进行充电 ②取下左后部传感器,放回充电位置		
(146) ①将传感器放回机柜,进行充电 ②取下右后部传感器,放回充电位置		
[顶起位置8] 设备复位和工位整理、清洁		
(147) ①举升机操作1 ②升起举升机小剪,使车轮悬空		
(148) ①插入转角盘和后滑板的固定销 ②将左前轮转角盘固定销插入		
(149) ①插入转角盘和后滑板的固定销 ②将右前轮转角盘固定销插入		
(150) ①插入转角盘和后滑板的固定销 ②将左后轮滑板固定销插入		

续表

	项目内容	标准说明	作业记录
(151)	①插入转角盘和后滑板的固定销 ②将右后轮滑板固定销插入		
(152)	①举升机操作2 ②举升机小剪缓慢回落,完全回位	车轮平稳落在大剪平台即可,位置无须调整	
(153)	①定位仪复位 ②拆除刹车锁,并放至规定位置		
(154)	①定位仪复位 ②拆下左前轮卡具,并归位		
(155)	①定位仪复位 ②拆下右前轮卡具,并归位		
(156)	①定位仪复位 ②拆下左后轮卡具,并归位		
(157)	①定位仪复位 ②拆下右后轮卡具,并归位		
(158)	①定位仪复位 ②定位仪程序复位		
(159)	①定位仪复位 ②回收二次举升左侧支撑垫块		
(160)	①定位仪复位 ②回收二次举升右侧支撑垫块		
(161)	①定位仪复位 ②回收左后部车轮挡块		
(162)	①定位仪复位 ②回收后右部车轮挡块		
(163)	①举升机操作3 ②操作举升机大剪回到最低位置		
(164)	①工位整理 ②升车窗玻璃		
(165)	①工位整理 ②清洁车辆、场地、工具设备("5S")		
(166)	①工位整理 ②取下车内三件套		
(167)	①工位整理 ②关闭车门(不锁),将钥匙和记录表交给裁判		

【任务检测】

一、填空题

1. 前、后车轮的正确定位可以保证＿＿＿＿＿＿、＿＿＿＿＿＿、＿＿＿＿＿＿，并减少路面引起的振动。
2. ＿＿＿＿＿＿是从侧面看汽车，车轮主销相对于地面垂直线之间的角度。
3. 车轮定位过程中，通常先检查或调整＿＿＿＿＿＿。
4. 同一轴上的两个车轮的主销后倾角应＿＿＿＿＿＿。
5. 主销后倾角不等，会使汽车向主销后倾角＿＿＿＿＿＿的车轮一侧转向。
6. ＿＿＿＿＿＿过小会引起高速行驶时转向过于灵敏。
7. ＿＿＿＿＿＿过大会导致转向沉重。
8. 从汽车前面看，车轮相对垂直线向内或向外偏离的角度称为＿＿＿＿＿＿。
9. 通常所有车轮的外倾角都相等。各轮外倾角大小不等会引起＿＿＿＿＿＿以及汽车向外倾角＿＿＿＿＿＿的一侧转向。
10. 在车轮定位中，最后调整＿＿＿＿＿＿。
11. 当汽车有方向偏移时，应检查主销＿＿＿＿＿＿和＿＿＿＿＿＿的大小。如果其值在规定范围之内，就应对＿＿＿＿＿＿和＿＿＿＿＿＿进行检查。
12. 跑偏可能是由于汽车两侧轮胎磨损造成轮胎半径不同而引起的。如果不是这个问题，应检查＿＿＿＿＿＿，特别是＿＿＿＿＿＿和＿＿＿＿＿＿。
13. 前轮摆振可能是由于＿＿＿＿＿＿、＿＿＿＿＿＿、＿＿＿＿＿＿调整不正确，＿＿＿＿＿＿性能变差或车轮定位不正确等引起的。
14. 大多数摆振故障与轮胎和车轮＿＿＿＿＿＿或＿＿＿＿＿＿有关。
15. 车轮朝向正前方，用一测量仪测量车轮中心线与垂直平面所成的角度，即可得到＿＿＿＿＿＿。
16. 当车轮转过规定的角度时，通过外倾角的变化可以测出＿＿＿＿＿＿。
17. 车轮转过一定角度可以引起＿＿＿＿＿＿的变化，而＿＿＿＿＿＿的改变可引起心轴高度的改变。
18. 外倾角的改变不会影响＿＿＿＿＿＿大小。

二、判断题

1. 从车前部看，转向节主销与轮胎垂直中心线之间的角度即为主销内倾角。（　　）
2. 主销内倾角的作用是将汽车重量传到路面上，同时保持汽车的稳定性。（　　）
3. 主销内倾角帮助转向系统在转向后回复向前的位置。（　　）
4. 主销内倾角不可调，但必须对它进行检验，这有助于发现其他故障。（　　）
5. 主销内倾角不正确可通过更换影响该角度的部件进行校正。（　　）
6. 车轮定位的目的是保证汽车沿路面直线行驶。（　　）
7. 汽车的几何中心线应和道路的延伸方向平行。（　　）
8. 后轮轮胎应和车的几何中心线平行。（　　）
9. 如果后轮的轮胎与车的几何中心线不平行，会使推力方向偏左或偏右。（　　）

【评价与反馈】

班级：_____　　姓名：_____　　指导教师：_____

序号	考核项目	配分	考核内容	配分	考核标准	得分
1	出勤、纪律	5	出勤	2	违规一次不得分	
			行为规范	3	违规一次不得分	
2	安全、防护、环保	20	着装	4	违规一次不得分	
			个人防护	4	违规一次不得分	
			"5S"、"EHS"	4	违规一次不得分	
			设备使用安全	4	违规一次不得分	
			操作安全	4	违规一次不得分	
3	知识水平	20	知识测验成绩	20	按测验成绩的20%计	
4	技能考核	40	技能测验成绩	40	按测验成绩的40%计	
5	学习能力	10	工单填写，工艺计划制订	4	未做不得分	
			组内活动情况	4	根据未完成情况酌情扣1~4分	
			资料的查阅和收集	2	未做不得分	
6	任务拓展	5	知识拓展	2	未做不得分	
			技能拓展	3	未做不得分	
7	总分	100				

【教师评估】

序号	优点	存在的问题	解决方案

教师签字：

参考文献

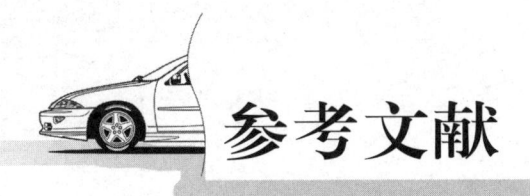

[1] 李晓.汽车底盘构造与维修[M].北京:高等教育出版社,2005
[2] 陈家瑞.汽车构造(下册)[M].北京:人民交通出版社,2006
[3] 国家职业资格培训教材编审委员会.汽车修理工(中级)[M].北京:机械工业出版社,2007
[4] 丰田汽车公司.汽车维修教程:汽车维护操作(上)(第1级)[M].北京:高等教育出版社,2007
[5] 丰田汽车公司.汽车维修教程:汽车维护操作(上)(第2级)[M].北京:高等教育出版社,2007
[6] 肖福文.汽车底盘故障诊断与排除[M].北京:科学出版社,2010
[7] 武华主.汽车底盘构造与拆装工作页[M].北京:人民交通出版社,2008
[8] 邱志华.汽车传动系统维修工作页[M].北京:人民交通出版社,2008
[9] 徐安,陈德阳.汽车底盘[M].北京:机械工业出版社,2005
[10] 卡罗拉轿车维修手册
[11] 羚羊轿车维修手册
[12] 福克斯维修手册